소명과 사명

마지막 시대를 사는 하나님의 백성들에게

손계문 著

CALLING & MISSION

열한시 회개·거룩·재림
성서연구원

소명과 사명

마지막 시대를 사는 하나님의 백성들에게

펴 낸 곳 열한시 성서연구원
발 행 인 손계문
출판 등록 2007년 7월 4일
전 화 010-9543-0091
이 메 일 ask@11bible.net
홈페이지 http://11bible.net

ISBN 979-11-6324-019-8
가격 15,000원

• • •

이 세상은 하나님과 성경에 대하여
엄청난 오해의 어둠으로 가득 차 있습니다.
종교개혁은 다른 것이 아닙니다.
그것은 한 마디로 **'성경, 오직 성경으로 돌아가자'**(Sola Scriptura)입니다.
인간의 전통으로 섞어 놓은 모든 것을 제하고
순수한 말씀으로 돌아가자는 것이 종교개혁입니다.
종교개혁은 현재 진행형입니다.
종교개혁자들이 시작한 진리의 개혁은 그 후예들에게 와서 중단되었습니다.
루터 때에 완전히 회복되지 않은 진리의 빛은
종교개혁을 통해 앞으로 더 계속되어야 합니다.
오늘날 누가 과연 우리 앞에 놓여 있는
진리의 맥을 이어 가기 위해 일어설 것입니까?
이제는 여러분이 듣고 보는 모든 것을
하나님의 말씀으로 확인해 보아야 할 엄숙한 시기입니다.
하나님의 부르심(Calling)과 **보내심**(Mission)을
경험하는 그리스도인으로 이 시대에 서야 합니다.

• • •

머리말

소생하고 싶습니까?

영적 매너리즘에서 벗어나길 원하십니까?

예수 그리스도와 하나님에 대한 지식을 갈망하십니까?

지금 그 상태에서 벗어나고 싶은데, 벗어날 힘이 없습니까?

주님이 말씀하신 대로 살고 싶은데, 자꾸 패배하고 쓰러지십니까?

이 책은 이러한 영적 목마름으로 갈급 해 하는 이들이 구원자 되시는 예수 그리스도를 개인적으로 만나 참된 거듭남을 경험하고, 이 시대에 나를 존재하게 한 이유를 확인하고(부르심-소명), 그로 말미암아 앞으로 어떻게 살아야 할지를 깨닫고 나아가기 위한(보내심-사명) 목적으로 집필되었습니다. 사실 본서는 유튜브에 12편으로 설교했던 "마지막 백성의 소명과 사명" 시리즈를 시청자들의 요청에 따라 책으로 옮겨왔습니다. 설교를 통해 많은 이들이 진실한 회개와 거듭남을 경험하고 참된 그리스도인의 삶을 살게 되었습니다. 이 책을 읽는 여러분에게도 동일한 성령의 역사가 있으리라 믿습니다!

우리를 거룩하고 의롭게 만드는 복음을 만나고 경험해야 합니다. 그러면 지금까지 경험하지 못한 신앙부흥을 가져오게 될 것입니다. 우리의 삶의 태도가 세상적이고 세속적이었음을 깨닫게 되었다면 그 올가미에서 벗어나도록 합시다. 아직 은혜를 내려 주시는 이 때는 섬겨오던 모든 우상들을 버리고, 지금까지의 삶의 방식에서 완전히 돌아서는 결단을 해야 할 시기입니다. 영원한 생명을 위해서 예수님을 선택하는 것과 비교해 볼 때 금이나 은을 바라보고 산다는 것은 얼마나 어리석은 일입니까?

예수 그리스도의 재림이 가까웠습니다. 어둠의 세력이 오늘날 교회를 아무리 깊은 영적 잠에 빠져들도록 활동할지라도 하나님께서는 당신의 백성을 가지고 계십니다. 빛이 하나님의 거룩한 보좌로부터 이 땅 구석에 있는 어두운 우리의 심령에까지 강력히 임하고 있습니다. 하나님의 자녀가 되는 권세를 주시기 위해 각 사람에게 이 빛이 비취고 있습니다. 사람의 아들로 태어난 우리가 하나님의 아들로 살 수 있도록 하기 위해 이 빛이 임하고 있습니다.

본서를 통해 구원하시는 하나님의 능력을 가슴깊이 경험케 되기를 소원합니다. 우리와 함께 하시는 하나님의 도우심으로 그리스도의 십자가를 올바로 보게 되고 성령의 역사로 말미암아 복음의 능력을 체험할 수 있기를 기도합니다.

YouTube 마지막 백성의 소명과 사명

차례

제10장, 하나님의 비밀 298

제11장, 마지막 시대에 등장하는 예수의 증인 332

제12장, AGAIN 종교개혁 367

제1장
교회를 향한 예수님의 호소

온 세상이 혼란스럽습니다. 식량과 경제의 위기, 환경과 기후로 인한 각종재해와 재난의 위기, 도덕성의 타락과 죄악의 위기, 전 세계를 마비시켜 버리는 질병의 위기... 지구는 위기에 처해 있습니다. 이 위기의 시대에 가장 필요한 존재는 위기를 경고하고 대처 방법을 제시하는 사람들일 것입니다.

지구의 종말은 자멸이 아닙니다. 그것은 하나님의 계획이 아닙니다. 하나님은 구원하기를 원하시고 새 하늘과 새 땅을 주기를 원하십니다. 그 일을 위해 각 시대마다 충성스러운 파수꾼들을 부르셨는데, 이들은 위기를 보고 끊임없이 경고했고, 그들이 갑옷을 벗고 물러날 때는 다른 사람들이 그 일을 대신하였습니다.

주님의 날이 아주 가까이 우리 앞으로 다가왔습니다. 그러나 깨어 있지 않는 모든 사람에게 그날은 갑자기 이르게 될 것입니다. 성경의 예언을 통해 시대의 흐름을 알고 있는 진리의 옹호자들은 나팔을 불어 위기를 알리고 있는지요? 하나님의 큰 날을 위하여 준비하도록 세상에 호소하고 있는지요?

파수꾼으로 부름을 받은 자의 사명은 칼이 임함을 보고 경고의 나팔을 불어 사람들에게 위험을 알리는 것입니다. 사명은 자신이 무엇 때문에 부름(소명)을 받았는지 정확하게 알아야 생길 수 있습니다.

1. 교회에 대한 하나님의 계획

"[9] 영원부터 만물을 창조하신 하나님 속에 감취었던 비밀의 경륜이 어떠한 것을 드러내게 하려 하심이라 [10] 이는 이제 교회로 말미암아 하늘에서 정사와 권세들에게 하나님의 각종 지혜를 알게 하려 하심이니" (엡 3:9,10).

교회를 통하여 감추어졌던 비밀의 경륜이 드러나고, 교회를 통하여 하나님의 무한하신 지혜를 알리는 것이 하나님의 계획이라고 한다. 죄의 창시자 루시퍼가 이 땅으로 쫓겨나 인간들을 유혹해 그의 백성으로 만들 때, 하나님께서도 인류의 구원을 위해 원대한 구속의 경륜을 만드시고 그 일을 이 땅의 교회를 통해서 하신다고 말씀하신다. 하나님께서 의(義)와 의인(義人), 죄(罪)와 죄인(罪人)을 공의와 자비로 어떻게 심판하고 구원하시는지 알기 위해서 하늘에 있는 정사와 권세들이 이 땅을 쳐다보고 있다.

예수님께서 승천하시면서 하나님이 어떤 분이신지 세상에 보여 달라고 교회에 사명을 맡기고 가셨다! 인류의 구원을 위한 참된 복음을 증거하는 사명과 하나님을 올바로 소개하는 참된 진리를 온 세상에 전파하라는 사명을 교회에 맡기셨다. 그것이 교회의 존재 이유이다. 이 교회 안에는 우리가 포함되어 있는데, 과연 교회가 그 사명을 잘 감당하고 있는가?

부르심과 보내심

그리스도인들은 두 가지 감(感)으로 살아간다. 바로 소명감과 사명감이다. 소명(召命)은 "부르심"을 받은 것이고, 사명(使命)은 "보내심"을 받은 것을 의미한다. 소명을 콜링(calling)이라고도 한다. 우리는 소명을 "어떤 특별한 사람이 하나님의 일에 쓰임 받기 위해 부르심을 받은 것"이라고만 생각하는데 그 이상의 의미가 있다. 일차적으로 우리는 그리스도인으로 부르심을 받았다. 이 세상에 많은 부르심이 있지만, 그리스도인으로 부르심을 받은 것만큼 가치 있는 것은 없다. 또 그리스도인이라는 호칭보다 더 명예로운 것도 없다. 우리가 누구를 위해 그리스도인이라는 이름을 받았는지, 무엇을 위해 그리스도인으로 살아야 하는지, 그리스도인으로 부르심을 받은 사실에 대해 다시 생각해 보고 그것이 어떤 의미가 있는지 알아야 한다.

우리는 또 요한계시록 18장의 천사와 마태복음 20장의 11시 일꾼으로 부르심을 받았다. 추수를 마치기 위해, 즉 예수 그리스도의 재림이 이 땅에 임할 수 있도록 그들을 일꾼으로 부르시는데 그들의 신분은 계시록 18장의 천사이고 그들이 일하는 시간은 마태복음 20장의 11시이다. 이것은 특별한 목적을 가지고 부른 특별한 소명이다.

우리에게는 "하나님께서 나를 부르셨는가?" 이 소명이 확실해야 한다. 소명감이 없으면 내가 왜 교회를 다니고, 왜 예수님을 믿는지, 내가 꼭 이렇게 살아야 하는지가 불분명해지기 때문이다. 소명감은 시대를 분별하게 하고 하나님이 내게 무엇을 원하는지 알게 한다.

소명! 부르심을 받은 사람들을 신약에서는 "에클레시아"(ἐκκλησία) 교회라고 한다. '부름을 받은 사람들의 모임'이란 뜻이다. 여러분은 부르심을 받았는가? 그리고 부르심을 받은 사람들의 무리 안에 거하고 있는가?

사명은 주의 일을 위해 보내심을 받은 사람이다. 침례 요한은 보내심을 받은 사람이었다. "하나님께로서 보내심을 받은 사람이 났으니 이름은 요한이라"(요 1:6). 그의 사명은 메시아의 오심을 알리는 것이었고, 그리스도께로 사람들을 인도하는 것이었다. 예수님께서는 자신의 사명에 충성하다가 죽은 요한을 가장 위대한 선지자라고 말씀하셨다. 그는 주의 길을 예비하는 선지자였고, 만일 요한이 그 시대에 없었다면 많은 사람은 예수님이 누구신지 알아볼 수 없었을 것이다. 그 당시 많은 랍비와 율법사들, 학자들이 있었지만 모두 보내심을 받지 않았다. 즉 사명을 받지 못했다.

이 시대 우리의 사명

우리 시대 침례 요한의 사명은 메시아의 다시 오심을 알리고, 그리스도의 성품을 보여주며, 예수님을 위해 목숨까지도 귀하게 여기지 않는 것이다. 성육신하신 "사람의 아들 그리스도"라는 진리의 복음을 가지고 "온 땅을 환하게 하라"는 사명을 주셨다. "이 좋은 소식을 전하여 네게 말하라고 보내심을 입었노라"(눅 1:19). 이 마지막 시대에 주님께서는 그리스도인들을 소명하셔서(부르심) 침례 요한의 사명을(보내심) 맡기신 것이다. 보내심을 받은 사람들을 신약에서는 "아포스톨로스"(ἀπόστολος) 사도라고 한다. '보내심을 받은 이'란 뜻이다. 여러분은 보내심을 받았는가?

"하나님이 나를 부르셨는가?" 소명을 받아들일 때 비로소 사명을 갖게 된다. 소명 없이 사명만 있으면 광신이 되고, 사명 없이 소명만 있다면 하나님을 위해 사는 것이 아니라 자신을 위해 살게 된다. 이 둘은 함께 이뤄져야 한다. 사명은 소명으로부터 나온다. 예수님을 믿는다고 말하는 많은 사람이 그들의 생애에서 그토록 힘이 없고 나약하며 죄에 패배하며 사는 이유는, 소명과 사명이 없기 때문이다. 왜 부르심을 받았는지, 무엇을 위해 보내심을 받아야 하는지 모르기 때문이다.

내가 누구인지 소명이 불확실하기 때문에, 우리가 목숨을 바쳐야 할 사명도 없이 살아가고 있지는 않은가? 이 마지막 시대에 우리를 향한 부르심(소명)을 깨닫고 우리에게 부여된 사명을 완수하도록 하자. 하나님의 백성들은 분명한 소명이 있어야 한다. 하나님의 부르심을 확신하고 일어설 때, 전해야 할 사명을 깨닫고 그 일을 위해 생명을 바칠 수 있게 된다.

우리 모두 소명과 사명을 선물로 받게 되기를, 하나님의 분명한 부르심을 깨닫고, 이 시대를 향한 하나님의 사명자로 세움 받게 되기를 기도한다.

성령 충만한 말씀 선포

"이 일 후에 다른 천사가 하늘에서 내려오는 것을 보니 큰 권세를 가졌는데 그의 영광으로 땅이 환하여지더라"(계 18:1).

이 천사는 하늘의 천사를 말하는 것이 아니라 하나님의 복음을 전하는 백성들을 상징한다. 천사 "앙겔로스"(ἄγγελος)는 메시지를 가져오는 사람, 사자/메신저(messenger)를 의미한다. 하늘의 천사인지, 복음을 전하는 사람을 의미하는지는 문맥을 통해 충분히 알 수 있다. 천사가 직접 인류에게 경고하지 않는다. 만약 지금 천사가 하늘을 날면서 복음을 전하면 TV에서 특종으로 생중계하고 온 세상이 열광할 것이다. 그러면 누가 하나님을 믿지 않겠는가? 하나님께서는 사람들을 택해서 일하신다. 그래서 예수님께서도 인간과 접촉하시려고 인성을 취하시고 이 땅에 오셨다. 따라서 이 천사는 하나님의 메시지를 전하는, 즉 복음을 전하는 사람들을 의미한다. 그런데 복음을 전하는 이 천사는 큰 권세를 가졌고 그의 영광으로 땅이 환하여지는 특별한 천사임을 알 수 있다.

이들의 영광으로 땅이 환하여진다고 했는데, 이 영광이 무엇일까? 모세가 출애굽기 33장에서 **"주의 영광을 내게 보이소서"**(출 33:18)라고 요청하자, 여호와께서 **"여호와로라 여호와로라 자비롭고 은혜롭고 노하기를 더디하고 인자와 진실이 많은 하나님이로라"**(출 34:6) 하시며 하나님의 성품을 보여주셨다. 하나님의 영광은 하나님의 성품을 의미한다. 하나님의 성품이 계시록 18장의 천사 즉 마지막 때 하나님의 일꾼들에게 재현되어 온 땅을 환하게 한다. 오늘날 기독교가 이러한 하나님의 성품으로 복음을 전하면 얼마나 힘이 있겠는가!

요한계시록 18장은 마지막 때 하나님의 영광, 즉 하나님의 성품을 가진 사람들이 세상에 마지막 심판의 메시지를 전하는 지상 최후의 경고이며 이들이 전하는 메시지는 굉장히 심각하다.

"[2] 힘센 음성으로 외쳐 가로되 무너졌도다 무너졌도다 큰 성 바벨론이여 귀신의 처소와 각종 더러운 영의 모이는 곳과 각종 더럽고 가증한 새의 모이는 곳이 되었도다 [3] 그 음행의 진노의 포도주를 인하여 만국이 무너졌으며 또 땅의 왕들이 그로 더불어 음행하였으며 땅의 상고들도 그 사치의 세력을 인하여 치부하였도다 하더라 [4] 또 내가 들으니 하늘로서 다른 음성이 나서 가로되 내 백성아, 거기서 나와 그의 죄에 참예하지 말고 그의 받을 재앙들을 받지 말라" (계 18:2-4).

"내 백성아"는 하나님의 백성이며 하나님을 믿는 사람들이다. 그런데 계시록 18장의 천사는 이들에게 귀신의 처소가 된 바벨론에서 나오라고 외치고 있다. 하나님을 믿는 백성이 바벨론에 있다는 것이다. 여기서 바벨론은 타락한 세상뿐만 아니라 동시에 각종 더러운 영이 모여 있는 오늘날 교회를 말한다.

2. 교회를 향한 책망

"오! 예루살렘아 예루살렘아 선지자들을 죽이고 네게 파송된 자들을 돌로 치는 자여 암탉이 그 새끼를 날개 아래에 모음같이 내가 네 자녀를 모으려 한 일이 몇 번이더냐 그러나 너희가 원하지 아니하였도다" (마 23:37).

침례 요한의 책망

요한계시록 18장에서 음행과 귀신의 처소가 된 바벨론의 죄악을 폭로하고 거기에서 나오라고 외치며 참된 복음을 전하고 있는 성령 충만한 하나님의 백성들을 살펴보았다. 성령의 충만함으로 교회를 향해 경고하기 때문에 말 한 마디, 한 마디에 능력이 있는 이 사람들의 외침과 비슷한 장면을 사복음서에서도 확인할 수 있다.

"[7] 요한이 많은 바리새인과 사두개인이 침례 베푸는 데 오는 것을 보고 이르되 독사의 자식들아 누가 너희를 가르쳐 임박한 진노를 피하라 하더냐 [8] 그러므로 회개에 합당한 열매를 맺고 [9] 속으로 아브라함이 우리 조상이라고 생각지 말라 내가 너희에게 이르노니 하나님이 능히 이 돌들로도 아브라함의 자손이 되게 하시리라 [10] 이미 도끼가 나무 뿌리에 놓였으니 좋은 열매 맺지 아니하는 나무마다 찍혀 불에 던지우리라 [12] 손에 키를 들고 자기의 타작 마당을 정하게 하사 알곡은 모아 곡간에 들이고 쭉정이는 꺼지지 않는 불에 태우시리라" (마 3:7-10,12)

침례 요한이 사람들로부터 존경받고 인정받는 종교 지도자들에게 "이 독사의 자식들아 회개하지도 않고 거기에 합당한 열매도 없으면서 하나님의 심판을 피하려고 생각하느냐?" "너희가 지금 '우리는 아브라함 자손인데, 우리한테 무슨 일이 있겠어?' 그렇게 자만하고 있는데, 하나님은 돌들로도 그렇게 할 수 있다. 회개치 않으면 하나님의 심판의 도끼에 찍혀 다 불태울 것이다."라고 말하고 있다. 요한이 당시 종교 지도자들에게 신랄하게 책망하는 모습이다. 이런 메시지는 하나님의 사랑이 가득하면서 성령이 충만한 사람이 전해야 한다. 그래야 능력이 있고 사람들을 깨울 수 있다.

교회에 대한 안타까움과 연민, 어떻게든 바로잡고 싶은 마음의 동기가 가득한 사람이 전해도 교회를 비판한다며 오해한다. 엘리야와 침례 요한이 전했던 이런 메시지는 사람들에게 당연히 인기가 없다. 그러나 다수에게는 인기가 없는 메시지라도 마음이 진실한 소수의 사람에게는 회개로 인도하는 길잡이가 된다.

오늘날 교회 안에도 책망의 소리가 많다. 그런데 회개로 이끌기보다는 문제와 싸움이 되는 이유가 무엇일까? 상대방을 깨우치고 돌이켜 회복시키려는 목적이 아니라 그 사람의 실수와 부족함을 부각하여 자신의 옳음을 주장하려고 하거나, 아니면 자기의 상처받은 자존심 때문에 복수하려는 동기에서 정죄하기 때문에 다툼과 분쟁이 많을 수밖에 없다. 우리는 불에서 꺼낸 그슬린 나무 막대기 같은 존재라는 걸 인정하고 거기서부터 시작해야 한다. "하나님! 제가 이렇게 더럽습니다. 저를 새롭게 해 주옵소서!" 이러한 절규와 탄식이 나에게 먼저 있어야 한다.

예수님의 책망

광야에서 외치는 소리, 침례 요한의 경고와 책망보다 예수님은 수위가 더 높은 발언을 하신다. 예수님께서 공생애 기간 동안 제자들과 다니시며 하늘의 교훈을 전해주고 은혜로운 말씀들을 많이 하셨다. 그런데 한정된 성경 지면에 은혜로운 말씀들로만 채우지 않고 마태복음 23장의 말씀도

하셨다. 마태복음 23장 전체는 당시 종교 지도자들을 책망하는 말씀들이다. 죄지은 인간을 용서하시고 소망을 주시는 말씀들과 대조되는, 소리 내서 읽기도 민망할 정도의 무서운 말씀이다. 백성들을 포함한 서기관과 바리새인들이 모인 자리에서 예수님께서는 공개적으로 이렇게 말씀하신다. **"[2] 서기관들과 바리새인들이 모세의 자리에 앉았으니 [3] 그러므로 무엇이든지 저희의 말하는 바는 행하고 지키되 저희의 하는 행위는 본받지 말라 저희는 말만 하고 행치 아니하며 [4] 또 무거운 짐을 묶어 사람의 어깨에 지우되 자기는 이것을 한 손가락으로도 움직이려 하지 아니하며 [5] 저희 모든 행위를 사람에게 보이고자 하여 하나니 곧 그 차는 경문을 넓게 하며 옷술을 크게 하고 [6] 잔치의 상석과 회당의 상좌와 [7] 시장에서 문안 받는 것과 사람에게 랍비라 칭함을 받는 것을 좋아하느니라"** (마 23:2-7).

30대 젊은이가 모든 국민에게 존경받는 어르신들을 향해 도전적인 이야기를 한다. "여러분, 여기 서기관과 바리새인들이 모세의 위치에서 여러분에게 말씀을 가르친다고 하는데, 저들은 말만 하지 행동하지 않는 사람들이니 그들의 행위는 본받지 마십시오. 사람들한테 무거운 짐을 지우면서 자기들은 손가락 하나 까딱하지 않는 사람들입니다."

이런 사이다 발언에 백성들은 열광했지만, 듣고 있던 종교 지도자의 표정은 어땠을까? 감히 그들의 자존심을 건든 것이다.

"사람에게 보이고자 경문을 넓게 하며"

신명기에 보면 하나님께서 여호와의 십계명에 대하여 모세에게 이렇게 말씀하신다. **"너는 또 그것을 네 손목에 매어 기호를 삼으며 네 미간에 붙여 표를 삼고"**(신 6:8). 십계명을 이마에 붙이고 다니라는 말씀인가? 하나님의 말씀을 항상 묵상하고 실천하며 살라는 것이다. 그런데 시간이 지나면서, 말씀대로 사는 것이 아니라 말씀을 몸에 부착해야 한다는 문자적인 지시로 종교 지도자들은 해석했다. 그것을 차고 다니면 백성들에게 존경받았기 때문에 이방 종교의 부적처럼 하나님의 말씀을 몸에 지니고 다닌 것이다.

"사람에게 보이고자 옷 술을 크게 하고"

옷 끝 귀퉁이에 청색 실로 석류 모양의 술을 달았다. 순종을 상징하는 청색의 술을 볼 때마다 하나님의 계명을 기억하고 지켜 행하라고 말씀하신 것이다(민 15:38-40). 그런데 이것까지도 자기를 드러내는 일에 사용하고 있다. 자기를 드러내는 홍보 수단으로 선행을 사용한다. 헌금을 많이 하고, 열심히 교회를 건축했으며, 전도를 많이 했고, 하나님을 위해 일생을 바쳐 헌신했다고 자랑하길 좋아한다.

옷 술을 크게 만들면 기만에 빠질 수 있다. 자신을 하나님의 종으로 생각하기에 감히 그들에게 조언하거나 충고하면 분을 참지 못한다. 또 새벽기도에 안 빠져야 장로가 된다는 것을 알기 때문에, 목적을 달성할 때까지 열심히 한다. 교회 안에서는 거룩해 보이지만, 직장에서나 사회에서 적당히 부패하고 적당히 불법에 눈감아 돈 버는 것을 부끄러워하지 않고, 그런 돈으로 헌금만 잘하면 더 큰 복을 받는다고 생각하는 착각에 빠질 수 있다.

옷 술을 크게 달면 강도가 될 수 있다. 많은 경우 자신이 얼마나 하나님을 잘 믿는 사람인지를 외적으로 드러내려고 애쓴다. 거짓된 거룩이요, 교만한 겸손인 경우가 많다. 옷 술을 크게 달므로 하나님께서 받으셔야 할 영광을 내가 훔치고 있는 것이다.

옷 술을 크게 달면 노예가 될 수 있다. 사람들에게 잘 보여야 하고, 남들이 나를 추켜세워 주어야 한다. 사람들에게 그럴듯하게 보이고자 하는 유혹은 금방 중독이 된다. 그래서 점점 더 큰 옷 술을 만들기 위해 열정을 불태우게 된다. 좋은 평판을 받기 위해 스스로 노예가 되는 경우도 있다.

옷 술을 크게 만들면 배우가 되기도 한다. 사람들에게 거룩한 모습으로 보이려고 연출하고 스스로 배우로 활동한다. 종교적 거룩성을 드러내길 좋아하고, 표정도 거룩한 모습으로 위장한다. 남들에게 보이기 위해 사니까, 위선적이고 외식적인 삶을 살게 된다. 배우로 살면 관중은 사로잡을 수 있겠지만 하나님의 마음은 사로잡을 수 없음을 명심해야 한다.

유대 교회와 현대 교회

모세의 자리에 앉은 교회 지도자들 때문에 백성들은 유대 교회에 대한 맹목적인 복종과 그들의 가르침에 사상적 노예가 되어 있었다. 유대 교회 안에 있어야만 하고, 유대 교회 밖으로 나가는 것은 사탄의 뜻을 따르는 것이고, 그래서 종교 지도자들이 성경을 해석해주는 대로 그냥 따라 사는 것이다. 이치와 논리에 맞지 않고, 상식에 맞지 않고, 더군다나 하나님의 말씀에 맞지 않는데도 교회를 관리하는 그들의 해석의 노예가 되어서 도무지 빛을 받아들일 여지가 없이 편견의 사슬에 사로잡힌 백성들! 그리스도께서는 이 사슬들을 끊으셔야만 했다. 교회가 백성들에게 얹어준 멍에를 끊어 내는 것도 예수님의 지상 사역 중에 포함되어 있었다. 그래야 백성들이 종교 지도자들에 대한 맹신에서 벗어나 참과 거짓을 분별하고, 그들과 하나님 사이를 가로막고 있던 편견의 장벽도 무너질 수 있기 때문이다.

그래서 23장에서만 "화있을진저 이 위선자들아"라는 말씀을 7번 반복하신다. 반복적으로 당시 교회의 지도자들인 서기관과 바리새인의 죄를 강력히 책망하신다. 이 책망은 그 자리에 있는 청중만을 위한 것이 아니다. 오늘을 사는 우리에게도 적용되어야 한다.

"화 있을진저 외식하는 서기관들과 바리새인들이여 너희는 천국 문을 사람들 앞에서 닫고 너희도 들어가지 않고 들어가려 하는 자도 들어가지 못하게 하는도다" (마 23:13).

예수님께서 오늘날의 부패한 교회를 보셨다면 똑같은 말씀을 하시지 않았을까? 이런 말씀을 들었을 때 우리의 심령이 떨려야 할 것이다.

"화 있을진저 외식하는 서기관들과 바리새인들이여 너희는 교인 하나를 얻기 위하여 바다와 육지를 두루 다니다가 생기면 너희보다 배나 더 지옥 자식이 되게 하는도다" (마 23:15).

열심히 전도해서 교인 만들었는데, 교회 지도자들이 지옥 자식으로 양육시키고 있다는 것이다. 참으로 두려운 말씀이다. 성경을 곡해하고 잘못 가르쳐서 진리를 찾는 사람들의 눈을 멀게 하는 무서운 죄가 오늘날의 교회에도 있다는 것이다.

"화 있을진저 소경된 인도자여 너희가 말하되 누구든지 성전으로 맹세하면 아무 일 없거니와 성전의 금으로 맹세하면 지킬지라 하는도다" (마 23:16).

제사장들도 성전의 주인인 하나님을 경배하는 것이 아니라, 황금을 숭배한다. 면죄부가 중세 카톨릭에만 있었던 것이 아니다. 예수님 당시도 어떤 죄들은 가볍게 여기고 다른 죄는 거의 용서받지 못할 죄가 되는 듯 취급하면서 금전을 요구했다. 돈을 내면 죄를 면제해 주고, 돈을 안 내면 사소한 실수에도 엄중한 형벌을 내렸다. 특별히 유대 지도자들이나 유대 교회에 대해 조금이라도 해가 될 만한 그런 일들은 거의 용서받지 못할 죄로 취급되었다. 제사장들은 자기들의 표준에 따라 하나님의 요구를 해석했고, 돈을 받고 죄들을 용서해 주는 경우가 허다했다.

"소경된 인도자여 하루살이는 걸러내고 약대는 삼키는도다" (마 23:24).

"너희가 소경이면서 누구를 인도한다고 하느냐? 하루살이는 삼킬까봐 조심조심하면서 약대는 꿀떡꿀떡 삼키는 위선자들아!" 물을 마실 때 부정한 짐승으로 구별될 수 있는 가장 작은 곤충이라도 섞이지 않도록 하기 위해 모든 물을 걸러 마시라고 백성들에게 요구했다. 자기는 하지도 않으면서, 아니 못하면서 백성들에게 무거운 짐을 지워준 것이다.

"화 있을진저 외식하는 서기관들과 바리새인들이여 회칠한 무덤 같으니 겉으로는 아름답게 보이나 그 안에는 죽은 사람의 뼈와 모든 더러운 것이

가득하도다" (마 23:27).

무덤과 접촉하면 부정하게 된다. 그래서 혹시나 무덤과 접촉해서 부정하게 될까 봐 무덤을 희게 칠했다. 그런데 무덤이 문제가 아니라 "너희들 자체가 바로 부정한 시체덩어리다. 뿐만 아니라 썩은 시체를 감추려고 회칠한 무덤들이다. 위선자들이다!"라고 말씀하신 것이다.

"[29] 화 있을진저 외식하는 서기관들과 바리새인들이여 너희는 선지자들의 무덤을 쌓고 의인들의 비석을 꾸미며 가로되 [30] 만일 우리가 조상 때에 있었더면 우리는 저희가 선지자의 피를 흘리는데 참예하지 아니하였으리라 하니 [31] 그러면 너희가 선지자를 죽인 자의 자손됨을 스스로 증거함이로다" (마 23:29-31).

바리새인들은 선지자의 무덤을 만들고 아름답게 장식하면서 서로 말하기를 "만일 우리가 조상의 시대에 살았더라면 우리는 하나님의 종들의 피를 흘리지 않았을 텐데!"라고 말했다. 그런데 이들이 지금 무엇을 계획하고 있는가? 그들의 공언과는 반대로 하나님의 아들을 죽이려고 계획하고 있다.

예수님의 강한 이 책망을 그 당시에만 적용하지 말아야 한다. 이것이 우리에게도 교훈이 되어야 한다. 만일 우리가 그 당시에 살았다면 예수님의 가르침을 즐거이 받아들였을 것이요 구주를 거절한 자들의 죄에 결코 동참하지 않았을 것이라고 생각하곤 한다. 정말 그럴까? 우리가 이들처럼 예수님을 죽일 자인지 아닌지 알 수 있는 방법이 있다. 지금 하나님이 우리에게 순종과 극기와 겸손을 요구할 때, 어떤 결정을 하는가? 성령의 음성을 무시하고 순종을 거부하지는 않는가? "하나님 이건 너무 극단인 것 같아요. 하나님은 사랑이신데, 제가 진리를 따라 살면 가족에게서, 사회에서, 교회에서 이런 어려움을 당하는데, 사랑의 하나님께서 이런 것을 요구하실 리 없어요."라며 적당히 타협하거나, 무시하거나 아니면 말씀대로 살기는 어렵다고 화를 내고 있지는 않는가? 우리는 오늘 어떤 선택을 하고 있는가? 하나님 말씀에 대한 순종이 어렵다고 변명하면서, 새 마음을 주신다는 하나님의 약속을 등한히 하지는 않는지 살펴봐야 하겠다.

서기관과 바리새인은 자존심에 큰 상처를 입었다. 인간은 흔히 자존심에 상처받았을 때, 이를 갈며 복수하려고 한다. 자신의 평판과 체면 때문에 공공연하게 할 수는 없으니 어떤 명분을 만들어 합리화시키면서 그 일을 한다. 또한 그들은 이기적이었다. 우리도 그들처럼 자기가 하지 못하는 일, 하기 싫은 것들을 남에게 미루지 않는가? 종교지도자들은 탐욕적이었다. 우리도 돈 때문에 영생을 거래하고 있지는 않은지 생각해 봐야 한다. 그들은 논쟁적이었다. 우리도 분냄과 다툼과 미움과 짜증이, 한방 먹여주고 싶은 복수의 마음이 있지는 않은지 두렵고 떨리는 마음으로 살펴봐야겠다. 우리가 예수님 당시에 살았다면 우리는 지금 어느 편에서 있을까? 유대 지도자들이 행한 그 일을 선택할까 두렵다.

운명의 선고

"[35] 그러므로 의인 아벨의 피로부터 성전과 제단 사이에서 너희가 죽인 바라갸의 아들 사가랴의 피까지 땅 위에서 흘린 의로운 피가 다 너희에게 돌아가리라 [36] 내가 진실로 너희에게 이르노니 이것이 다 이 세대에게 돌아가리라" (마 23:35, 36).

창세기의 첫 번째 순교자 아벨에서부터 마지막 순교자 사가랴. 사가랴는 이스라엘 백성의 우상숭배를 정죄하다가 요아스 왕의 명령으로 성전 뜰에서 돌에 맞아 죽임을 당한, 대제사장 여호야다의 아들이었다.

"[20] 이에 하나님의 신이 제사장 여호야다의 아들 스가랴를 감동시키시매 저가 백성 앞에 높이 서서 저희에게 이르되 여호와께서 말씀하시기를 너희가 어찌하여 여호와의 명령을 거역하여 스스로 형통치 못하게 하느냐

하셨나니 너희가 여호와를 버린고로 여호와께서도 너희를 버리셨느니라 하나 [21] 무리가 함께 꾀하고 왕의 명을 좇아 여호와의 전 뜰 안에서 돌로 쳐 죽였더라 [22] 요아스 왕이 이와 같이 스가랴의 아비 여호야다의 베푼 은혜를 생각지 아니하고 그 아들을 죽이니 저가 죽을 때에 이르되 여호와는 감찰하시고 신원하여 주옵소서 하니라" (대하 24:20-22).

오늘날의 성경은 말라기가 마지막 책인데, 히브리 성경 순서로는 역대기가 맨 마지막 책이다. 그래서 예수님께서는 지금 창세기부터 마지막 책까지, 최초의 순교자부터 최후의 순교자를 언급하시며 그들을 너희가 죽였다고 선언하고 계신다. 지금 청중들은 선지자 사가랴가 어떻게 죽었는지 알고 있다. 예수님께서 지금 어디에서 말씀하고 있는가? 해변도 아니고 축복의 산도 아니라 바로 사가랴가 죽은 성전 뜰에서 말씀하고 있다.

하나님께로부터 오는 경고의 말씀이 선지자의 입에 있을 때에 배도한 왕은 사탄적인 격분에 사로잡혔고 선지자는 죽임을 당했다. 그의 피는 성전 마당의 매 돌마다 새겨져 지워질 수 없었고, 이것은 배도한 이스라엘에 대한 증거물로 남아있게 되었다. 지금 예수님께서 똑같은 성전 뜰에서 이 무서운 죄악에 대해 언급하시면서, "이 의로운 피 값이 너희에게 돌아갈 것이다"라고 말씀하신 것이다. 이 말씀을 하실 때에 공포가 청중들을 둘러쌌다. 이제 그들은 그리스도를 거절함으로 아벨로부터 그리스도에 이르기까지 그들의 죄악의 잔을 넘치도록 채우고 있었던 것이다.

그리고 결론으로 이렇게 말씀하신다. "뱀들아 독사의 새끼들아 너희가 어떻게 지옥의 판결을 피하겠느냐 너희가 지금까지 죽인 의인들과 선지자들의 피가 다 너희에게 돌아갈 것이다"(마 23:33, 36). 예수님은 지금 화가 나거나 억울해서 쏟아부은 것이 아니다. 주님의 생명을 빼앗으려고 애쓰는 그 살기등등한 자들을 움츠리지 않고 바라보셨다. 온유하고 따뜻한 말씀만 하시던 예수님의 입술에서 심판의 음성이 울려 퍼진 것이다.

이 말씀을 하셨을 때, 군중들의 반응이 기록에 없지만 어떤 분위기였을까?

책망을 당하는 당사자들은 물론이요 제자들까지도 아마 창백하게 질렸을 것이다. 심판의 소리를 듣는 청중들은 벌벌 떨었을 것이고, 아마 가룟 유다는 당시 지도자들에 대한 예수님의 책망과 심판의 말씀을 듣고 몹시 속상했을지 모르겠다.

이런 책망을 우리 면전에서 했다면, 우리는 어떤 반응을 보였을까? 부르르 떨면서 어떻게든 복수하겠다고 결심했을까? 아니면 "주여 그렇습니다. 저를 구원해 주소서!" 그렇게 매달릴까? 예수께서는 이 말씀을 화요일 오후에 하셨는데, 그 후 3일 뒤에 십자가에 달려 돌아가시게 된다. 결국 이들은 최초의 순교자 아벨에서부터 마지막 순교자 사가랴 그리고 메시아까지 죽임으로 죄악의 잔을 넘치도록 채우고 말았다.

우리는 "아무리 그래도 나는 서기관이나 바리새인들과 같지는 않을 거야!"라고 생각하며 만족감이나 안도감을 얻는다면 오히려 그들처럼 될 수 있다는 사실을 알아야 한다. "주님 제가 이들과 같습니다."라고 고백하는 자에게 구원의 은혜가 임한다. 이 말씀을 나에게 적용해야 한다. 우리 교회에 적용해야 한다. 그래야 산다. 그래서 우리 안에 참된 **회개** 운동이 일어나야 한다. 혼자 회개하는 것이 아니라 함께 회개해야 한다. 그 결과로 거룩한 사람들이 준비되고, **거룩** 운동이 일어나야 한다. 그래야 예수님의 **재림**이 임하지 않겠는가!

새로운 시작

예수님께서 마태복음 23장을 어떤 심정으로 말씀하셨을까?

"오! 예루살렘아 예루살렘아 선지자들을 죽이고 네게 파송된 자들을 돌로 치는 자여 암탉이 그 새끼를 날개 아래에 모음같이 내가 네 자녀를 모으려 한 일이 몇 번이더냐 그러나 너희가 원하지 아니하였도다" (마 23:37).

"모으려 한 일이 몇 번이더냐!" 모으려고 몹시 바랐다는 뜻이다. 예수님이

하신 말씀 중 염려하는 마음이 이처럼 사무치고 부드러운 표현으로 예수님의 입술에서 흘러나온 적이 없었다. 유대 종교 지도자들에게 저주 섞인 말로 심판을 선고하신 것이 아니라 눈물로 호소하신 것임을 알 수 있다. 그들의 죄를 깨닫게 해 주므로 행여 한 사람이라도 구원하시려고 청중들을 보실 때, 불꽃같은 눈으로 쳐다보며 저주를 쏟아부은 것이 아니라 동정의 눈빛으로 "너희가 살아야 할 것 아니냐" 하는 심정으로 말씀하셨다.

마음의 깊은 고민과 쓰라린 눈물 때문에 목멘 음성으로 "오 예루살렘아 예루살렘아 선지자들을 죽이고 네게 파송된 자들을 돌로 치는 자여 내가 너희를 모으려 한 일이 몇 번이냐 그러나 너희가 원치 아니하였도다." 이것은 죄를 선택해서 떠나는 이들을 보시며 안타까운 작별의 말씀을 하신 것이다.

이와 같은 호소가 오늘날 우리에게 다시 울려 퍼지고 있다. 우리 삶이 이기심과 탐욕과 자아 사랑으로 더럽혀졌는데, 이 모든 것을 순결한 것처럼 보이는 겉옷으로 가려서 한동안은 사람들을 속일 수 있다. 그러나 하나님을 속일 수는 없다. 하나님께서는 마음의 모든 목적을 아시고 모든 사람을 그들의 행위에 따라 심판하실 것이다.

이날 화요일 오후 서기관, 바리새인, 제사장들은 더 이상 참지 못하고 3일 후에 예수님을 죽이게 된다. 하지만 이 자리에 있던 많은 백성들의 마음속에 예수님께서는 진리의 씨앗을 남겨두셨다. 맹목적인 교단주의라는 교회관을 깨뜨리자, 진리의 빛이 그들의 삶 속에 비취기 시작했고, 새로운 소명이 일깨워졌으며, 새로운 사명을 부여받고, 새로운 역사가 시작되었다. 그리스도께서 십자가에 달리시고 부활하신 후에 이 사람들은 선두에 나와서 거룩한 사명을 성취하게 되었다.

3. 요한계시록 18장 천사의 마지막 외침

"[1] 이 일 후에 다른 천사가 하늘에서 내려오는 것을 보니 큰 권세를 가졌는데 그의 영광으로 땅이 환하여지더라 [2] 힘센 음성으로 외쳐 가로되 무너졌도다 무너졌도다 큰 성 바벨론이여 귀신의 처소와 각종 더러운 영의 모이는 곳과 각종 더럽고 가증한 새의 모이는 곳이 되었도다 [4] 또 내가 들으니 하늘로서 다른 음성이 나서 가로되 내 백성아, 거기서 나와 그의 죄에 참예하지 말고 그의 받을 재앙들을 받지 말라" (계 18:1, 2, 4)

반복되는 마태복음 23장의 호소

마태복음 23장의 말씀이 지금 이 시대에 요한계시록 18장에서 다시 울려 퍼진다. 마태복음 23장처럼 계시록 18장도 그 장 전체가 심판의 메시지를 전한다. 그리고 예수님께서 "화 있을진저" 하셨던 것처럼 계시록 18장에서는 "화 있도다"라는 말씀이 여러 차례 반복된다. 번역은 "화 있을진저"와 "화 있도다"로 다르게 했지만, 헬라어로는 똑같은 "우아이"(οὐαί)이다. 그런데 "화 있도다 화 있도다"가 두 번씩 반복된 것은 그때보다 더 엄숙하고, 더 심각한 상태에 있다는 것을 의미한다. 오늘날의 기독교회를 향한 무서운 책망이다.

그런데 이 경고를 침례 요한이 다시 살아나서 전하는 것인가, 아니면 예수님이 직접 전하는 것인가? 물론 예수님께서 자기 백성들에게 하시는 호소요, 경고요, 심판의 선언이고, 예수님이 전하는 메시지가 맞다.

그런데 예수님이 직접 이 땅에 다시 오셔서 말씀하시는 것일까? 그것이 아니라면 갑자기 하늘에서 천둥소리처럼 계시록 18장의 말씀이 울려 퍼지는 것일까?

예수님의 이 마지막 호소가 주님의 사자들을 통해서 외쳐지는 것이다. 마태복음 23장에 예수님께서 유대 교회를 구원하시려고 울며 책망하셨던 것처럼, 계시록 18장에서도 하나님의 사랑하는 자녀들이 그 심판과 재앙을 받지 않고 살아남는 길을 제시하시며 호소하고 계시는 것이다. "내 백성아, 내 백성아! 바벨론에서 나와야 산다. 거기 그대로 있다간 함께 멸망당해! 내 백성아 진리의 음성을 듣고 나와야 해!"

계시록 18장의 경고는 예수님의 사랑과 믿음을 가지고, 예수님과 함께 호흡하며, 예수님께 임했던 성령의 충만함을 가진 사람들이 외치는 마지막 호소이다.

"[1] 이 일 후에 다른 천사가 하늘에서 내려오는 것을 보니 큰 권세를 가졌는데 그의 영광으로 땅이 환하여지더라 [2] 힘센 음성으로 외쳐 가로되 무너졌도다 무너졌도다 큰 성 바벨론이여 귀신의 처소와 각종 더러운 영의 모이는 곳과 각종 더럽고 가증한 새의 모이는 곳이 되었도다 [3] 그 음행의 진노의 포도주를 인하여 만국이 무너졌으며 또 땅의 왕들이 그로 더불어 음행하였으며 땅의 상고들도 그 사치의 세력을 인하여 치부하였도다 하더라 [4] 또 내가 들으니 하늘로서 다른 음성이 나서 가로되 내 백성아, 거기서 나와 그의 죄에 참예하지 말고 그의 받을 재앙들을 받지 말라 [5] 그 죄는 하늘에 사무쳤으며 하나님은 그의 불의한 일을 기억하신지라 [6] 그가 준 그대로 그에게 주고 그의 행위대로 갑절을 갚아주고 그의 섞은 잔에도 갑절이나 섞어 그에게 주라 [10] 그 고난을 무서워하여 멀리 서서 가로되 화 있도다 화 있도다 큰 성, 견고한 성 바벨론이여 일시간에 네 심판이 이르렀다 하리로다 [16] 가로되 화 있도다 화 있도다 … [19] 티끌을 자기 머리에 뿌리고 울고 애통하여 외쳐 가로되 화 있도다 화 있도다 이 큰 성이여 바다에서

배 부리는 모든 자들이 너의 보배로운 상품을 인하여 치부하였더니 일시간에 망하였도다 [24] 선지자들과 성도들과 및 땅 위에서 죽임을 당한 모든 자의 피가 이 성중에서 보였느니라 하더라" (계 18:1–6, 10, 16, 19, 24).

엄청난 메시지를 전하고 있다. 마태복음 23장이 어떻게 끝나는가? "선지자들과 의인들의 피 값이 너희에게 돌아가리라" 했는데, 계시록 18장 끝에도 "선지자들과 성도들을 죽인 피 값이 너희에게 돌아가리라"라는 선언으로 끝이 난다. 똑같은 패턴으로 마친다. 마태복음 23장의 예수님의 호소가 계시록 18장에서 더 강력히, 더 간절히, 더 엄숙하게 반복되는 것이다.

이 말씀은 오늘날 교회에게 주시는 경고이며 호소의 말씀이다. 현대 기독교는 너무나 두려운 상태가 되었다. 기독교가 세상의 소금과 빛의 역할을 하지 못하므로 땅에 밟히는 처지가 되었다. 잘못된 가르침으로 분별력을 잃게 만드는 비 성서적인 가르침들이 강단에서 전해지고 있다. 목회자들의 비리와 범죄가 심심찮게 뉴스거리가 되고 있다. 계시록 18장의 표현으로 "귀신의 처소"가 되었고 "더러운 곳"이 되었다. 오늘날 교회의 강단에서 벌어지는 각종 신유/치유 집회들을 심각하게 생각해 보아야 한다. 불순종과 불법을 행하는 목회자에게 거룩한 성령의 능력이 임할 수 있을까?

예수님께서 마태복음 23장의 말씀을 하셨을 때, 종교 지도자들은 귀를 막고 광분을 견디지 못하여 결국 예수님을 십자가에 매달았다. 오늘날도 마찬가지이다. 계시록 18장의 천사, 즉 진리를 알고 하나님의 말씀에 순종하며 사는 참된 그리스도인들은 "하나님의 심판이 내리기 전에 바벨론에서 나오라!"고 외칠 것이며 그들이 외칠 때에 예수님이 당하셨던 것과 동일한 취급을 받게 될 것이다.

박해의 서막

역사는 반복된다. 종교 지도자들이 분을 참지 못하고 예수님을 죽였듯이, 이단이라는 굴레를 씌워 백성들이 참된 경고의 소리를 듣지 못하게 할 것이다. 사탄은 종교 지도자들의 마음을 어둡게 해서 기득권을 유지하려는 이기심과 맹목적인 열심과 진리에 대한 이상한 분노에 쌓인 채 성도들의 피를 흘리게 할 것이다.

그러나 성전 뜰에서 예수님의 말씀을 듣고 있던 백성들은 하나님의 음성을 들었다. 진리의 빛을 보게 되었다. 그래서 새로운 소명이 일깨워졌고, 새로운 사명을 부여받고, 새로운 역사가 시작되었다. 그런데 이 말씀은, 이 최후의 호소는 아무나 전할 수 있는 것이 아니다. 침례 요한은 성령이 충만한 선지자였다. 그래서 두려움 없이 전할 수 있었다. 예수님도 성령이 충만한 분이셨다. 그래서 사랑의 마음으로 호소할 수 있었다. 그렇다면 이 시대에 이 메시지를 전하는 사람도 성령이 충만해야 한다. 그래야 자신의 연약함을 극복하고 두려움 없이 이 복음을 외칠 수 있다.

왜냐하면 이 복음을 전한 대가로 생명을 바칠 수 있기 때문이다. 세상에서는 비천하고 약하나 하나님의 능력에 자신을 온전히 의지한 이 사람들이 전하는 복음에는 듣는 사람의 심령을 찔러 쪼개는 큰 능력이 수반될 것이다. 놀라운 능력을 받아도 그것을 자신의 욕심과 이기심을 채우는데 사용하지 않을 사람, 회개와 거룩의 열매가 있는 사람에게 이 능력이 부어질 것이다.

무식하고 비천했지만 오순절 성령의 임재로 회개하고 약속의 성취를 기다리던 제자들에게 성령의 능력이 임했던 것처럼 하나님께 부르심을 받아 충성스럽게 사명을 행하는 자들, 하나님의 말씀을 사랑하고 그 뜻대로 순종하는 자들에게 놀라운 성령의 권능이 다시 한번 충만하게 임할 것이다. 사도들이 오순절 성령의 능력을 받아 복음을 전했을 때 회개한 자들이 교회에 가득 찼고, 땅 끝까지 복음이 전파된 것처럼 우리도 성공적으로 이 사명을 마치기 위해서는 성령의 능력이 필요하다. 인간의 능력이나 지혜로 하는 것이 아니요 하나님의 능력으로 복음이 힘 있게 전파되어야 한다.

그러나 이 사명을 완수하지 못하도록 큰 핍박이 밀어닥칠 것이다. 비난, 조롱, 음모, 구설수, 수군거림 이런 핍박이 몰아닥칠 것이다. 차라리 칼로 목 베어 죽는 핍박은 쉬울지 모른다. 온갖 거짓말로 생매장당하는 일을 겪을 것이다. 그렇게 만신창이가 된 후에 실제 목숨까지 잃을지 모른다. 하지만 그것이 예수님께서 가신 길이었다. 우리도 가야 한다. 우리도 그 길을 따라야 한다. 우리처럼 연약한 사람들이 어떻게 감당할 수 있을까? 그렇기 때문에 이런 것들을 이길 더 큰 성령의 능력이 주어져야 한다.

마지막 성령 운동, 늦은비 성령

마지막 시대에 최후의 복음을 전하기 위해 임하시는 성령을 늦은비 성령이라고 부른다. 하나님께서는 이렇게 하나님을 위해 외칠 증인들을 지금 찾고 계신다. 그들은 늦은비 성령과 함께, 이 세상을 향하여 "바벨론이 무너졌다"고, "그 가운데서 나오라"고 외칠 것이다. 이제 곧 바벨론에서 성도들을 불러내는 성령 운동이 있을 것이다. 이 성령 운동을 계시록 18장 1절에 "이 일 후에 다른 천사가 하늘에서 내려오는 것을 보니 큰 권세를 가졌는데 그의 영광으로 땅이 환하여지더라"라고 표현한다. 큰 권세는 늦은비 성령의 권세이다. 마지막 성령 운동이다.

침례 요한과 예수님이 전했고, 마지막 성도들이 호소와 경고와 심판의 메시지를 전하고 있다. 요한계시록 18장에 나오는 이 천사는 우리가 되어야 한다. 진리를 들었는가? 그렇다면 우리는 이 시대에 부르심을 받은 것이다. 혼잡한 바벨론에서 나오고, 취하게 하는 포도주인 잘못된 가르침에서 빠져나와 마지막 위기의 때까지 바벨론을 향해 외치는 사명을 감당해야 한다.

사람을 변화시키고 회개하게 만드는 참된 복음을 먼저 경험하여 주변의 사람들에게 그 복음을 소개하고, 죄의 권세에 매여 있는 사람들을 자유와 안식의 경험으로 인도하고자 애쓰고 기도하는 사람들에게 거룩한 하늘의 능력을 부으셔서 그 일을 완성하실 것이다.

우리는 지금 어느 위치에 있는가? "내 백성아 거기서 나오라" 할 때, 바벨론에서 나와야 하는 백성일 수 있다. 아마 많은 이들이 여기에 포함될 것이다. 하지만 바벨론에서 나온 사람들이 나와서 어떻게 되는가? 이들도 계시록 18장의 천사가 되어, 바벨론을 향해 외치게 된다. 먼저 복음을 전하고 외쳤던 하나님의 백성과 연합해서 함께 인류의 운명이 달린 이 구속의 사역을 마치게 될 것이다.

계시록 18장 천사는 그 영광으로 온 세상을 환하게 한다. 이것은 온 세계적 범위의 사역이 비상한 능력으로 성취된다는 예언의 말씀이다. 이 사역은 오순절의 운동과 유사할 것이다. 초대교회 복음이 처음 세상에 소개되는 당시에 귀중한 씨앗의 발아를 위해 이른비 성령을 주신 것처럼 마지막 인류 역사를 마치는 사역에는 늦은비 성령을 주셔서 추수할 곡식을 무르익게 하실 것이다.

"그러므로 우리가 여호와를 알자 힘써 여호와를 알자 그의 나오심은 새벽 빛 같이 일정하니 비와 같이, 땅을 적시는 늦은 비와 같이 우리에게 임하시리라 하리라"(호 6:3). "시온의 자녀들아 너희는 너희 하나님 여호와로 인하여 기뻐하며 즐거워할지어다 그가 너희를 위하여 비를 내리시되 이른 비와 늦은 비가 전과 같을 것이라"(욜 2:23). "[17] 하나님이 가라사대 말세에 내가 내 영으로 모든 육체에게 부어 주리니 너희의 자녀들은 예언할 것이요 너희의 젊은이들은 환상을 보고 너희의 늙은이들은 꿈을 꾸리라 [21] 누구든지 주의 이름을 부르는 자는 구원을 얻으리라 하였느니라"(행 2:17, 21).

마지막 시대 복음 전파 사역은 초대 교회에 나타났던 성령의 능력과 동일한 성령의 능력으로 마쳐지게 될 것임을 약속하고 있다. 초대 교회에 이른비가 내림으로 성취된 예언들은 마지막 시대에 늦은비가 내림으로 다시 성취될 것이다.

하나님은 우리를 계시록 18장의 천사로 부르셨다. 우리는 먼저 바벨론에서 나와야 하고, 그다음 나오라고 외치는 천사들이 되어야 한다. 이 최후의 경고는 인간의 능력으로 전하는 메시지가 아니다. 요한과 예수님처럼 성령의 충만함으로 선포되어야 한다.

지금 우리가 광화문 광장에 가서 하루 종일 외친다고 누가 얼마나 듣겠는가? 하지만 늦은비 성령께서 함께 하시면 "회개하십시오!"라는 단순한 이 한마디에 온 교회가, 온 민족이, 온 세계가 떨 수 있게 된다. 하나님의 최후의 복음을 증거할 때 그 일에 함께 수반되는 능력 때문에 사람들은 심령에 깊은 떨림을 느끼게 될 것이다. 이 능력은 사람을 감동시켜 회개하게 만들고, 무엇이 진리인지 명확한 식별력을 주어 깨닫게 하며, 각 사람의 운명이 달린 진리를 선택하게 만드는 힘이다. 이것이 늦은비 성령의 능력이다. 마치 롯이 하나님의 사자의 손에 이끌려 멸망하는 소돔성에서 나온 것처럼 성령이 충만한 하나님의 백성들의 외침을 통해 운명 지어진 교회에서 많은 성도들이 나오게 될 것이다. 한두 사람이 나오는 것이 아니라, 요한에게 침례를 받으려고 줄을 섰던 것처럼 줄지어 나올 것이다.

종교 개혁자

반대의 폭풍우가 다가올 때 하나님을 믿는다고 말은 하면서도, 진리를 순종함으로 참된 그리스도인이 되지 않은 사람들은 그들의 위치를 떠나 반대편에 가담하게 될 것이다. 경건의 모양은 있으나 경건의 능력은 경험하지 못한 사람들이 그때에 분명히 나누어지는 것이다. 예수님의 제자가 되기를 소원했지만 예수님보다 더 사랑한 재물 때문에 근심하며 떠났던 부자 법관처럼 감추어 두었던 마음속 우상이 있다면 그때에 그 결과가 드러나게 될 것이다. 세상과 연합하고 그 정신에 은밀하게 동참해 왔던 사람들은 시험이 올 때 평안하고 인기 있는 편을 택하게 된다.

그 위기의 때에 하나님은 감춰진 모든 것을 밝히 드러내실 것이며, 누구를 섬겨왔는지 폭로할 것이다. 한때 진리 안에서 기쁨을 누렸던 재능 있고 말솜씨가 좋은 사람들은 자신의 능력을 사람들을 속이고 미혹하기 위해 사용할 것이다. 배도자들은 그들의 신실한 형제가 하나님의 말씀대로 살고 믿음을 지킨다는 이유로 법정에 소환되어 신앙에 대한 답을 해야 할 때, 이들에 대해 거짓 증거하고 비난하는 사탄의 가장 효과적인 대리자들이 될 것이다.

신실한 하나님의 백성들은 이 박해의 시기에 큰 시련을 받는다. 그러나 지나간 시대의 하나님의 백성들 역시 똑같은 박해와 시련을 경험했다. 위클리프, 후스, 루터, 틴 데일, 박스터, 웨슬리 같은 사람들은 모든 교리를 성경으로 증명해야 할 것을 주장하고 교회의 권위를 유지하기 위해 자의적으로 해석한 것들은 무엇이든지 버려야 할 것으로 선언했다. 하나님의 말씀을 변경하고 왜곡한 교회에 굳세게 대항한 이들은 분노의 대상이 되었다.

그러나 그들은 진리를 전하는 일을 그치지 않았다. 그들의 소명과 사명을 잊지 않았다. 그들에게 주신 사명을 완수하기로 작정하고 믿음으로 하나님의 능력을 의지하였다. 그들은 세상에서는 버린 바 된 것처럼 보였으나 하나님의 눈에는 그 어느 때보다 더 귀하고 소중한 백성으로 여겨졌다. 이렇게 성경의 진리는 증오와 박해를 대항하여 싸우면서 그 길을 개척해 왔고, 믿음의 선조들의 피와 희생으로 오늘 우리의 손에까지 오게 되었다. 이제 주님께서는 그분의 종들에게 마지막 은혜의 초청을 세상에 전하라고 명령하신다. 그들은 잠잠할 수 없다. 만일 그들이 잠잠하면 그들의 영혼은 위험에 빠지고 하나님은 돌들로써 소리 지르게 할 것이다.

마지막 시대 하나님의 백성들은 반대와 박해가 격렬해짐에 따라 괴로움을 당하게 될 것이다. 그러나 양심과 하나님의 말씀은 그들의 길이 옳다는 것을 확신시키며, 시련이 계속될지라도 능히 견딜 수 있도록 강한 은혜가 주어질 것이다. 싸움은 더욱 급박해지고 격렬해진다. 그러나 그들의 믿음과 용기도 사태가 어려워짐에 따라 더욱 강해진다. "우리가 섬기는 주님은 능히 우리를 구원하실 수 있으시다."라고 외치며 모든 인간적인 두려움을 이길 성령의 전신 갑주가 그들에게 충만히 임하게 될 것이다.

사탄이 존재하고 그리스도교가 생명력을 가지고 있는 한 여러 가지 형태의 박해가 존재하는 것이 하나의 원리이고 그것이 기독교의 역사이다. 악한 천사들은 그들의 손에 들어온 사람들을 빼앗길 때 놀라서 복음을 공격한다. 복음을 변질시키고, 복음을 전하는 자들을 괴롭힌다. 여러 가지 유혹과 시련으로 하나님의 백성들을 하나님께로부터 분리시키고자 노력할 것이다. 그러나 예수님께 의지하는 자들은 진리를 대적하는 원수의 반대로부터 최후 승리를 얻게 될 것이다.

4. 회개, 거룩, 재림 운동

"[2] 또 내가 보니 불이 섞인 유리 바다 같은 것이 있고 짐승과 그의 우상과 그의 이름의 수를 이기고 벗어난 자들이 유리 바닷가에 서서 하나님의 거문고를 가지고 [3] 하나님의 종 모세의 노래, 어린 양의 노래를 불러 가로되 주 하나님 곧 전능하신 이시여 하시는 일이 크고 기이하시도다 만국의 왕이시여 주의 길이 의롭고 참되시도다" (계 15:2, 3).

진리의 승리

마지막 위기의 시대에 복음은 논쟁이나 유창한 말솜씨로 전해지기 보다 성령의 깊은 감동으로 전해질 것이다. 이론으로는 벌써 제시되었다. 씨앗은 이미 뿌렸으므로 이제는 그것이 자라나서 열매를 맺을 시기이다. 진리가 담긴 책자들은 세계 곳곳에 전달되어 감화력을 발휘해 왔고, 오지에 간 선교사들에 의해 문명이 발달하지 않은 곳에 사는 소수의 사람들에게도 예수님 그리스도는 전해졌다.

그러나 감동은 받았으나 진리를 충분히 이해하거나 순종하는 일에 많은 장애가 있었다. 이제는 성령의 깊은 감동과 능력이 각 곳으로 뚫고 들어가서 진리가 분명하게 드러나게 될 것이다. 목숨을 바쳐 그들이 선택해야 될 진리가 무엇인지 분명히 깨닫게 된다. 그 결과로 하나님의 신실한 자녀들은 그들을 속박하고 있던 인간관계의 줄, 두려움의 줄을 끊어버리게 된다. 진리는 다른 어떤 것보다 더욱 귀중하다! 진리에 대한 확신이 그들에게 믿음과 용기를 고취시켜 어떤 반대나 핍박도 그들을 속박하지 못할 것이다. “그 날에 여호와가 예루살렘 거민을 보호하리니 그 중에 약한 자가 그 날에는 다윗 같겠고 다윗의 족속은 하나님 같고 무리 앞에 있는 여호와의 사자 같을 것이라”(슥 12:8)는 약속이 성취되는 것을 곧 우리의 눈으로 목도하게 될 것이다. 이제는 혈연관계, 교회 관계가 그들을 붙들어 둘 수 없을 정도로 무력 해진다. 여러 사람들과 단체들이 진리를 대적하기 위해 결속했을지라도 많은 사람이 주님 편에 서게 되는 날이 올 것이다.

마지막 경고의 호소가 큰 능력으로 전파되어야 할 때가 오면 주님께서는 마음이 겸비한 자들을 통해 일하시고, 자신을 주님의 사역에 바치는 사람들의 마음을 지도하신다. 11시 일꾼들은 교육 기관에서의 훈련보다 오히려 성령의 은혜를 받음으로써 자격을 갖추게 될 것이다. 기도하는 믿음의 사람들은 거룩한 열성을 가지고 나아가 하나님께서 그들에게 주신 말씀을 전하도록 강권함을 받게 될 것인데, 그들에 의해 바벨론의 죄들은 공개될 것이다. 국가의 세력으로 신앙의 양심을 억압하는 적그리스도의 정체에 대한 폭로, 잘못된 가르침으로 하나님의 말씀과 성품을 오해하게 만든 것들이 성령의 능력으로 폭로될 때 사람들은 동요할 것이다. 이와 같은 말씀을 도무지 들어보지 못한 무수한 사람들이 경고의 외침을 듣고 선택하게 된다. 그 진리에 수반되는 능력은 그들의 선택을 더욱 확신하도록 만든다.

운동, Movement!

예수님은 우리와 동일한 육체로 오셔서 그 인간이 받은 것보다 훨씬 큰 유혹과 시험을 당하셨으나 모든 죄에서 승리하셨고 온전히 순종하셨다. 예수님께 충만했던 성령과 믿음이 그 일을 가능하게 했다면, 오늘 예수님을 진실로 사랑하는 자들은 예수님을 도우셨던 그 능력을 동일하게 받을 수 있다. 그리스도를 믿고 받아들인다는 것은 그리스도의 생애를 살 수 있는 능력도 함께 믿고 받아들이는 것이다. 그 능력으로 유혹과 시험에서 승리하는 경험을 할 수 있다. 예수님이 내 안에서 그 일을 해 주신다는 놀라운 복음, 죄의 권세에서 해방될 능력을 주신다는 복음, 에덴동산에서 인류에게 선포하신 이 복음(창 3:15)을 계시록의 끝자락에 사는 우리가 경험한다는 것은 놀라운 하나님의 은혜이다.

그 복음을 경험하는 하나님의 백성들은 회개와 죄사함의 경험을 통해 바벨론에서 나오게 될 것이며, 새로운 생애를 살게 되므로 거룩의 경험을 하게 된다. 그리고 이들이 재림 운동에 참여하여 죄에서 자유케 하는 진리를 알지 못하고, 잘못된 가르침에 빠져 있는 많은 백성들을 바벨론에서 불러낼 것이다.

죄인을 진심으로 회개케 하며, 하나님을 사랑하여 그분의 율법을 순종하고 싶은 새 마음과 새 동기를 갖게 된 자들! 이들이 우리가 되어야 한다. 이들을 통해 참 진리가 회복되고 오해된 하나님의 성품이 밝혀질 것이다. 성령의 큰 권능을 받아도 교만하지 않을, 변화된 성품의 이 사람들을 통해 하나님께서는 마지막 시대에 약속하신 성령의 부흥 운동을 일으키실 것이다.

하나의 물결인 회개/거룩/재림 운동을 통해 온 세상이 예수님의 재림을 맞이할 수 있도록 준비될 것이다. 이 시대를 사는 우리는 교회와 진리를 회복시키는 운동을 하는 사람이 되어야 한다. Movement! 사람들을 불러내어 새로운 교단을 만드는 것이 아니라 우리는 예수님의 재림 직전에 회개 운동, 거룩 운동, 재림 운동하는 사람이 되기를 시작해야 한다. 흩어져 있던 하나님의 백성들은 마지막 운동에 합류할 것이다. 그 선택이 얼마나 많은 손해와 핍박과 어려움을 가져오게 되는지 알면서도 타락한 교회를 떠나 생명의 길을 찾아 나설 것이다. 이것이 바로 마지막 시대에 완성될 늦은비 성령의 운동이다.

예수님의 재림이 임박한 시기이다. 참된 회개 운동이 일어나야 한다. 혼자 회개하는 것이 아니라 함께 회개해야 한다. 그래서 신랑을 맞이할 거룩한 사람들, 거룩한 교회가 준비되어야 한다. 그래야 예수님의 재림이 임하지 않겠는가! 그 시작을 여러분과 함께 하기를 간절히 소원한다.

소명과 사명

이 사역을 하면서 살해 협박도 받아 봤고, 이단을 넘어 사탄의 일을 한다는 비난과 정죄도 받고 있다. 왜 그렇게 분노할까? 이것이 진리에 대한 용의 분노이다. 이 분노는 앞으로 더욱 심해질 것이다. 그러나 이 세상에 미련과 소망이 없으므로 주께서 순교의 피가 필요하시면 흘리게 될 것이요, 살아서 남은 역사를 감당하게 하셔도 감사하다.

진실한 그리스도인들이 하나님의 진리를 접하고 마음에 감동을 받아 변화된 삶을 살면 인간관계는 어떻게 될까? 지난날의 신뢰와 사랑이 한 순간에 돌변하면서 친밀했던 사람들이 등을 돌리고 떠나, 적이 되는 마음 아픈 경험을 할 수 있다. 진리의 빛을 보고 바벨론에서 나왔는데 그때부터 주변의 인간관계에서 이단에 빠진 자로 낙인 찍혀 조롱당하고 외톨이가 되는 경험은 아프다. 힘든 것이다. 그러나 몸 담아왔던 사회와 인간관계가 끊어진다고 해서 그 일로 슬퍼하지 말자. 하나님께서는 새로운 신앙 공동체와 교회로 우리를 인도하신다.

또한 **"의인의 길은 돋는 햇볕 같아서 점점 빛나서 원만한 광명에 이르거니와"**(잠 4:18) 진리에 대한 더 깊은 이해와 경험으로 우리를 인도하신다. 핍박과 반대를 통해 "우리 주님이 이렇게 외로우셨겠구나", "우리 주님의 마음이 이렇게 아프셨겠구나"를 경험적으로 알게 되면서 예수님의 마음을 더욱 이해하게 된다. 예수님과 더욱 친밀한 경험을 하게 된다.

"[10] 의를 위하여 핍박을 받은 자는 복이 있나니 천국이 저희 것임이라 [11] 나를 인하여 너희를 욕하고 핍박하고 거짓으로 너희를 거스려 모든

악한 말을 할 때에는 너희에게 복이 있나니 [12] 기뻐하고 즐거워하라 하늘에서 너희의 상이 큼이라 너희 전에 있던 선지자들을 이같이 핍박하였느니라" (마 5:10-12). 의를 위하여, 진리를 따르기 위해 받는 핍박의 경험은 아무나 받을 수 없는, 받고 싶어도 받을 수 없는 귀한 특권이다.

핍박과 반대를 통해 진리를 고수하고 예수님을 따르기로 선택한 독자 여러분! 오늘의 순종이 내일의 순종의 초석이 되고 오늘의 선택이 미래의 운명을 결정짓는다. 지금 하나님의 말씀에 따라 순종하고 승리의 생애를 사는 백성들이 마지막 큰 위기의 때에도 짐승과 그의 우상과 그의 이름의 수를 이기고 벗어나 하늘 유리 바닷가에서 모세의 노래, 어린 양의 노래를 부르는 예수님의 증인이 될 것이다. "주 하나님 곧 전능하신 이시여 하시는 일이 크고 기이하시도다 만국의 왕이시여 주의 길이 의롭고 참되시도다" (계 15:3)라는 해방의 노래, 구원의 노래, 영광과 존귀를 하나님께 바치는 그 노래를 여러분과 함께 부르기를 간절히 소원한다.

마태복음 23장에서 교회를 향해 눈물을 머금고 호소하셨던 예수님의 음성이 이 시대에 계시록 18장에서 반복될 때 주님의 음성을 듣고 반응해야 한다. 우리 모두는 추수 바로 전에 부름받아 추수를 끝내야 하는 사명을 가지고 있는 일꾼들이고, 파수꾼으로 부름받아 칼이 임함을 보고 경고의 나팔을 불라는 사명을 가지고 있는 사람들이다. 우리를 부르신 소명과 우리를 보내시는 사명이 완성되기를 간절히 원한다.

제2장
기독교에 대한 심판의 날

하나님의 심판은 갑자기 임하지 않았습니다. 항상 심판 전에 선지자들을 통해 경고하셨고 돌이키라는 호소를 먼저 하셨습니다. 왜 그랬을까요? 성경은 심판에 대한 하나님의 심정을 이렇게 묘사합니다.

"내가 네 곁으로 지나 갈 때에 네가 피투성이가 되어 발짓하는 것을 보고 네게 이르기를 너는 피투성이라도 살라 다시 이르기를 너는 피투성이라도 살라 하고"(겔 16:6). "그런즉 너희는 너희 길과 행위를 고치고 너희 하나님 여호와의 목소리를 청종하라 그리하면 여호와께서 너희에게 선고하신 재앙에 대하여 뜻을 돌이키시리라"(렘 26:13). "오직 너희를 대하여 오래 참으사 아무도 멸망치 않고 다 회개하기에 이르기를 원하시느니라"(벧후 3:9).

하나님의 심판에는 돌이키면 산다는 조건이 붙어있습니다. 하늘은 인간의 구원을 위해 주실 수 있는 모든 것을 주셨고, 할 수 있는 모든 것을 하셨습니다. 그럼에도 불구하고 모든 은혜를 거절한 죄인에게, 완고해지고 강팍해진 죄인들에게 더 이상의 간청과 호소가 받아들여지지 않기 때문에 심판은 최후의 결정입니다.

한 사람이라도 더 살기를 바라시는 하나님의 오래 참으심과 자비를 사람들은 악용해 왔고, 구원받기에는 너무 늦은 그 때에, 진리를 인정하는 실수를 범하게 될 것입니다. 상냥하고 사랑 넘치는 음성이 죄인에게 간청하시는 바로 지금, 그 호소에 반응하는 우리가 되기를 선택합시다. 하나님의 애타는 심정을 묵상하면서 돌이키라는 호소에 반응하는 우리가 되기를 기도합니다.

요한계시록 18장에서 하나님의 최후의 복음과 심판의 메시지를 전하는 앙겔로스(ἄγγελος) 천사들은 바로 이 시대를 사는 참된 그리스도인들이며, 그들은 하나님의 사자, 하나님의 메신저로서 타락한 교회와 무너진 세상에 마지막 자비의 호소를 전하는 임무를 부여받았다.

하나님께서는 우리를 계시록 18장의 천사로 콜링(소명)하셔서, 마지막 성령 운동인 늦은 비 운동으로 인류 역사의 클라이맥스를 이끌게 하신다. 이 앙겔로스들이 전하는 메시지가 너무나 심각하므로 아무나 외치는 것이 아니라 하나님의 영광, 즉 하나님의 성품을 가진 사람들이 성령의 충만한 임재로 세상에 마지막 심판의 메시지를 전하는 지상 최후의 경고가 계시록 18장의 말씀이다.

하나님은 모든 사람이 구원 얻기를 바라신다. 그렇기 때문에 최후의 심판이 이르기 전에 누구든지 원하는 자는 그 심판을 피할 수 있도록 방법을 제시하시며 끊임없이 호소하시고 경고하신다. 노아의 시대에 120년간 이런 경고와 호소의 음성이 들렸었고, 고대 이스라엘이 이방 나라로부터 멸망 당하기 전에 이사야, 예레미야와 그 외 선지자들을 통해 "심판을 피해 돌아오라"고 눈물로 호소하셨다. 예수님 역시 십자가를 지시기 며칠 전 감람산에서 예루살렘의 멸망을 보시고 친히 눈물로 호소하셨다. 그리고 예수님이 의인을 데리러 이 땅에 재림하시기 전인 오늘날에도 여전히 신실한 파수꾼들을 통해 경고와 호소의 음성을 들려주신다. 피할 길을 제시한 다음에, 경고와 호소 그리고 이후에 심판하신다. 얼마나 자비스러운 하나님의 은혜이며 오래 참으심인가! 이번 말씀을 통해 심판의 이유를 살펴보고, 은혜의 시기인 지금! 아직 선택의 자유가 있는 지금! 바벨론의 사상과 가르침에서 나와 계시록 18장의 천사와 연합하므로 예정된 심판을 피하는 하나님의 백성들이 되기를 간절히 소원한다.

1. 심판의 이유

"힘센 음성으로 외쳐 가로되 무너졌도다 무너졌도다
큰 성 바벨론이여 귀신의 처소와 각종 더러운 영의 모이는 곳과
각종 더럽고 가증한 새의 모이는 곳이 되었도다" (계 18:2).

"바벨론의 몰락"에 대한 이야기는 요한계시록 17장에서 시작해서 18장, 19장까지 이어진다. 요한계시록 17장은 "큰 바벨론"(17:5)이라 칭하는 마지막 배도한 종교 세력에 관하여 묘사하는데, 이 큰 바벨론은 음행의 포도주로 세상의 정치적, 경제적 세력들, 쉽게 말하면 왕, 대통령, 총리 등의 정치가들과 거대 글로벌 기업들을 미혹하는 음녀로 묘사되었다. 특별히 17장에서는 바벨론의 멸망도 언급하고 있는데, 지금까지 음녀 바벨론에게 이용당해 온 정치적, 경제적 세력들이 속았음을 깨닫고 음녀에게 달려들어 복수하게 되는 것이다.

그러나 최후의 심판 전에 바벨론에 있는 속임 당한 하나님의 백성들에게 진리가 큰 능력으로 선포되므로 그들은 진리를 선택하고 바벨론에서 나오게 될 것이다. 그때 하나님께서는 큰 성령의 능력을 받은 계시록 18장의 천사들을 사용하신다.

늦은 비 성령

"이 일 후에 다른 천사가 하늘에서 내려오는 것을 보니
큰 권세를 가졌는데 그의 영광으로 땅이 환하여지더라" (계 18:1).

천사가 큰 권세를 가졌다는 것은, 크신 성령의 능력이 함께 한다는 것을 의미한다. 능력으로 임하는 늦은 비 성령은, 세 천사가 전하는 복음을 경험하여 죄를 이기고 변화된 인생을 사는 하나님의 참 백성에게 임하게 된다. 그래서 하나님의 아름다운 성품으로 진리의 빛을 전하기 때문에 그 영광으로 온 땅이 환하게 되는 것이다.

그들은 회개와 순종의 생애를 살았기 때문에 죄를 미워하고 의를 사랑하는 성품으로 변화되었고, 이런 사람들에게 성령이 충만하게 역사하여, 그들이 전하는 진리는 큰 영향력을 가지고 온 땅을 환하게 한다. 도덕적인 타락으로 어두워진 세상을 그리스도의 성품으로 환하게 할 것이며, 오류로 캄캄해진 세상을 진리의 빛으로 환하게 할 것이다. 진리는 더 이상 희미하거나 모호하게 남아있지 않고, 전하는 자들의 변화된 성품이 진리를 입증하기 때문에 더욱 분명하고 명확하게 드러날 것이다. 이때는 모든 사람이 진리를 듣고 짐승의 표와 하나님의 인, 둘 중 하나를 선택하게 되는 심각하고도 엄숙한 시대이다.

교회가 무너지는 이유 3가지

> **"힘센 음성으로 외쳐 가로되 무너졌도다 무너졌도다
> 큰 성 바벨론이여 귀신의 처소와 각종 더러운 영의 모이는 곳과
> 각종 더럽고 가증한 새의 모이는 곳이 되었도다"** (계 18:2).

이 말할 수 없이 끔찍한 상태가 된 곳은 슬프게도 오늘날 기독교이다. 그런데 왜 무너진다고 하는가?

첫째, 귀신의 처소가 되었다. 하나님이 거하는 성전이 어떻게 귀신의 처소가 될 수 있을까? 성령은 "거룩한 하나님"이시라는 뜻이다. 따라서 하나님의 능력은 거룩한 사람들과 함께 할 수밖에 없는데, 거룩함을 사모

하지 않고, 거룩함을 경험하지 못한 많은 목사와 신도들이 교회에서 성령의 역사를 빙자하여 기적을 행하는 곳이 되었다. 세속적인 목사들이 환자를 고치고, 방언을 가장 유창하게 말하는 신자가 교회에서 가장 교만한 것이 오늘날 교회의 슬픈 현실이다. 사람의 과거와 미래를 맞힌다는 성령의 능력과 병자를 고치는 초자연적인 기적이 점쟁이나 무당들의 것과 무엇이 다를까?

"[20] 이러므로 그의 열매로 그들을 알리라 [21] 나더러 주여 주여 하는 자마다 천국에 다 들어갈 것이 아니요 다만 하늘에 계신 내 아버지의 뜻대로 행하는 자라야 들어가리라 [22] 그 날에 많은 사람이 나더러 이르되 주여 주여 우리가 주의 이름으로 선지자 노릇하며 주의 이름으로 귀신을 쫓아내며 주의 이름으로 많은 권능을 행치 아니하였나이까 하리니 [23] 그 때에 내가 저희에게 밝히 말하되 내가 너희를 도무지 알지 못하니 불법을 행하는 자들아 내게서 떠나가라 하리라"(마 7:20~23).

말씀을 사랑하여 그 뜻대로 살지 않고, 하나님의 속성인 거룩함과 의의 열매가 없는데, 귀신의 능력으로 각종 기적을 행사하고 교회를 부흥케 하고 있으니 귀신의 처소가 되었다고 하는 것이다. 하나님의 교회를 세우고 돌보기 위해, 성령의 열매가 맺힌 사람에게 성령의 은사가 주어지는 것이다. 성령의 능력을 받아도 교만하지 않은 사람들, 그 능력을 자기의 유익과 만족을 위해서 사용하지 않고 영혼을 구원하는 일에 사용하는 사람들, 교회의 덕과 유익을 위해 사용하는 사람에게 성령의 능력이 주어진다. 교회는 외형적인 경건의 모양보다 사람을 경건하게 하는 복음의 능력 경험하기를 힘쓰고, 각종 기적을 사모하기보다 하나님의 성품 닮기를 힘써야 한다.

물론 오늘날도 참된 성령의 능력으로 병자를 고치는 기적이 있음을 부인하지는 않는다. 다만 말씀의 능력을 믿는 믿음이 아니라 기적을 사모하고 믿는 현대 기독교회에서 벌어지고 있는 일들을 경계해야 한다.

교회가 무너지는 두 번째 이유는, 각종 더러운 영이 모이는 곳이 되었기 때문이다. 마귀들의 소굴이라는 뜻이다. 세상의 모든 악함이 교회 안에도 자리 잡고 있다. 목회자들의 금권선거와 세습, 부동산 투기와 재정 비리, 불륜, 사기, 당파 입에 담고 싶지도 않은 이 죄악들이 하나님의 이름으로 교회 안에서 행해지고 있지 않은가!

교회가 무너지는 세 번째 이유는, 각종 더럽고 가증한 새들이 모이는 곳이 되었기 때문이다. 더럽고 가증한 새들이란 완전한 타락과 배도에 대한 묘사다. 시체를 뜯어먹는 각종 새들이 있지 않은가? 생명이 흘러넘쳐 영혼을 살려야 할 교회가 오히려 영적으로 죽어 있는 시체가 가득한 곳이 되었고, 그곳을 더럽고 가증한 새들이 가득 메우고 있는 끔찍한 묘사이다.

바벨론이 무너지는 이유 3가지

> "그 음행의 진노의 포도주를 인하여 만국이 무너졌으며
> 또 땅의 왕들이 그로 더불어 음행하였으며 땅의 상고들도
> 그 사치의 세력을 인하여 치부하였도다 하더라" (계 18:3).

무너지는 원인을 다른 측면에서 세 가지로 다시 설명해 준다.

✓첫째, 바벨론의 포도주로 만국을 무너지게 했기 때문이다(계 17:2).

바벨론은 음녀이다(계 17:5). 음녀는 자신의 음행에 만족하지 않고 다른 사람들을 끌어들여 동참케 해서 전체를 타락시켰다. 만국이 무너졌다는 말은 온 세계가 거짓 교리에 취했고, 그 거짓 교리를 법률적 형벌로 강제함으로 결국은 무너지게 된다. 타락한 종교적 세력들이 정치적 힘과 야합하여 거짓 교리를 강요하는 법령을 행할 것이다. 음행은 교회와 정치의 불륜에 대한 비유이다. 세상의 국가들이 교황과 동맹관계를 맺는 것은 영적 음행

이다. 이것을 폭로하는 일이 계시록 18장 천사의 사명 중 하나이다.

바벨론의 포도주란, 교회가 바벨론의 이교적 교리들을 마치 성경의 진리인 양 잘못 가르치고 있는 것을 의미한다. 포도주를 권해서 취하게 하는 것처럼 잘못된 가르침으로 취하게 만들어 진리와 오류를 구별하지 못하게 만드는 것이다. 세상의 철학, 이교의 관습과 타협함으로 생성된 잘못된 교리들, 즉 사람이 죽으면 즉시 천국과 지옥을 간다는 영혼 불멸설이 대표적이다. 이렇게 되면 부활이 필요 없게 된다. 이미 천국에 가 있는데 예수 그리스도의 재림 때 다시 땅속에 들어갔다가 부활해서 예수님을 처음 본 것처럼 할 것인가? 또 이런 사상 때문에 사람이 죽어서 그 영혼이 여기저기 떠돌고 그러다가 어떤 사람한테 들어간다고 하는데, 이건 마귀지 실제 그 사람 영혼이 아니다. 귀신 쫓아낸다는 유명한 어느 목사의 영상에서 "너 누구냐?"라고 묻자, 귀신 들린 사람이 "예, 저는 언제 죽은 누굽니다."라고 말하였다. 그랬더니 "언제 죽은 귀신아 나가라, 원한 품은 귀신아 나가라" 하는데, 귀신은 하늘에서 쫓겨난 타락한 천사들이지, 조상이 귀신이 아니다. 이것은 성경의 진리를 무너뜨리려는 귀신의 장난이지 예수님의 능력이 아니다. 교회가 이교의 가르침, 귀신의 처소가 돼 버린 것이다. 교회 안에 바벨론의 포도주가 너무 많다. 영원지옥설, 안식일의 변경, 육체로 오신 예수님을 부인하고, 원죄설, 예정설, 이스라엘 회복과 7년 환난과 같은 바벨론의 포도주가 교회 안에 너무 많다. 하나님의 교회에서 성경의 진리를 가르치는 것이 아니라 이교의 교리를 가르치고 있다면, 하나님의 진노를 야기시키는 원인이 되지 않겠는가!

✓둘째, 땅의 왕들과 음행했기 때문이다(계 17:2).

땅의 왕들은 계시록 17장에 나오는 세상의 정치적 지도자들을 말한다. 정치와 교회가 연합하면 기독교인은 대우받고 전도하기도 쉬울 것 같아 좋게 생각할 수도 있다. 그러나 교회와 국가가 연합하게 되면 그 결과는 타락이고 그다음은 사람의 자유의지를 강요하는 핍박이다. 그리고 바로 그 이유 때문에 하나님께서 바벨론을 무너뜨리시는 것이다.

✓셋째, 땅의 상인들과 음행했기 때문이다(계 18:3).

땅의 상인들은 바벨론이 크게 성공하는데 기여한 경제계의 지도자들을 말한다. 타락한 권력의 힘은 돈에서 나오기 때문에 바벨론과 경제계는 은밀한 뒷거래를 통해 세상을 지배했다. 바벨론의 비호 아래 특혜를 누리며 세계 경제를 휘어잡고 부를 축적했으며, 그들은 사람들을 속일 목적으로 바벨론의 교훈과 정책들을 옹호하며 그걸 팔았던 자들이다. 바벨론의 과도한 사치 덕분에 그들은 부를 누렸다. 바벨론이 정치와 연합할 뿐만 아니라 경제와도 연합하여 영향력을 행사하는 것을 알려주는 중요한 구절이다.

바벨론이 이런 상태이기 때문에 예수께서는 호소하신다. "[4] 또 내가 들으니 하늘로서 다른 음성이 나서 가로되 내 백성아, 거기서 나와 그의 죄에 참예하지 말고 그의 받을 재앙들을 받지 말라 [5] 그 죄는 하늘에 사무쳤으며 하나님은 그의 불의한 일을 기억하신지라"(계 18:4,5).

"내 백성"은 바벨론 안에 있는 신실한 성도들을 가리킨다. 비록 바벨론의 죄들이 하늘에 사무쳐 "귀신들의 처소와 각종 더러운 영의 모이는 곳"이 되었지만, 여전히 그곳에는 "이것은 아닌데, 이것이 교회의 모습이 아닌데, 내 영혼을 소생시킬 수 있는 진리는 어디에 있는 것일까" 그렇게 고뇌하며, 갈급한 마음으로 참 진리를 찾고 있는 하나님의 신실한 백성들이 남아 있다. 그리스도께서 바벨론에 남아있는 하나님의 백성들에게 주시는 호소는 잘못된 가르침에서 나오라는 것이다. 바벨론으로부터 나오라는 촉구는 하나님의 백성을 향한 호소이자 명령이며 경고이다.

이 호소는 눈물의 선지자 예레미야의 호소와 결합한다. "너희는 바벨론 가운데서 도망하라 갈대아인의 땅에서 나오라"(렘 50:8). "바벨론 가운데서 도망하여 나와서 각기 생명을 구원하고 그의 죄악으로 인하여 끊침을 보지 말지어다 이는 여호와의 보수의 때니 그에게 보복하시리라"(렘 51:6). "나의 백성아 너희는 그중에서 나와 각기 나 여호와의 진노에서 스스로 구원하라"(렘 51:45). 사도 바울도 "주께서 말씀하시기를 너희는 저희 중에서 나와서 따로 있고 부정한 것을 만지지 말라"(고후 6:17)고 했다. 유대인들이 예루살렘으로 돌아가기 위해 실제적인 바벨론에서 나왔듯이 오늘날 하나님의 백성들은 하늘 새 예루살렘으로 들어가기 위해 영적 바벨론에서 나오라는 초청을 받고 있다. 세상을 지배하는 배도한 종교단체와 묶여 있는 모든 줄을 끊고 출 바벨론 하여 하나님께 돌아오라는 것이다.

2. 바벨론의 죄

"너희가 어느 때까지 두 사이에서 머뭇머뭇 하려느냐 여호와가 만일 하나님이면 그를 좇고 바알이 만일 하나님이면 그를 좇을지니라" (왕상 18:21).

바벨론이 그 죄로 인해 멸망하고 심판을 받을 텐데, 그전에 하나님의 백성은 배도한 교회로부터 모든 관계를 끊고 나오라는 권고를 받는다. 배도한 종교 체제에서 떠나고, 잘못된 가르침에서 나와 하나님께로 돌아가 회개치 않은 자들 위에 쏟아질 재앙을 피하라는 하나님의 마지막 호소가 계시록 18장의 중심 내용이다. 종교 지도자들이 막강한 세력을 가지고 하나님의 백성들을 괴롭혀오던 현대 바벨론의 모습은, 유대 지도자들이 막강한 세력을 가지고 백성들을 괴롭히던 모습과 너무나 흡사하다. 메시아를 거절하고 십자가에 못 박았던 유대인들처럼, 결국 현대기독교회는 너무나 안타까운 일이지만 음녀와 음행하므로 비참한 결말을 맞게 되는 모습을 생생하게 묘사해 주고 있다.

바벨론에서 나와야 할 2가지 이유

✓첫째, 바벨론의 죄에 참여하지 말아야 하기 때문이다.

바벨론의 죄는 무엇인가? 계시록 17장과 18장을 통해 볼 때 구체적인 몇 가지 죄가 드러난다. 음행과 땅에 사는 자들을 진노의 포도주에 취하게 했고, 성도들의 피와 예수님의 증인들의 피에 취했고, 자기를 영화롭게 하며, 사치, 교만 그리고 사람들을 기만하고 속인 것 등이다. 그리스도께서 아직 바벨론에 남아있는 주님의 백성들을 향해 바벨론이 멸망되기 전에, 거기 있지 말고 즉시 그 단체에서 나와 참 백성들과 연합할 것을 강력하게 촉구하신다.

✓둘째, "그가 받을 재앙들을" 받지 말아야 하기 때문이다.

여기서 재앙들은 7재앙을 가리킨다. 바벨론의 죄에 참여하는 자는 재앙을 피하지 못하게 된다. 죄악이 관영한 곳에서 떠나라는 호소는 성경에 되풀이되는 말씀이다. 그것은 아브라함에게 하신 명령이요(창 12:1), 소돔과 고모라가 멸망하기 전에 롯에게 준 말씀이다(창 19:12~14). 고라와 다단과 아비람이 범죄했을 때에 모세에게 임한 명령이기도 하다(민 16:23~26). 미가서에서는 이렇게 호소한다. "이것이 너희의 쉴 곳이 아니니 일어나 떠날지어다 이는 그것이 이미 더러워졌음이라 그런즉 반드시 멸하리니 그 멸망이 크리라"(미 2:10). 주님은 말씀하신다. 이곳이 너희의 쉴 곳이 아니니, 일어나 떠날지어다!

바벨론의 죄

"그의 죄는 하늘에 사무쳤으며 하나님은 그의 불의한 일을 기억하신지라"(계 18:5). 무슨 죄가 그렇게 하늘에 사무쳤는가? 이 죄는 계시록 17장 2~6절에 있는 죄이다. "[2] 땅의 임금들도 그로 더불어 음행하였고 땅에 거하는 자들도 그 음행의 포도주에 취하였다 하고 [3] 곧 성령으로 나를 데리고 광야로 가니라 내가 보니 여자가 붉은빛 짐승을 탔는데 그 짐승의 몸에 참람된 이름들이 가득하고 일곱 머리와 열 뿔이 있으며 [4] 그 여자는 자주빛과 붉은빛 옷을 입고 금과 보석과 진주로 꾸미고 손에 금잔을 가졌는데 가증한 물건과 그의 음행의 더러운 것들이 가득하더라 [5] 그 이마에 이름이 기록되었으니 비밀이라, 큰 바벨론이라, 땅의 음녀들과 가증한 것들의 어미라

하였더라 [6] 또 내가 보매 이 여자가 성도들의 피와 예수의 증인들의 피에 취한지라 내가 그 여자를 보고 기이히 여기고 크게 기이히 여기니"

이 죄는 18장에서도 반복되는 것들인데, 18장에서는 거짓 진리로 만국을 미혹하고(23절), 땅의 왕들과 상인들과의 음행(2절), 물질주의와 사치(7절), 그리고 성도들을 박해하여 순교시킨 것(24절) 등이다. 바벨론의 이 모든 죄는 하나님께 범죄한 것이다. 이 죄가 하늘에까지 사무쳤다. 이 호소는 예레미야에서도 찾을 수 있다. "우리가 바벨론을 치료하려 하여도 낫지 아니한즉 버리고 각기 고토로 돌아가자 그 화가 하늘에 미쳤고 궁창에 달하였음이로다"(렘 51:9). 사도 바울도 "여러분은 귀를 기울이려고도 하지 않습니다. 마음이 강퍅해져 죄에서 돌아서기는커녕 자기가 받을 무서운 벌을 쌓아 올리고 있을 뿐입니다. 하나님께서 정의의 심판관으로 온 세상을 다스릴 형벌의 날이 가까워 오고 있습니다"(현대어, 롬 2:5).

하나님께서는 자비와 인내의 하나님이시기 때문에 죄를 방관하시는 것처럼 보일지 모르나, 공평하게 갚아주시는 공의의 하나님이시다. 얼마나 많은 사람이 하나님의 오래 참으심을 악용하고 있는가? '좀 있다가 회개하지, 나중에 회개하지' 그러면서 점점 죄악 속에 빠져들어 죄인지도 모르는 상태에 있지 않은가! 바벨론의 죄를 더는 간과하지 않고 반드시 심판하실 것이다. 그 뿐만 아니라 우리의 죄도 반드시 심판하실 것이다. "그의 불의한 일을 기억하신"다고 말씀한 것은 이제 그 심판의 시간이 이르렀다는 말씀이다.

타락한 종교계를 향한 심판의 말씀 (계 18장)

> "[6] 그가 준 그대로 그에게 주고 그의 행위대로 갑절을 갚아주고
> 그의 섞은 잔에도 갑절이나 섞어 그에게 주라"

하나님은 행위대로 심판하신다. 구원은 믿음으로 받지만, 심판은 행위로 받는다는 진리는 다시 한번 확인된다.

> "[7] 그가 어떻게 자기를 영화롭게 하였으며 사치하였든지 그만큼
> 고난과 애통으로 갚아 주라 그가 마음에 말하기를 나는 여황으로
> 앉은 자요 과부가 아니라 결단코 애통을 당하지 아니하리라 하니"

음녀인 바벨론은 하나님께 돌려야 할 영광을 자기에게 돌렸다.

> "[8] 그러므로 하루 동안에 그 재앙들이 이르리니
> 곧 사망과 애통과 흉년이라 그가 또한 불에 살라지리니
> 그를 심판하신 주 하나님은 강하신 자이심이니라"

하루 동안은 재앙이 예상치 않게, 평안하다 안전하다 할 그때 갑작스럽게 이르게 됨을 의미한다.

> "[9] 그와 함께 음행하고 사치하던 땅의 왕들이
> 그 불붙는 연기를 보고 위하여 울고 가슴을 치며"

땅의 왕들은 음녀가 세상을 지배하도록 힘을 실어주었던 정치적 세력들인데, 특별히 유럽의 왕조부터 시작해서 현재의 미국까지이다. 음녀 바벨론은 정치적 힘을 통해 세상을 지배했다. 여기서 우는 것은 회개의 울음이 아니라 자기들의 운명을 예견하고 한탄하는 것이다.

> "[10] 그 고난을 무서워하여 멀리 서서 가로되 화 있도다 화 있도다
> 큰 성, 견고한 성 바벨론이여 일시간에 네 심판이 이르렀다 하리로다"

최근까지 그들은 음녀에게 빌붙어 살았다. 그러나 바벨론과 함께 멸망

해야 할 운명을 깨닫고 두려워하며 통탄하고 있다. 세계의 정치적 실세들이 바벨론과 함께 권세를 영원히 향유할 것으로 생각했지만, 하나님의 심판을 깨닫고 오히려 바벨론을 붕괴시키는 복수극이 일어난다.

> **"[11] 땅의 상고들이 그를 위하여 울고 애통하는 것은**
> **다시 그 상품을 사는 자가 없음이라"**

땅의 상고들은 문자적, 상징적 둘 다 이해될 수 있다. 문자적으로는 그들은 바벨론이 성공하도록 돈줄을 대주었던 글로벌 기업들을 말한다(록펠러, 몬산토, 디즈니, 스타벅스, 유니버설, 워너브러더스, 파라마운트, 콜롬비아, MGM, 폭스 등) 큰 성 바벨론인 바티칸은 경제계의 재정적, 물질적 지원으로 성공했다. 바벨론이 사치하는데 돈줄을 대주는 상인들을 더욱 밀어주었고, 상인들은 바벨론을 등에 업고 부를 누렸지만 이제 상부상조의 줄이 끊어지자 애도한다. 오랜 세월 정치와의 달콤한 밀월 속에서 무소불위의 권력이 된 재벌들이 바벨론의 죄악에 동참하고 쾌락을 얻었지만, 바벨론 멸망 때 재앙을 함께 받을까 두려워한다.

땅의 상고들을 상징적으로 해석했을 때, 그들은 바벨론의 포도주에 취해서 바벨론의 영적 상품을 판매한 사람들, 다시 말해 온 세상에 바벨론의 교리들을 팔았던 영적 상인 즉 천주교와 개신교를 지칭할 수도 있다. 바벨론의 포도주로 교회를 성장시키고 사치와 향락을 누렸지만, 그 끝이 이른 것이다.

> **"[12] 그 상품은 금과 은과 보석과 진주와 세마포와 자주 옷감과**
> **비단과 붉은 옷감이요 각종 향목과 각종 상아 기명이요**
> **값진 나무와 진유와 철과 옥석으로 만든 각종 기명이요**
> **[13] 계피와 향료와 향과 향유와 유향과 포도주와 감람유와 고운**
> **밀가루와 밀과 소와 양과 말과 수레와 종들과 사람의 영혼들이라"**

사람의 영혼들까지 팔아 치운다. 오늘날 교회가 신자들 머릿수당 계산해서 교회를 팔아 넘기는 것과 무엇이 다른가? 이 목록에 열거된 상품은 두로에 관한 운명의 노래에서 언급된 목록에 등장하는 사치스러운 품목들과 비슷하다(겔 27:5~24). 바벨론이 즐겼던 사치스럽고 빛난 모든 것은 사라졌다.

> "[14] 바벨론아 네 영혼의 탐하던 과실이 네게서 떠났으며
> 맛있는 것들과 빛난 것들이 다 없어졌으니 사람들이 결코 이것들을
> 다시 보지 못하리로다 [15] 바벨론을 인하여 치부한 이 상품의
> 상고들이 그 고난을 무서워하여 멀리 서서 울고 애통하여 [16]
> 가로되 화 있도다 화 있도다 큰 성이여 세마포와 자주와 붉은 옷을
> 입고 금과 보석과 진주로 꾸민 것인데 [17] 그러한 부가 일시간에
> 망하였도다 각 선장과 각처를 다니는 선객들과 선인들과 바다에서
> 일하는 자들이 멀리 서서 [18] 그 불붙는 연기를 보고 외쳐 가로되
> 이 큰 성과 같은 성이 어디 있느뇨 하며 [19] 티끌을 자기 머리에
> 뿌리고 울고 애통하여 외쳐 가로되 화 있도다 화 있도다 이 큰 성이여
> 바다에서 배 부리는 모든 자들이 너의 보배로운 상품을 인하여
> 치부하였더니 일시간에 망하였도다"

두로의 멸망을 예언한 에스겔의 묵시에서 빌려온 장면이다.

> "[21] 이에 한 힘센 천사가 큰 맷돌 같은 돌을 들어 바다에 던져 가로되
> 큰 성 바벨론이 이같이 몹시 떨어져 결코 다시 보이지 아니하리로다"

바벨론이 완전한 멸망으로 들어가는 것을 상징하는 것이다. 이런 상징적인 행동은 예레미야에서 빌려왔다. "[63] 너는 이 책 읽기를 다한 후에 책에 돌을 매어 유브라데 하수 속에 던지며 [64] 말하기를 바벨론이 나의 재앙 내림을 인하여 이같이 침륜하고 다시 일어나지 못하리니 그들이 쇠패하리라 하라 하니라 예레미야의 말이 이에 마치니라"(렘 51:63,64). 이

것은 역사적 바벨론이 멸망한 것처럼 마지막 시대 영적 바벨론도 완전히 붕괴하고 말 것을 의미한 것으로 '결코 다시 보이지 아니하리로다'하고 예언한 것이다. '결코 다시'라는 말을 여섯 번이나 써서 바벨론이 회복될 수 없음을 강조한다. 천사의 행위는 "누구든지 나를 믿는 이 소자 중 하나를 실족케 하면 차라리 연자 맷돌을 그 목에 달리우고 깊은 바다에 빠뜨리우는 것이 나으리라"(마 18:6)는 표현을 상기시킨다.

> "[23] 등불 빛이 결코 다시 네 가운데서 비취지 아니하고 신랑과 신부의 음성이 결코 다시 네 가운데서 들리지 아니하리로다 너의 상고들은 땅의 왕족들이라 네 복술을 인하여 만국이 미혹되었도다"

복술은 바벨론이 행하는 기만술이다. 복술이 무엇인가? 점치고 굿하며 죽은 자를 불러내는 강신술이다. 이 복술로 온 세상을 속였다. 복술은 사도 바울이 악의 목록에 넣었다(갈 5:20). 마지막 시대에 활개 치는 악마의 활동 중 하나다(계 9:21). 강신술과 이적들은 땅에 거하는 자들로 짐승의 표를 받게 하고 사탄의 편에 서게 하려고 타락한 종교계가 사용하는 수단이다(계 13:14; 19:20). 오늘날 교회에 환상, 꿈, 계시, 이적이 난무하는데, 그것이 참 성령의 역사일까?

> "[24] 선지자들과 성도들과 및 땅 위에서 죽임을 당한 모든 자의 피가 이 성중에서 보였느니라 하더라"

타락한 종교 세력은 하나님의 참 백성들의 피를 취했다. 이단으로 몰고, 수많은 순교자의 피에 취했다.

3. 내 백성아! 거기에서 나오라!

"[4] 또 내가 들으니 하늘로서 다른 음성이 나서 가로되 내 백성아,
거기서 나와 그의 죄에 참예하지 말고 그의 받을 재앙들을 받지 말라
[5] 그 죄는 하늘에 사무쳤으며 하나님은 그의 불의한 일을 기억하신지라"
(계 18:4, 5).

각 시대마다 사람들에게 빛과 특권, 즉 하나님과 화목할 수 있는 은혜의 시간이 주어졌고, 여러 해 동안 자비로 간청했으나 멸시와 거절을 당했다. 모든 사람에게 구원을 주시는 하나님의 은혜는(딛 2:11) 그리스도의 성육신을 통해 주실 수 있는 모든 것을 주셨고 할 수 있는 모든 일을 하셨다는 것이 증명되었다. 그러나 인류는 그러한 하나님의 오래 참으심과 자비를 악용해 왔고, 그동안 호소했던 경고를 거절했으므로 마침내 심판의 날이 도래했다. 마지막 호소인 "내 백성아, 나오라!"는 예수님의 마지막 눈물의 탄원을 거절하지 않고 순종하는 우리가 되기를 간절히 원한다.

바벨론에서 나오라

바벨론은 참되신 하나님을 버리고 우상을 세웠을 뿐만 아니라 사람들을 영적 간음에 끌어들였고, 부와 사치로 자신의 세력에 잡아 두었다. 예수님은 "내 백성아, 바벨론에서 나오라"라고 호소하신다. 우리는 하나님이 우리를 사랑하신다는 것을 알기 때문에, 하나님을 기쁘시게 하고 싶은 마음이 있다. 주님께서 우리에게 호소하신다. "바벨론에서 나오라" 그런데

우리가 정말로 바벨론에 있는 것인지, 그래서 나와야 할 필요가 있는 것인지를 어떻게 알 수 있다는 말인가!

계시록 17장에 나오는 음녀는 왕들과 음행했다. 교회와 정부의 이 같은 결탁은 수많은 순교자를 유발했다. 우리는 지난 교회의 역사를 너무나 잘 안다. 이 역사가 또다시 반복될 것이다. 요한계시록 12장 17절에서는 마지막 때에 용이 "하나님의 계명을 지키"는 자들과 더불어 싸운다고 했다. 아마겟돈 전쟁은 미국과 중국의 싸움이 아니고, 이스라엘과 이란의 중동전쟁도 아니며, 진리와 거짓의 싸움, 하나님의 계명을 지키며 어린양을 진실히 따르는 무리와 용의 정신에 지배된 무리와의 싸움이다.

계시록 17장의 음녀는 그 이마에 "큰 바벨론이라, 땅의 음녀들의 어미"라 기록돼 있다(17:5). 우리는 "바벨탑"이라 할 때의 그 바벨인 고대 제국의 바벨론에 대해 잘 알고 있다. 바벨이란 단어의 본래의 뜻은 "하나님의 문"이다. 그러나 바벨탑은 하나님의 말씀을 저버리고 인간이 고안한 종교 예배를 드리는 특별한 장소가 되었다. 최초의 바벨탑을 쌓던 어느 날, 일꾼들은 전혀 예기치 못한 언어의 혼잡으로 공사가 중단되었다. 이리하여 "바벨"이라는 단어는 "혼잡"이란 뜻으로 사용하게 되었다.

음녀 바벨론은 자신을 하나님의 문, 아니 하나님께로 가는 유일한 문으로 주장하고 있다. 라틴어로, "엑스트라 에클레시암 논 살루스 에스트"(Extra ecclsiam non salus est), 즉 "교회 밖에는 구원이 없다(구원은 오직 교회를 통해서만 얻을 수 있다)"라는 주장이 수 세기에 걸쳐 로마천주교회의 공식 교리로 신봉되어 왔다. 아우구스티누스(어거스틴)의 이 사상은 박해를 정당화하는 교리가 되었다.

지난 인류 역사에서 수많은 사람의 피를 흘린 끔찍한 참상은 약 600만을 학살한 나치도 아니고, 약 30만 명 이상을 학살한 아프리카의 검은 히틀러 '이디 아민'도 아니고, 교황의 천주교에 의해 자행되었다는 사실이다. 최소 5천만에서 1억에 가까운 사람들이 그리스도의 이름으로 순교 당했다. 그리스도의 사랑을 전한다는 교회가 어떻게 이런 일을 할 수 있었을까?

✓첫 번째는, 카톨릭의 교리가 그 일을 가능하게 했다.

아우구스티누스의 "교회를 통해서만 구원을 얻을 수 있다"라는 이 사상이 종교재판의 근거가 된 것이다. 13세기 카톨릭의 수도사 토마스 아퀴나스도 이단자들은 처형해야 한다고 지지했다. [가톨릭 백과사전]에서도 "배교자들을 신체적으로 억압할 수 있는 권리가 교회에 있다"라고 기록하고 있다. 이단자들을 고문하고 화형에 처할 교회의 "권리"는 사실상 연옥과 지옥이라는 비성경적 교리의 끔찍스러운 결과이다. 교회가 하나님의 이름으로 고문을 자행한 것은 결과적으로 하나님이 고문자라고 주장한 것이나 다름없다.

✓두 번째는, 교회가 정치에 깊이 관여하였기 때문이었다.

종교 재판이 가능했던 이유는 국가와 교회의 불륜 관계 속에서 종교재판소가 탄생한 것이다. 서로의 뒤를 봐주고, 서로 유익이 되는 것을 취한 결과 살인과 만행이 만연하게 되었다.

음녀들의 어미

하나님께서 보시기에는 이 바벨은 하나님의 문이 아니라 혼돈의 장소다. 바벨론은 진리와 거짓을 혼합시켜 사람들에게 대혼란을 야기시켰다. 성경이 하나님의 말씀이라고 가르치면서도 교회의 결정이 성경과 다를 때는 교회의 결정을 성경보다 큰 권위로 존중한다. 성경이 모두 하나님의 말씀이라고 가르치면서도 십계명의 둘째 계명을 삭제하고,

넷째 계명을 변경했다. 이 종교 세력에 대해 계시록 17장은 **"큰 바벨론, 음녀들의 어미"**라고 기록하고 있다. 음녀가 있고, 음녀들의 어미가 있다. 카톨릭 교회는 오래전부터 자신을 모든 교회의 어미라고 칭하고 있다. 음녀의 딸이 처음부터 음녀로 태어난 것은 아니었다. 처음에는 "바벨론이요, 음녀요, 적그리스도"였던 교회로부터 도망쳐 나왔다. 나와서 개신교회로서 갓난아기의 발걸음을 시작했다. 그런데 매우 슬픈 얘기지만 이 딸들도 결국 음녀의 전통을 이어받아 어느 날 바벨론이 되고 말았다. 예언대로 카톨릭은 음녀들의 어미가 되고 말았다.

카톨릭 교회의 모든 것이 잘못된 것은 아니다. 훌륭한 일들을 얼마나 많이 하는가? 가난한 나라에 가서 학교와 병원도 세워주고, 과부와 고아와 노숙자들을 지원하는 많은 단체도 가지고 있고, 난민과 소외된 이들을 얼마나 잘 보살펴주는가? 또한, 어떤 면들에서는 성경의 지식을 여러 이단과 이교로부터 보호하고 보존해오는 일에서도 일익을 담당했다. 그들의 활약과 공로를 인정한다. 여기에서 말하고 싶은 것은 그런 인류애가 아니라 하나님의 말씀에 대한 변경과 잘못된 가르침을 말하는 것이다.

그 조직은 하나님의 율법을 변경했고, 그리스도만 하실 수 있는 심판과 중보의 사역 대신 다른 교리를 만들었으며, 자신들의 교리 수호를 위해 신실한 성도들을 학살했다. 과거의 일로 참회하고 용서를 구했는가? 그랬다면 그리스도인으로서 서로 용납하지 못할 것이 무엇이겠는가? 문제는 과거에 그랬고, 현재도 그러며, 미래에는 "짐승의 표"로 온 세상 성도들의 피에 취하게 될 것이다.

음녀의 딸들은 처음에는 음녀의 지배에서 벗어나고자 뛰쳐나왔다. 루터는 하나님의 진리인 3대 강령을 재발견했다. "믿음으로 말미암아 의롭게" 되고, "오직 성경만이 궁극적인 권위"이며, 믿는 자는 모두 제사장이라는 "만인 제사장"이 그 3대 강령이다. 칼빈은 사제나 성자들이 아닌 하나님께서 우리의 구원 여부를 결정하신다는 사실을 새롭게 깨달았다. 사실 지금 우리에게는 너무나 당연하지만 당시는 카톨릭이 하나님의 자리에 있었기 때문에 이 단순한 진리를 깨달을 수가 없었다. 웨슬리는 구원이란 아우구스티누스의 주장대로 이미 하나님에 의해 선택된 사람들에게만 주어지는 예정설이 아니라 믿는 모든 사람에게 제한 없이 부여되는 것이라는 자유 은혜의 진리를 재발견했다. 개신교의 발걸음을 떼었던 이들은, 새롭게 회복된 하나님의 진리의 빛 속에서 환하게 빛났다. 오늘날 우리는 이 개혁자들에게 큰 신세를 지고 있다.

그러나 비극적인 일이지만 요한계시록 13장의 참상은, 음녀와 그 딸들에 의해 성취될 것을 예언하고 있다. "[16] 저가 모든 자 곧 작은 자나 큰 자나 부자나 빈궁한 자나 자유한 자나 종들로 그 오른손에나 이마에 표를 받게 하고 [17] 누구든지 이 표를 가진 자 외에는 매매를 못 하게" 할 것이다(계 13:16,17). 카톨릭과 개신교가 연합하여 하나님의 백성들을 잔인하게 핍박하게 될 것인데, 그 일은 먼 미래에 갑자기 이뤄지는 것이 아니다. 기독교 역사를 보면 개신교도 카톨릭만큼이나 편협하기 그지없었다. 그들도 세속 정부의 힘을 빌려 같은 개신교인들을 화형시키는 등, 어미가 했던 가공할 정도의 잔혹한 행위들을 반복했다. 개신교가 그렇게 잔인한 행위들을 할 수 있었던 이유 역시 마찬가지였다. 개신교의 신학 내에도 하나님께서 이리 태우고, 저리 태우고, 뒤집어 태우면서 영원히 지글지글 고문을 가한다는 이교의 교리를 포함하고 있고, 아울러 여러 세기에 걸쳐 세속 권력과의 불결한 관계를 유지하고 있기 때문이다. 이미 천주교와 개신교는 하나가 되었고, 온 세상의 정치적 지도자들까지 교황의 권세에 굴복하고 있다. 계시록에 "온 땅이 이상히 여겨 짐승을 따르"는다는 예언이 성취되는 시기에 우리는 살고 있다.

개신교에 들어온 면죄부

오늘날 카톨릭 교회와 개신교회에 하나님을 섬기는 훌륭한 그리스도인들이 많다. 그들은 하나님을 사랑하며 하나님을 섬기려는 열정이 대단한 사람들이다. 그들은 자신들이 바벨론의 구성원이라고 생각하지 않는다. 그들은 교회가 십계명을 반대하고 있다는 사실도 모르고, 목사나 신부들이 구원에 이르는 참된 복음을 무시하거나 퇴색시키고 있다는 것도 모른다. 그러나 오늘날 개신교도 면죄부를 팔고 있다는 사실을 아는가? 마치 면죄부처럼 "그저 믿기만 해라. 교회에 잘 나와라. 열심히 봉사하고 충성해라. 그러면 만사형통이다." 이것이 면죄부와 무엇이 다른가!

이러므로 예수님은 모든 배도한 교단에 소속된 주님의 신실한 백성들을 일깨워 그들이 처해있는 심각한 위험, 곧 바벨론의 마지막 범죄에 가담하고 있는 위험과 바벨론이 당할 재앙의 고통을 알려주고 계신다. 예수께서는 그의 사랑하는 백성들이 바벨론에서 나오기를 바라고 계신다. "내 백성아, 거기서 나와 그의 죄에 참여하지 말고 그의 받을 재앙들을 받지 말라" 예수께서 재림하실 때에는 결정을 유보한 사람들이 설 수 있는 중간지대가 존재하지 않는다. 오직 두 무리만이 존재한다. 한 무리는 하나님의 인을 받은 무리요, 한 무리는 짐승의 표를 받은 무리이다. 한 무리는 그리스도를 찬양하는 사람들이며, 다른 무리는 그리스도를 피해 숨는 사람들이다. 계시록 14장에는 두 추수가 나오는데, 한 무리는 황금 들녘에 알곡으로 익은 곡식이요, 한 무리는 진노의 포도주 틀에 밟힐 포도송이다.

4. 참과 거짓의 전쟁

"[36] 여호와여 주께서 이스라엘 중에서 하나님이 되심과 내가 주의 종이 됨과 내가 주의 말씀대로 이 모든 일을 행하는 것을 오늘날 알게 하옵소서 [37] 여호와여 내게 응답하옵소서 내게 응답하옵소서 이 백성으로 주 여호와는 하나님이신 것과 주는 저희의 마음으로 돌이키게 하시는 것을 알게 하옵소서" (왕상 18:36, 37).

마지막 시대에는 감추어 졌던 모든 것이 밝히 드러날 것이다. 무엇이 진리이고 오류인지, 참과 거짓이 무엇인지 하나님께서 드러내시므로 어느 누구의 마음속에도 의혹이나 의심이 없도록 할 것이다. 은혜의 시기 동안에는 하나님의 오래 참으심과 자비의 성품을 보여주셨다면 심판의 때에는 죄의 결과가 무엇인지 보여주시므로 하나님의 공의를 드러내실 것이다. 갈멜산에서 참 하나님이 누구인지 밝히기 위한 전쟁이 있었던 것처럼 하나님의 진리와 공의를 드러내는 일에 쓰임 받을 사람들! 이 시대 그들은 과연 누구일까?

갈멜산에서의 전쟁

갈멜산은 엘리야와 바알의 선지자가 참 하나님이 누구인지 밝히기 위한 전쟁이 있었던 곳이다. 하늘에서 불을 내려오게 하는 신이 참 신이었고, 불이 하늘에서 내려오게 했던 자가 참 선지자였다.

아합은 정치와 종교가 연합된 힘으로 여호와를 버리고 바알을 선택함으로 국가적인 배도를 자행했다. 바알을 숭배하는 대제사장의 딸 이세벨을 아내로 삼은 뒤 음녀인 이세벨의 지휘아래 모든 이스라엘은 바알을 따르게 되었고, 땅을 적시는 이슬과 풍부한 수확을 가져오는 비, 산과 계곡과 시내와 샘들이, 구름과 태양과 바람과 자연의 모든 것들이 살아계신 하나님의 능력임을 잊어버리고, 태양신 바알에게서 오는 것이라고 믿게 되었다.

배도한 교회는 현세의 축복을 받기 위해 바알의 능력을 의지하고, 타락한 예배 의식이 교회 안에 들어오게 되었다. 이전의 왕들보다 더욱 우상을 숭배하며 가증히 행하므로 악행이 만연했다.

하나님께서는 엘리야를 통해 배도한 국가와 교회를 회개시키고자 어떻게 하셨는가? 비가 내리지 않을 것이라고 하셨다. 1년이 지나자, 땅은 불에 탄 것처럼 바짝 말랐고 맹렬한 태양열은 남은 식물마저 태워 버렸다. 시냇물은 말랐고 양떼와 소떼들은 고통 중에 이리저리 방황했다. 한때 비옥했던 들판은 불타는 모래사막과 황량한 광야처럼 되었다. 우상숭배를 하던 숲들은 잎이 다 떨어지고 나무들은 말라빠진 해골처럼 그늘을 주지 못했으며, 공기는 건조하여 질식할 것 같았고 바람에 날리는 뽀얀 먼지가 눈을 멀게 하고 거의 숨을 쉬지 못하게 했다.

마치 일곱 재앙의 결과를 보는 것 같다. 이런 일을 겪으면 어떻게 해야 하나?

"[2] 너희가 여호와와 함께하면 여호와께서 너희와 함께 하실지라 너희가 만일 저를 찾으면 저가 너희의 만난바 되시려니와 너희가 만일 저를 버리면 저도 너희를 버리시리라 [15] 여호와를 찾았으므로 여호와께서도 저희의 만난바가 되시고 그 사방에 평안을 주셨더라"(대하 15:2,15). 하나님은 변치 않으시는 분이시다. 여호와를 떠나면 괴롭고, 돌아오면 평안이다. 그러므로 "하나님을 떠나서 이렇게 되었구나, 돌아가자!"라고 해야 되는데, 오히려 "엘리야가 바알 신을 노엽게 해서 우리가 지금 이렇게 됐다. 엘리야가 자신의 주장을 철회하면 바알의 노여움이 진정될 것이다." 하면서 엘리야를 죽이려고 했는데, 그를 찾지 못하고 대신 하나님을 섬기는 선지자들을 잡아 죽였다.

그렇게 2년이 흘렀다. 가뭄과 기근으로 온 나라는 계속 황폐되고, 부모들은 자기 자녀들이 죽는 것을 보고 있을 수밖에 없었다. 그러나 배도한 이스라엘은 여전히 하나님 앞에서 저희 마음을 낮추기를 거절하고 엘리야가 이 무서운 형벌을 가지고 왔다는 거짓을 믿고 분노했다.

회개하고 돌아오기만 하면 되는데, 많은 신자들이 자기가 지금 가고 있는 길에 문제가 있어도 대다수가 따라가니까 분별하지 못하고 오히려 하나님의 참된 진리를 전하는 사람을 공격한다.

"[31] 너희는 범한 모든 죄악을 버리고 마음과 영을 새롭게 할지어다 이스라엘 족속아 너희가 어찌하여 죽고자 하느냐 [32] 나 주 여호와가 말하노라 죽는 자의 죽는 것은 내가 기뻐하지 아니하노니 너희는 스스로 돌이키고 살지니라"(겔 18:31, 32). 엘리야의 말대로 처음부터 하나님께 돌아왔더라면 이런 고통은 없었을 것이다. 그러나 사람들은 재난을 직면하고서도 거짓 종교를 믿었다.

드디어 아합이 엘리야를 만났을 때, 첫마디가 "이스라엘을 괴롭게 하는 자가 네놈이냐?" 고난의 책임을 엘리야에게 뒤집어씌우고 있다. 이때 엘리야가 당당히 대답한다. "내가 괴롭게 한 것이 아니라 당신이 여호와의 명령을 버리고 바알을 숭배하기 때문에 괴롭게 된 것 아니오!"

엘리야는 군사들로 호위 받고 있는 왕 앞에서 단호하게 이야기했다. 우리는 성경에서 글자로 읽으니까 그때의 위기를 잘 이해하지 못하지만 엘리야는 자신의 모든 것을 걸고 말했다. 오늘날에도 이런 단호한 소리가 필요하다. 그런데 교인들이 마음 상할까 봐 그냥 부드럽고 달콤한 설교만 한다. 사람들에게 인정받으려는 욕망과 인간들을 즐겁게 해서 출세하려는 야망 때문에 진리를 말하지 못하고 있다. 하나님께서 평안을 말씀하시지 않았는데, 평안하다 안전하다 부르짖고 사람을 기쁘게 하려는 설교가 온 세상에 꽉 차 있다.

하나님께서는 엘리야 같은 사람을 찾으신다. 결과에 개의치 않고 하나님의 말씀을 똑바로 전할 사람, 비록 그것이 사람들로부터 외면 당하고 평판이 떨어지고, 모든 것을 희생하도록 요구할지라도 담대히 진리를 말할 수 있는 사람을 부르신다. 우리는 그 부르심에 응할 준비가 되었는가? 아니면 "그렇게 하기에는 너무 희생이 크잖아. 꼭 그렇게 할 것까지는 없잖아!" 하면서 뒷걸음질 치고 있지는 않은가!

드디어 바알 선지자 450명, 아세라의 선지자 400명 도합 850대 1의 전쟁이 갈멜산에서 벌어진다. 이 자리에는 거짓 선지자들뿐만 아니라 아합 왕과 그의 군대, 그리고 모든 백성들까지 불러 모았다. 백성들은 갈멜산 정상에서 벌어지는 일들을 볼 수 있도록 산기슭 여기저기 자리를 잡았다. 엘리야는 군중들을 향해 나팔 같은 분명한 목소리로 이렇게 얘기한다. **"너희가 어느 때까지 두 사이에서 머뭇머뭇 하려느냐 여호와가 만일 하나님이면 그를 좇고 바알이 만일 하나님이면 그를 좇을지니라"**(왕상 18:21).

교회와 국가를 뒤덮은 배도는 어느 날 갑자기 일어난 것이 아니었다. 하나님께서 여러 차례 경고하시고, 책망하시고, 말씀을 듣고 보게 하셨지만 한번 거절하고 두 번 거절하면서 점진적으로 배도의 자리에 앉게 된 것이다. 그들이 회개를 거절할 때마다, 그들의 양심은 점점 무감각해졌고, 죄를 가볍게 여길 때마다 점점 하늘로부터 멀리 떠나게 되었다. 그리하여 이런 어려움을 당하고 있으면서도 진리를 들을 귀가 닫혀버렸기 때문에, 또 바알이 하나님이라 믿고 싶어서 참 하나님의 편에 서기를 완강히 거절하게 되었다. 왜냐하면 바알 신앙은 편했기 때문이다. 순종을 요구하지도 않고, 죄를 버리라고도 하지 않으며, 적당히 믿고, 적당히 살아도 여전히 "하나님은 우리 편이다"라는 환상 속에서 살아왔기 때문에 단호한 책망의 말씀들은 듣기 싫었다. 거북스러웠다. 그래서 자기 소견에 옳은 길을 따랐다.

마지막 시대를 살고 있는 우리는 지구와 하늘 그 경계선에 와 있다. 이제 몇 발자국만 더 가면 하늘이다. 이러한 때에 잃어버린 신앙을 되찾고 하나님께 충성하는 것보다 우리에게 더 중요한 것이 무엇이겠는가? 하나님께 대한 사랑을 증명하기 위해 자기 생명을 소중히 여기지 않을 엘리야와 다니엘과 같은 예수님의 증인들이 곳곳에서 일어서고 있다. 지금이 여호와를 만날 때이다.

이제 갈멜산 정상에 두 제단이 세워진다. 과연 누구의 제물에 불이 내려올 것인가? 바알의 사제들은 아침부터 저녁이 될 때까지 소리를 지르고, 머리를 뜯으며, 살을 베면서까지 몸부림을 쳤다. 사탄은 자기를 섬기는 자들을 도우려고 제단 가까이 왔을 것이다. 기꺼이 제물에 불을 던지고자 했을 것이다. 하지만 여호와께서 얼씬도 못하도록 그를 막으셨다.

백성들은 자기들이 그렇게 믿고 따랐던 종교 지도자들이 하는 짓을 하루 종일 목격했다. 저녁이 되자 이제 엘리야는 무너진 여호와의 제단을 보수하고 다시 쌓았다. 인간이 흉내 낼 수 없도록 도랑을 만들어 흘러 넘치도록 물을 가득 부었다. 바알의 사제들은 자신들의 죄를 알기에 벌이 임할 것을 알고 두려워 벌벌 떨고 있고, 엄숙함에 숨이 막히는 듯한 침묵이 모두에게 흘렀다.

엘리야는 마치 여호와께서 그 자리에 계시고, 그 광경을 목격하시며, 그의 기도를 바로 옆에서 듣는 것처럼 간단하면서도 간절하게 기도했다.

"[36] 여호와여 주께서 이스라엘 중에서 하나님이 되심과 내가 주의 종이 됨과 내가 주의 말씀대로 이 모든 일을 행하는 것을 오늘날 알게 하옵소서 [37] 여호와여 내게 응답하옵소서 내게 응답하옵소서 이 백성으로 주 여호와는 하나님이신 것과 주는 저희의 마음으로 돌이키게 하시는 것을 알게 하옵소서"(왕상 18:36, 37).

엘리야의 기도가 끝나자마자 번갯불의 빛나는 섬광과 같은 불꽃이 하늘에서부터 내려와 제물을 사르고 도랑의 물을 말리고, 제단의 돌까지 태워 버렸다. 타오르는 불길은 모든 백성들이 볼 수 있었다. 마치 출애굽 당시 그들을 호위했던 불기둥처럼 불은 하늘 높이 올랐다. 사람들은 두려운 마음으로 엎드렸다. 감히 하늘이 내린 불을 계속 바라볼 수가 없었다. 자신들도 그 불에 삼키우지나 않을까 하는 두려움이 엄습했다. 그들은 "여호와 그는 하나님이시로다! 여호와 그는 하나님이시로다!" 부르짖었다.

마침내 백성들은 저희가 얼마나 크게 하나님께 욕을 돌렸는지 깨달았다. 백성들의 분노는 자신들을 범죄로 이끈 바알 사제들에게 폭발되어 그 날에 모인 거짓 선지자들을 한 사람도 살려두지 않았다. 바로 이 전쟁이 앞으로 우리에게 재현될 것이다.

이 시대의 엘리야들

계시록 18장에 나오는 천사는 이 시대의 엘리야들이다.

"[1] 이 일 후에 다른 천사가 하늘에서 내려오는 것을 보니 큰 권세를 가졌는데 그의 영광으로 땅이 환하여지더라 [2] 힘센 음성으로 외쳐 가로되 무너졌도다 무너졌도다 큰 성 바벨론이여 귀신의 처소와 각종 더러운 영의 모이는 곳과 각종 더럽고 가증한 새의 모이는 곳이 되었도다 [3] 그 음행의 진노의 포도주를 인하여 만국이 무너졌으며 또 땅의 왕들이 그로 더불어 음행하였으며 땅의 상고들도 그 사치의 세력을 인하여 치부하였도다 하더라"(계 18:1~3).

이 천사는 다른 누군가가 아닌 우리가 되어야 한다. 이 천사들의 영광으로 세상이 환하여질 때 배도한 기독교는 하나님의 음성을 듣기 싫어할 것이며, 오히려 성경의 진리를 외치는 사람들에 대항하여 전쟁을 시작할 것이다. 예수께서는 승천하시면서 이 땅에 교회를 남겨두셨다. 우리는 영원한 복음을 가진 사람들이다. 죽어가는 영혼들에게 정신 차리라고 흔들어 깨워야 하고, 교회는 그 배도를 멈추고 돌이키라고 외쳐야 하며, 이 마지막 시대를 사는 사람들에게 하나님이 준비하신 피할 길을 보여주어야 한다. 누가 그 일을 할 것인가? 갈멜산 전쟁이 눈앞에 있다. 그 자리는 하나님의 심판대였다. 누가 참 하나님인가를 보여주었다. 의인은 구원받고 악인은 멸망당했다. 어느 편에 있기를 원하는가? 원하든 원치 않든 우리 모두는 하나님의 심판대 앞에 서게 될 것이다.

오늘날 교회 안에 넘치는 죄악은 교회가 성경의 표준을 낮추고, 하나님의 말씀을 따라 살지 않고, 오히려 세상 권력과 야합함으로 이르러 온 결과이다. 오늘날 아합과 이세벨 그리고 거짓 선지자들이 득세하고 있다. 제발 눈을 떠서 여호와 하나님을 찾게 되기를 간절히 바란다.

우리는 예수님께서 재림하시는 엄숙한 시대에 살고 있다. 가장 감격스러워야 하는 그날이 우리에게 재난이 되지 않도록 오늘 우리가 진리의 말씀으로 충만함을 입도록 하자.

때가 가깝다. 이러한 시기에 제발 사소한 것에 목숨 걸지 말고, 내 뜻대로 되지 않으면 세상이 무너지는 것 같은 자기 연민에서 벗어나, 오직 주님의 뜻이 이루어진다면 내 삶의 모든 것을 희생해도 마땅히 기뻐하며 감사할 수 있는 우리가 되기를 간절히 기도한다.

세상을 깨울 마지막 복음

마지막 때에 살아있는 모든 사람에게 참된 진리의 지식이 전파될 것이다. 하나님께서 온 세상에 반드시 드러내실 진리는 첫째, 하나님의 사랑과 공의의 완성인 십자가와 십계명에 대한 지식! 그리스도는 우리가 계명을 지켜 순종하는 생활을 살도록 돕고 계신다. 둘째, 죄인을 구원하는 성서적

복음에 대한 참된 이해! 셋째, 마지막 선과 악의 대전쟁의 이슈가 되는 하나님의 인과 짐승의 표에 관한 분명한 이해!

하나님은 죄인이 심판받는 것보다 회개하여 살기를 훨씬 더 바라신다. **"주 여호와의 말씀에 나의 삶을 두고 맹세하노니 나는 악인의 죽는 것을 기뻐하지 아니하고 악인이 그 길에서 돌이켜 떠나서 사는 것을 기뻐하노라 이스라엘 족속아 돌이키고 돌이키라 너희 악한 길에서 떠나라 어찌 죽고자 하느냐 하셨다 하라"**(겔 33:11). **"아무도 멸망치 않고 다 회개하기에 이르기를 원하시느니라"**(벧후 3:9). 그러나 우리가 끝까지 죄를 고집한다면 하나님도 어쩔 수 없이 죄를 소멸할 때, 죄인들도 진멸하실 수밖에 없다.

하나님께서는 임박한 바벨론의 멸망을 경고해 주실 정도로 우리를 사랑하신다. 주님은 우리에게 "오라!" 하신다. 예수님께서 우리에게 바벨론으로부터 나오라고 요청하신 것은 우리와 하나 되기 위함이다. 그런데도 우리와 가족들이 지금껏 불편함 없이 지냈던 종교조직들과 인연을 끊고 나오라는 예수님의 호소는 우리에게 마치 십자가를 지는 고통처럼 느껴지는 것이다. 그러나 이 고통은 전적으로 우리의 유익을 위한 것이 아닌가? 역사의 클라이맥스가 가까이 다가왔다. 예수님의 호소를 거절하는 사람들은 그들의 거절 때문에 곧 애통하게 될 것이다. 그러나 어떤 대가를 치르고서라도 순종하는 사람들은 곧 하나님의 보좌에 둘러서서 어린양과 함께 노래를 부르게 될 것이다.

많은 진실한 백성이 여러 이유로 바벨론에서 방황하고 있다. 그들은 종교 체제에서 나타난 "경건의 모양"(딤후 3:5)에 기만당할지 모른다. 어떤 종교 체제들은 "그리스도의 이름"을 이용하여 기적을 행할 것이며, 심지어는 경건의 모양으로 기뻐할 수도 있을 것이다.

그러나 하나님께서 가치 있게 여기시는 것은 성결의 미와 내적인 겸손이며, 외적인 경건과 형식이 아니라 실제 사람을 거룩하고 경건하게 만드는 진리의 능력이다. 하나님이 요구하시는 것은 회개하고 상한 심령으로 순종하는 정신이며 교회가 의롭고 정결하게 되는 것을 원하신다. 외적인 아름다움이 반드시 순결하고 고상한 사상의 표현은 아니다. 그리스도에 대한 체험적 지식을 갖지 못한 수많은 사람은 능력이 없는 경건의 모양만을 받아들이게 될 것이다. 안타깝게도 이것을 알지도 못한 채 바벨론에 살고 있는 사람들이 있다. 또 어떤 이들은 자신이 바벨론에 있다고 생각지 않지만 사상과 생활이 바벨론과 하나가 되어 버린 경우도 있다.

바벨론은 타락한 종교 체제에서뿐만 아니라, 바로 내 마음속에서도 찾을 수 있다. "나는 바벨론에서 나왔으니 안전하다."라고 생각할 수 있다. 아니다. 바벨론을 타락한 종교계에서만 찾을 것이 아니라 내 심령 가운데 바벨론의 정신과 사상은 없는지 살펴야 한다. 내 영혼을 더럽히고 있는 내적인 바벨론에서도 출 바벨론 해야 한다.

지금 종교계에 있는 분들에게 이번 말씀이 몹시 불쾌할지 모르겠다. 그러나 진정한 참 사랑은 하나님을 영화롭게 하고 사람을 구원하는 일을 첫째로 삼는다. 이런 사랑을 가진 자들은 명백하게 말함으로써 이르러 오는 불유쾌한 결과를 피하기 위해 진실을 속이지 않을 것이다. 영혼들이 위험에 처해 있을 때 하나님이 보내시는 일꾼들은 자신의 평판을 생각하지 않고 하나님이 그들에게 주신 경고와 호소의 말씀을 전할 것이다. 사람들의 오해와 조롱에 자신이 전해야 되는 메시지를 변경하거나 핑계하지 않을 것이다. 모든 목회자와 보내심을 받은 자들은 하나님께서 자신에게 맡기신 사역의 거룩함과 위대함을 깨닫고 엘리야가 나타낸 용기를 보여주어야 할 것이다. 모든 목회자와 보내심을 받은 자들은 엄숙한 책임을 지고 있다. 그들은 예수께서 그들에게 걸어가라고 명하신 길에서 결코 벗어나지 말아야 한다. 그들은 자기들의 소견에 좋은 대로 말하는 것이 아니라 세상 왕들보다 더 크신 분께서 그들에게 말하고 명하신 말을 해야 한다. 그들이 전하는 메시지는 "여호와께서 이같이 말씀하시되"가 되어야 한다.

역사는 늘 기득권 세력과 거기에 맞선 소수의 프로테스탄트, 항거자의 싸움이지 않았는가! 이 시대에 또 종교개혁이 필요하게 되었다. 지금으로부터 500여 년 전, 교회와 정치의 불륜관계로 맺어진 카톨릭은 한 젊은 프로테스탄트를 죽이기 위해 독일 황제 카알 5세와 협약을 하고 선동, 반역, 불 경건, 이단, 참람의 죄로 고소당한 루터를 보름스 회의로 부른다. 루터가 보름스로 가는 길에 사람들은 "교황이 당신을 죽이려 하니 가지 말라"고, "얀 후스를 화형에 처한 것처럼 당신도 그렇게 하려고 하니 가지 말라"고 말리지만, 루터는 흔들리지 않고 "보름스 시내의 악마가 비록 지붕 위의 기왓장처럼 많을지라도 나는 반드시 들어가리라"하면서 보름스에 도착했다. 그가 도착하자 그를 지지하는 많은 사람은 루터의 운명을 슬퍼하며 장례식에서 부르는 만가를 부르며 위로하는 사람도 있었다. 그러나 루터는 마차에서 내리면서 이 찬송을 작시하여 부른다. "내 주는 강한 성이요 방패와 병기되시니 큰 환난에서 우리를 구하여 내시리로다!" 보름스 의회에 출두한 루터는 이렇게 최후의 진술을 한다. "이제 본인은 대답하겠습니다. 본인의 신앙을 교황이나 국가에 굴복시킬 수 없습니다. … 성경의 증언과 가장 분명한 논리로써 본인을 설복시킬 수 없는 한, 또한 본인이 인용한 성경 구절에 대하여 본인을 설복시킬 수 없는 한, 하나님의 말씀으로 본인의 양심을 승복시킬 수 없는 한, 본인은 취소할 수도 없고, 취소하지도 않겠습니다. 왜냐하면 그리스도인이 자기의 양심을 거스려 말하는 것은 안전하지 못하기 때문입니다. 제가 여기 있나이다. 하나님이시여, 나를 도와주시옵소서! 아멘."(D'Aubign'e, b. 7, ch. 8).

나는 비텐베르크 성당에 95개조 반박문을 붙였던 루터와 같은 심정으로, 보름스 의회에 출두한 루터와 같은 심정으로 말씀을 전한다.

"하나님이시여 기독교회를 구원해 주시옵소서!"

제3장

제3성전과 느헤미야

이 세상 역사는 선과 악, 진리와 비진리의 끊임없는 전쟁입니다. 집에 성경이 한권만 있어도 화형을 당하던 시대가 있었습니다. 진리를 사랑하는 사람들의 뜨거운 열망으로 개혁이 이루어졌습니다. 하지만 악의 세력은 거룩한 개혁에 찬물을 끼얹고 배도와 타락의 시대를 열게 됩니다. 진짜 적그리스도는 사라지고, 개신교회는 함정에 빠져버렸습니다. 제3성전이라는 함정이 놓여 있습니다. 7년 대환난이라는 지뢰가 숨겨져 있습니다. 참된 이스라엘에 대한 정치적 오해와 예언적 착각으로 진리를 찾아가는 길이 험난합니다.

이러한 때에 하나님께서는 무너진 데를 수보하는 일꾼을 부르십니다. 느헤미야처럼 하나님의 도성을 건축할 마지막 일꾼들이 일어나야 합니다. 이번 말씀을 통해 우리의 해야 할 일을 깨닫고 개혁을 전진시키며, 비록 각종 방해와 오해와 험담과 낙심케 하는 일들이 끊이지 않고 일어날지라도, 하나님만을 신뢰하는 의로운 일꾼들이 출현하게 되기를 간절히 바랍니다.

1. 종교개혁과 교황청

"그중에 십 분의 일이 오히려 남아 있을지라도 이것도 삼키운바 될 것이나 밤나무, 상수리나무가 베임을 당하여도 그 그루터기는 남아 있는 것같이 거룩한 씨가 이 땅의 그루터기니라" (사 6:13).

이 세상 역사가 시작된 이래, 가장 하나님의 말씀을 곡해시키고 없애기를 원했던 사탄은 자신의 대리자를 통해 꾸준하고 활발하게 일해 왔다. 카톨릭은 1229년 톨로사(Tolosa) 종교 회의에서 성경을 금서 목록에 포함해 집에 성경이 한 권이라도 숨겨져 있으면 화형이나 참수형의 이유가 되었으며, 또한 성경을 번역하거나 전달하는 행위도 역시 그와 같은 중벌의 사유가 되었다. **"[7] 여호와의 율법은 완전하여 영혼을 소성케 하고 여호와의 증거는 확실하여 우둔한 자로 지혜롭게 하며 [8] 여호와의 교훈은 정직하여 마음을 기쁘게 하고 여호와의 계명은 순결하여 눈을 밝게 하"**(시 19:7,8)기 때문이다.

그러나 12세기 왈덴스인들과 14세기 영국의 개혁자 위클리프, 16세기 독일의 루터와 영국의 틴데일 등 목숨을 내건 개혁자들의 희생으로 마침내 성경이 영어, 독일어 등 여러 언어로 번역되면서 종교개혁의 불길이 초원의 불길처럼 세차게 번졌다.

성경 연구를 통해 영적인 시력을 회복하게 된 개혁자들은 카톨릭의 온갖 교리와 면죄부, 고해성사, 고행에 의한 속죄, 행함에 의한 구원, 미사, 유물숭배와 성상숭배, 마리아의 중보, 연옥 교리, 죽은 사람을 위한 기도, 성자숭배, 화체설, 잔인무도한 종교재판…. 성경에 비추어 결코 용납될 수 없는 것들이 천주교회 안에 가득한 것을 확인했다. 종교개혁자들은 이러한 배도를 주도한 교황청이 다니엘서와 요한계시록 그리고 사도 바울이 데살로니가후서에 예언한 바로 그 적그리스도의 세력이라고 외치며 "Sola scriptura!"(오직 성경!) 개혁을 촉구했다.

종교개혁의 샛별 위클리프(John Wycliffe, 1320~1384)를 비롯하여 프라하대학 총장으로 화형당한 후스(Jan Hus, 1372~1415), 카톨릭교회를 개혁하기 위해 힘쓰다가 화형당한 사보나롤라(Girolamo Savonarola, 1452~1498), 루터(Martin Luther, 1483~1546), 멜란히톤(Philipp Melanchthon, 1497~1560), 스위스의 츠빙글리(Ulrich Zwingli, 1484~1531), 최초로 성경을 영어로 번역한 죄로 화형을 당한 옥스퍼드 출신의 학자 틴데일(William Tyndale, 1494~1536), 스코틀랜드의 개혁자 존 녹스(John Knox, 1514~1572), 존 칼빈(Jean Calvin, 1509~1564), 존 웨슬리(John Wesley, 1703~1791)도 교황을 적그리스도라고 규정했다.

그러자 궁지에 몰리게 된 카톨릭은 트렌트 종교회의를 열어 면죄부 제도와 연옥의 교리를 비롯한 모든 교리를 그대로 옹호할 것을 재천명하고, 종교개혁자들의 가르침을 〈저주받을 이단 교리〉로 정죄했다. 그리고 교황의 권위에 도전하는 모든 이단자를 벌하기 위해 1542년 악명 높은 종교재판을 부활시켰으며, 1564년에는 종교문서 출판과 개인적인 성경 연구를 철저히 통제하기 위해 다시금 성경을 금서로 만들고 가지고만 있어도 고문과 화형에 처했다. 또 카톨릭이 인정하는 성경 해석 외에는 일절 허용하지 않기로 재확인했다.

그러나 성경 예언에 근거해 교황을 적그리스도로 선언한 개혁자들의 논증은 변명할 여지가 없었기 때문에 이러한 대응만으로는 개혁자들을 공격하기에 충분하지 못했다. 그래서 교황청은 예수회 신학자인 알카자와 리베라를 통해 "과거주의"와 "미래주의"라는 새로운 예언 해석을 만들었고, 미래주의 해석의 한 부분으로 7년 대환난 및 비밀 휴거 사상이 탄생하게 되었다.

(1) 알카자의 과거주의

계시록의 전반부는 유대인의 메시아 거절과 예루살렘 멸망에 관한 사건이 성취된 것으로 적용하고, 후반부는 로마제국의 멸망에 관한 사건으로 적용하면서 적그리스도는 '네로 황제'라고 해석하여 로마 카톨릭과는 상관없는 예언으로 만들었다.
요한계시록의 1260일(계 11:2, 12:6)은 과거에 유대인이 그리스도인을 핍박한 기간으로, 다니엘서의 같은 기간인 "한 때, 두 때, 반 때"(7:25)는 과거에 시리아 왕 안티오커스 에피파네스가 유대인을 핍박한 기간으로 적용하여, 교황이 다니엘서와 요한계시록의 적그리스도로 해석될 소지를 없앴다.

(2) 리베라의 미래주의

계시록의 첫 부분은 요한 당시에 해당하는 예언이지만, 나머지는 마지막 시대 하나님을 모독할 어떤 독재자인 적그리스도라고 하면서, 그가 활동하는 3년 반 동안 성도들을 핍박할 것이라고 해석했다. 이 기간에 그는 하나님처럼 행세하고 세상을 다스리며 예루살렘에 성전이 재건될 것이라고 주장했다.

이것이 바로 오늘날 일반적으로 믿고 있는 "세대주의" 예언 해석의 기원이다. 리베라는 이와 같은 미래주의 예언 해석 원리를 제시함으로써 하나님을 모독하며 수많은 성도들을 학살한 진짜 적그리스도인 로마 교황은 감추고 적그리스도는 마지막 때 나타난다는 이론을 펼쳤다.

우리가 기독교 서점에서 심심찮게 읽게 되는 다니엘서와 요한계시록 주석의 기원이 바로 이것이다. 오늘날 카톨릭교회가 미래주의 해석을 지지하고 적그리스도는 한 개인일 것이라는 리베라의 주장을 따르고 있는 것은 결코 이상한 일이 아니다. 그런데 카톨릭이 종교개혁을 방해하기 위해 만들어 낸 이 미래주의(세대주의) 신학이 개신교회 안에 들어와 가르쳐지고 있으니 얼마나 개탄스러운 일인가! 개혁자들에 의해 적그리스도의 정체가 폭로되어 곤궁에 빠진 교황청이, 적그리스도인 자신의 신분을 은폐하기 위해 파 놓은 신학적 함정에 개신교회가 여지없이 빠진 것이다.

"그중에 십 분의 일이 오히려 남아 있을지라도 이것도 삼키운바 될 것이나 밤나무, 상수리나무가 베임을 당하여도 그 그루터기는 남아 있는 것같이 거룩한 씨가 이 땅의 그루터기니라"(사 6:13). 열매 맺는 수많은 나무가 베임을 당해도 하나님의 보호와 돌보심 가운데 생명을 싹 틔울 수 있는 그루터기는 남기셨다. 이 생명에서 새로운 나무가 자라게 될 것이다. 사탄의 노력과 열성보다 하나님의 능력은 더 크고 강하시며 태초부터 지금까지 신실하게 세상의 흥망성쇠를 주관하고 계신다. 하나님께서는 악이 세상을 지배한 것 같은 상황에서도, 진리가 전멸된 것 같은 황폐함 가운데서도 성경을 올바로 이해하고 가르칠 진리의 전수자들, 거룩한 씨를 남겨 두셨다.

2. 제3성전 건립은 하나님의 뜻인가?

"저가 저 대제사장들이 먼저 자기 죄를 위하고 다음에
백성의 죄를 위하여 날마다 제사 드리는 것과 같이 할 필요가 없으니
이는 저가 단번에 자기를 드려 이루셨음이니라" (히 7:27).

기독교를 취하게 만든 바벨론의 포도주 중 하나가 바로 세대주의 예언 해석이다. 요즘 기독교에서 제3성전, 이스라엘 재건, 7년 대환난에 대한 이슈가 많다. 관련 영상이나 설명을 들어보면 많은 부분 성경을 오해해서 해석한 잘못된 가르침이다. 성전 재건을 꿈꾸는 단체들은 제3성전 재건 자금을 과거 고레스 대왕이 예루살렘 성전 복구에 도움을 준 것처럼, 미국과 러시아가 협력해 줄 것을 기대하고 있다.

현재 이스라엘에 정통성이 없는 산헤드린 의회가 있다. AD 70년 예루살렘이 멸망하고 AD 135년 유대 2차 반란으로 유대인들은 그야말로 전 세계 디아스포라로 흩어져 살다가 세계를 지배하려는 세계주의자들의 계획에 의해 1948년 이스라엘이 재 건국되었다. 그런데 이것은 미국과 세계주의자들이 중동 지역의 판세와 영향력을 극대화하고 세계를 혼돈으로 몰아넣기 위한 시나리오로 진행한 작품이다.

제3성전은 예언의 성취인가?

현재 이스라엘의 산헤드린을 중심으로 성전 건축에 박차를 가하고 있는데, 이름하여 제 3성전이라고 한다. 아브라함이 이삭을 제물로

드렸던 모리아산에 솔로몬이 처음 건축한 제1성전은 바벨론에 의해 파괴되었다. 70년 포로 생활 후 예루살렘으로 귀환한 유대인들은 스룹바벨을 중심으로 제2성전을 재건했고 헤롯 왕에 의해 확장 보수되었다. 그러나 이 성전도 예수님의 예언대로 로마에 의해 돌 하나도 돌 위에 남기지 않고 완전히 파괴되었다. 예루살렘 성전이 완전히 무너진 지 약 2000년이 지난 지금 이스라엘에서는 이 성전을 재건하려는 사람들이 있다. 이 성전 재건이 기독교인들에게 이슈가 되는 이유는 성전 재건이 마지막 시대 성경 예언의 성취라고 믿기 때문이다.

건물 성전이 필요한가?

세대주의 예언 해석에 의하면 기독교인들의 휴거가 먼저 일어나야 한다. 그리고 7년 대환난이 시작하는데, 전 3년 반과 후 3년 반으로 나뉜다. 전반기에 유대인의 성전이 모리아산에 재건되는데, 실제 번제단을 만들고 은과 금으로 만든 기물과 악기들, 의복들을 준비하고 있으며 제물로 사용할 송아지까지 기르고 있다. 그러나 예수께서 십자가에 돌아가실 때, 이 성전 제도를 폐지하셨다. **"[50] 예수께서 다시 크게 소리 지르시고 영혼이 떠나시다 [51] 이에 성소 휘장이 위로부터 아래까지 찢어져 둘이 되고 땅이 진동하며 바위가 터지고"**(마 27:50,51).

지진이 나서 성소 휘장이 찢어진 것이 아니라 사람의 손이 찢을 수 없게 위에서 아래로 찢어졌다. 아래에서 위로 찢으면 사람이 찢을 수 있지만, 위에서 아래로 찢어진 것은 하나님께서 찢으신 것을 의미한다. 예수님이 직접 제물이 되었기 때문에 이제는 성전의 제사 의식이 필요 없게 된 것이다.

"염소와 송아지의 피로 아니하고 오직 자기 피로 영원한 속죄를 이루사 단번에 성소에 들어가셨느니라"(히 9:12). 그렇기 때문에 이제는, **"저가**

저 대제사장들이 먼저 자기 죄를 위하고 다음에 백성의 죄를 위하여 날마다 제사 드리는 것과 같이 할 필요가 없으니 이는 저가 단번에 자기를 드려 이루셨음이니라"(히 7:27). 그러므로 파괴된 건물 성전을 재건하는 것은 하나님의 뜻이 아니라 오히려 하나님의 뜻을 역행하는 것이다. 그런데 왜 기독교인이 이것을 마치 하나님의 뜻이 이뤄지고 있는 것인 양 흥분하고 있는가? 그것은 성경을 잘못 해석하고 있기 때문이다.

하나님의 성전

마태복음 24장 15절에 "멸망의 가증한 것이 거룩한 곳에 선 것을 보거든"이라는 말씀은 예루살렘에 성전이 재건되고 적그리스도가 모리아산 위에 선다는 예언이 아니다. "저는 대적하는 자라 범사에 일컫는 하나님이나 숭배함을 받는 자 위에 뛰어나 자존하여 하나님 성전에 앉아 자기를 보여 하나님이라 하느니라"(살후 2:4) 적그리스도가 하나님의 성전에 앉아 자기를 하나님이라고 말하는 장면을 인용하는데, 바울이 사용한 "성전"에 대한 헬라어는 나오스(ναός)이다. 바울이 지금 유대 성전에 적그리스도가 들어갔다고 말하고 있을까? 바울은 나오스를 "고린도에 있는 하나님의 교회"에(고전 1:2) 편지하면서 "너희가 하나님의 성전(ναός)인 것과 하나님의 성령이 너희 안에 거하시는 것을 알지 못하느뇨"(고전 3:16)라고 했다. 여기서 바울은 "나오스"라는 단어를 교회와 성도들에게 적용했다. 바울은 "에베소에 있는 성도들"에게도 편지를 쓰면서 "그의 안에서 건물마다 서로 연결하여 주 안에서 성전(ναός)이 되어가고"(엡 2:21)라고 했다. 바울의 모든 서신에서 이 "나오스"라는 낱말을 사용할 때마다 그는 언제나 그것을 교회에 적용했지, 결코 이스라엘 성전에 적용한 적이 없었다. 그 때문에 바울이 말한 성전을 모리아산 위에 세워지는 실제 성전이라고 해석하는 것은 큰 오해다.

예수 그리스도께서 골고다에서 돌아가셨을 때 주님은 동물을 잡아서 드리는 희생 제사를 끝내셨다. 그분이 "다 이루었다"라고 외쳤을 때 그대로 성취하셨다. 예수님이 희생제물이 되셨기 때문에 지상의 모든 희생 제사는 끝난 것이다(히 10:12). 그런데 예루살렘 성전을 재건하고 피 흘리는 제사를 다시 드린다면 그것은 그리스도의 희생을 이 시대에 전면적으로 다시 부인하는 일이다. 예수 그리스도를 부인하는 유대인 성전 재건을 바울이 "하나님의 성전"이라 불렀겠는가? 결코 아니다. 그와 같은 성전은 예수님을 전적으로 부인하는 것이기에 하나님의 성전이 될 수 없다. 오늘날 이스라엘에서 벌어지고 있는 예루살렘 성전 재건에 속지 말아야 한다. 그것은 성경 예언의 성취가 아니라, 마지막 때 참된 예언 해석을 감춰버리고 기독교를 혼란스럽게 하는 사탄의 계획이다.

바울이 사용한 데살로니가후서 2장의 "성전"은 교회를 뜻한다. 그렇다면 이 말씀은 적그리스도가 교회 안에 있다는 말인가? 그렇다. 적그리스도는 외부의 어떤 독재자나, 먼 미래에 나타날 어떤 악마가 아니라 하나님의 성전 안에, 즉 교회 안에 이미 있고, 이미 자신을 하나님의 대리자라고 말하고 있다. 바울은 간교하고 기만적인 적그리스도가 교회 안에서 하나님을 믿는다고 하면서 자기를 하나님이라 부르도록 한다는 사실을 우리에게 깨우쳐 주고 있는 것이다.

또 계시록 11장 1절에 요한에게 하나님의 성전을 측량하라고 말한 것을 근거로 모리아산에 성전이 세워질 것이라고 주장하는데, 문맥을 완전히 무시하고 한 절만 가지고 이런 식으로 해석하는 것은 옳지 않다.

이러한 성경 절을 근거로 7년 대환난이 시작하면, 초반에 적그리스도가 나타나서 평화조약을 체결하는데, 유대인들은 메시아가 왔다는 생각으로 전쟁을 그치고 평화로운 나날을 보내려 한다. 그러나 그때 유대인들을 멸망시키기 위해 연합국이 이스라엘로 오는데 이것을 보고 아마겟돈 전쟁이라고 해석한다. 그러나 성경 상 아마겟돈 전쟁은 유프라테스강을 중심으로 세계 대전이 일어나는 것을 의미하지 않는다.

이 시나리오대로 진행하기 위해서 한 가지 해결해야 할 문제가 있다. 성전과 관련한 모든 것이 다 준비되었다. 대제사장도 선출했고, 제사도구들도 완성되었다. 그런데 문제는 세상에서 가장 논란이 많은 장소에 성전을 재건하려고 한다. 그것은 템플 마운트라고 불리는 성전 산인데, 예루살렘의 모리아산이다. 현재 그 자리에는 이슬람의 황금 돔 사원이 버티고 있다.

전쟁의 도시 예루살렘

현재 예루살렘은 유대인과 무슬림, 서로에게 양보할 수 없는 성지가 되었다. 예루살렘 성전이 있었던 그 자리에 지금은 이슬람의 거대한 황금 돔 사원이 세워졌기 때문이다. 그런데 예루살렘에 어떻게 이슬람 사원이 생기게 되었을까? 기원후 638년 이슬람이 예루살렘을 정복하고 685년에 사원을 완공했는데, 이슬람 창시자인 무함마드(Muhammad)가 거기서 승천했다고 해서 이슬람의 성지가 되었다. 이삭을 바칠 때 제단으로 사용했다는 바위가 있는데, 이슬람에선 이삭이 아니라 이스마엘을 바치려 했다고 주장한다. 이 바위 때문에 처음엔 바위 돔 사원이라 불렸는데, 요르단 국왕이 80kg의 황금을 주었고 그 금을 녹여 도금해서 지금의 황금 돔으로 불리게 되었다.

이 성전 산은 1948년 이스라엘 건국 후에도 요르단 관할이다가 1967년 "6일 전쟁" 때 이스라엘이 예루살렘을 점령하면서 유대인의 관할이 되었다. "6일 전쟁"은 참 미스터리한 전쟁이다. 많은 기독교인은 전쟁 중 나타난 초자연적인 현상들 때문에 하나님께서 직접 지휘하신 전쟁이었다고 말한다. 그들에 의하면 이스라엘 사병 몇 명에게 아랍 부대 전체가 항복한 일이 있었는데, 이스라엘 군인 뒤에 천사들이 서 있었기 때문이라고 한다. 그래서 "우리는 이스라엘 군대와는 싸울 수 있어도 천사와는 싸울 수 없다"면서 항복을 했다고 전해지고 있다.

또 한번은 이스라엘이 예루살렘을 함락할 때, 요르단 왕궁 수비대가 방어를 잘해서 이스라엘 군인들의 피해가 컸다. 그런데 어느 날 갑자기 요르단 군대가 공포에 질려 전부 철수해버렸고, 이스라엘 군대는 아무 저항없이 예루살렘에 들어갔다고 한다. 또 이집트와의 전쟁에서도 이집트 군대가 모든 군수물자, 무기들을 다 놓고 그냥 사라졌다고 한다. 이러한 현상은 당시 아랍 군대와의 전쟁에서도 일어났는데, 아랍 군대의 증언에 의하면 전투 중에 하늘에서 큰 손이 나타나서 항복하게 됐다는 이야기도 있다. 사실인지는 모르겠지만 여하튼 신비한 일이긴 하다. 그러나 이런 일은 사탄에게는 너무도 쉬운 일 아닌가? "큰 표적과 기사를 보이어 할 수만 있으면 택하신 자들도 미혹하게 하리라"(마 24:24)고 하지 않았는가! 이것이 바로 마지막 시대에 온 세상을 미혹하기 위해 사탄이 사용하는 이적과 기사의 모습이다.

누가 참 이스라엘인가?

현대 이스라엘이 고대 이스라엘과 같은 하나님의 선민인가? 아니다. 고대 이스라엘이 전쟁에서 승리할 때는, 철저히 여호와 중심의 삶을 살았을 때였고, 분명한 하나님의 목적이 있을 때였다. 그렇지 않을 때는 패했고 결국 완전히 멸망해서 이방 나라에 흩어져 디아스포라가 되었다. 그들은 메시아를 거절했고 죽였다. "그 피를 우리와 우리 자손에게 돌릴지라"는 그들의 말과 "돌 하나도 돌 위에 남지 않고 무너진다"는 말씀이 이루어져서 흩어지고 말았다. 그런데 하나님께서 성경의 예언을 번복해서 오히려 그들을 위해 전쟁하신다는 것을 어떻게 믿어야 할까? 성전을 지으면 메시아가 온다고 믿고 있으니 그렇게도 성전을 지으려고 하는 것이다. 우리의 메시아요 구세주 되신 예수 그리스도는 이미 초림하셔서 성전의 제사 제도를 폐하셨고 지금은 재림을 앞두고 있다. 따라서 현재 이스라엘은 하나님의 뜻대로 세워진 국가도 아니고, 하나님의 말씀을 순종하는 백성도 아닌데 "6일 전쟁"을 하나님께서 친히 지휘하신 전쟁이라고 믿는 것은 잘못된 것이다.

하나님은 혈통적, 육적 이스라엘이 아니라 영적 이스라엘, 즉 그리스도인으로 새 시대를 여셨다. 일부 기독교에서는 이것을 "대체신학"이라고 폄하하는데, 로마서의 말씀을 보자. "[28] **그러므로 유대인 부모에게서 태어났다든가 유대인이 받는 할례를 받았다는 것만으로 누구나 참 유대인이라고 할 수는 없습니다.** [29] **참 유대인이란 그 마음이 하나님과 올바른 관계에 놓여 있는 사람입니다. 하나님께서는 표면적으로 할례를 받아 몸의 일부를 잘라 낸 사람을 찾으시는 것이 아니라 마음과 생각이 완전히 변화된 사람을 찾으십니다. 그의 생활이 변화된 사람이야말로 비록 사람들에게는 칭찬받지 못한다 해도 하나님의 칭찬을 받게 됩니다**"(현대어, 롬 2:28, 29).

하나님의 전 지구적이고 전 우주적인 역사를 너무 좁게 해석하지 말자. 하나님은 유대인을 구원하기 위해 존재하는 분이 아니시다. 물론 유대인도 구원하시지만 마지막 역사를 유대인에게 초점을 맞추는 것은 성경적이 아니다. 대체신학이라고 폄하하는 신학의 뿌리는 "그리스도와 사탄 사이의 전쟁", "참 교회와 배도한 교회와의 전쟁"에 대한 초점을 흐리게 하기 위해 로마 카톨릭의 제수잇(Jesuit)이 만들어 놓은 신학의 일부이다. 적그리스도인 교황에게서 눈을 돌리게 하려고 모든 예언을 이스라엘 회복에 초점을 맞추고 있는 것이다.

이스라엘의 회복을 위해 애쓰고 있는 분들의 열심을 존중한다. 이스라엘을 품고 기도하는 그 순수한 동기와 열정을 이해하기 때문이다. 당연히 유대인도 구원받아야 한다. 그들도 예수 그리스도를 믿고 구원받아야 할 백성들이고, 여러 사람의 헌신과 열정으로 그들에게 복음이 전해지는 것은 고마운 일이다. 하지만 성경의 예언들을 이스라엘과 유대인의 회복에 맞춰 해석하게 되면 적그리스도를 알아보지 못하게 하려고 만든 사탄의 기만술에 농락당하게 된다.

전쟁의 아픔

그리스도께서 승천하시고 하나님은 교회를 통해 새로운 세상 역사를 만드셨다. 그런데 오늘날 잘못된 성경 해석으로 모든 시선을 이스라엘로 집중시키고 있다. 이스라엘 독립은 중동지역의 패권을 노린 세계주의자들의 작품이다. 제수잇은 자기들이 만들어 놓은 신학의 그림대로 세계 정치적 형세를 만들어가며 마치 성경 예언의 성취인 것처럼 속이지만 그것은 기만이다.

6일 전쟁의 결과가 무엇인지 아는가? 이스라엘과 팔레스타인 사이에 지난 50년 동안 끊임없이 파괴와 증오가 시작되었다. 2천 년 동안 멀쩡하게 잘살고 있었는데, 어느 날 침략전쟁으로 삶의 터전과 모든 것을 잃어버린 이들은 미국과 기독교를 당연히 증오할 수밖에 없다. 테러, 점령, 끊임없는 전투, 난민! 그리고 무엇보다 팔레스타인에 사는 크리스천들이 신앙의 이유로 오늘도 납치되어 살해당하고 있는데, 이것은 6일 전쟁 이후 지금까지 진행되고 있는 결과물이다. 그런데 이것이 하나님께서 친히 하신 전쟁이란 말인가? 팔레스타인에 이스라엘이 건국된 후 국민들이 예수 그리스도를 믿고 신정 체제로 하나님을 섬기는 국가가 되지 않았다. 그런데 어찌 하나님의 뜻이 이뤄진 전쟁이라고 생각하는가?

현재 예루살렘은 요르단의 영토를 무력으로 점령한 상태이기 때문에, 국제법상 이스라엘의 영토가 아니고 영토분쟁지역이다. 이스라엘은 예루살렘을 수도로 선포했지만, 국제법은 인정하지 않고 있다. 그렇기 때문에 많은 나라들은 대사관을 예루살렘이 아닌 텔아비브에 두고 있다. 그런데 트럼프는 대통령 당선 전 텔아비브에 있는 미 대사관을 예루살렘으로 이전하겠다고 공약했고 실제 행동에 옮겼다. 다시 말하면 예루살렘은 이스라엘 수도이며, 이스라엘 영토라는 것을 미국이 인정해주겠다는 것이다.

예루살렘은 이슬람의 3대 성지 중 하나이기 때문에 유대인들도 섣불리 건드릴 수가 없는 지역이다. 이런 곳에 어떻게 성전을 세울 수 있을까? 그들의 계획은 전쟁이다! 환난이 시작해서 연합국이 이스라엘을 공격하는 전쟁이 날 것이며 미사일 중 하나가 황금 사원을 공격하고 그때 적그리스도가 유대인들에게 승리를 주고, 그래서 그 자리에 성전을 세운다는 희망을 품고 있다. 그들에 의하면 그렇게 성전이 세워졌지만, 멸망의 가증한 적그리스도가 성전에 들어가서 그것을 모독하고, 유대인들을 박해하는데, 오히려 박해의 결과로 유대인들이 집단으로 회심해서 그리스도께 돌아온다고 믿는다. 그리고 마지막 복음을 전하고, 아마겟돈 전쟁으로 종말이 오면 예수님께서 재림하신다는 것이다.

이 시대 우리가 관심 가져야 하는 성전은 땅의 성전이 아니라 하늘 성전이며, 하늘 성전에서 우리를 위해 중보하시는 대제사장 되신 살아계신 예수 그리스도에게 우리의 시선을 집중해야 한다. 현재 예수님의 위치, 예수님의 사역에 집중하지 못하게 만드는 잘못된 가르침을 믿고 받아들일 때의 결과는 돌이킬 수 없게 된다. "주 여호와 이스라엘의 거룩하신 자가 말씀하시되 너희가 돌이켜 안연히 처하여야 구원을 얻을 것이요 잠잠하고 신뢰하여야 힘을 얻을 것이어늘 너희가 원치 아니하고"(사 30:15) 라고 호소하시는 예수님의 음성이 우리의 마음에 깊은 떨림과 감동으로 다가와 잘못된 가르침에서 돌이키고 죄악에서 돌이키기를 간절히 소망한다.

3. 칠십 이레의(70주일=490년) 진실은?

"마땅히 율법과 증거의 말씀을 좇을지니 그들의 말하는 바가 이 말씀에 맞지 아니하면 그들이 정녕히 아침 빛을 보지 못하고" (사 8:20).

오늘날 기독교인들은 유대인들이 성전을 세울 모든 준비는 끝났으므로, 이제 휴거를 기다리는 것만 남았다고 주장한다. 또한 그들의 해석에 의하면 다니엘서 9장 27절에 "한 이레 동안의 언약"이 나오는데, 그것은 휴거 후 예수님 재림 사이의 7년이라고 해석하면서, 그때 실제 성전이 예루살렘에 있어야 한다고 말한다. 다니엘서 9장은 예수 그리스도의 초림과 그분의 사역에 대한 예언인데 그리스도에 대한 예언을 적그리스도에게 적용해서 풀고 있다.

"[24] 네 백성과 네 거룩한 성을 위하여 칠십 이레(490년)로 기한을 정하였나니 허물이 마치며 죄가 끝나며 죄악이 영속되며 영원한 의가 드러나며 이상과 예언이 응하며 또 지극히 거룩한 자가 기름부음을 받으리라 [25] 그러므로 너는 깨달아 알지니라 예루살렘을 중건하라는 영이 날 때부터 기름부음을 받은 자 곧 왕이 일어나기까지 일곱 이레(49년)와 육십이 이레(434년)가 지날 것이요 그때 곤란한 동안에 성이 중건되어 거리와 해자가 이룰 것이며 [26] 육십이 이레 후에 기름부음을 받은 자가 끊어져 없어질 것이며 … [27] 그가 장차 많은 사람으로 더불어 한 이레(7년) 동안의 언약을 굳게 정하겠고 그가 그 이레의 절반에(3년 반) 제사와 예물을 금지할 것이며…"(단 9:24~27).

이 예언은 예수 그리스도께서 언제 공생애를 시작하시고, 언제 돌아가실지, 메시아를 거절한 이스라엘은 어떻게 되는지 정확한 연대와 사건을 알려주는 놀라운 예언이다.

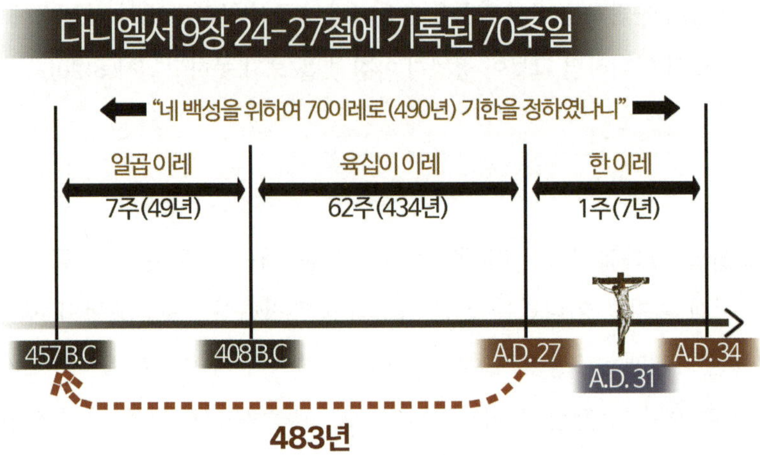

칠십 이레 기한이 의미하는 것은 무엇인가?

"네 백성과 네 거룩한 성을 위하여 칠십 이레(70주일, 490년)로 기한을 정하였나니"(단 9:24).

네 백성 즉 유대인을 위해서 70이레로 기한을 정했다. 세상에 구원을 이루기 위해 유대인들을 제사장의 나라로 선택하시고 복음을 온 세상에 전할 선교사의 나라가 되게 하셨다. 그러나 불순종과 반역을 거듭함으로써 택한 백성의 사명을 이루기에 실패한 유대인들에게 70이레는(70주일) 마지막 은혜의 기간이었다. 70이레가 지나면 실제적, 국가적인 이스라엘의 운명은 끝이 난다. 즉 70이레 예언 이후, 더는 혈통적/민족적/국가적으로 이스라엘의 역할은 나타나지 않는다. 선민으로서 민족적 이스라엘의 역할은 거기까지다. 마지막 시대 이스라엘이 회복되어 국가적인 회심을 하고 예수를 그리스도라 믿고 거기서 144,000인이 나온다는 것은 성경에 근거 되지 않은 가설이다. 성경의 모든 예언을 마지막 시대 실제 이스라엘 건국과 회복에 맞추어 해석하는 것은 바른 가르침이 아니다.

"정하였다"는 말은 히브리어로 "하사크"인데 여러 번역이 있다.

① 결정하다

② 자르다(cut), 잘라내다(cut off), 할당하다, 분할하다.

윌리엄 쉐이는 단어가 역사적으로 변천되었음을 밝혔는데, BC 600 ~ AD 500년까지는 "잘라내다"로 사용했고, AD 500 이후에는 "결정하다"로 사용한 것을 알게 됐다. 그러므로 성경이 기록된 당시의 "정했다"의 원어적 의미는 "잘라내다"이다. 따라서 "70이레로 기한을 잘라내었나니"라고 번역해야 맞다. 그렇다면 어디서 잘라냈는가? 기한을 잘라내려면 당연히 그 기한보다 더 큰 기한이 있어야 한다. 지금 이 설명은 다니엘서 8장에서부터 시작한 2300주야에 대한 설명이기 때문에 70이레(490년)는 2300주야(2300년)에서 잘라낸 부분임이 분명해진다.

칠십 이레의 시작점

70이레는 2300주야의 앞부분이기 때문에 그 시작점이 2300주야의 시작점과 동일하다. 그렇다면 그때가 언제일까?

"그러므로 너는 깨달아 알지니라 예루살렘을 중건하라는 영이 날 때부터 기름부음을 받은 자 곧 왕이 일어나기까지 일곱 이레와 육십이 이레가 지날 것이요 그때 곤란한 동안에 성이 중건되어 거리와 해자가 이룰 것이며"(단 9:25).

9장의 계시가 주어진 기원전 538년 당시의 예루살렘은 바벨론에 의해 파괴된 이후 아직도 폐허로 남아 있었고, 다니엘은 그러한 예루살렘과 성전의 중건을 탄원하고 있었다. "예루살렘을 중건하라는 영이 날 때부터" 즉 예루살렘을 이전처럼 다시 회복시키라는 왕의 명령이 날 때부터 70주일 기간이 시작된다는 기산점이 설정된 것이다.

성전, 성, 왕궁, 주권도 잃었다. 다니엘서 9장 25절의 예루살렘 중건령은, 무너진 것이 모두 회복되어야 한다. 성전, 정치적 독립, 하나님의 율법에 따라 사는 주권도 회복되어야 한다. 이 중건령은 무너진 모든 것을 다 재건하는 조서이다.

고레스와 다리오 왕이 내린 조서는 성전 재건령이었고, 기원전 457년에 내린 아닥사스다 제7년의 조서는 성전, 성, 주권, 하나님의 율법 회복을 포함하는 완전한 조서가 되기 때문에 이 조서가 다니엘서 9장 25절의 "예루살렘을 중건하라는 영"이 되며 그래서 70이레의 시작점은 BC 457년이 되는 것이다.

이 사실은 종교개혁 이래 수많은 학자에 의해 누차 확인되었는데, 그 가운데 한 사람이 만유인력의 법칙을 발견한 뉴턴이다. 17세기 영국의 물리학자요 수학자로 만유인력의 법칙을 발견함으로써 우주 시대의 기초를 놓은 뉴턴은 성경 연구에 있어서도 뛰어난 신학자였다.

그는 20개 이상의 고대 일식 기록을 조사하여 70주일과 2300주야 예언의 시작이 페르시아 아닥사스다 왕 7년이고 그것이 기원전 457년임을 천문학적으로 확증했으며, 고고학에 발견된 페르시아의 엘레판틴(Elephantine) 파피루스 문서에서도 이 사실이 확인된 바 있다. 뉴턴은 다니엘서 9장의 70이레 예언이 정확하게 성취된 것에 경탄하면서 다음과 같은 말을 했다.

"다니엘서의 예언을 거절하는 사람은 그리스도교 신앙을 뒤엎은 일을 하는 셈인데, 이는 그리스도교 신앙이 그리스도에 관한 다니엘의 예언 위에 기초하고 있기 때문이다."

칠십 이레 (70주일, 7×70=490년)

70이레는 예언을 해석하는 방식인 "1일=1년"이라는 "연일원칙"에 근거하여 490년이다. 왜 490년인가? "이레"는 "7일"로서 "1주일"을 의미한다. 그런데 성경 예언을 해석할 때, 1일을 1년으로 해석하는 법칙이 있기 때문에(민 14:34; 겔 4:6), 이 경우에도 7일은 7년이 되어 7×70=490년으로 환산되는 것이 당연하다.

70이레의 시작점은 페르시아 왕 아닥사스다 제7년인 기원전 457년에 시작된다. 70이레 기간에 지극히 거룩한 자가 기름부음을 받는다고 했다. 이 존재는 적그리스도가 아니라 당연히 예수 그리스도이다.

✓ 일곱 이레, 7주일(7×7=49년간)

BC 457년부터 BC 408년까지 느헤미야와 에스라가 활동하면서 예루살렘의 복구와 자치가 이루어졌다.

✓ 육십이 이레, 62주일(62×7=434년)

BC 408년에서 434년이 지나면 몇 년이 되는가? AD 27년이 된다. 이때 지극히 거룩한 자가 기름부음을 받는다고 했다. 무슨 뜻일까? **"곧 요한이 그 침례를 반포한 후에 갈릴리에서 시작되어 온 유대에 두루 전파된 그것을 너희도 알거니와 하나님이 나사렛 예수에게 성령과 능력을 기름붓듯 하셨으매 저가 두루 다니시며 착한 일을 행하시고 마귀에게 눌린 모든 자를 고치셨으니 이는 하나님이 함께 하셨음이라"**(행 10:37,38). **"[21] 백성이 다 침례를 받을새 예수도 침례를 받으시고 기도하실 때에 하늘이 열리며 [22] 성령이 형체로 비둘기 같이 그의 위에 강림하시더니 하늘로서 소리가 나기를 너는 내 사랑하는 아들이라 내가 너를 기뻐하노라 하시니라 [23] 예수께서 가르치심을 시작할 때에 삼십 세쯤 되시니라"**(눅 3:21~23).

다니엘서 9장 25절에는 7주일과 62주일이 지나면 "기름부음을 받은 자 곧 왕이 일어"난다고 예언돼 있다. 70주일이 BC 457년에 시작되므로 그때로부터 7주일(49년)과 62주일(434년) 총 483년이 지나면 AD 27년에 이르는데, 이 해는 예수께서 30세가 되시면서 침례를 받으신 때이다. 이 해가 예수님의 나이처럼 서기 30년이 아니고 27년인 까닭은 AD를 제정하던 당시 예수 그리스도의 탄생 연대를 정확히 알지 못하여 4년 정도 늦은 연대를 책정했기 때문이다.

예수께서 침례를 받으시고, 성령으로 기름부음을 받으심으로 공생애를 시작하셨다. 구약시대에는 왕, 선지자, 제사장이 취임할 때 성령을 상징하는 기름을 머리에 부었다. 이처럼 "기름부음을 받은 자"를 히브리어로 "마쉬아흐" "메시아(Messiah)"이고, 헬라어로 "크리스토스" "그리스도(Christ)"라고 한다. 예수님의 경우 침례를 받으실 때 "성령과 능력을 기름붓듯 하셨"다고 표현함으로써 예언된 대로 예수께서 30세가 되시던 AD 27년 가을 요단강에서 물에 잠기는 침례를 받으신 후에 공식적인 메시아의 일을 시작하셨다.

예수께서는 바로 이 예언의 시간표대로 움직이셨기 때문에, 공생애를 시작하실 때 "때가 찼"다고 선언하셨다(막 1:15). 무슨 때가 찼다는 것인가? 그리스도는 다니엘의 예언을 아셨고, 다니엘서 9장에 예언된 70이레의 예언의 때가 찼던 AD 27년, 지금이 메시아 출현의 때라는 것을 예언의 말씀에 근거해서 선포하신 것이다.

AD 27년에서 483년을 거슬러 올라가면, BC 457년이 된다. BC 457년이 무슨 해인가? 아닥사스다 왕의 조서로 70이레가 시작된 해이다. 얼마나 놀라운가! 성경은 이렇게 정확한 것이다.

끊어 없어진다는 의미

✓ 1주일(1×7=7년)

70이레(490년) 기간 중 마지막 한 이레(일주일), 즉 7년이 남아있다.

✓ 1주일의 절반(7÷2=3년 반)

"육십이 이레 후에 기름부음을 받은 자가 끊어져 없어질 것이며…"(단 9:26).

기원전 457년에 시작된 70이레(490년) 기간 가운데 7주일(49년)과 62주일(434년)이 마감되는 서기 27년에 예수님께서 침례를 받으시고 메시아의 일을 시작하신 이후 "끊어져 없어"지는 일이 있을 것이라고 예언되었다. 끊어진다는 것은 죽는다는 뜻이다. 그렇다면 언제 그 일이 일어난다는 것인가?

예수님의 공생애 기간은 3년 반이었다. **"그가 장차 많은 사람으로 더불어 한 이레(1week) 동안의 언약을 굳게 정하겠고 그가 그 이레의(7년) 절반에 제사와 예물을 금지할 것이며…"**(단 9:27).

여기서 "이레(week)의 절반"은 몇 년인가? 한 이레는 7년이므로 7년의 반은 3년 반이 된다. 그렇다면 예수님께서 침례를 받으시고 공생애를 시작하신 서기 27년 가을부터 3년 반 후인 서기 31년 봄에 무슨 일이 일어났는가?

예수님께서 십자가에 달려 돌아가시게 되었다. 그것은 인간이 범죄한 이후, 장차 오실 약속된 메시아의 죽음을 상징하여 드려온 "제사와 예물을 금지하"게 만드는 사건이었다. 오랜 세월 동안, 이스라엘은 메시아를 상징하는 어린 양을 죽임으로써 약속된 메시아를 기다렸다. 그러나 이제 예수 그리스도께서 직접 속죄양이 되셔서 십자가에 죽으심으로써, 더는 양을 잡아서 죽이는 제사 제도는 필요 없게 되었다.

"[11] 제사장마다 매일 서서 섬기며 자주 같은 제사를 드리되 이 제사는 언제든지 죄를 없게 하지 못하거니와 [12] 오직 그리스도는 죄를 위하여 한 영원한 제사를 드리시고 하나님 우편에 앉으사 [18] 이것을 사하셨은즉 다시 죄를 위하여 제사 드릴 것이 없느니라"(히 10:11, 12, 18). 말 그대로 제사와 예물을 금지하셨다. 예수님이 십자가에 달려 친히 제물이 되심으로 더는 제물로 제사를 드릴 필요가 없게 된 것이다. 서기 31년 봄 십자가에서 돌아가셨을 때, 성전 안에 성소와 지성소를 가로막고 있던 휘장이 위에서 아래로 찢어졌다. 그것은 더는 성전에서 제사와 예물을 드릴 필요가 없다는 의미였다.

그 일이 정확히 언제 일어났는가? **"그가 그 이레의 절반에 제사와 예물을 금지할 것이며"**(단 9:27). 공생애를 시작하신 후 7년의 절반인 3년 반이 지난, 서기 31년에 십자가에 달려 돌아가심으로써 정확히 이루어졌다.

이 모든 예언이 예수 그리스도의 생애에서 정확히 성취되었다. 이렇게 예언이 한치의 오차도 없이 성취됨과 성경의 진실성을 보고 우리의 믿음이 더욱 충만해진다. 또한 앞으로 일어날 예언에 대한 것도 믿을 수 있는 근거가 되는 것이다.

그런데 오늘날 기독교는 그리스도의 생애와 죽으심에 관한 이 놀라운 예언을 "7년 대환난"이라는 교리로 탈바꿈시켜서 장차 적그리스도가 행할 일로 해석하는 엄청난 잘못을 범하고 있다. 그들은 전 3년 반, 후 3년 반 이런 식으로 나눠서 구주 예수 그리스도에 대한 예언을 적그리스도로 해석함으로써, 메시아를 적그리스도로 바꿔버렸다. 이것이야말로 세대주의 예언의 최대 비극이다.

사실 오늘날 기독교가 일부러 사람들을 속이려고 한 것은 아닐 것이다. 잘못된 것을 배우고 또다시 잘못된 것을 가르치는 악순환이 반복되기 때문이다. 이 7년 환난 교리는 적그리스도를 교황으로 지목하는 종교개혁에 반대해서 만들어 놓은 카톨릭의 소산물이다. 오늘날 대부분의 기독교는 이 신학의 뿌리가 어디인지도 모른 채 자신들이 배운 것이 옳다는 신념으로 현대 이스라엘의 건국과 회복에 그토록 관심을 두고 있는 것은 안타까운 현실이다.

칠십 이레 예언의 종결(7+62+½+½)=490년)

70이레가 마쳐질 때 예수 그리스도를 십자가에 못 박아 죽인 유대인과 예루살렘의 운명이 어떻게 될 것이라고 예언되었는가?

490년 예언 기간에서 마지막 7년 중, 3년 반은 예수님께서 십자가에 달려 돌아가심으로 성취되었다. 그렇다면 나머지 3년 반 후에는 무슨 일이 벌어지는가? 예수님께서 십자가에 돌아가신 서기 31년 봄부터 다시 3년 반이 지난 서기 34년, 유대인들은 그리스도교 복음을 전하는 스데반을 돌로 쳐 죽임으로 유대인을 위한 은혜의 기간인 70주일(490년)이 공식적으로 끝나고 드디어 이때부터 본격적으로 이방인에게 복음이 전파되기 시작한다.

70주일(490년) 기간은 누구를 위한 기간이라고 했는가? 유대인을 위한 기간이었다. 하지만 490년이 지난 다음부터는 그리스도교의 시대가 시작된 것이다. 선민 이스라엘의 시대가 막을 내리고, 온 인류에게 예수 그리스도의 복음이 전파되기 시작한 해가 70주일, 490년의 끝인 AD 34년인데 참으로 의미심장하고 역사적인 해이다. 그리고 그 이후에 무슨 일이 벌어질 것인지 계속 예언해 주고 있다. **"62 이레 후에 기름부음을 받은 자가 끊어져 없어질 것이며 장차 한 왕의 백성이 와서 그 성읍과 성소를 훼파하려니와 그의 종말은 홍수에 엄몰됨 같을 것이며 또 끝까지 전쟁이 있으리니 황폐할 것이 작정되었느니라"**(단 9:26). 예루살렘과 성전이 완전히 파괴될 것이라고 예언되었다. 예수님께서는 다니엘의 이 예언을 이렇게 확인해 주신다. **"[15] 그러므로 너희가 선지자 다니엘의 말한 바 멸망의 가증한 것이 거룩한 곳에 선 것을 보거든 (읽는 자는 깨달을진저) [16] 그 때에 유대에 있는 자들은 산으로 도망할지어다 [20] 너희의 도망하는 일이 겨울에나 안식일에 되지 않도록 기도하라"**(마 24:15,16,20). 예루살렘의 멸망은 갑자기 일어난 사건이 아니라 처음과 끝을 아시는 하나님께서 이미 다니엘서에 예언한 그대로 로마장군 티투스에 의해 성취되었다.

이처럼 70이레(490년) 예언은 그리스도의 탄생, 침례와 공생애, 십자가의 죽으심, 이방인을 향한 복음 전파로 영적 이스라엘의 탄생, 예루살렘의 멸망 등 말씀 그대로 "이 복음은 천하 만민에게 전파"(골 1:23) 됨을 알리는 역사적인 예언인 것이다.

7년 대환난의 허구

오늘날 대부분의 교회는 적그리스도가 마지막 시대에 나타나 3년 반 동안 하나님을 모독하고 성도를 박해할 어떤 독재자라고 상상하고 있다. 그러나 성경의 단 한 구절도 7년이라는 기간을 세상 끝이나 그리스도의 재림에 관련하여 말하고 있지 않다. 성경을 깊이 연구한 사람이라면, 비밀휴거를 가르치는 세대주의자들이 7년이라는 기간을 증명하기 위해서, 다니엘서 9장 24~27절의 문맥을 무시하고 해석하는 것에 대해 놀랄 것이다. 세대주의자들이 7년 대환난의 7년 기간의 근거로 제시하는 성경 절은 다니엘서 9장 27절에 나오는 "한 이레"가 유일하다. 한 이레(한 주)는 묵시적, 상징적 예언을 해석할 때 적용하는 1일 1년 원칙에 의해 7년으로 해석한다. 다니엘서 9장 27절에 나오는 한 이레는 따로 떨어져 있는 기간이 아니라 다니엘서 9장 24절부터 나온 것처럼, 하나님께서 이스라엘 백성을 위해 주신 70이레(490년)에 포함된 기간이다.

그러면 7년 환난이라는 기간이 도대체 어떻게 생겨났는가? 그들은 다니엘의 70주 예언에서 마지막 7년을 뚝 떼어서 저 멀리 미래, 세상 끝으로 가져갔다. 그들은 마지막 한 이레(7년)는 말세에 그리스도인이 비밀리에 휴거 된 후에 성취될 것이라고 해석한다. 그들은 7년 환난 시나리오를 뒷받침하기 위해서 어떤 성경 절이 필요했다. 그래서 69주와 70번째 주 사이에 2000년이라는 시간의 간격을 집어넣었다. 즉 예언의 시간표를 다음과 같이 만들었다.

69주(483년)+거의 2000년에 이르는 그리스도 교회시대+1주(7년)

그래서 70번째 주인 마지막 7년을 "7년 대환난"이라고 이름 붙인 후, 7년 환난 전에 비밀 휴거가 있고, 7년이 지나서 예수님께서 공개 재림하신다는 2단계의 재림설이라는 기가 막힌 상상물을 만들어 낸 것이다.

개신교회를 박멸하기 위해 카톨릭의 예수회에 의해 뿌려진 미래주의 신학에 개신교회가 완전히 잠식되어, 교황이 적그리스도라는 사실이 탄로나는 것을 오늘날 개신교회가 막아주고 있는 해석이다. 아무리 7년 환난 교리를 그럴싸하게 이용하여 오늘날 일어나고 있는 세계정세를 설명한다 해도, 결국 이 7년 환난이라는 교리 자체가 성경에 없는 것이기 때문에, 없는 가설을 근거로 세상정세를 설명하려는 것은 단순한 모순으로 그치는 것이 아니라, 적그리스도의 길을 영접하는 기만이 되는 것이다. 심각한 바벨론의 포도주 중의 하나가 바로 이 7년 환난 교리이다. 사탄이 만들어 놓은 이 7년 환난 교리에 온 교회가 빠지도록 덫을 놓았다. 사탄은 그럴듯하게 이 예언을 성취하는 모양새를 갖출 것이다. 그렇다고 할지라도 미혹 당하지 말아야 한다. 그것은 성경의 예언이 아니라 적그리스도를 바라보지 못하게 만드는 사탄의 기만이다. 바벨론의 가르침에서 나와야 산다.

기회를 붙잡으라

많은 사람이 헛된 기대를 안고 있다. "혹시 만약 휴거되지 않아도, 그것으로 완전히 끝난 건 아니야. 환난 때 회개하면 되니까 아직 기회가 있어"라는 생각이 은연중에 있으나 실상은 그렇지 않다. 기회는 한 번뿐이다.

비밀 휴거는 없고, 우리는 모두 환난을 통과해야 한다. 짐승의 표 환난을 지나야 한다. 우리 믿음이 참인지 거짓인지 시험을 받아야 한다. 온 세상이 성경의 진리를 버리고, 짐승의 권위에 굴복할 때 우리는 하나님께서 명하신 것과 사람이 명한 것 중에서 하나를 선택해야 한다. 하나님의 인과 짐승의 표 사이에서 하나님의 인을 선택하므로 매매를 하지 못하고 범죄자 취급뿐 아니라 벌금과 투옥 그리고 사형에까지 이르게 될 것이다. 은혜의 시기가 끝나고 모든 사람의 운명이 결정된 후 7재앙이 내리고 예수님께서 재림하실 것이다. 살아서 시련을 통과한 예수님의 증인들과 부활한 성도들은 공중으로 끌어올려 공중에서 주님을 영접하게 될 것인데, 이때 공개적인 휴거가 있을 것이다.

비밀스러운 휴거가 아니라 실제 예수 그리스도의 재림이 임박했다. 기회는 한 번뿐이다. 휴거 되지 못한 사람들을 위한 또 다른 기간은 없다. 우리는 그리스도의 재림을 맞이하기 위해 회개운동을 일으켜야 한다. 예수님의 초림 당시 "회개하라 천국이 가까웠느니라"는 운동이 펼쳐졌다. 그리하여 깨어진 사람, 낮아진 사람, 부서진 사람이 되어 그 사람의 생애에서 그리스도의 순결한 모습만이 보이는 거룩운동이 펼쳐져야 한다. 하나님의 말씀에 순종하고 죄를 승리하는 하나님의 백성들이 재림운동을 할 것이다. 다시 오시는 영광스러운 재림의 소식을 온 세상에 전해야 한다. 더는 세속에 묶여 있는 끈과 결단하지 못하고 미적거리는 모든 일에서 단호한 결정을 해야 한다. 주님의 재림, 그것만이 우리의 유일한 소망이 되어야 한다.

4. 무너진 곳을 수보하는 자들

"네게서 날 자들이 오래 황폐된 곳들을 다시 세울 것이며 너는 역대의 파괴된 기초를 쌓으리니 너를 일컬어 무너진 데를 수보하는 자라 할 것이며 길을 수축하여 거할 곳이 되게 하는 자라 하리라" (사 58:12)

유대인들이 70년 동안의 포로 생활에서 돌아왔을 때 예루살렘은 폐허가 되어 있었다. 유대인들의 정신적 상태도 황폐했기 때문에 다시 일으켜 세워야 하는 재건과 부흥과 개혁의 위대한 사역이 남아 있었다. 한때 하나님의 백성이 걸어갔던 옛날 길이 보수되어야 했다. 예루살렘의 재건과 회복을 위해 온 마음과 생애를 하나님께 바친 신실한 주님의 일꾼과 백성들이 한마음이 되어 그 사역에 성공한 것처럼 오늘날도 전세계적으로 회복 사역이 진행되어야 한다. 잘못 해석하고 무너진 하나님의 말씀을 바로잡아야 하고 오해된 하나님의 성품을 옹호할 예수님의 증인들이 출현해 그 일을 성공적으로 마칠 것이다.

기회의 사람 느헤미야

느헤미야는 페르시아 제국의 고위 관리로 왕의 은총을 받고 있었지만, 그의 마음은 고국 예루살렘으로 향해 있었고 그의 희망과 기쁨은 예루살렘의 회복과 번영에 있었다. 그러나 예루살렘 성전과 성읍의 일부가 재건되었으나 복구공사는 방해를 받고 성전 봉사도 저지당하고 있었으며 성벽은 아직도 대부분 황폐되어 있다는 소식을 듣고 그의 마음은 슬픔으로 가득 찼다. 예루살렘 재건에 대한 간절한 소망을 가지고 있었던 느헤미야는 **"내가 이 말을 듣고 앉아서 울고 수 일 동안 슬퍼하며 하늘의 하나님 앞에 금식하며 기도하"**(느 1:4)였다. 슬픔 중에 그는 자신과 백성들의 죄를 자복하면서 하나님께서 예루살렘을 회복시켜 주시고 백성들에게 힘과 용기를 주셔서 유다의 황폐된 곳들을 건축하게 해주시도록 탄원했다. 느헤미야가 기도할 때 그의 믿음과 용기는 강하게 되었다. 그리고 그가 만일 왕의 허락을 받고 재료를 구하는 일에 도움을 얻을 수 있다면 본인이 직접 예루살렘 성벽을 재건하고 이스라엘의 국력을 회복하는 일에 착수하기로 결심했다. 기도할 때 이런 거룩한 목적이 생겼고 이 계획이 수행될 수 있도록 왕의 목전에서 은총을 얻게 해 달라고 더욱 간절히 간구했다. 이 기다림의 시간에 그의 마음을 번뇌케 하는 슬픔을 감출 수가 없었으며 드디어 **"왕이 내게 이르시되 네가 병이 없거늘 어찌하여 얼굴에 수색이 있느냐 이는 필연 네 마음에 근심이 있음이로다"**(느 2:2). 오랫동안 기다렸던 기회가 찾아왔으나 겉으로는 왕을 섬기고 있으면서 그의 동족과 예루살렘에 온 마음이 쏠렸다는 것을 듣고 왕이 분노할 수 있는 상황이었다. 그러나 믿음으로 기도의 응답이 왔다고 생각하고 **"왕께 대답하되 왕은 만세수를 하옵소서 내 조상들의 묘실이 있는 성읍이 이제까지 황폐하고 성문이 불탔사오니 내가 어찌 얼굴에 수심이 없사오리이까 하니"**(느 2:3). 이 대답에 하나님께서는 왕의 마음을 움직이시고 동정심을 느끼게 하셨다. **"왕이 내게 이르시되 그러면 네가 무엇을 원하느냐 하시기로 내가 곧 하늘의 하나님께 기도하고"**(느 2:4). 이 짧은 순간에 느헤미야는 기도했다. 평상시 이 문제로 늘 하나님께 간구해 왔기 때문에 무엇을 구해야 할지 알았다. 그 짧은 기도를 통해 용기를 얻은 느헤미야는 자기의 소원을 아닥사스다 왕에게 고하고 예루살렘을 재건할 수 있는 권위와 재료를 간구했다.

"내 하나님의 선한 손이 나를 도우심으로 왕이 허락하고"(느 2:8). 그는 기회의 사람이었다. 택한 도성 예루살렘과 이스라엘 백성을 위한 애타는 사랑 때문에 기도했고, 기도를 통해 예루살렘을 재건하는 일에 자신이 친히 그 일을 해야 한다는 목적이 생겼으며 하나님께서는 간절한 느헤미야의 기도에 응답하시므로 그를 개혁자로 인정하셨다.

느헤미야가 무너진 예루살렘의 재건과 회복에 대한 염원과 소망이 간절했던 것처럼 무너진 주님의 법을 회복하기를 원하는 우리의 마음은 얼마나 간절한가? 오해받고 잘못 해석된 주님의 말씀에 대한 안타까움과 슬픔이 얼마나 우리로 간절히 기도하게 하는가? 순결을 잃어버리고 타락해가는 교회를 향해 얼마나 애타는 심정을 가지고 울며 탄식하는가?

느헤미야의 대처 방법

느헤미야는 성벽을 재건하는 일에 그와 협력하라는 왕의 명령을 가지고 있었으나 권력에 의지해서 일을 처리하지 않았다. 그는 마음의 연합이 일손을 모으는 것만큼 필요하다는 사실을 알고 백성들의 신뢰와 동정을 얻고자 노력했다. 낙담하고 분열된 동포들을 연합시키기 위해서는 열렬한 노력이 필요했다. 느헤미야가 예루살렘과 동포들의 어려움을 듣고 그들을 위해 하늘의 은총을 간구하면서 자기가 갈 수 있도록 왕의 허락을 구하기로 결심하고 하나님께 간구했을 때 그의 기도는 기적적으로 응답되었다고 말하며 설득하였다. 그의 간증에 백성들의 마음은 움직였고 그의 소망, 그의 활동력, 그의 열성, 그의 결심은 감화가 되어 다른 사람들을 고귀한 용기와 고상한 목적으로 고취시켰다. 사람들은 한마음이 되어 느헤미야와 협력하기로 작정했다. 한 사람의 완전한 헌신과 믿음의 생애는 감화력이 되어 주위에 큰 영향을 끼친다.

그들이 한마음으로 성벽을 건축할 때 지도자인 느헤미야는 일꾼들을 지시하고 장애물을 살피며 비상시를 대비하면서 건축을 감독했다. 적절한 말로 두려워하는 사람들을 격려하고, 느린 사람들을 일깨우며, 부지런한 사람들을 칭찬했다. 그러면서도 항상 원수들의 동태를 감시했다. 느헤미야는 여러 가지 활동 중에서도 힘의 근원을 잊지 않았고 그 마음이 하나님께로 끊임없이 향했다. 그는 "하늘의 하나님이 우리로 형통케 하시리"라고 부르짖었고 그 말은 성벽 위에서 일하는 모든 사람의 마음을 감동하게 했다.

적군들은 일꾼들을 분열시키고자 노력했고 그 건축이 실패할 것을 예언하면서 조롱했다. 원수들은 친선을 공언하면서도 여러 가지 방법으로 혼란과 고통을 주고 불신을 일으키고자 했기 때문에 그들의 음모를 대적하기 위해 끊임없이 경계해야 했다. 그 일에 내부자들이 이미 협력했고 그들은 느헤미야에 대한 거짓 소문을 퍼뜨려 오해하게 했다. 건축에 불만을 품고 있던 유대 지도자 중에 어떤 이들은 공사에 수반된 어려움을 과장해서 말함으로 느헤미야를 낙담시키려고 노력했다. 그 결과 백성들 사이에서 내분과 낙심이 일어났으나, 모욕과 조롱과 반대와 위협은 느헤미야가 더욱 하나님을 의지하도록 만들었다.

"[16] 그때로부터 내 종자의 절반은 역사하고 절반은 갑옷을 입고 창과 방패와 활을 가졌고 민장은 유다 온 족속의 뒤에 있었으며 [17] 성을 건축하는 자와 담부하는 자는 다 각각 한 손으로 일을 하며 한 손에는 병기를 잡았는데 [18] 건축하는 자는 각각 칼을 차고 건축하며 나팔 부는 자는 내 곁에 섰었느니라"(느 4:16~18). 느헤미야와 그 동료들은 고생과 힘든 봉사를 회피하지 않았다. 밤이나 낮이나 잠자는 짧은 시간 동안에라도 그들은 옷을 벗지 아니하고 병기를 놓지 않았다.

느헤미야 시대의 건축자들이 원수와 거짓 친구들에게서 받은 공공연한 반대와 낙담은 오늘날 하나님을 위해 일하는 사람들이 겪을 경험의 표상이다. 그리스도인들은 원수들의 분노에 대처해야 하고 함께 일하는 사람들의 분열과 미지근함, 그리고 친구와 조력자라고 공언하는 자들의 배반으로 시험을 받는다. 지지자라고 공언하는 사람들 중에 주님의 원수들과 연합하여 큰 공격을 받게 하는 사람들이 있다. 하나님의 사역이 번영하기를 바라는 사람들까지도 적들의 비방과 위협의 소문을 듣고, 불신에 동참하거나 과장된 소문을 이곳저곳 전하면서 건축자들의 손을 약하게 할 것이다. 사탄은 그의 대리자들을 통해 놀라울 만큼 성공적으로 일한다. 그러나 하나님의 백성들은 느헤미야와 같이 원수를 두려워하지도 말고 멸시하지도 말아야 한다. 그들은 하나님을 신뢰하고 이기심 없이 그분의 일을 하며 하나님의 섭리에 맡기고 전진해야 한다.

성공한 이유

느헤미야는 외부와 내부의 적과 이중으로 싸워야 했다. 그런데도 자신의 생명보다 사명을 더 중히 여겼다. 하나님께서 그 역사를 완공하게 도와주신다는 확신과 용기가 있었다. 그 결과로 느헤미야가 예루살렘에 도착한 지 두 달이 못 되어 성읍은 성벽으로 둘렸고, 건축자들이 성벽 위를 거닐면서 원수들을 내려다볼 수 있게 되었다. 그러나 여호와의 손길이 지배하시는 이런 증거도 이스라엘 사람들 가운데 있는 불만과 반역과 불신을 제어하기에는 넉넉하지 못했다. 특히 우상 숭배자들과의 잡혼은 악한 결과를 가져왔다. 고대 이스라엘 백성들이 출애굽하여 광야에 있을 때의 잡족들처럼 그들은 항상 문제의 근원이 되었다. 한 발을 세상에 걸친 그리스도인이라 공언하는 사람들이 교회를 가장 어렵게 할 것이다. 유대인을 해하려고 음모를 꾸미는 일의 선두에 섰던 이들은 느헤미야의 말과 행동을 곡해하고 느헤미야의 계획과 움직임을 원수들에게 누설하므로 공격에 노출되게 했다. 그러나 반역자를 처벌하는 일에 자신의 권세를 이용하지 않고 침착하게 자신의 봉사를 진전시켰으며 결코 자신의 노력을 감소시키지 않았다.

사탄은 언제나 하나님의 사역을 전진시키고자 노력하는 사람들을 공격했고, 하나님의 사역의 친구라고 공언하는 사람들을 통해 효과적으로 일하고 있다. 그러나 느헤미야처럼 확고부동하게 **"내가 이제 큰 역사를 하니 내려가지 못하겠노라 어찌하여 역사를 떠나 정지하게 하고 너희에게로 내려가겠느냐 하매"**(느 6:3). 그는 모든 반대에 일일이 대응하지 않고 자기의 역할에 충실했다. 반대와 위협보다 그의 사명은 더 크고 강했다. 조롱과 공격보다 하나님을 신뢰하는 그의 믿음은 훨씬 더 견고했다.

하나님의 일꾼들은 그들을 해하려고 만들어낸 거짓과 악의를 무시하고, 위협이나 조롱이나 거짓 때문에 사역에서 돌아서는 일을 거절해야 한다. 언제나 그들은 하나님께 기도하고 **"파수꾼을 두어 주야로 방비"**(느 4:9)해야 한다. 진리는 거짓보다 강하고 선은 악을 이길 것이다.

또한 의의 원수들에게 우정을 동정하지 말아야 한다. 그렇게 하면 그들은 사람을 꾀어내어 의무의 자리에서 벗어나게 하기 때문이다. 순결함을 이야기하면서도 세상과 연합하고 있는 사람들이, 진리의 사역에 반대하는 사람들과도 연합해야 한다고 주장할 때, 우리는 느헤미야처럼 단호히 저항해야 한다. 하나님의 인도하시는 능력을 불신하게 만드는 감화는 확고부동하게 저항해야 한다. 하나님의 사역에 대한 느헤미야의 굳은 헌신과 신뢰심 때문에 원수들이 성공하지 못한 것처럼 고상한 목표에 열중하는 사람의 생애에는 악이 발붙일 곳을 거의 찾지 못한다. 끊임없이 전진하는 사람의 신앙은 약화하지 않는다. 이는 그가 사방에서 선하신 목적을 성취하시는 무한하신 하나님의 사랑을 깨닫기 때문이다.

느헤미야는 큰 반대와 실망 중에서도 하나님을 의지했다. 어떤 위기 가운데서도 확신을 가지고 **"만일 하나님이 우리를 위하시면 누가 우리를 대적하리요"**(롬 8:31)라고 말할 수 있는 믿음의 사람이었다. "우리 하나님이 우리를 위하여 싸우시리라"고 말한 느헤미야의 반응이 오늘날 우리의 반응이 되어야 한다. 왜냐하면 하나님께서 이 사역에 함께 하시니 아무도 성공을 막을 수 없는 까닭이다.

하나님께서는 우리 인간의 방편으로는 감당하지 못할 모든 위급한 때를 위해 거룩한 도우심을 준비하셨다. 성령으로 말미암아 우리가 난국에 처해 있을 때 도와주시고 우리의 소망과 확신을 굳게 하며 우리의 정신을 밝히고 우리의 마음을 순결하게 하신다. 하나님께서는 기회를 마련하시고 일의 통로를 여신다. 만일 하나님의 백성이 섭리의 표적을 바라보고 즐겨 하나님과 협력하기만 하면 그들은 성공할 것이다.

느헤미야의 성공은 기도와 하나님의 능력을 믿는 믿음의 행동이 어떤 일을 성취할 수 있는지를 보여준다. 느헤미야는 제사장도, 선지자도 아니었으나 중대한 시기를 위해 일어난 한 개혁자였고 하나님은 그를 크게 사용하셨다. 하나님은 준비된 사람을 사용하신다. 큰 목적에 감동된 그는 그 목적을 성취하기 위해 자신의 모든 노력을 기울였다. 고상하고 굽힐 줄 모르는 성실성이 그의 노력의 특징이 되었다. 그가 악과 의를 반대하는 세력과 접할 때 매우 확고부동한 입장을 취하므로 백성들은 새로운 열성과 용기를 가지고 일하도록 깨우침을 받았다. 그들은 느헤미야의 충성심과 하나님께 대한 깊은 사랑을 인정하지 않을 수 없었으며 이것을 보고 그들은 그가 인도하는 대로 기쁨으로 따라갔다. 하나님께서 정해주신 의무에 근면하는 것은 참된 신앙의 중요한 부분이다. 오늘날 하나님의 일을 하는 사람들이 느헤미야처럼 하나님만을 섬기려는 거룩한 목적으로 충만하다면 백성들은 연합할 것이며 희망을 품고 열심을 낼 것이다. 지도자들이 진 부담은 무거웠으나 확고부동한 신념과 겸손한 정신과 하나님께 대한 굳은 신뢰심을 가지고 전진한다면 진리는 승리할 것이다.

이 시대의 건축자들

오늘날 오해되고 잘못 해석된 많은 교리가 있으나 특별히 70이레에 대한 예언을 공부했다. 70이레에 대한 잘못된 이해는 잘못된 이론들을 만들었고 기독교를 혼란과 혼돈에 빠지게 했다. 교리는 하나님을 올바로 보게 하고, 올바른 길로 나아가게 하는 데 중요하다. 그런데 바벨론의 취하게 하는 포도주(거짓 교리)는 사람의 분별력을 마비시켜 옳고 그른 것을 깨닫지 못하게 한다. 잘못된 가르침은 하나님의 성품을 오해하게 만들고 잘못된 신앙을 갖게 만들기 때문에 누군가는 잘못된 것을 바로잡아야 한다. 누군가는 건축자가 되어 무너진 하나님의 법과 말씀을 바로 세워 오류와 죄가 들어오지 못하도록 방비해야 한다.

"너희가 우편으로 치우치든지 좌편으로 치우치든지 네 뒤에서 말소리가 네 귀에 들려 이르기를 이것이 정로니 너희는 이리로 행하라"(사 30:21). 가장 안전한 정로는 하나님의 말씀 그대로 따라가는 것이다. 가장 안전한 길은 하나님의 법과 명령에 따라 나아가는 것이다. 진리와 의의 길에서 전반적으로 떠나는 이때, 하나님의 원칙을 회복하고자 하는 백성들은 어디 있는가? 오래 황폐된 곳을 다시 세우고 역대의 파괴된 기초를 쌓는 이 시대의 건축자들을 어디서 찾을 수 있을까?

끝이 가까이 이르러 올 때 주께서는 혼신의 힘을 다해 무너진 곳에 서서 그 틈을 수보하는 태도를 요구하신다. 하나님의 일꾼들은 더 결정적이고 능력 있게 오랫동안 잘못 이해되어 온 오류를 폭로하며 역대의 파괴된 기초를 다시 세워야 한다. 가장 극심한 반대에 부딪쳤을 때도 그것이 진리이기 때문에 그 진리를 주장해야 한다.

성경은 모든 사람이 쉽게 접할 수 있지만 진정으로 그것을 생애의 원칙으로 받아들이는 사람은 극히 적다. **"마땅히 율법과 증거의 말씀을 좇을지니 그들의 말하는 바가 이 말씀에 맞지 아니하면 그들이 정녕히 아침 빛을 보지 못하"**(사 8:20)리라. 오직 성경만을 거짓 가르침과 기만하는 영들의 방어책으로 삼아야 한다. 성경이 사탄의 속임수를 폭로하기 때문에 사탄은 성경을 그대로 믿지 못하게 방해하거나 성경의 많은 가르침을 뒤틀거나 곡해시켜 놓았다. 70이레에 대한 것뿐 아니라 곳곳에 흠집이 나고 뒤틀린 하나님의 말씀과 무너진 하나님의 율법을 올바로 세울 건축자들이 우리가 되기를 간절히 기도한다. 교회를 위해 탄식하고 오해된 하나님의 말씀을 재건하고 회복하는 일에 온 마음을 쏟아 일하기를 원하는 소명과 사명을 가진 마지막 백성이 우리가 되기를 소원한다.

이 시대 느헤미야 같은 사람이 되어 "내 하나님의 선한 손이 나를 도우심으로"라는 응답을 받아 무너지고 허물어진 것을 다시 세우는 건축자들, 마지막 일꾼들이 속히 출현하기를 바란다.

제4장
부 흥

초대교회는 성장한 것이 아니라 부흥했습니다. 17세기의 존 웨슬리, 19세기의 찰스 스펄전, D.L 무디의 사역도 성장이 아니라 부흥이었습니다. 하나님의 교회에 극적인 반전이 일어났던 것은 모두 다 부흥으로 인한 것이었다는 공통점이 있습니다. 그러므로 모든 교회는 부흥을 사모해야 하고, 또 부흥을 위해서 기도해야만 합니다. 사모하고, 기도하는 곳에 반드시 부흥은 일어나게 될 것입니다.

그러면 부흥은 어떻게 오는 것일까요? 부흥은 사람에게 주도권이 있는 것이 아니라 하나님께 주도권이 있습니다. "여호와여 내가 주께 대한 소문을 듣고 놀랐나이다 여호와여 주는 주의 일을 이 수년 내에 부흥하게 하옵소서 이 수년 내에 나타내시옵소서 진노 중에라도 긍휼을 잊지 마옵소서"(합 3:2). 그러면 하나님의 주도 아래 오는 부흥을 기다리면서 주의 백성들이 해야 할 일은 무엇일까요?

성경이 말하는 온전한 진리를 받아들이고 그것을 위해 내 평판과 이기심을 버려야 합니다. 감추인 보화를 찾듯이 진지한 마음으로 성경을 연구하여 복음을 온전히 회복해야 합니다. 회개 운동, 거룩 운동, 재림 운동에 우리와 우리의 가족과 우리의 교회가 동참해야 합니다.

부흥의 미풍이 불고 있습니다. 부흥의 강풍으로 그리고 부흥의 태풍이 되어 온 세상을 하나님의 영광으로 환하게 할 바람이 불어오고 있습니다. 우리 모두 이 부흥운동에 동참하는 특권을 누리게 되기를 소망합니다.

"[1] 이 일 후에 다른 천사가 하늘에서 내려오는 것을 보니 큰 권세를 가졌는데 그의 영광으로 땅이 환하여지더라 [2] 힘센 음성으로 외쳐 가로되 무너졌도다 무너졌도다 큰 성 바벨론이여 귀신의 처소와 각종 더러운 영의 모이는 곳과 각종 더럽고 가증한 새의 모이는 곳이 되었도다 [3] 그 음행의 진노의 포도주를 인하여 만국이 무너졌으며 또 땅의 왕들이 그로 더불어 음행하였으며 땅의 상고들도 그 사치의 세력을 인하여 치부하였도다 하더라 [4] 또 내가 들으니 하늘로서 다른 음성이 나서 가로되 내 백성아, 거기서 나와 그의 죄에 참예하지 말고 그의 받을 재앙들을 받지 말라 [5] 그 죄는 하늘에 사무쳤으며 하나님은 그의 불의한 일을 기억하신지라 [6] 그가 준 그대로 그에게 주고 그의 행위대로 갑절을 갚아 주고 그의 섞은 잔에도 갑절이나 섞어 그에게 주라"(계 18:1~6).

강력한 말씀이지만 그리스도의 성품을 닮은 사람들이 성령의 충만함으로 전하고, 온전한 칭의의 경험과 그 생애가 거룩해진 사람들이 외치니 이 최후의 경고를 듣고 바벨론에서 나오는 것이다.

사실 지금 계시록 18장의 천사가 전하는 경고의 메시지는 처음 등장하는 것이 아니다. 이미 계시록 14장에서 전해졌고, 그것이 18장에서 다시 반복되고 있는 것이다. 계시록 14장 경고의 메시지를 듣고 바벨론에서 나온 사람들이 참된 복음의 능력을 경험하고 성령의 충만함을 입어 최후의 경고를 전하는 계시록 18장의 천사가 된다. 또한 이들의 능력 있는 외침을 통해 바벨론에서 많은 무리가 나와서 합류하게 될 것이다.

계시록 14장에 보면 세 명의 천사가 심판의 메시지를 전하는데, 이 천사는 실제 천사가 아니라 하나님의 사자, 복음을 전하는 메신저들이다.

첫째 천사, "[6] 또 보니 다른 천사가 공중에 날아가는데 땅에 거하는 자들 곧 여러 나라와 족속과 방언과 백성에게 전할 영원한 복음을 가졌더라 [7] 그가 큰 음성으로 가로되 하나님을 두려워하며 그에게 영광을 돌리라 이는 그의 심판하실 시간이 이르렀음이니 하늘과 땅과 바다와 물들의 근원을 만드신 이를 경배하라 하더라"(계 14:6,7).

둘째 천사, "또 다른 천사 곧 둘째가 그 뒤를 따라 말하되 무너졌도다 무너졌도다 큰 성 바벨론이여 모든 나라를 그 음행으로 인하여 진노의 포도주로 먹이던 자로다 하더라"(계 14:8).

셋째 천사, "[9] 또 다른 천사 곧 셋째가 그 뒤를 따라 큰 음성으로 가로되 만일 누구든지 짐승과 그의 우상에게 경배하고 이마에나 손에 표를 받으면 [10] 그도 하나님의 진노의 포도주를 마시리니 그 진노의 잔에 섞인 것이 없이 부은 포도주라 거룩한 천사들 앞과 어린 양 앞에서 불과 유황으로 고난을 받으리니 [11] 그 고난의 연기가 세세토록 올라가리로다 짐승과 그의 우상에게 경배하고 그 이름의 표를 받는 자는 누구든지 밤낮 쉼을 얻지 못하리라 하더라 [12] 성도들의 인내가 여기 있나니 저희는 하나님의 계명과 예수 믿음을 지키는 자니라"(계 14:9~12).

여기 8절에 두 번째 천사가 전한 복음 "또 다른 천사 곧 둘째가 그 뒤를 따라 말하되 무너졌도다 무너졌도다 큰 성 바벨론이여 모든 나라를 그 음행으로 인하여 진노의 포도주로 먹이던 자로다 하더라"(계 14:8). 이것은 계시록 18장의 천사가 전하는 복음과 동일함을 알 수 있다. 계시록 18장의 천사는 지금 계시록 14장의 세 천사가 전하는 복음 중에서 두 번째 천사가 전한 메시지를 반복해서 전하고 있는 것이다.

16세기 종교개혁으로 기독교가 진리에 눈을 떴으나, 믿음의 거장들이 사라지자 개혁은 전진하기를 멈추고 밝혀진 진리에 안주하면서 오늘날의 수많은 교단 교파가 형성되기 시작했다. 그러다가 18세기에 이대로는 안 된다는 절박한 부르짖음의 일환으로 조나단 에드워즈, 요한 웨슬리와 찰스 웨슬리 그리고 조지 휫필드, 찰스 스펄전 같은 믿음의 사람들이 다시 등장하면서 유럽과 미국의 기독교회는 성결 운동, 대각성 운동, 재림 운동으로 부흥의 시대가 다시 도래했다. 그러면서 계시록 14장의 세 천사의 메시지가 기독교 역사에서 1차적으로 성취되기 시작했다.

1. 재림 운동의 태동

"가로되 갈릴리 사람들아 어찌하여 서서 하늘을 쳐다보느냐
너희 가운데서 하늘로 올리우신 이 예수는 하늘로 가심을
본 그대로 오시리라 하였느니라" (행 1:11)

19세기 초의 유럽

1789년 프랑스혁명에서부터 1840년대까지의 유럽은 대 변혁기였다. 역사 교과서들은 이 기간을 현대의 기점으로 잡고 있는데, 이때 유럽의 지도는 나폴레옹의 15년에 걸친 전쟁에 의해 계속 변경되었고, 나폴레옹 정권이 무너진 뒤 전쟁으로 복잡해진 국경 문제를 해결하기 위해 1815년 6월에 오스트리아 빈에서 회의를 개최했다. 오스트리아의 재상 메테르니히(Metternich)의 주도로 빈 체제(Wiener System)가 프랑스혁명이 일어나기 전의 유럽으로 되돌리기 시작했는데, 빈 체제는 프랑스혁명의 이념인 자유와 평등을 말살하고 옛 체제를 복구하기 위한 것이었다. 나폴레옹에 의해 폐위된 왕이나 왕조는 모두 부활되었으며, 자유를 향한 시민들의 열망은 억압되었다. 프랑스혁명으로 파괴되었던 로마 카톨릭도 서서히 영향력을 되찾기 시작했다.

그러나 빈 체제에 대한 저항은 1820년대 초부터 유럽 각국에서 나타났다. 독일의 대학생들은 학생조합을 결성하여 자유를 향한 운동에 앞장섰다. 메테르니히는 학생조합을 해산시키고, 대학에 감독관을 파견하여 교

수와 학생들의 동태를 감시하는 등 탄압을 강화했다. 무력으로 진압하면 할수록, 자유를 향한 열망은 더욱 고조되었는데, 19세기 전반부는 노동자들의 결집으로 영국의 차티스트 운동, 프랑스의 1848년 2월 혁명, 같은 해 마르크스와 엥겔스의 공산당 선언 등은 모두 빈 체제에 대한 저항의 이정표들이었다고 할 수 있다.

프랑스혁명과 산업혁명의 영향을 받은 유럽 민중의 자유에 대한 욕구는 여러 혁명을 통해 빈 체제를 붕괴시키는데 성공했다. 따라서 프랑스혁명으로부터 이어 내려오는 19세기 초반은 구 질서의 붕괴와 신 질서의 수립이 서로 교차하는 대 변동의 기간으로서 구 질서의 붕괴에 따르는 안도와 비애 그리고 새로운 질서 수립에 따르는 기대와 불안이 복잡하게 뒤엉켜 있었다. 이러한 시대적 분위기 속에서 신학자와 성직자들은 한 시대의 종언을 고하는 역사적 사건들과 성경의 예언들을 부지런히 대조하며 예수 그리스도의 재림으로 세상의 종말이 가까워 왔음을 깨닫기 시작했다.

전 세계적인 재림 운동

AD 31년 예수님께서 승천하실 때, 감람산에서 천사들이 "너희 가운데서 하늘로 올리우신 이 예수는 하늘로 가심을 본 그대로 오시리라"고 한 약속과 함께 신약의 기자들이 300회 이상이나 언급한 예수님의 재림은 모든 그리스도인의 소망이었다.

그러나 예수님은 재림하지 않았고, 따라서 재림신앙은 오리겐(Origenes)과 어거스틴(Augustinus) 등에 의해 점차 영적인 의미로 해석되기에 이르렀다. 그동안 플로라의 요아킴(Joachim of Flore)과 같은 학자가 다니엘과 계시록의 예언에 비추어 재림의 징조를 찾는 노력을 보인 일이 있었지만, 임박한 재림신앙이 다시 크게 대두된 것은 종교개혁 이후의 일이었다. 그러나 이때도 재림은 실현되지 않았고, 이로써 18세기 초부터 대부분의 개신교 신학자들은 재림을 영적인 사건으로 해석하기 시작했다. 영국의 다니엘 휘트비(Daniel Whitby)는 예수님의 영적인 재림 이후에 개신교, 카톨릭, 유대인, 무슬림들이 완전히 기독교 신앙으로 연합해서 복천년 기간이 이를 것이며, 그 후에 예수님의 실제적인 재림이 이루어질 것이라고 주장했다. 대체로 이러한 사상이 1750년대까지 미국과 영국을 중심으로 개신교 세계의 종말론을 지배해 왔다.

그러나 1798년 나폴레옹의 군대가 교황권을 폐위시키고 교황 피우스 6세를 포로로 잡아가면서 다니엘서에 예언된 1260일(단 7:25)과 2300주야(단 8:14) 같은 성경 예언 기간에 대한 관심을 불러일으키면서 종말론의 대변혁이 이르러 왔다. 1800년대의 많은 성경 신학자들은 1260년의 기간이 교황이 세계를 지배했던 전성기로 보았고, 이제 교황이 권세를 누리던 시대가 끝난 것으로 확신하고 있었기 때문에, 그들의 예언적인 관심은 드디어 성경 상 가장 긴 예언 기간인 2300주야 문제에 관심을 갖게 되었다.

수 세기 동안 로마 카톨릭 교회는 예수님의 재림 문제를 거의 무시해왔거나, 아니면 아득한 먼 미래의 사건으로 돌려놓고 있었지만, 18~19세기 예수님의 재림에 대한 관심이 유럽, 남미, 아시아 등 전 세계 곳곳에서 일제히 일어났다. 1710년경 독일의 요한 벵겔(Johann Bengel, 1687~1752)은 다니엘 8장의 2300주야 예언이 1836년에 끝나며 그때 예수님께서 재림하실 것이라고 주장했는데, 재림에 대한 벵겔의 강조는 유럽지역, 곧 독일, 러시아, 프랑스, 스위스, 스칸디나비아 등에서 경건주의자들과 요한 웨슬리에게 지대한 영향을 끼쳤다. 스칸디나비아에서는 어린이들이 성령의 감동을 입어 재림의 소식을 전했다. 그리고 약 50년 후 1768년 독일 칼빈파 목사인 요한 페트리(Johann Petri)에 의해 다니엘 9장의 70주일이 다니엘 8장 2300주야의 기간에 포함되며 2300주야는 1847년에 끝난다는 연구 발표가 있었다. 또 거의 같은 시기에 아일랜드의

한스 우드(Hans Wood)도 비슷한 결론에 이르고 있었다.

그러다가 1790년대에 예수회에서 추방당한 마누엘 라쿤자(Manuel de Lacunza)의 저서 "VENIDA DEL MESIAS(영광과 위엄 중에 임하는 메시아의 재림)"이 유럽과 라틴 아메리카에 상당한 돌풍을 일으켰다. 당시에는 천년왕국이 먼저 있고 그다음 예수님이 재림하신다는 복천년설이 정설로 받아들여지고 있었기에, 라쿤자는 예수님의 재림이 있고 난 후에 천년기가 있다는 그의 주장이 카톨릭의 종교재판에 회부될 것을 염려하여 환 요사팟 벤 에즈라(Juan Josafat Ben-Ezra)라는 익명으로 자신의 저서를 배포시켰다. 이후 1812년 스페인에서 정식 출판되자, 삽시간에 남부 유럽과 라틴 아메리카에 선풍적인 관심을 일으켰다. 그러나 곧 로마 카톨릭으로부터 금서 처분을 받았고, 1824년에는 교황 레오 12세에 의해 어떤 언어로든지 출판이 금지됐다.

영국에서는 이미 나폴레옹 시대부터 성직자들 사이에 일기 시작했던 예언 연구 운동이 라쿤자의 저서로 말미암아 더욱 고조되었다. 1802년 런던에서 출간되기 시작한 성공회 잡지 "크리스천 옵서버"(The Christian Observer)"에서도 2300주야와 1260년에 대한 예언 해석을 소개하며 예수 그리스도의 재림의 때가 얼마 남지 않았음을 주장했다. 크리스천 옵서버의 주필이었던 스코틀랜드의 커닝헤임(William Cunninghame)은 성경연대학과 예언에 관해 21권의 저술을 남겼는데, 그는 당시의 사람들이 요한계시록 14장 6,7절의 첫째 천사가 복음을 전하는 시대에 살고 있고, 곧 둘째와 셋째 천사의 복음이 세상에 전파될 것이라고 믿었다. 그리고 예수님의 재림은 1867년이 될 것이라고 주장했다. 에드워드 어빙(Edward Irving, 1792~1834) 목사가 재림을 전파하자 그의 연구에 동조하여 700여 명의 영국 성공회 목회자들이 재림의 임박성을 전파했다.

드루먼드 저택에서 다수의 목사들과 성경학도들이 1주일 동안 집중적인 예언 연구를 개최했는데, 그 결과 참석자 전원이 예수님의 재림이 임박했다는 사실에 동의했고 시기를 정하기 시작했다. 이 모임에 참석한 사람 중에 독일에서 태어난 유태계 그리스도인 선교사 요셉 볼프(Joseph Wolff, 1795~1862)가 있었는데, 볼프는 14개 언어를 자유롭게 구사할 수 있었기에 1821년부터 아프리카, 이집트, 팔레스타인, 시리아, 페르시아 그리고 히말라야와 인도 등지를 여행하면서 유대인, 무슬림, 힌두교, 조로아스터 교도들에게 재림을 전했다. 1837년에 미국을 방문했을 때에는 미 상원에 초빙되어 메시지를 전하기도 했다. 그 외 영국에서 재림을 전했던 대표적인 사람으로 브리스톨 고아원의 원장인 조지 뮬러(George Muller)가 있었다.

스위스의 제네바에서는 경건한 목사요 교사인 가우센(Louis Gaussen, 1790~1863)이 일어나 재림의 임박을 강조하고 다니엘서의 예언을 널리 가르쳤다. 라인 선교협회(Rhenish Missionary Society)의 서기였고 6권의 성경주석을 편집한 독일의 요한 리히터(Johann Richter)와 레오나르드 켈버(Leornard Kelber), 요한 루츠(Johann Lutz) 등에 의해 재림에 대한 관심이 촉구됐다. 임박한 재림을 경고하는 예언 집회로 전 유럽에 영적 부흥이 뒤따랐다. 스웨덴에서는 국교회 목사들은 주의 재림에 무관심했던 반면, 평신도들이 숲속에서 집회를 하면서 임박한 하나님의 심판을 전했다. 이러한 집회로 허다한 평신도 설교자들이 체포, 구금, 구타를 당해야 했다. 그러나 특별히 1842, 1843년 기간에는 6세 어린아이들을 비롯한 많은 청소년이 재림을 전하면서 회개를 촉구해 깊은 충격을 주고 영적 부흥을 이끌었다. 글자를 읽지 못하는 어린아이들이 성령의 능력을 받아 전할 때는 그들의 목소리가 매우 엄숙하게 선포되었다. 호주에서는 플레이포드(Thomas Playford), 인도에서는 드루먼드 저택 집회에 참석했던 윌슨(Wilson)에 의해 재림신앙이 개척됐다.

2300주야 예언 중에서 앞부분인 70이레 490년 예언은 한 치의 착오 없이 정확하게 성취되었다. BC 457년에 시작한 2300주야 예언은 AD 27년 예수님의 침례로 공생애 시작을 예언했고, 3년 반 후인 AD 31년 십자가에 돌아가실 것을 정확히 예언했고, 그 후 3년 반 후 AD 34년 스데반을 돌로 쳐 죽임으로 유대인을 위한 490년의 은혜의 시기가 끝나고 드디어 복음이 온 세상에 전파되는 교회 시대가 시작되었다. 2300년 기간에 교황권의 1260년간의 통치와 1798년 교황권이 무너지는 예언이 역사로 성취됐다. 그렇다면 2300주야 예언이 끝나는 1844년 즈음에 무슨 일이 생겼는가!

이 스케줄을 여러 사람이 연구했다. 나하웬디라는 사람은 9세기에 벌써 알았고, 루터도 종교개혁 당시 300여 년 후에 심판이 시작된다는 것을 말했다. 뉴턴은 수학자, 물리학자, 천문학자로서 근대 과학의 아버지라는 칭호를 얻었는데 26세에 캠브리지 대학 교수, 천체관측용 반사망원경 발명, 역학의 체계를 세워 물리학의 전기를 마련했다. 독실한 기독교인이었던 뉴턴이 다니엘서의 2300주야 예언을 수학적으로 계산해 보니 1844년에 마쳐진다는 것을 증명했다. 독일의 존피틀, 한스우드, 장로교 목사였던 데이비스 등 많은 사람의 상당한 연구가 이루어졌다. 다니엘서의 2300주야 예언은 1844년을 지목하면서 결론 맺는데, 그것은 종결이라기보다 새로운 시작이었다.

자연계에 나타난 징조들

때맞춰 당시 10년 사이에 자연계에서 나타난 몇 가지 현상들은 그리스도인들 사이에서 임박한 종말의 징조로 해석됐다. 재림 운동에 참여한 사람들은 마태복음 24장 21절의 "큰 환난"을 이교 로마와 교황 로마라는 두 가증한 세력 아래서 겪은 교회의 고통으로 해석했다. 따라서 그들의 관심은 이제 "큰 환난" 다음에 일어날 것으로 되어 있는 마태복음 24장 29절의 천체의 징조로 집중하게 되었다. 때마침 1780년 5월 19일 북미의 동부

지역에 해와 달이 갑작스럽게 어두워진 이른바 "암흑일" 사태는 마태복음 24:29, 계시록 6:12, 요엘 2:31의 성취로 이해하는 것이 자연스러웠다. 마태복음 24:29, 계시록 6:12에 의하면 이 사건 다음에 나타날 사건은 별들이 떨어지는 사건이어야 한다. 그런데 1833년 11월 13일 서반구 일대에 장관을 이루는 유성우가 발생했고, 사람들은 이것을 마태복음 24장 29절의 성취로 보았다.

2. 미국의 재림 운동

"그가 내게 이르되 이천삼백 주야까지니
그 때에 성소가 정결하게 함을 입으리라 하였느니라" (단 8:14)

미국의 재림 운동

이러한 분위기 속에서, 19세기 초반의 미국과 유럽의 성경학자들은 다니엘 7장의 1260일은 프랑스 혁명 기간에 이미 성취되었기에, 다니엘 8장의 2300주야에 관심을 갖고 연구하기 시작했다. 프랑스 혁명에 의해 자극된 예수님의 재림에 대한 관심은 먼저 유럽에서 일어났고 이어서 미국에서도 발생했다. 1844년을 재림의 때라고 알려주는 메시지가 영국에서 전파되었고, 미국으로 건너온 사람들에 의해 재림에 관한 간행물들이 발행되었다 (GC 2:257).

2300주야 예언에 대한 결정적 단서가 잡힌 것은 윌리엄 밀러(William Miller, 1782~1849)라는 침례교인에 의해서이다. 2년간의 성경 연구 끝에, 예수님의 재림이 복천년 이후가 아니라 그 전에 있으며, 다니엘 8장의 2300주야 예언 기간은 다니엘 9장의 70주일과 마찬가지로 BC 475년에 시작하여 1844년경에 마친다는 것이었다. 다니엘 8장 14절의 "2300 주야까지니 그 때에 성소가 정결해진다"는 말씀을 예수님 재림으로 해석하게 되었다.

너무나 정확한 이 계산은 아이삭 뉴턴이 해 놓은 것이다. 뉴욕 시립대학

교수들도 이 연대에 대해 정확하다고 지지했고 미국 동부와 캐나다까지 다니며 초교파적인 순회 설교를 하면서 6천 명을 회심시켰다. 그래서 각 교파의 목사님들이 총동원되어 이때 당시 인구가 얼마 되지 않은 미국에 10만 명의 재림 성도들이 생겼다.

그의 설교가 책으로 묶여 출간되었으며, 이로써 초 교파적 재림 운동이 전개되었고, 1840년 2월 재림 운동의 기관지인 사인즈 오브 타임즈(Signs of Times)를 발간했다. 이렇게 시작된 재림 운동의 출판 활동은 4년 안에 밤중소리(The Midnight Cry), 진리의 소리(The Voice of Truth), 서부의 밤중소리(The Western Midnight Cry), 경고의 나팔(Trumpet of Alarm), 엘리야의 소리(Voice of Elijah) 등 수 십여 개 신문으로 간행되었다. 이로써 미국 전역에 재림을 준비하기 위한 영적 대 부흥 운동이 일어나게 되었다.

재림 운동의 의미

"1844년 예수 재림"이라는 시기를 정하긴 했지만, 재림의 시기에 대한 것은 2차적인 문제였고, 1차적인 강조는 백성들로 하여금 재림을 맞이할 준비를 갖추게 하는 신앙부흥 운동이었다. 미국에서만 200여 명의 목사와 10만여 명의 평신도가 가담했는데, 교단 별 분포율을 보면 감리교회가 절반을 차지했고, 침례교회가 4분의 1, 그밖에 회중교회, 그리스도교회, 장로교회, 감독교회, 루터교회, 퀘이커교 등이 섞여 있었다. 이 초 교파적인 재림 운동으로 말미암아 1844년에 감리교회는 4만 명, 침례교회는 4만 5천 명의 새 신자를 얻게 되었다(N.D Everett, William Miller and Advent Crisis 1831~1844(Wisconsin Uni, Doctorate Thesis), p.264). 이들 중 유력했던 목사들을 소개한다면, 감리교회 목사이며 예언 연구로 이름이 높았던 조수아 리치(Josiah Litch), 하버드 출신으로 성공회의 저명한 성직자였던 헨리 와드(Henry Dana Ward), 보스톤 역사학회의 블리스(Sylverster Bliss) 등이 있었다.

이와 같이 여러 학자가 다니엘의 예언을 해석하며, 1800년대 중반에 예수님께서 재림하실 것이라는 재림 운동이 전 세계적으로 일어나게 되었다. 마틴 루터도 다니엘서를 연구하면서 약 300년 후, 1800년대 중반에 예수님께서 재림하실 것이라는 해석을 내놓기도 했다. 성경학자들마다 날짜는 약간씩 차이가 있었지만, 1800년대 중반에 재림이 있다는 사상이 전 세계를 휩쓸면서 신앙부흥이 일어나게 되었다.

요한계시록 14장에서 1800년대 재림 운동에 대한 이야기를 한 이유는 무엇일까?

바로 이 재림 운동을 하는 사람들이 계시록 14장의 말씀을 자신들의 활동에 역사적으로, 그리고 실제적으로 적용시켰기 때문이다. 다시 말해 계시록 14장 6절과 7절 말씀은 마지막 때에 전해져야 하는 말씀인데, 그 말씀을 자신들이 성취시키고 있다고 믿었다. 첫째 천사의 메시지, "[6] 또 보니 다른 천사가 공중에 날아가는데 땅에 거하는 자들 곧 여러 나라와 족속과 방언과 백성에게 전할 영원한 복음을 가졌더라 [7] 그가 큰 음성으로 가로되 하나님을 두려워하며 그에게 영광을 돌리라 이는 그의 심판하실 시간이 이르렀음이니 하늘과 땅과 바다와 물들의 근원을 만드신 이를 경배하라 하더라"(계 14:6, 7).

"심판하실 시간이 이르렀다. 예수님의 재림이 가까웠다. 하나님을 경배하라." 재림 운동 하는 사람들은 이 말씀을 중심으로 부흥 운동을 했다. 이것은 바로 첫째 천사의 메시지이다.

19세기 미국의 재림운동은 1831년부터 1844년까지 전개됐으며, 스코틀랜드의 커닝헤임의 말처럼 계시록 14장 6, 7절 첫째 천사의 경고를 중심으로 펼쳐졌다. 그들은 다니엘 8장 14절의 **"그가 내게 이르되 이천삼백 주야까지니 그 때에 성소가 정결하게 함을 입으리라 하였느니라"**는 "성소 정결"과 마태복음 25장 6절의 **"밤중에 소리가 나되 보라 신랑이로다 맞으러 나오라"**고 한 "밤중소리", 계시록 14장 7절의 "심판하실 시간"을 모두 동일한 사건인 예수 그리스도의 재림으로 적용한 것이다.

재림 운동의 절정기였던 1843년에 미국의 장로교 목사이자 노예 폐지 운동 지도자 중 한 사람인 찰스 피치(Charles Fitch) 목사가 기독교회를 향해서 둘째 천사의 메시지 **"또 다른 천사 곧 둘째가 그 뒤를 따라 말하되 무너졌도다 무너졌도다 큰 성 바벨론이여 모든 나라를 그 음행으로 인하여 진노의 포도주로 먹이던 자로다 하더라"**(계 14:8). "바벨론에서 나오라"는 설교를 하게 되고, 그 설교가 광범위하게 출판되면서 교회를 흔들어 깨우는 일이 있었다.

스코틀랜드의 커닝헤임이 믿었던 것처럼 둘째 천사의 메시지가 선포된 것이다. 흥미로운 것은 "바벨론에서 나오라"는 이 설교가 이교나 우상숭배나, 카톨릭에서 나오라는 것이 아니라 개신교의 후예들, 즉 기독교회를 대상으로 한 설교였다. 당시 로마 카톨릭에 대해서는 바벨론으로 규정하면서도 개신교회에 대해서는 계시록 2장, 3장에 나오는 일곱교회 중 마지막 교회인 라오디게아 교회 정도로 인식하고 있었는데, 개신교회가 영적 부흥 운동을 핍박하고 재림 운동에 참여하는 사람들에게 폭력을 행사하자 개신교회도 바벨론에 포함시키게 되었다. 그러면서 어떤 집단이나, 조직, 교단, 교파 속에 있다가 함께 멸망하지 말고 참된 신앙부흥 운동으로 사람들을 깨우는 운동에 동참하라는 강력한 설교였다.

그러나 생업을 포기하고 재림 운동에 올인 했던 수많은 재림 성도들은 1844년 10월 22일 쓰디쓴 실망을 경험하게 되었다. 재림을 믿지 않고 조롱하던 사람들로부터의 모욕도 힘든 것이었지만 그들의 소망과 기쁨이 깨어진 것이 더 슬펐다. 대체 어디에서부터 무엇이 잘못되었을까? 그러나 계산도 맞았고, 날짜도 맞았다.

하나님께서는 대실망을 막지 않으셨다. 예수님의 제자들도 크게 실망한 적이 있었는데 막지 않으셨다. 예수님께서 보통 때는 걸어 다니셨는데, 스가랴 9장에 예언되어 있듯이 이때는 나귀를 타고 예루살렘에 입성하셨다. 전쟁에 나간 장군이 이기고 돌아올 때 나귀를 타고 귀성하거나, 또는 나귀를 타고 오는 왕은 메시아의 상징이었다(슥 9:9). 예수님이 나귀를 탔을 때 드디어 모든 사람이 예수님께로 집중되었으며 제자들은 그 인기를 모아 예루살렘으로 들어가서 구약에 예언된 다윗 왕의 보좌를 차지하고 본인들은 장관이 되는 줄 알았다. "호산나 호산나" 하고 구름 떼 같은 백성이 만세를 부르고 종려나무 가지를 흔들었다. 그런데 1주일이 못돼서 극악무도한 죄인의 형틀인 십자가에 달려 돌아가시다니... 제자들은 크게 낙심하고 두려움 가운데 모두 도망갔다.

차라리 그냥 십자가에 돌아가셨다면 실망도 적었을 것이다. 그런데 왜 예수님께서 승리의 입성을 하셨는가? 예수님은 당신의 최후를 장식할 마지막 사건에 온 세상의 관심을 불러일으키기를 원하셨다. 사람들의 주의를 십자가로 집중시키기 위한 것이었다. 예수님께서 승리의 입성을 하실 때, 바리새인들은 **"온 세상이 저를 좇는도다"**(요 12:19)고 탄식했고, **"온 성이 소동하며 이는 누구뇨"**(마 21:10)라고 물었다.

닷새 전에 백성들의 열렬한 환영을 받으며 승리의 입성을 하신 예수님께서 갑자기 십자가에 처형되자 백성들은 큰 충격을 받았고, 자연히 예수님의 희생을 주목하게 되었다. 제자들은 예수님께서 무덤을 정복하고 부활하시자 비로소 **"그리스도가 해를 받고 죽은 자 가운데서 다시 살아야 할 것"**(행 17:3)이라고 예언되어 있는 모든 것을 깨달았다.

마찬가지로 이 재림 운동은 세상의 관심을 예수님의 하늘 성소 봉사와 회복되어야 할 진리로 집중시키기 위한 것이었다. 2000년 전에도 제자들과 예수님을 따르던 자들이 실망해서 떨어져 나간 것처럼 1844년에도 극소수의 사람만 남았다. 남은 사람을 보니 31명, 자랑할 것이 없고 대단한 사람도 없다. 중학교 선생 하다 사표 낸 사람, 선장 하다 퇴역한 사람, 돈도 없고 주머니 다 털린 아무것도 없는 사람들, 교파에서 쫓겨난 목사들이 남았다. 그들은 울면서 밤을 새우고, 1844년에 대한 모든 계산은 다 맞는데, 어디에서 문제가 생겼는지를 기도하며 다시 연구하기 시작했다.

구약의 성소를 연구해 보니 그날 예수님이 이 땅에 오신 것이 아니라 성소 정결을 위한 심판의 사역을 시작하셨다는 것을 깨닫게 됐다. 대실망 이후 그들은 예수님께서 어디로 가셨는지 찾았고, 마침내 예수 그리스도의 "하늘 성소 봉사"와 "많은 백성과 나라와 방언과 임금에게 다시 예언"해야 할 복음이 존재한다는 사실을 깨닫게 되었다. 그들의 기쁨은 다시 불타올랐다. "우리가 낙심할 것이 아니구나 히브리서의 말씀처럼 담대함을 가지고 은혜의 보좌로 나아가자"

"[10] 내가 천사의 손에서 작은 책을 갖다 먹어버리니 내 입에는 꿀같이 다나 먹은 후에 내 배에서는 쓰게 되더라 [11] 저가 내게 말하기를 네가 많은 백성과 나라와 방언과 임금에게 다시 예언하여야 하리라 하더라"(계 10:10, 11). 우리는 놀랍게도 요한계시록 10장에서 이 재림 운동이 예언돼 있고, 그것이 대실망으로 마칠 것과 그 후 전개될 마지막 복음 사역이 남아 있다는 사실을 발견하게 된다. 하나님의 말씀은 이루어져야 했다!

질병과 싸우던 사람들에게, 무덤 속에 있는 사랑하는 가족을 곧 만날 수 있다는 기대를 가진 사람들에게 재림의 소식은 너무나 달콤했고 행복했다.

그들은 재림의 소식을 확신하고 믿었으며 생계를 유지하기 위한 모든 것을 포기하고 재림 운동에 참여했었다. 곧 하늘에 간다는 소망을 가지고 그들은 자기들이 가진 모든 것을 쏟아부어 천국 복음을 전했다. 예수님께서 다시 오셔서 우리를 구원한다는 이 놀라운 소식을 목숨을 다해 전했다. 그들은 재림을 간절히 기다리며 "내년에는 하늘 예루살렘에서" 그렇게 믿고, 바라며, 기다리고, 준비하며, 일했다. 그들의 소망과 행복이 컸던 것처럼 그들의 실망도 쓰디쓴 것이었다. 그러나 쓰게 되는 것으로 끝나지 않고 다시 예언하여야 하리라, 즉 전해야 할 영원한 복음과 진리의 회복이라는 사명이 주어졌다. 예수님의 재림을 위해 사람들을 준비시키는 일이 남아 있다.

3. 회복된 진리

"천국은 마치 밭에 감추인 보화와 같으니 사람이 이를 발견한 후 숨겨두고 기뻐하여 돌아가서 자기의 소유를 다 팔아 그 밭을 샀느니라" (마 13:44).

재림의 불발은 다음과 같은 신학적 질문을 남겼다. "과연 성경의 예언은 잘못된 것인가? 종교개혁자들과 성경 신학자들의 다니엘서 8장과 9장 2300주야 예언에 대한 해석은 모두 허황된 것이었단 말인가? 그렇다면 이 예언은 우리와 무슨 상관이 있는가?" 이러한 질문에 성경 연구가들은 답을 해야만 했다. 그래서 새로운 성경 연구의 불이 붙었고, 그러다가 특별히 1848년 4월부터 11월까지 매사추세츠 도체스터(Dorchester)에서 여섯 번의 모임이 개최되었는데, 이 연구의 결과로 중단되었던 종교개혁의 놀라운 신학적 진리들이 발견되는 성과를 얻게 된다. 밭에 감추인 보화를 발견하고 그것을 얻기 위해 자신의 모든 것을 다 팔아 밭을 샀던 것처럼 여기저기 흩어진 보화들, 감추어졌던 보화들이 발견되었다. 이것을 하나로 꿰어 완전한 진리로 만들어 전하기 위해 그들은 모욕과 조롱과 오해를 감내해야 했고, 보화를 얻기 위해 자신들의 평판을 버려야 했다. 그럼에도 불구하고 그들에게 진리의 보화는 더 큰 가치가 있었다.

사실 종교개혁 당시에는 로마 카톨릭이 적그리스도라는 가르침과 천주교의 고행이나 순례가 아닌 의인은 믿음으로 말미암아 산다는 이신칭의(以信稱義), 그리고 카톨릭의 화체설이나 마리아 숭배 같은 이단적 교리들에 대한 저항이었기에, 성경의 진리를 완전히 회복하기에는 무리였다. 하지만 성경 자체를 진지하게 연구하는 이런 계기로 말미암아 참 신앙과 참 진리를 깨닫고 멈추었던 종교개혁과 성경 진리의 회복이 있게 된다. 그때 발견하게 된 몇 가지의 신학적 진리들은 다음과 같다.

1) 전 천년 예수님의 재림

이때 당시 사람들은 복천년이 임한 후에 온 세상이 범죄도 없고, 도덕적으로 완전한 파라다이스가 만들어진다고 믿고 있었다. 그리고 그 이후에 예수님께서 재림하실 것이라는 사상이 팽배했었다. 이런 시대에, 예수님의 재림이 있고 난 후, 천년기가 시작될 것이라는 신학은 당시로서는 선풍적인 진리의 회복이었다. 예수님의 재림과 함께 천년기가 시작되는 것이다.

✓ 천년기가 시작할 때에 무슨 사건이 있는가?

① **그리스도가 오신다:** "우리가 주의 말씀으로 너희에게 이것을 말하노니 주 강림하실 때까지 우리 살아남아 있는 자도 자는 자보다 결단코 앞서지 못하리라"(살전 4:15).

② **죽은 의인들이 첫째 부활에 참여한다:** "주께서 호령과 천사장의 소리와 하나님의 나팔로 친히 하늘로 좇아 강림하시리니 그리스도 안에서 죽은 자들이 먼저 일어나고"(살전 4:16). "이 첫째 부활에 참여하는 자들은 복이 있고 거룩하도다 둘째 사망이 그들을 다스리는 권세가 없고 도리어 그들이 하나님과 그리스도의 제사장이 되어 천 년 동안 그리스도로 더불어 왕 노릇 하리라"(계 20:6).

③ **살아있는 악인들이 진멸 당한다:** "환난 받는 너희에게는 우리와 함께 안식으로 갚으시는 것이 하나님의 공의시니 주 예수께서 저의 능력의 천사들과 함께 하늘로부터 불꽃 중에 나타나실 때에 하나님을 모르는 자들과 우리 주 예수의 복음을 복종치 않는 자들에게 형벌을 주시리니"(살후 1:7,8). "그때에 불법한 자가 나타나리니 주 예수께서 그 입의 기운으로 저를 죽이시고 강림하여 나타나심으로 폐하시리라"(살후 2:8).

④ **모든 의인이 하늘로 올리어진다:** "주께서 호령과 천사장의 소리와 하나님의 나팔로 친히 하늘로 좇아 강림하시리니 그리스도 안에서 죽은 자들이 먼저 일어나고 그 후에 우리 살아남은 자도 저희와 함께 구름 속으로 끌어올려 공중에서 주를 영접하게 하시리니 그리하여 우리가 항상 주와 함께 있으리라"(살전 4:16,17).

⑤ **사탄이 결박된다:** "또 내가 보매 천사가 무저갱 열쇠와 큰 쇠사슬을 그 손에 가지고 하늘로서 내려와서 용을 잡으니 곧 옛 뱀이요 마귀요 사단이라 잡아 일천 년 동안 결박하여 무저갱에 던져 잠그고 그 위에 인봉하여 천년이 차도록 다시는 만국을 미혹하지 못하게 하였다가 그 후에는 반드시 잠간 놓이리라"(계 20:1~3).

✓ 천년이 지난 후에는 어떤 사건이 일어나는가?

① **악인들이 부활한다:** "(그 나머지 죽은 자들은 그 천년이 차기까지 살지 못하더라) 이는 첫째 부활이라"(계 20:5). 이보다 1,000년 전에 의인들이 부활되었으므로 이들은 악인들이다.

② **사탄이 풀려난다:** "천년이 차매 사탄이 그 옥에서 놓여"(계 20:7). 사탄은 자유롭게 되어 살아난 악인들을 충동하여 기만적인 일을 계속할 것이다.

③ **하늘로부터 새 예루살렘이 내려온다:** "또 내가 보매 거룩한 성 새 예루살렘이 하나님께로부터 하늘에서 내려오니 그 예비한 것이 신부가 남편을 위하여 단장한 것 같더라"(계 21:2).

④ **사탄은 전쟁을 위하여 악인들을 성 주위로 모은다:** "나와서 땅의 사방 백성 곧 곡과 마곡을 미혹하고 모아 싸움을 붙이리니 그 수가 바다 모래 같으리라 저희가 지면에 널리 퍼져 성도들의 진과 사랑하시는 성을 두르매…"(계 20:8,9).

⑤ **악인들이 멸망된다:** "하늘에서 불이 내려와 저희를 소멸하고"(계 20:9).

⑥ **새 하늘과 새 땅이 창조된다:** "…우리는 그의 약속대로 의에 거하는바 새 하늘과 새 땅을 바라보도다. 그러므로 사랑하는 자들아 너희가 이것을 바라보나니 주 앞에서 점도 없고 흠도 없이 평강 가운데서 나타나기를 힘쓰라"(벧후 3:10~14).

2) 하늘 성소 봉사

날짜 계산은 종교개혁자들과 여러 성경학자들 그리고 뉴턴이 고대 일식 등의 기록을 통해 정확히 산출한 날짜가 아니던가? 그런데 그것이 재림이 아니라면 도대체 무엇인가? 2300주야 예언이 1844년 10월 22일에 종료

되었다면 다니엘 8장 14절의 "성소의 정결"은 무엇을 의미할까? 이 표현은 유대인이 성소 제도에서 사용하는 말이다. 성소가 정결케 된다는 의미는 대속죄일이 시작된다는 뜻이다.

대속죄일이 무엇인가? 구약 시대의 성소는 뜰, 성소 첫째 칸, 성소 둘째 칸 세 부분으로 나누어져 있었다. 죄인들은 성소 뜰에서 메시아를 상징하는 양을 죽이므로 죄를 용서받았고, 제사장은 그 양의 피를 성소 안 휘장에 뿌려 왔다. 상징적으로 그 피 속에 죄인들의 죄가 담겨 있는 것이다. 그렇게 뿌려진 피가 일 년 내내 성소 안에 쌓인다. 그래서 성소는 1년 동안 백성의 죄로 더럽혀져 왔다. 그래서 유대력 7월 10일, 우리 시간으로 10월 22일 대속죄일을 제정하셔서 피가 뿌려진 휘장을 교체하고 백성의 모든 죄를 도말해 없애는 것을 성소를 정결케 한다고 표현했다. 대속죄일에는 모든 백성이 금식하면서, 정말로 자기가 죄들을 회개하고 버렸는지를 깊이 살피라고 하셨다. 그러므로 유대인들에게 있어서 대속죄일은 심판의 날이면서 또한 죄로부터 완전한 해방의 날로 여겨져 왔다. 그래서 대속죄일이 끝나면 바로 장막절 축제가 시작되는 것이다.

1년 동안 기록돼 있던 죄가 대속죄일 심판의 과정을 거쳐 정결케 되는 것처럼, 이 표상은 우리에게도 깊은 의미가 있다. 예수님께서는 지금 하늘 성소에서 성도들을 위해 중보하시고 때를 따라 돕는 은혜를 베풀고 계시므로 그분의 백성들이 모든 죄에서 정결케 되기를 돕고 계신다. 그러나 그리스도의 보혈의 피로 죄의 세력에서 구원을 얻고 승리를 하지만, 안타깝게도 사탄은 끊임없이 우리를 괴롭히기 때문에, 때로는 회개해야 될 일이 있을 수 있다. 그리고 최종적인 정결은 사탄의 멸망으로 죄 자체가 없어지므로 하나님의 명예가 옹호되고 공의가 입증되어야 한다.

다니엘서 8장의 2300주야가 종결되는 시점인 1844년부터 하늘에서는 인류를 향한 대 심판의 날이 시작되었다. 사실상 이때부터는 언제든지 예수님께서 오실 수 있는 시대가 되었다는 말씀이다.

3) 짐승의 표와 반대되는 하나님의 인

실망했던 사람들이 무엇을 깨달았는가? 성소의 휘장이 열리며 지성소를 발견하게 된 것이다. "이에 하늘에 있는 하나님의 성전이 열리니 성전 안에 하나님의 언약궤가 보이며 또 번개와 음성들과 뇌성과 지진과 큰 우박이 있더라"(계 11:19). 예수님이 하늘 성소에서 봉사하시다가 그 중심인 지성소에 들어가셨다. 그곳에는 법궤, 언약궤가 있다. 언약궤 속에는 무엇이 들어있는가? 십계명! 지성소에 들어가서 법궤를 연구해 보니 십계명 중에서도 넷째 계명이 있는 것을 발견하게 됐다. 다른 계명들은 손상이 없는데, 넷째 계명이 심한 공격을 받아 무너져 있는 것을 발견하게 됐다. 이사야 58장에 예언된 대로 "오래 황폐된 곳들을 다시 세우고, 파괴된 기초를 쌓고, 무너진 데를 수보" 해서 안식일을 회복하고 다시 오실 왕의 대로를 평탄케 하는 자들의 출현을 알리는 서곡이 울리게 됐다. "이제 우리가 주님을 따라 지성소로 들어가서 이 복음을 전하자! 왕의 대로를 평탄케 하자! 다시 외치자!"

적그리스도인 교황 세력이 변경한 그들의 권위의 표와 하나님이 제정하신 참된 예배와 경배의 날이 대립되면서 "누구를 섬길 것인가"하는 것이 마지막 환난 때에 이슈가 될 것이다.

4) 계시록 14장 세 천사의 복음 선포

첫째와 둘째 천사의 메시지는 이미 1844년 전에 선포되었기에, 세 번째 천사의 메시지인 "[9] 또 다른 천사 곧 셋째가 그 뒤를 따라 큰 음성으로 가로되 만일 누구든지 짐승과 그의 우상에게 경배하고 이마에나 손에 표를 받으면 [10] 그도 하나님의 진노의 포도주를 마시리니 그 진노의 잔에 섞인 것이 없이 부은 포도주라 거룩한 천사들 앞과 어린 양 앞에서 불과 유황으로 고난을 받으리니 [11] 그 고난의 연기가 세세토록 올라가리로다 짐승과 그의 우상에게 경배하고 그 이름의 표를 받는 자는 누구든지 밤낮 쉼을 얻지 못하리라 하더라 [12] 성도들의 인내가 여기 있나니 저희는 하나님의 계명과 예수 믿음을 지키는 자니라"(계 14:9~12). 이 말씀을 중심으로 하나님의 법, 하나님의 계명에 대한 회복 운동을 이때부터 하게 된다.

5) 조건적인 영혼 불멸과 수면 상태의 죽음

오늘날 많은 교회가 인간이 죽는 즉시 천당으로 가거나 죄인은 지옥으로 직행한다고 믿는다. 아니면 귀신이 되어서 구천을 떠돈다고 믿는 비 기독교인들도 많다. 하지만 이런 사상은 전부 이교 헬레니즘의 결과이다.

사람이 죽으면 곧바로 천국으로 가는 것이 아니라, 잠자는 것과 같이 되었다가 예수님의 부활 때 일어나, 그때 천국으로 간다고 성경은 말씀한다. "그 호흡이 끊어지면 흙으로 돌아가서 당일에 그 도모가 소멸하리로다"(시 146:4). "무릇 산 자는 죽을 줄을 알되 죽은 자는 아무것도 모르며 다시는 상도 받지 못하는 것은"(전 9:5). "죽은 자가 여호와를 찬양하지 못하나니 적막한데 내려가는 아무도 못하리로다"(시 115:17).

예수님께서 재림하실 때, 의인들이 어디에 있다고 성경은 말하는가? 하늘에서 예수님과 같이 내려온다고 말하는가? 아니다. "이를 기이히 여기지 말라 무덤 속에 있는 자가 다 그의 음성을 들을 때가 오나니 선한 일을 행한 자는 생명의 부활로, 악한 일을 행한 자는 심판의 부활로 나오리라"(요 5:28, 29).

성경은 어디에서도 인간이 자신 안에 불멸성을 가지고 있다고 가르치지 않는다. 태초에 하나님은 인간이 살도록 창조하셨으나, 인간이 죄를 선택하고도 영원히 사는 것은 그분의 목적이 결코 아니었다. 인간이 불멸할 수 있는 방법이 하나가 있는데, 그리스도의 십자가를 받아들임으로써 영생할 수 있는 불멸성, 즉 하나님의 생명을 받게 되는 것이다. 죄인이 지옥에서 영생하도록, 불멸하도록 하나님은 계획하지 않으셨다. 이것은 이교의 사상이다.

6) 지옥에 대한 오해와 해명

지옥에 관하여 잘못된 믿음이 많다. 크게 세 가지로 구분할 수 있는데 첫 번째는, 하나님의 자비가 너무 크기 때문에 아무도 처벌하지 않으리라고 믿는다. 두 번째는, 기독교나 불교 등 거의 모든 종교들이 믿는 바인데, 악인들은 지옥으로 보내져서 그곳에서 영원히 불에 타게 될 것이라고 믿는다. 세 번째는, 악인들은 심판받고 멸절되어 그 존재를 찾아볼 수 없게 된다고 믿는 것이다.

지옥에 대한 두려움 때문에 하나님을 믿게 된다면, 그것이 하나님을 섬기는 동기가 된다면, 인간은 절대 하나님을 사랑하여 온 마음을 다해 자발적으로 따를 수 없게 된다. 그런 원동력으로는 환란을 통과하는 사랑으로 역사하는 믿음이 생길 수 없고, 그저 두려움 때문에 맹목적으로 믿을 뿐이다. 그래서 두려움이 제거되면 하나님을 떠나게 된다.

악인에 대한 심판은 분명히 있다. 그러나 오늘날 교회에서 말하는 것처럼 과연 사랑의 하나님께서 천년만년 이리 태우고 저리 태우고, 인간들을 죽지도 못하게 지옥에서 영생하도록 만들어 놓고, 인간이 고안한 모든 고문 방법보다 더 끔찍하게 인간을 벌주시는 하나님, 이것이 우리가 믿는 하나님인가? 그런 하나님을 어찌 진정으로 사랑하고 신뢰할 수 있겠는가! 하나님을 사탄보다도 악한 분으로 만들고 있다.

이 외에도 칼뱅 개혁의 유산인, 〈칭의-행위로 구원이 아니라 믿음으로 말미암아 구원〉과 죄인을 구원하는 절대적인 〈하나님의 주권〉을 성서적인 진리라고 인정하는 동시에, 감리교의 요한 웨슬리가 칼뱅의 예정론에 대항하여 이룩한 〈자유의지〉와 〈성화-그리스도인의 거룩한 생활〉을 받아들이고, 또 루터교의 핵심인 만인 사제(롬 5:17), 즉 천주교의 고해성사는 잘못되었으며 모든 사람은 하나님께 그리스도의 이름으로 직접 기도할 수 있다는 사실과 세례가 아니라 물에 잠기는 침례가 성경적이라는 것, 회중파 청교도가 주장했던 〈정치와 교회는 분리되어야 한다〉를 신념으로 삼고, 메노나이트 재세례파의 우리 몸은 거룩한 성전이라는 가르침에 따라 건강과 절제 생활을 강조하므로 흩어져 있던 진리의 조각들을 모아 성경으로 확인하고 한데 묶어 받아들이는 놀라운 결과가 있게 된다.

종교 개혁, 다시 한번 더

바로 이러한 놀라운 진리들이 1800년대 후반에 발견되어, 성경의 참 복음이 온 세상에 전파되었다. 매우 흥미롭게도 계시록 14장의 세 천사의 메시지는 1800년대 중반에 기독교 역사의 부흥 운동과 함께 시작되었다. 물론 성경의 말씀은 어제나 오늘이나 내일이나 영원토록 우리에게 적용되는 말씀이지만, 그 말씀을 역사 가운데서 실체화 한 운동이 있었다는 것이다. 그뿐만 아니라 이 계시록 14장 세 천사의 메시지는 지금! 오늘도! 여전히 우리에게 적용되는 말씀이며, 이 시대에 우리가 전해야 할 메시지다. 지금은 첫째 따로, 둘째 따로, 셋째 따로 전하는 것이 아니라 첫째, 둘째, 셋째가 삼중으로 같이 전해져야 하는 시대이다.

찰스 피치 목사가 "바벨론에서 나오라"고 설교할 때의 기독교 형편은 지금에 비하면 훨씬 경건했다. 그럼에도 당시 교회의 상태를 보면서 바벨론이라고 했다면, 지금은 어떠한가? 그때 교회가 이 경고를 듣고 회개 운동, 거룩 운동, 재림 운동을 했다면 어쩌면 예수님은 벌써 재림하셨을 것이다. 그런데 교회가 이 세 천사의 메시지를 거절하므로 오늘날의 캄캄한 형편이 되어버렸다. 따라서 계시록 18장의 메시지는 계시록 14장의 둘째 천사의 메시지인 "바벨론에서 나오라"는 경고가 반복되는 것이긴 하지만 교회의 상태는 그때보다 더 심각해졌기 때문에 그 외침 또한 더 심각하고 강력하다.

"[2] 힘센 음성으로 외쳐 가로되 무너졌도다 무너졌도다 큰 성 바벨론이여 귀신의 처소와 각종 더러운 영의 모이는 곳과 각종 더럽고 가증한 새의 모이는 곳이 되었도다 [3] 그 음행의 진노의 포도주를 인하여 만국이 무너졌으며 또 땅의 왕들이 그로 더불어 음행하였으며 땅의 상고들도 그 사치의 세력을 인하여 치부하였도다 하더라 [4] 또 내가 들으니 하늘로서 다른 음성이 나서 가로되 내 백성아, 거기서 나와 그의 죄에 참예하지 말고 그의 받을 재앙들을 받지 말라"(계 18:2~4).

이 말씀은 오늘날 교회에 보내는 경고의 말씀이다. 현 기독교는 너무나 두려운 상태가 되었다. 그래서 계시록 18장의 다른 천사, 즉 세 천사 다음에 오는 넷째 천사는 심각해진 바벨론의 죄들을 공개하고 교회가 귀신의 처소가 되었다고 외치고 있다.

계시록 14장에서는 "음행의 진노의 포도주를 먹이던 자"였는데, 1800년대 중반부터 그렇게 먹이니까 200여 년이 지난 지금, 교회의 형편이 어떻게 되었는지를 계시록 18장에서 소개하고 있으며 그 음행의 포도주로 만국이 무너져버렸다. 음행은 교회의 세속과 타락을 말한다. 진리에 대해서는 무관심하고 성장에만 열을 올리고 있는 교회를 말한다. 개신교회가 교황과 손을 잡고, 바벨론이 되어가고 있다는 것이다. 땅의 왕들이 교회와 함께 음행하고 있다. 국가와 교회가, 정치와 종교가 결탁하는 것도 바벨론의 죄다. 기독교 역사를 보면 교회가 국가와 손을 잡는 순간 배도하고 타락하는 것뿐만 아니라 자기와 신념이 다른 사람을 핍박하고 잡아 죽인다. 이것이 교회 역사가 말해주는 결과이다.

놀라운 진리들이 마지막 시대를 사는 우리에게 펼쳐졌는데 우리는 어떻게 해야 할까? 귀를 닫고 성경보다 목회자와 교회의 가르침을 더 신뢰하여 따라갈 것인가? 성경이 말하는 온전한 진리를 받아들이고 전하기 위해 내 평판을 버려야 한다. 나를 속박하는 교계의 줄로부터 자유로워져야 한다. 이것이 희생인가? 아니다. 진리에 더 큰 가치가 있기 때문이다. 하나님을 올바로 보게 하고, 나아가게 하며, 변화시키는 진리는 소중하다. 우리 선조들이 목숨을 바쳐 진리를 지켰기 때문에 오늘 우리의 손에까지 이 진리가 전수되었다.

제수잇이 만들어 놓은 잘못된 신학을 맹신하지 말고, 교회 성장에만 열심을 내지 말고, 베뢰아인들처럼 진지한 마음으로 성경을 연구하여 감추인 보화를 찾듯이 복음을 온전히 회복하게 되기를 진심으로 바란다. 우리 모두 성경의 진리를 회복하고 오해된 하나님의 성품과 사랑을 올바로 깨닫도록 힘쓰자. 우리 주님이 어떤 분이신지 알면 그 사랑에 감동되어 회개하게 된다. 그 사랑에 감동되어 죄를 미워하고 계명을 지키는 삶을 살기를 소망하게 된다. 그런 자들을 데리러 예수님께서 재림하신다. 회개 운동, 거룩 운동, 재림 운동에 우리와 우리의 가족과 우리의 교회가 동참하기를 기도하자.

하나님을 사랑하는 그리스도인들이여! 성경 말씀대로 따라가기를 힘쓰자. 다수의 교회가 믿는 것이 진리의 기준이 될 수가 없고, 다수의 목회자가 믿는다고 그것이 옳다는 증거가 아니다. 아이러니하게도 진리의 역사, 교회의 역사는 항상 소수를 통해 보존돼 왔다. 지금은 다시 한번 종교개혁이 필요할 때이다. 우리 모두 이 운동에 동참하기를 간절히 원한다.

4. 이 시대의 재림운동

"[1] 일어나라 빛을 발하라 이는 네 빛이 이르렀고
여호와의 영광이 네 위에 임하였음이니라 [2] 보라 어두움이
땅을 덮을 것이며 캄캄함이 만민을 가리우려니와 오직 여호와께서
네 위에 임하실 것이며 그 영광이 네 위에 나타나리니 [3] 열방은
네 빛으로, 열왕은 비취는 네 광명으로 나아오리라 [4] 네 눈을
들어 사면을 보라 무리가 다 모여 네게로 오느니라 네 아들들은
원방에서 오겠고 네 딸들은 안기워 올 것이라" (사 60:1~4)

하나님의 영광을 아는 빛

어두움이 짙을수록 빛은 더욱 선명하게 그 존재를 드러낸다. 캄캄해진 세상에 하나님을 아는 빛, 하나님의 성품의 빛으로 세상을 비출 때 어둠에 있던 자들이 그 빛을 보고 어둠 가운데서 나올 것이다. 세상이 가장 어두울 때 이런 일이 있을 것이다.

하나님의 영광은 하나님의 성품이고 빛이며, 하나님에 대한 지식이다. 하나님을 아는 유일한 분이셨던 예수님이 성육신하셔서 하나님의 성품을 우리에게 보여주셨고, 하나님에 대한 지식을 우리 마음에 비추셨다. 질그릇같이 보잘것없고 형편없는 우리에게 예수님을 통해 하나님을 아는 빛을 우리 마음에 주신 것이다. 사탄은 이런 자들을 공격하고 핍박한다. 그래서 하나님을 아는 빛으로 충만한 사람들은 우겨 쌈을 당하게 된다. 의를 위해

핍박을 받을 때 우리에게서 예수님의 성품이 빛으로 비춰 나오게 된다. 하나님을 아는 빛을 가진 백성이 그들의 주변을 빛으로 밝게 할 때 예수님께서 당하셨던 것처럼 핍박과 심지어 죽음에 직면할 수 있으나 분명한 것은 생명이신 그리스도께서 우리 속에 살아 계시므로 그 마음에는 은혜와 평안이 가득하다.

빛을 가진 자들이 일어나면 그 빛이 세상에 비춰 나갈 것이며 열방이 그 빛을 향해서 나올 것이다. 이 빛은 우리에게 임한 하나님의 영광의 빛이고, 하나님을 아는 지식의 빛이며, 하나님의 성품의 빛이고 진리의 빛이다. 오류와 하나님에 대한 오해로 캄캄해진 교회에 하나님의 성품을 반영하는 자들이 하나님을 아는 빛을 비추어 온 세상을 환하게 할 것이다. 그들은 세상이 가장 어둡고, 혼란스러울 때 영원한 복음과 진리의 빛을 성령의 능력을 힘입어 경고하고 호소할 것이다. 그들의 호소에 놀라운 결과가 따라올 것이기 때문에 큰 소리로 외친다고 표현한다. 빛을 가진 그들, 온 땅을 하나님의 영광으로 환하게 하는 그들, 성령의 충만한 감동과 능력을 가진 그들이 계시록 18장의 천사이다.

그리스도께서는 주님을 따르는 자들에게 빛을 비추는 일에 힘쓰라고 말씀하지 않으신다. 그저 "너희 빛을 비추라"고 하신다. 만일 우리가 하나님의 은혜를 받았을 것 같으면 빛은 우리 안에 있다. 불신과 의심의 장애물들을 제거하면 주님의 영광이 드러나게 될 것이며, 그것이 어둠을 뚫고 들어가 어둠을 흩어 버릴 것이다.

"일어나라 빛을 발하라 이는 네 빛이 이르렀고 여호와의 영광이 네 위에 임하였음이니라"(사 60:1). 온 세상이 흑암 가운데 있을 때에 성도들이 거하는 모든 곳에는 빛이 있을 것이다. 그들은 그리스도의 재림을 누구보다도 먼저 보게 될 것이다. 악한 자들이 재림하시는 그리스도를 피하여 도망하는 반면에 하나님의 빛을 가진, 온 땅을 영광으로 환하게 했던 자들은 기뻐할 것이다. 욥의 고백처럼 **"내가 친히 그를 보리니 내 눈으로 그를 보기를**

외인처럼 하지 않을 것이라"(욥 19:27)고 말할 것이다. 그들은 하나님과 매우 긴밀한 접촉을 가지고 항상 하나님과 교통하는 생애를 살았다. 저희 위에 여호와의 영광이 비치었다. 예수 그리스도의 얼굴에 나타난 하나님의 영광을 아는 빛이 저들에게서 비춰 왔다. 그들은 이미 하늘과 어울릴 준비가 되어 있었는데 그 이유는 이미 그들은 마음으로 하늘을 누리고 있었기 때문이다.

그들은 머리를 들고 저희 위에 비치는 의의 태양 광선을 받으면서 구속이 가까이 임함을 알고 크게 기뻐하면서 신랑을 맞으러 나간다. 그리고 이렇게 말할 것이다. "이는 우리의 하나님이시라 우리가 그를 기다렸으니 그가 우리를 구원하시리로다"(사 25:9).

하나님의 교회

주님이 마지막에 일으키는 하나님의 교회는 교단과 교파가 아니다. 그럼에도 불구하고 그 어떤 교단, 교파보다 하나님의 교회는 훨씬 더 순결하고 성령의 능력으로 충만하다. "두세 사람이 내 이름으로 모인 곳에는 나도 그들 중에 있느니라"(마 18:20). 그리스도는 이 겸손한 몇 사람들 가운데 계시는데 이것이 하나님의 교회이다. 영원토록 존재하는 높은 분의 임재만이 교회를 이룰 수 있는 것이다. 하나님의 임재는 꼭 어떤 정해진 장소나 건물에 있어야만 임하는 것이 아니다.

"[15] 만일 내가 지체하면 너로 하나님의 집에서 어떻게 행하여야 할 것을 알게 하려 함이니 이 집은 살아계신 하나님의 교회요 진리의 기둥과 터이니라"(딤전 3:15). 또한 하나님의 교회는 진리의 기둥과 터이다. 즉 진리를 떠받치는 기둥과 터가 없으면 하나님의 교회가 존재할 수가 없다.

하나님의 교회는 거룩하신 하나님의 임재가 있는 경건한 성도들이며,

타협되거나 섞인 것이 없는 성경 그대로의 진리를 가르치고 지켜야 하는데 성경은 이 교회의 특징을 **"성도들의 인내가 여기 있나니 저희는 하나님의 계명과 예수 믿음을 지키는 자니라"**(계 14:12)라고 말한다. 거룩하신 하나님의 임재가 있고 진리를 믿고 따라 사는 성도들이 마지막 시대 교회다. 이런 하나님의 교회는 전 세계에 흩어져 있지만 하나님께서는 하나의 교회로 보신다. 물론 건물과 다양한 달란트를 가진 사람들이 복음 사역을 위해 모일 때 조직이 필요할 수도 있다. 이 조직은 복음 사역의 효율과 오류로부터 사람들을 보호, 관리하는 차원에서 필요하나 그 조직을 이끄시는 분은 하나님이시다. 하나님이 키우시고 하나님의 임재로 기르신 그 교회들이 다 하나로 연합해 큰 소리 외침을 통해 세상 역사를 마치게 될 것이다. 성령의 지배와 인도하심을 받은 거룩한 교회를 주님이 지금 일으키고 계신다.

우리의 소명은 세속과 비진리가 기독교를 오염시키는 이 시대에 진리의 울타리로 신앙의 순수성을 보존하고, 초대교회가 가지고 있었고, 종교개혁자들이 목숨 걸고 지켰던 그 순결한 복음으로의 회복을 외치는 운동을 위해 부르심을 받았다. 우리의 사명은 하나님의 영원한 복음을 회복시키고, 다시 오시는 예수님의 강림을 위해 세상을 깨우며, 하나님의 영광을 이 땅에 드러낼 최후의 백성, 그 여자의 남은 자손을 준비시키는 것이다. 성령의 충만한 능력을 힘입어 바벨론에 있는 하나님의 백성을 불러내는 것이다.

재림 운동, 다시 한번 더

"이 일 후에 다른 천사가 하늘에서 내려오는 것을 보니 큰 권세를 가졌는데 그의 영광으로 땅이 환하여지더라"(계 18:1).

이 말씀은 두 번째 오순절의 역사를 의미한다. 첫 번째 오순절은 다락방에 모인 제자들에게 성령이 불의 혀같이 임한 후, 땅끝까지 복음이 전파됐다. 성령의 역사가 아니면, 우리가 아무리 노력하고 애를 써도 세상에 복음을 다 전할 수 없기 때문에 두 번째 오순절 성령의 임재가 없이는 이 지구 역사가 종결될 수 없다.

어떤 사람들이 두 번째 오순절의 경험을 하게 될까? 앉으나 서나, 자나 깨나 영혼들의 구원을 위해 탄식하는 사람들, 인기/명예/체면 다 구겨지고 이단자/광신자/죽일 사람 욕을 먹더라도, 목숨이 다하더라도 예수님의 재림을 촉진시키고 사람들을 정결케 만드는 참된 복음을 전하는 사람들이다. 하나님께로부터 받은 사명은 너무 크고 중요한데 자신의 능력 없음을 깨닫고 약속하신 성령의 필요성을 절실히 깨닫고 구하는 자들에게 큰 능력이 임할 것이다. 이 사람들에게 두 번째 오순절 성령의 권능이 부어져서, 각 교단과 교파에서 나와 진리를 중심으로 모인 재림 운동이 다시 한번 있을 것이다. 하나님께서 함께 하시는 운동, 초교파적인 재림 운동이 성령의 큰 능력 아래 다시 한번 더 있을 것이다.

하나님의 법을 사랑하고 진리를 회복하기를 원하는 사람들 중심으로 벌어지게 될 것이다. 하나님의 계명과 예수의 믿음을 가진 사람들을 중심으로 이 운동이 벌어질 것이다.

1844년 10월 22일을 기다리던 사람들은 서로 회개하고 울면서 용서를 구했으며, 부정직하게 살아온 자들은 원상을 회복하기 위하여 애썼다. 부모들은 자녀들의 구원을 위하여 애를 태웠고, 사람들은 자기들의 타락상을 깨닫고 깊은 회심의 눈물로 하나님 앞에 겸손히 엎드렸다. 영혼을 정결케 하는 운동이었다. 이들이 그렇게 재림을 기다렸던 것처럼 우리도 이런 마음으로 기다려야 하며 이런 영적인 대 부흥 운동이 지금 시작되어야 한다.

성령에 대한 예수님의 약속은 지금도 여전히 유효하다. 능력을 받을 수 있는 방법을 알려주셨는데도 불구하고 왜 우리는 성령의 선물을 열망하고 기다리지 않을까? 왜 우리는 그것에 대해 적게 구하고, 적게 말할까? 부모가 자식에게 좋은 선물 주기를 원하는 것보다 더 우리에게 성령의 선물을 주기 위해 기다리시는 하나님께 간절한 필요를 가지고 마음을 합해 기도하는 우리가 되기를 원한다. 그리고 우리 안에 성령이 거하신다는 증거가 하나님의 사랑이 우리에게서 흘러나오는 사실로 증명될 것이다. 하나님의 충만하심이 헌신한 사람을 통하여 다른 사람에게 흘러가게 될 것이다.

"주 예수여 오시옵소서"라는 외침이 현대 유대인처럼 "내년에는 예루살렘에서"라는 공허한 기도가 아닌, 진실로 사모하고, 정말 며칠 후면 본향에 이를 것이라는 기대와 설렘으로 곧 오실 예수님의 재림을 위해 준비하길 바란다.

세상에 대한 사랑을 날마다 버리고,
매일 자아를 죽이고 주님과 함께 다시 살며,
그리스도와 사귀는 것이 무엇을 의미하는지
경험을 통해 이해하는 우리가 되자.
예수님께서 속히 오신다!
"이것들을 증거하신 이가 가라사대 내가 진실로 속히 오리라 하시거늘
아멘 주 예수여 오시옵소서"(계 22:20).

제5장
타산지석[他山之石]

배도한 이스라엘의 모습을 보며 우리는 충분한 교훈을 얻어야 합니다. 하나님의 간절한 호소를 끝까지 거절하고, 자기들의 욕구와 욕망대로 고집스럽게 살아간 결과는 끔찍한 파멸이었습니다. 유대의 역사는 우리에게 "이렇게 되지 말라"고 끊임없이 소리치고 있습니다. 철저히 버림받은 유대민족, 그러나 하나님은 개인들에게는 끝없는 사랑과 돌봄을 여전히 제공하고 계십니다.

우리는 멸망 받은 유대민족의 뒤를 이을 것인가?
영광스러운 믿음의 대열에 서게 될 것인가?
역사를 통해 교훈을 얻지 못하면 미래가 있을 수 없습니다.
비바람과 추위를 견뎌 낸 꿋꿋한 나무가 훌륭한 악기로 탄생합니다. 땅속에 묻혀 있는 석탄이 섭씨 550도 이상이라는 높은 온도와 1평방 인치 당 750톤의 압력을 받게 되면 아름다운 다이아몬드로 만들어진다고 합니다.

세상에서 모진 시련과 어려움을 겪지만, 우리를 믿음의 용사로 꼴 지우시는 하나님을 믿는 믿음으로 끝까지 그분을 신뢰하고 따라갈 때, 우리 역시 하나님의 영광을 세상에 증거하고 드러내며, 하나님을 위해 죽기까지 충성하는 믿음의 용사들이 될 수 있습니다.

제5장에서는 대조되는 이스라엘의 두 모습을 담아봤습니다. 두 부류의 모습을 보며, 우리는 명예로운 믿음의 후손이 되는 길을 선택할 수 있기를 바랍니다.

1. 기독교와 유대교

기독교와 유대교의 차이

현재 세계 인구가 78억을 넘었다. 하루에 태어나는 신생아 수는 약 385,000명. 1초에 4명 이상, 0.5초마다 두 명 이상이 태어난다. 그리고 하루에 15만 명 정도가 죽는다(출처: worldometers.info). 사람은 끊임없이 태어나서 끊임없이 죽고 있는데, 언제 어떻게 이 복음을 다 전할 수 있을까? 지금과 같은 방법으로 복음을 전해서는 100년이 지나도 전 세계에서 매일 태어나는 사람과 죽는 사람에게 복음을 다 전할 수가 없다는 결론에 이르고, 따라서 예수님께서 재림하실 수가 없다. 신생아와 죽는 사람뿐인가? 북한이나 중국, 무슬림에게 언제 복음을 전하겠는가?

전 세계 민족 중 기독교를 받아들이기 가장 어려운 민족은 누구일까? 선교 전문가들은 유대교를 믿는 유대인을 1순위로 꼽는다. 선민사상에 뿌리 깊이 박혀있으며 예수 그리스도를 부인하는 미전도 종족이다. 그들이 믿는 하나님은 한 분이며 나누어질 수 없는 분이다. 이 때문에 예수님은 물론이고 성령도 믿지 않는다. 기독교의 세 분 하나님을 이해하지 못할 뿐만 아니라, 그들의 입장에서 기독교는 이교도이다.

그들은 율법과 말씀의 종교이다. 다섯 살이 되면 히브리 알파벳을 다 떼고, 열세 살 성년식 때는 모세오경을 다 외우는 민족이다. 전 세계에서 책을 가장 많이 쓰는 민족이 유대인인데, 9명 중 1명은 책을 쓴다고 한다. 쓰기만 하는가? 우리는 어디를 가든지 스마트폰을 가지고 다니면서 틈만 나면 열어보지만 유대인은 길을 갈 때든지, 식당에서 식사를 기다릴 때든지, 항상 성경책과 전승들, 기도문 같은 책을 읽는다.

그들이 가훈처럼 삼고 있는 성경 말씀이 있는데, 신명기 6:4절부터 나오는 말씀이다. 그것을 "쉐마 고백"이라고 하는데, "[4] 이스라엘아 들으라(쉐마 이스라엘) 우리 하나님 여호와는 오직 하나인 여호와시니 [5] 너는 마음을 다하고 성품을 다하고 힘을 다하여 네 하나님 여호와를 사랑하라 [6] 오늘날 내가 네게 명하는 이 말씀을 너는 마음에 새기고 [7] 네 자녀에게 부지런히 가르치며 집에 앉았을 때에든지 길에 행할 때에든지 누웠을 때에든지 일어날 때에든지 이 말씀을 강론할 것이며 [8] 너는 또 그것을 네 손목에 매어 기호를 삼으며 네 미간에 붙여 표를 삼고 [9] 또 네 집 문설주와 바깥 문에 기록할지니라"(신 6:4~9).

이 말씀 때문에 그들은 항상 성경을 옆에 끼고 다니면서 틈만 나면 읽는다. 그들의 경전은 구약성경인데, 현대 유대교에서는 이를 Tanakh(타나크)라고 부른다. 이 용어는 Torah(토라, 모세오경), Neviim(네비임, 선지서), Ketubim(케투빔, 성문서)의 첫 글자를 모아서 만든 합성어이다. 이것뿐인가? 히브리어로 된 탈무드는 백과사전 20권 분량이다.

유대인들은 어렸을 때부터 말씀을 암송하며 자라고, 모세오경에 나온 율법들을 613가지 항목으로 구체화해서 철저히 지키려고 애쓰는 민족이다. 기독교는 타나크를 유대교와 함께 공유하고 있다. 전혀 다른 종교가 아니라, 경전이 같다. 같은 경전, 같은 하나님을 믿는데 해석이 다른 것이다.

하나님의 법은 완전한가? 그렇다! 하나님의 말씀은 완전한가? 그렇다! "여호와의 율법은 완전하여 영혼을 소성케 하고 여호와의 증거는 확실하여 우둔한 자로 지혜롭게 하며"(시 19:7). 하나님의 율법은 완전하기 때문에 삭제되거나 보충될 필요가 없고, 다시 말해서 늘리거나 줄어들지도 않는다. "내가 너희에게 명하는 말을 너희는 가감하지 말고 내가 너희에게 명하는 너희 하나님 여호와의 명령을 지키라"(신 4:2). "내가 너희에게 명하는 이 모든 말을 너희는 지켜 행하고 그것에 가감하지 말지니라"(신 12:32).

하나님의 법이 완전하기 때문에 그 어떤 것도 첨가하거나 삭제하지 말아야 된다고 유대교인들은 굳게 믿고 있다. 그런데 예수님께서 뭐라고 하셨는가? **"내가 율법이나 선지자나 폐하러 온 줄로 생각지 말라 폐하러 온 것이 아니요 완전케 하려 함이로다"**(마 5:17). 율법을 완성하러 왔다면 전에는 불완전했다는 뜻인가? 가감하지 말라고 했는데, 무엇을 덧붙이려고 하는 것으로 그들은 오해했다.

또 신약성경에서 예수님은 "인자, 사람의 아들"로 언급되고 있는데 구약성경에는 **"하나님은 사람이 아니시니 거짓말하지 않으시며, 또 사람의 아들이 아니시니 후회가 없으시도다"**(민 23:19)라고 했다. 하나님은 사람의 아들이 아니라고 하기 때문에, 예수님을 하나님으로 받아들일 수가 없었다.

또한 구약에서 모세에게 주신 십계명은 오늘날에도 여전히 유효한가? 그렇다! 오늘날에도 여전히 도덕적 판단 기준으로서 우리에게 제시되고 있는가? 그렇다! 세상을 심판하는 법의 기준으로서도 유효한가? 그렇다! 예수님께서도 **"진실로 너희에게 이르노니 천지가 없어지기 전에는 율법의 일점일획이라도 반드시 없어지지 아니하고 다 이루리라"**(마 5:18)고 하셨다.

그런데 십계명 중 첫 번째 계명이 **"너는 나 외에는 다른 신들을 네게 있게 말지니라"**(출 20:3). 그래서 유대인들은 기독교인들에게 묻는다. "이런 말씀이 있는데, 왜 야훼 이외에, 그것도 인간을 하나님이라고 믿느냐?" 그들에게 있어서 예수님을 믿는다는 것은 우상숭배이고, 예수님은 참람하기 그지없는 젊은이였다.

그들은 또한 이렇게 도전한다. "천지가 없어지기 전에는 모든 율법의 일점일획이라도 없어지지 않고 다 이룬다고 했는데, 기독교에서는 어떤 계명은 폐했다며 지키지 않고 있다. 그렇다면 기독교가 스스로 자가당착, 언어도단에 빠진 것은 아니냐?"고 공격한다. 또 하나님께서 주신 율법인데 어떤 것은 폐하고 어떤 것은 존재하느냐고 반박한다.

그들에게 있어서 하나님과 메시아는 다른 존재다. 하나님이 메시아가 될 수가 없고 메시아가 하나님이 될 수가 없다. 그런데 기독교는 "하나님=

메시아(그리스도)"로 동일시한다. 이미 유대 당시에는 예수님 말고도 스스로를 메시아라고 말한 사람들이 많이 있었으니 예수님이 본인을 그리스도라고 말한 것 까지는 용납하겠는데, 자신을 하나님이라고 말하는 것에는 참지 못한 것이다. 당시의 종교지도자들이 이를 갈며 예수님을 십자가에 못 박을 수밖에 없는 이유였다.

유대인들의 정체성

유대인들에게 있어서 성전은 그들의 생명보다도 소중한 절대적 가치를 지니고 있다. 솔로몬이 성전을 건축한 후에(BC 952), 바벨론에 의해 파괴(BC 587)되었다가 스룹바벨에 의해 재건되었다(BC 515). 그리고 신구약 중간 기간인 말라기부터 마태복음 사이의 400년 기간에 시리아의 셀류커스 왕조인 안티오커스 에피파네스 4세가 성전의 번제단을 헐고 그 자리에 제우스를 섬기는 제단을 만들어서 돼지를 잡아 제사를 드리는 등 성전을 모독하고(BC 168), 헬레니즘으로 헬라 문화를 유대에 심으려고 하자, 유대 독립군의 마카비 혁명이 일어난다(BC 166~160).

이후 헤롯이 이스라엘 백성에게 자신을 과시하고 민심을 얻기 위해 성전을 보수, 확장 재건하게 된다(BC 20~AD 26). 성경엔 46년 만에 완공됐다고 나오지만 AD 67년이 되어서야 최종적으로 완공된다. 그런데 완성된 지 3년 후인 AD 70년에 예루살렘 성전이 오늘날 통곡의 벽이라고 불리는 서쪽 벽을 남겨놓고 모두 무너져 내리고 만다. 왜 이런 일이 생겼을까? 이스라엘, 예루살렘, 유대인은 왜 멸망할 수밖에 없었는가? 그리고 그것은 우리에게 무엇을 말해주는 것일까?

2. 유대 반란 전쟁

시대적 배경

기원후 54년 로마에서는 네로가 황제의 자리에 올랐고, 유대 총독으로는 벨릭스가 임명된다. 예수님께서 승천하시고 유대 땅은 사회적, 도덕적, 정치적, 영적으로 망해가기 시작한다. 멸망이 예언된 운명 지어진 백성! 예루살렘에는 강도 떼들이 횡행하기 시작하고, 시카리(Sicarii)파라고 불리는 무법자들이 생겼는데, 시카리는 '가슴에 단검을 넣고 다닌다'고 해서 붙은 강도들의 이름이다. 이들은 대낮에 대로에서 살인을 저지르는 일도 서슴지 않았다. 대제사장 요나단이 이들에게 암살당하고, 수많은 살인이 거의 하루도 빠짐없이 꼬리를 물고 일어났다. 모든 백성들은 언제 "묻지마 살인"을 당할지 몰라 늘 죽음의 위협을 느끼며 살았다.

또 여기저기 거짓 선지자들이 등장하여 신적인 계시를 받았다면서 곳곳에서 폭동을 선동했다. 또 다른 지역에서는 시카리파와 강도들이 연합하여 사람들에게 반란을 일으키라고 선동하고, 로마에 대항하여 전쟁을 하도록 충동했다. 그들은 로마의 지배에 복종하는 자들은 민족의 배반자라고 위협하면서 유대 지도자들을 살해하고 그들의 집을 약탈하고 마을에 불을 질렀다.

벨릭스의 뒤를 이어 베스도(Festus, 60~62년)가 총독이 되어 수많은 강도떼들을 체포하여 사형에 처했는데, 베스도의 뒤를 이은 알비누스(Albinus, 62-64년)는 그 자신이 강도였다. 그는 공권력으로 사유재산을 약탈했을 뿐만 아니라 무거운 세금을 부과하고 선임 총독들이 강도죄로 잡은 범죄자들을 감옥에서 풀어주는 대가로 그들의 친척들에게 보석금을 뜯어냈다. 그러다 보니 감옥에 남은 사람은 보석금을 지불치 못한 사람들뿐이었다. 총독이 이러니 강도들은 알비누스에게 뇌물을 주어 "조직폭력배"로 성장한다. 허가받은 강도들이 된 것이다. 강도를 당한 사람들은 어디에도 호소할 곳이 없어 예루살렘은 강도의 소굴이 되면서 멸망은 무르익기 시작한다.

이어서 AD 64년 유다의 신임 총독에 '게시우스 플로루스'가 부임하게 되는데, 전임 총독 알비누스보다 더 악랄하고 포악한 자였다. 그는 유다 총독이 되기 위해 네로에게 접근해서 엄청난 뇌물을 주고 총독이 되었다. 게시우스 플로루스 부인이 네로의 부인과 공모해서 얻어낸 자리다. 그러니 그 자금을 회수하려고 과중한 세금을 부담시켜서 모든 주민들을 거지로 만들었다. 또 강도들이 뇌물을 바치기만 하면, 전 국토에서 자유롭게 약탈할 수 있는 권리를 주어, 조폭과 정치의 은밀한 뒷거래로 부를 축적하기 시작했다.

사실 플로루스는 유대인들이 반란 전쟁을 일으키도록 몰아가고 있었다. 왜냐하면, 평화가 지속된다면 유대인들이 황제에게 자기를 고발하게 될 것을 예상했고, 반면에 반란이 일어난다면 자기의 악행에 대해 관심을 돌리게 할 수 있을 것이라고 생각했기 때문에 유대인들을 도발하기 위해 어떻게든 그들의 고통을 가중시켰다. 시민들은 감정을 자제하고 있었지만 플로루스가 성전 창고에 사람들을 보내어 성전 자금을(17달란트) 약탈하자, 유대인들에게 있어서 성전은 곧 자기 자신보다도 소중한 곳인데, 이러한 이방인의 착취로 그들은 인내심의 한계에 다다르고 말았다.

나아가 플로루스는 군인들에게 모든 집에 들어가 약탈하고 주민들을 학살하도록 허락했다. 어떤 경우는 하루에 여자와 아이들뿐 아니라 아기들까지도 자비를 얻지 못하고 죽어 약 3,600여 명이 칼에 죽기도 하고 십자가에 못 박히기도 했다. 플로루스의 계획대로 민중들은 분노하고 있었고, 온건파인 유대 지도자들은 임박한 재난을 예상하고 로마와의 전쟁은 파멸

뿐이며, 결국 이 나라를 로마에 넘겨주게 되는 것이라며 자제를 호소했다.

미쳐버린 도시 예루살렘

드디어 67년에 전국에 있는 조폭의 두목들이 약탈하는 것에도 실증이 나서 강도단인 시카리(Sicrrii)와 극우 저항단체인 열심당(Zealots)이 연합하여 예루살렘을 습격해 내란을 일으킨다. 이들은 약탈과 노상강도, 살인을 일삼았는데, 유대 왕족들과 대제사장을 죽이고, 마음대로 대제사장을 지정해서 앉혀놓았다.

전국의 강도들이 예루살렘으로 다 모였기 때문에, 도시의 식량은 급속히 줄어들게 되었고, 이들은 내란을 일으키는 것뿐만 아니라 로마와의 전쟁을 일으켰고 또한 예루살렘의 끔찍한 기근을 발생하게 한 주범들이었다. 대제사장의 집과 유다 왕궁에 불을 지르고, 채무문서가 보관된 궁에 불을 질러 채권자들의 계약서를 모두 태워버렸다. 이렇게 하므로 채무자였던 많은 백성들의 호응을 얻을 수 있게 되면서 가난한 자들이 반란에 합세하게 되고, 예루살렘의 주요 건물들에 불을 질렀다.

하지만 열심당이 덕망 있는 주요 인사들까지 모조리 잡아 죽이자, 시민들은 이들의 폭정에 견뎌낼 수가 없었고, 서로를 죽이는 내전은 더욱 확대하게 된다. 열심당은 이두매인을 용병으로 불러 도시를 장악하고 시민들을 죽이고 약탈하는 일에 함께 했다. 전쟁의 광기에 사로잡힌 열심당은 일반 시민들을 잡는 대로 목을 잘랐다. 귀족들을 잡아 고문하며 자신들의 편으로 끌어들이려고 했고, 듣지 않으면 살해했다. 그들은 훌륭한 가문 출신이나 유력한 인사들을 마구잡이로 죽였는데, 영향력 있는 사람들을 죽여야 자신들이 안전하다고 생각했기 때문이다. 거리에는 시체들이 넘쳐나고 감히 가족과 친족들의 죽음에 대해 울거나 슬퍼할 수도 없었다. 애도하는 자도 똑같은 죽임을 당하기 때문에 단지 밤에만 흙을 몇 줌 떠다가 시체 위에 뿌려줄 수밖에 없었다.

예루살렘은 내란이 일어나자 요한파, 시몬파, 엘르아자르파 세 개의 당파로 나누어져서 서로 전쟁을 벌였다. 성전에 제사드리러 오는 사람들이 제단 앞에서 세 당파의 내전 때문에 칼에 맞아 자신이 제물이 되는 일들이 일어날 정도였다. 성전 마당에 이방인의 시체가 유대인의 시체와 섞이게 되고, 일반인의 시체와 제사장의 시체가 뒤섞여 성전 뜰을 피바다로 만들어 놓았다. '평화의 도시'라는 이름의 뜻을 가진 예루살렘은 가장 사악한 도시가 되었다. 예루살렘은 내란으로 동족의 시체를 위한 무덤이 되었다. 아이러니하게도 오늘날의 예루살렘도 팔레스타인과 이스라엘, 유대교와 이슬람, 정통파들과 메시아닉, 이들 사이의 끊임없는 테러와 폭행, 납치, 살인, 시위가 지금도 끊이지 않고 있는, 저주받은 평화의 도시가 되었다. 이것은 예수님의 예언이 얼마나 정확히 성취되었다는 뜻인가? 예루살렘의 이러한 세 당파의 사악한 무리들 때문에 주민들은 고통 속에 지냈다. 오히려 그들은 로마군이 이 재앙에서 구출해주도록 전쟁이 속히 나기를 몹시 바랄 정도였다.

현재의 예루살렘도 그렇다. 각기 다른 사상과 이념을 가진 사람들로 예루살렘은 갈기갈기 찢어졌다. 예루살렘이 현재 누구의 나라인가? 팔레스타인? 요르단? 시리아? 이스라엘? 국제법상으로는 어느 나라에도 속해 있지 않는 도시지만, 현재는 이스라엘이 동 예루살렘을 인위적으로 점령 중이다. 이스라엘이 예루살렘을 수도로 선포했지만, 분쟁지역이기 때문에 텔아비브가 수도를 대신하고 있었다. 1948년 이스라엘이 팔레스타인을 침공하여 영토를 빼앗았으니 그때부터 지금까지 항상 싸울 수밖에 없다.

역사는 예루살렘이 멸망하기 직전의 유대를 "창세 이후로 이렇게 죄악이 만연한 세대는 없었다"라고 기록하고 있다. 분노와 증오가 민중의 마음을 피폐케 해 그 당시 유대인들의 상황을 요세푸스는 이렇게 기록한다.

"이 당시는 유대인들 사이에 온갖 죄악들이 너무나 들끓고 있어서 사악한 죄악이라면 자행되지 않는 죄악이 없을 정도였으며, 인간의 머리로 짜낼 수 있는 갖가지의 극악한 범죄들이 판을 치고 있었다. 따라서 죄악이 전염병처럼 퍼져 서로 경쟁하다시피 앞을 다투어 저질러졌는데… 시카리파 사람들은 불법적인 죄악과 자신의 혈족에게까지도 잔혹한 행동을 저지르고 파괴적인 일을 서슴지 않는 최초의 모델이라 하겠다. 불법적인 사악한 행동에 있어서는 소위 열심당들도 이들 못지않았다. 열심당은 이름 그대로 악한 행동에 열심을 다하는 일단의 무리들이었다. 열심당들은 모든 악한 행동을 서슴지 않고 자행했으며, 역사에 기록된 그전의 모든 비열하고 잔인한 행동들을 열심히 경쟁하듯 답습하였다"(Josephus, 유대전쟁사 7권 8:361).

법을 유린하고, 무정부 상태가 되면 사람들은 이렇게 악해진다. 오히려 예루살렘에 있던 유대 주민들은 로마군에게 빨리 예루살렘을 점령해 달라고 간청하는 일들이 생기게 될 정도로 예루살렘은 죄악의 도시가 되었다.

예루살렘의 멸망

드디어 로마에서는 유대 반란을 진압하기 위해 67년 베스파시아누스 장군이 6만 병력을 이끌고 예루살렘으로 진격해 온다. 그렇게 해서 반란을 진압할 수 있는 상황이었는데, 갑자기 군대를 회군 시킨다. 네로 황제가 죽었기 때문이다. 네로 황제가 죽으면서 황제권 다툼이 일어났는데 베스파시안은 가장 유력한 후보였다. 그래서 공격을 잠시 멈추고 3년이 지난 후 70년 봄 그의 아들 티투스가 이끄는 4개 군단이 예루살렘에 와서 성을 포위하게 된다.

유대 반란군들은 거짓 선지자를 세워서 이 전쟁에서 승리할 것이며, 유대의 영광을 되찾을 것이라고 백성들을 안심시키면서, 백성들이 예루살렘

성 밖으로 빠져나가지 못하도록 철저히 감시하고, 조금이라도 낌새가 보이면 즉시 살해했다.

예루살렘의 형편은 참혹하기 그지없었다. 각 집마다 음식이 있다는 기미만 보이면 그것은 곧 살인이 벌어진다는 신호였다. 아무리 가까운 친척이라도 미친개처럼 달려들어 빼앗고 죽이는 일이 허다했다. 그들은 허리띠나 신발도 뜯어먹었으며 방패의 가죽조차도 씹어 먹었다.

어느 날 마리아의 집에 들이닥친 반란군들은 그녀의 모든 것을 약탈해 갔다. 분노와 배고픔을 이기지 못한 마리아는 품 안에 있는 어린 아들을 붙잡고 이렇게 말한다. “오 불쌍한 아가야! 이리 와서 내 음식이 되어다오. 그래서 강도들에게 분노를 보여주고, 세상 사람들에게 유대인의 재난이 얼마나 극심했는가를 보여주는 하나의 이야깃거리가 되어다오” 이 말을 하고 아들을 죽여서 삶은 후에 반은 먹고 반은 감추어 놓았다. 이때 반란군들이 냄새를 맡고 들이닥쳐서 음식을 내놓지 않으면 죽여버리겠다고 위협했다. 마리아는 그들을 위해 충분한 양을 남겨놓았다고 하면서 뜯어먹다 남은 아들의 시체를 펴 놓았다. 강도들은 그 광경을 보고 겁에 질려 떨면서 떠났다. 이 가증스러운 사건은 즉시 예루살렘 전체에 퍼졌으며 곧 로마 군대에게도 전해졌다. 티투스는 하나님께 자신의 결백을 주장한다. “하나님 저는 유대인들에게 평화와 독립을 제안했으며 과거에 저지른 모든 잘못에 대해 사면해 준다고 제안했습니다. 그러나 유대인들은 화해보다는 내분을, 평화 대신 전쟁을, 번영 대신 기근을 선택한 자들입니다.”

티투스는 예루살렘에서 반란군을 피해 나오는 투항자들을 그들이 원하는 곳에 살도록 허가했고 남아있는 백성들을 불쌍하게 생각하고 구출하기 위해 토성을 쌓는 등 노력을 아끼지 않았지만 반란군들은 성안의 백성이 도망가지 못하도록 철저히 막고 있었다.

전쟁은 종국으로 치닫고 있었다. 유대인들이 로마군을 기습하자 로마군은 성전 본당까지 그들을 추격해 왔다. 그때 한 로마군이 성전 안에 불타는 나무토막을 던졌다. 불길이 치솟자 도망치던 유대인들이 자신의 목숨은 돌볼 생각도 잊은 채 성전의 불을 끄려고 우르르 달려갔다. 유대인들에게 성전은 이런 곳이다.

티투스가 이 소식을 듣고 불을 끄려고 말을 타고 성전으로 달려갔다. 병사들에게 불을 끄라고 소리쳤지만, 분노한 군사들에게는 아무 소용이 없었다. 더군다나 성전 안의 사방이 온통 금으로 입혀져 있는 것을 눈으로 직접 보고서는 약탈할 수 있는 희망에 부풀었기 때문에 그들을 제지하기가 어려웠다.

그 당시 티투스는 전쟁 초기부터 군인들에게 절대로 성전이 무너지지 않게 하라고 당부했지만, **"내가 진실로 너희에게 이르노니 돌 하나도 돌 위에 남지 않고 다 무너뜨리우리라"**(마 24:2)는 예수님의 예언대로 다 무너지게 된다. 성전에 있던 제사장들은 불길 속에 몸을 던져 성전과 함께 불에 탔다. 성전에 대한 이들의 존경심이라고 해야 할까? 자신들의 정체성이라고 해야 할까? 성전이 불타는 모습을 본 유대인들은 완전한 절망 속에서, 기근으로 말할 기운도 없었지만 애끓는 신음소리를 질렀다. "하나님께서 예루살렘을 버리셨구나!"

이날 수많은 유대인들이 로마군에 학살당한다. 운명의 시간표는 어쩌면 그렇게 정확한지, 성전이 불탄 그날은 과거 솔로몬의 성전이 바벨론에 의해 불탔던 바로 같은 달, 같은 날, 8월 30일이었다. 며칠 후 전쟁은 종식되고, 약 10만여 명의 유대인들은 포로로 끌려가 콜로세움을 건축하는 노예가 된다. 티투스는 예루살렘 성전에 보관되어 있던 일곱 촛대(메노라)를 전리품으로 가져갔으며, 메노라를 옮겨 가는 장면은 로마에 세워진 티투스의 개선문 안쪽에 부조되어 오늘까지 남아 있다.

당시 역사 기록을 보면 예루살렘이 멸망할 것이라는 경고와 징조가 계속 있었는데, 예루살렘 위에 칼처럼 생긴 별 하나와 혜성이 일 년 동안 계속 떠 있었다. 또 성전 안뜰의 황동으로 된 동쪽 문은 장정 20명이 밀어야 겨우 열릴 수 있는 문이고 쇠 빗장으로 잠겨있는데, 저절로 열린 상태로 발견되기도 했고, 하늘에 병거들과 무장한 병사들이 예루살렘을 포위하고 있는 모습이 구름 가운데 나타나기도 했다. 그리고 성전 안에서 제사장들이 직무를 수행할 때, "우리는 이곳을 떠나고 있는 중이다."라는 목소리를 듣기도 했다.

또 하나의 특이한 징조는 전쟁이 나기 4년 전, 예루살렘이 아직은 평화를 누리고 있을 때, 어느 청년이 나타나 예루살렘의 멸망을 밤이나 낮이나 예언하면서 돌아다녔다. 이런 불길한 예언에 분개하여 잡아서 여러 차례 뼈가 드러나도록 채찍질하기도 했지만 채찍질 당할 때마다 "화 있을진저 예루살렘아!" 하면서 울부짖었다. 4년 동안 그는 다른 얘기는 하지 않고 오직 기도문을 암송하듯이 이 얘기만 되풀이하였다. 그러다가 예루살렘이 로마군에 포위당했을 때 그의 예언이 증명되고서야 외치기를 그만두었다.

마사다 최후의 항전

성전이 무너지고 전쟁이 종식됐지만, 극단적 저항단체인 시카리파의 지도자 '엘리아자르 벤 야이르'가 약 1천 명의 저항군들과 그들의 가족을 데리고 이스라엘에서 가장 완벽한 요새로 불리는 마사다로 들어가서 최후의 항전을 하게 된다.

마사다는 기원전 168년 안티오쿠스 4세가 예루살렘 성전을 모독하고, 율법책을 불사르고, 성전 기물을 약탈해가는 일이 생기자 유대인들이 종교 자유와 성전 회복을 위한 목적으로 시작한 마카비 전쟁 때 요새를 건축하고 마사다라 부른 곳이다. 사방이 깎아지른 절벽인데, 꼭대기는 평평한 지역이라 천혜의 요새였다. 이곳을 헤롯 왕이 심혈을 기울여 난공불락의 요새로 건축했는데, 요새 정상에 성벽을 빙 둘러쌓았고, 망대 37개를 세웠다. 정상은 토양이 비옥했기 때문에 경작지로 만들었고, 서쪽 경사지에 왕궁을 건축했으며, 저수지를 많이 만들어서 풍부한 물을 공급하게 했다. 그래서 이 마사다 요새는 지형상의 특성뿐만 아니라 인간이 심혈을 기울여 건축한 아주 막강한 요새가 된 것이다. 헤롯은 이곳에 많은 생필품과 몇 년 동안 버텨낼 수 있는 식량을 창고에 가득 보관해 놓았고, 또한 10,000여 명이 사용하기에 충분한 각종 무기들이 준비돼 있었다.

헤롯은 왜 이런 요새를 만들어 놓았을까? 이집트 여왕 클레오파트라 때문이었다. 클레오파트라가 그녀의 애인인 안토니우스에게 헤롯을 죽이고 유대의 왕권을 넘겨달라고 계속 들볶았기 때문이었다. 그런데 안토니우스는 예상외로 클레오파트라의 마음을 기쁘게 해주지 않았다. 클레오파트라에 대한 애정으로 사랑의 노예가 돼버린 안토니우스도 이번만큼은 그녀의 부탁을 들어주지 않았다. 그래서 헤롯은 클레오파트라에 대한 두려움으로 마사다를 요새화 했는데, 유대 반란군들이 마사다 요새를 유대 전쟁에서 최후의 보루로 삼게 된 것이다.

로마는 이 전쟁을 끝내기 위해 유대 총독 '플라비우스 실바' 장군이 이끄는 제10군단, 1만 명의 군사들이 마사다를 함락하기 위해 진격해 왔는데, 마사다 요새의 가장 낮은 쪽에서부터 거대한 흙길을 쌓아 올렸다. 약 6천 명의 유대인 노예를 동원해서 누벽을 세웠는데, 피라미드 쌓듯이 길을 만든 것이다.

AD 73년 드디어 누벽이 완성되고 정상에 오른 로마군, 이제 성벽만 무너뜨리면 사실상 전쟁은 끝이 난다. 성벽은 이중으로 돼 있었는데, 첫 번째 성벽인 돌로 이뤄진 성벽은 투석기 같은 공성 장비로 무너뜨렸다. 두 번째 성벽은 투석기로 무너지지 않도록 흙과 나무로 유연하게 만들어서 공성 장비로 공격을 해도 탄력 있게 버틸 수 있었다. 성벽이 나무로 되어 있었기에 로마군은 토성 벽에 불을 질러 무너뜨리려고 했다. 그런데 바람이 로마군 쪽으로 불었기 때문에, 성벽을 무너뜨리기는커녕 로마의 공성 장비들까지 다 삼켜버릴 것 같아 작전을 멈추고 있었는데, 갑자기 바람의 방향이 반대쪽으로 불면서 마사다 성벽을 모두 불태우게 된다. 역사는 이 사건을 이렇게 기록한다. "그때 갑자기 마치 신의 섭리인 양 바람이 방향을 바꾸어 남쪽으로 불면서 성벽이 불길에 휩싸이게 하였다. 이리하여 로마군은 신의 도움을 받은 후에 그 다음날 공격하기로 하고 진영으로 돌아왔다"(Josephus, 유대전쟁사 7권 8:370). 마치 적벽대전에서 제갈량이 동남풍을 불게 하여 바람의 방향이 갑자기 바뀌어 조조의 함선을 모두 불태워버린 것처럼 로마군은 마지막 성벽을 이렇게 허물게 된다.

그날 밤 엘르아자르는 더 이상 버틸 수 없음을 알고, 저항군들을 모아 이렇게 연설한다.

"우리는 제일 처음으로 로마에 반역을 일으킨 자들이고 결국 제일 나중까지 로마군과 싸우게 된 자들이오. … 이제 우리는 새벽이 되면 체포될 운명에 놓여있소. 하지만 아직도 우리에게는 사랑하는 가족들과 함께 영광스러운 죽음을 선택할 시간이 있소. … 우리는 하나님의 목적이 무엇이었는지를 외면했소. 유대 민족은 멸망할 운명에 처해졌다는 것을 일찍이 깨달아야 했었단 말이오. 그것이 아니라면 결코 하나님께서 이러한 유대의 완전한 파멸을 그냥 보고만 계시지는 않았을 것이며, 거룩한 하나님의 도성이 적군에 의해 불에 타 완전히 파멸되도록 내버려 두시지는 않았을 것이기 때문이오. … 하나님께서는 우리가 기대했던 것과는 달리 이 같은 처참한 절체절명의 위기 속에 우리를 몰아넣으셨소. 마사다 요새와 같은 난공불락의 요새조차도 우리를 구원해 줄 수 없으며, 식량이 충분히 비축되어 있고 무기들과 그밖에 다른 각종 필수품들이 넘치도록 많이 쌓여 있음에도 불구하고, 하나님께서는 의도적으로 우리의 모든 구원의 희망을 앗아가 버리셨소. 무엇보다 불길이 우리가 세운 성벽 쪽으로 바꾸어진 것은 저절로 된 일이 아니오. 이 모든 일은 우리가 동족들에게 저지른 수많은 죄악에 대한 하나님의 분노를 나타내신 것이오. 이러한 죄악들에 대한 처벌을 적군인 로마군이 심판하게 하지 말고 우리 스스로 심판하도록 합시다. … 우리의 부녀자들이 더럽혀지지 않고 우리의 자녀들이 노예가 되지 않게 합시다. 부녀자들과 자식들을 죽인 후에 우리도 서로 영광스럽게 죽도록 하여 우리의 자유를 간직하도록 합시다. … 우리의 식량은 그대로 놔둡시다. 왜냐하면 로마군들은 우리가 죽은 것을 보고 식량이 부족해서가 아니라 노예가 되느니 차라리 죽음을 택하겠다는 우리의 결심을 지키기 위해 자결했다는 것을 알게 될 것이기 때문이오.

… 자 이제 예루살렘을 한번 생각해 보시오. 예루살렘은 전 유대인들의 어머니와도 같은 그런 도시로 단단한 성벽으로 에워싸여 있으며 많은 요새와 거대한 망대들로 철통같이 보호돼 있는 데다 각종 많은 전쟁 장비를 갖추고 수많은 수비병들을 자랑하던 대도시였소. 그런데 지금 예루살렘이 어디 있단 말이오? 하나님이 친히 만드셨다고 믿었던 그 예루살렘이 지금 어찌 되었소? 그 기초까지 완전히 황폐화되어 버리지 않았소! … 이런 불행이 일어난 것은 로마군의 군사력 때문이 아니라 더 강력한 어떤 원인이 있어 로마군을 승리자로 만들었기 때문이오. … 우리의 목숨을 살려주겠다고 제안해 왔을 때도 우리는 그 제안을 거절하고 로마군을 괴롭혀 왔소. 그런 이상 로마군이 우리를 생포한다면 그들의 분노가 얼마나 무서울지 누가 예견할 수 있단 말이오? … 자 아직 우리 손이 묶여 있지도 않고 칼까지 잡고 있을 때 적에게 노예가 되느니 함께 죽읍시다. 자유인으로 아이들과 아내와 같이 목숨을 끊도록 합시다"(Josephus, 유대전쟁사 7권 8:320~388).

연설이 끝나자 그들은 어떤 광기에 사로잡혀 가족들에게 달려갔다. 아내와 자식들과 포옹하고 눈물을 흘리면서 다른 손으로는 그들의 목적을 실행에 옮겼다. 전쟁의 광기는 사람들을 이성에 묶어두지 못하고 이상한 기운 속에서 가장 잔인한 일들을 실행에 옮기게 만들었다.

저항군들은 먼저 가족을 죽이고 다시 모여, 최후의 10인을 제비 뽑아 정한 후, 그 열 명이 아직 죽지 않은 동포를 죽이고, 최후의 열 명 중에서 1명을 뽑아 9명을 죽인 후 자신도 자결했다. 다음 날 아침 로마군대가 올라

왔을 때 모두가 죽은 모습을 보게 됐다. 이 현장에서 살아남은 사람은 다섯 명의 아이들과 함께 지하 동굴에 숨어있던 두 명의 여인뿐이었다. 이들이 당시 상황을 증언함으로써 마사다 항전의 이야기가 전해질 수 있었다.

이렇게 해서 제1차 유대 전쟁(66~73년)은 이렇게 비극적으로 막을 내림으로써 이스라엘의 역사는 종말을 고하게 되었다. 예루살렘의 멸망은 유대교의 종언을 알리는 사건이 되었다. 하나님의 역사가 유대인에게서 그리스도인에게 넘겨졌다. 예루살렘 멸망은 기독교의 도래를 알려주는 사건이 되었다. 하지만 1차 유대 전쟁으로 인해 로마는 유대인들과 그리스도인들을 더욱 철저하게 경계했다. 대부분의 사람은 유대인과 그리스도인을 구분할 수가 없었다. 유일신을 섬기고, 야훼를 섬기고, 안식일을 지키다 보니 유대인과 그리스도인 모두가 박해의 대상이 되었다.

요세푸스의 기록

요세푸스는 예수님 당시에 살았던 인물로서 어머니는 왕족이었고 아버지는 24반차 제사장 중에서 으뜸가는 가문의 정통 유대인이었다. 로마의 베스파시안 장군에 대항하여 갈릴리 전투를 이끌었던 유대 장군의 경력을 가지고 있으면서, 예수님의 실존을 역사로 증명해 주고 있기 때문에 우리는 그의 기록에 관심을 갖는다. 많은 비평가들과 자유주의 신학자들이 예수 그리스도는 만들어진 신화에 불과하다거나 예수님을 단순히 도덕적인 모범을 보이신 분으로 취급하며 그분의 신성이나 기적들은 믿지 않으려고 한다.

요세푸스는 이러한 논리를 잠재우는 역할을 할 뿐만 아니라 그의 글에서는 예수님의 죽음, 부활을 다루고 있고 또한 예수님에 대하여 표현하기를 **"그를 인간이라고 부르는 것이 옳은 것인지는 모르겠지만 예수라고 하**

는 지혜자가 사셨다. 왜냐하면 그는 놀라운 이적을 행하시고 진리를 기쁘게 영접하는 자들의 선생이셨기 때문이다. … 그분은 메시아이셨다. … 선지자들이 예언한 대로 사흘 만에 다시 살아나 그의 제자들에게 나타나셨다"(Josephus, 유대고대사 18권, 3:3).

이렇듯 예수님의 신성, 초자연적 능력, 부활 그리고 승천까지 모두를 인정하고 있다. 요세푸스의 글은 신약성경과 같은 세대에 쓰여 졌다. 그러므로 그의 저서들은 신약과 같은 고대성을 갖고 있기 때문에 성경을 증명하는 자료가 되는 것이다.

또한 성경에서 찾아볼 수 없는 말라기에서 마태복음까지의 400년의 유대 역사를 제공해 준다. 안티오쿠스와의 전쟁과 마카비 혁명, 하스모네안 왕조의 흥망 등 신구약 중간사에 대해 다뤄주고 있고, 유대의 3대 종파인 바리새파, 사두개파, 에세네파의 설립과 그들이 구약성경을 어떻게 이해하고 있는지를 밝혀주므로 우리가 성경을 이해하는데 상당한 도움을 주고 있다.

또한 요세푸스는 예루살렘이 멸망한 이유를 유대고대사 제20권에서 밝히기를, "의인을 죽였기 때문에 이르러온 하나님의 뜻"이라고 서술했다. 그래서 유대인들에게는 비난을 받지만 참으로 예언적인 서술이 아닐 수 없다. "[35] 그러므로 의인 아벨의 피로부터 성전과 제단 사이에서 너희가 죽인 바라갸의 아들 사가랴의 피까지 땅 위에서 흘린 의로운 피가 다 너희에게 돌아가리라 [36] 내가 진실로 너희에게 이르노니 이것이 다 이 세대에게 돌아가리라"(마 23:35, 36).

하나님은 성경의 기자들을 통해서만 감동을 주신 것이 아니라, 이러한 부분에서도 감동을 주지 않았나 생각해 본다. 그래서 전쟁 초기부터 전쟁을 할 필요가 없다고 반란군들을 설득했기 때문에 그들에게 상당한 위협을 당했다. 물론 요세푸스가 전쟁 초기에는 베스파시안 군대와 전투를 벌이는 유대 장군이었으나 로마의 포로가 되었고, 그는 베스파시안이 네로

다음 황제가 될 것을 예언함으로써 죄수의 신분에서 벗어나 티투스 장군의 통역관으로서 AD 70년 예루살렘 진압 작전에 투입되어 유대와 로마의 협상 선봉에 나섰다.

전쟁 종식 후 그는 크게 세 개의 주제를 다룬 대작을 남기게 되는데, BC 2세기 중반 이후부터 AD 70년 예루살렘 멸망까지 다룬 '유대전쟁사'(History of the Jewish War), 천지창조부터 1차 유대 전쟁 전까지를 다룬 '유대고대사'(Antiquities), 그리고 헬레니즘에 대항하여 하나님의 율법과 유대 종교를 옹호하는 '아피온반박문'(Against Apion) 같은 유대 역사에 관한 여러 역작을 남기게 된다.

2차 유대 전쟁(132~135년)

그렇게 70년 정도 시간이 흘러 서기 132년 로마의 하드리아누스(Hadrian, 117~138) 황제는 속국들과의 화친 정책으로 반란이 심하던 유대인들의 소원을 따라 예루살렘 성전 재건을 허가해 주었다. 랍비 아퀴바의 호소로 막대한 건축 자금이 모이고 있을 즈음, 황제는 모든 속국들에게 자신을 신의 아들로 부르도록 하는 황제 숭배를 강요했고 예루살렘에 주피터(Jupiter) 신전 건립을 추진하였다.

이에 유대인들은 몹시 반발하여 성전 건축 자금이 반란 자금으로 사용되었고, 바르 코크바가 주동이 되어 제2차 유대 전쟁을 일으키게 된다. 바르 코크바는 사기가 떨어지고 흩어진 유대인들을 불러 모아 로마와 전투를 시작했는데 백전백승이었다. 황제는 반란을 진압하기 위해 로마의 명장 세베리우스와 정예부대 22군단을 파견하였는데 전쟁에 능한 유대인들은 로마 군대를 '엥케리' 골짜기로 유인한 후 전멸시켜버리고, 예루살렘을 다시 탈환한다. 승승장구하는 흥분한 유대인 사이에서 소문이 나기 시작하는데, "이 사람이 우리가 기다려 온 메시아가 아닐까?" 그런 기대가 최고조로 이를 때쯤, 이러한 분위기 속에서 실제 이름은 바르 코스바인데 당시 유대의 최고 랍비였던 아퀴바는 민수기 24:17절에 "한 별이 야곱에게서 나오며"라는 메시아를 예언한 말씀에 근거해, 바르 코스바를 "별의 아들" 바르 코크바라고 부르면서 그를 메시아라고 선언한다.

바르 코크바는 예루살렘을 로마로부터 해방 시켰고, 전투에서 계속 승리했다. 예루살렘 탈환 1년이 되었을 때는, 이스라엘 해방 1년으로 삼고 기념 화폐도 발행했다. 이런 분위기에서 메시아로 칭송받는 것이 어쩌면 당연했다. 그런데 어떤 사람들에게는 그것이 당연한 일이 아니었는데, 바로 독립군 중에는 예수님을 메시아로 믿는 나사렛파가 있었다. 오늘날 예수님을 믿는 유대인을 "메시아닉쥬"라고 부르는 것처럼, 당시 예수님을 믿는 유대인을 "나사렛파"라고 불렀는데, 이들도 독립운동에 함께 했었다. 그런데 바르 코크바를 메시아로 섬겨야 되니 나사렛파는 굉장한 갈등에 처하게 된다. 그래서 결국 나사렛파는 군대에서 이탈하게 된다.

황제가 원로원의 회의를 주재할 때, "짐과 그 군대들은 강건하도다"라고 시작할 정도로 그들의 명예는 높았는데 3년간 유대인들에게 거듭 패하면서 더 이상 그 말을 하지 못하게 됐다(Dio Cassius, Historia Romana, 69, 13).

분노에 찬 로마는 134년에 예루살렘을 재탈환하고 무자비하게 보복을 하는데, 유대인 마을 985개를 초토화하고 어린아이부터 노인에 이르기까지 약 60만 명 이상을 죽이게 된다. 그뿐만 아니라 예루살렘이 항상 로마 제국에 반대하는 항쟁의 진원지가 되기 때문에 하드리아누스는 모든 유대인을 예루살렘에서 추방했고 다시는 들어가지 못하게 했다. 그리고 이 지역 이름을 유다에서 팔레스타인이라고 바꾸게 되었는데, 팔레스타인은 유대인이 가장 싫어하는 블레셋에서 가져온 이름이다. 이렇게 해서 오늘날까지 팔레스타인으로 불리고 있다.

135년 바르 코크바는 자살하고, 아퀴바는 유대인들을 선동한 죄로 체포되어 모진 고문 끝에 처형당함으로써 전쟁은 끝이 났다. 이로써 유대인 전체가 디아스포라가 되었고, 이후 시오니즘에 의해 1948년 이스라엘 독립 때까지 거의 2,000년 동안 돌아올 수 없게 되었다.

멸망의 이유

우리는 유대고대사를 통해 하나님의 말씀의 확실성과 그분의 계획과 섭리를 확인할 수 있다. **"[35] 그러므로 의인 아벨의 피로부터 성전과 제단 사이에서 너희가 죽인 바라갸의 아들 사가랴의 피까지 땅 위에서 흘린 의로운 피가 다 너희에게 돌아가리라 [36] 내가 진실로 너희에게 이르노니 이것이 다 이 세대에게 돌아가리라"**(마 23:35, 36).

유대인들은 그리스도를 거절한 자기들의 무서운 책임을 거의 깨닫지 못했다. 의로운 아벨이 가인의 손에 쓰러져 최초의 무죄한 피가 흘려진 때로부터 이런 역사는 반복되었다. 각 시대의 선지자들은 그들의 생명의 위험을 무릅쓰고 하나님께서 그들에게 주신 말씀을 전하며, 그분의 뜻에 순종하면서 왕들과 지도자들과 백성들의 죄악에 대해 저희의 음성을 높였다. 빛과 진리를 거절한 자들에 대한 무서운 형벌이 대대로 축적되어 왔었다. 그리스도 당시 제사장들과 유대 지도자들의 죄악은 이전 어느 세대의 죄악보다도 더 컸다. 그리스도를 거절함으로 그들은 아벨로부터 그리스도에 이르기까지 죽임을 당한 모든 의인의 피에 대해 스스로 책임을 져야 했다. 그들은 저희의 죄악의 잔을 넘치도록 채우고 있었다. **"보라 너희 집이 황폐하여 버린 바 되리라"**(마 23:38). 그리고 이 예언이 그대로 성취되었다.

새 시대, 새 역사

영원할 것처럼 화려하고 찬란했던 그들의 역사가 이제 끝날 때가 되었다. 유대인들의 자랑거리였던 예루살렘 성! 그들의 민족적 자부심, 그들이 그렇게 지키고 싶어 했던 예루살렘 성! 그러나 그곳은 그들이 영원히 정착할 땅이 아니었고 황폐해져 버려질 곳이었다. 그들의 민족적 자존심을 버리고 죄인을 구원하시는 예수님의 사역을 믿음으로 받아들이는 것이 그들이 해야 될 일이었다. 그러나 그들은 예수님을 거절했고, 자신들의 힘으로 예루살렘을 지키려고 애쓰는 실수를 범했다.

예수님의 이 예언과 그 정확한 성취는 북방 이스라엘이 아시리아에 멸망하고, 남방 유다가 바벨론에 멸망한 것과는 의미가 다르다. 여호와는 더 이상 유대인만의 여호와가 아니며, 성경은 더 이상 유대인만의 경전이 아니며, 비록 이 세상에 복음을 전하기 위해 아브라함이 부르심을 받고 이스라엘이 선택되었지만, 예수 그리스도로 말미암아 이제는 유대인의 종교가 아니라 온 세상을 위해 복음이 선포된 것이다. 그리스도로 말미암아 새 역사, 새 시대가 시작된 것이다.

유대인은 저주받고 형벌받아야 할 사람들이 아니다. 그들도 하나님의 자녀들이고, 우리의 형제들이며, 하나님의 구원의 역사에서 절대 제외되지 않았다. 그러나 구원은 예수 그리스도를 영접하고 그분의 말씀에 따라 산 자들에게 주어지는 선물이다. 그것이 유대인이든 이방인이든 차별 없이 주어지는 선물이다. 유대인이 예수님을 그리스도로 믿고 신앙을 고백한다면 정말 기쁘고 감사한 일이지만, 그것은 다른 민족이 예수님을 믿는 것과 다를 바 없는 것이다. 중국과 북한이, 이슬람이 예수님을 믿는다면 너무 기쁜 일인 것처럼, 유대인의 회심에 다른 특별한 의미를 부여할 이유가 없다. 그들의 회심이 성경 예언의 성취가 아니다. 그리고 유대민족 전체가 다 회복되는 일은 없다. 그리스도인들이 모두 휴거 된 이후에 이 땅에 유대인들이 남아서 유대민족 전체가 국가적, 민족적으로 회심한다는 것은 카톨릭에서 나온 7년 환난 교리이지 성경의 진리가 아니다.

예수 그리스도의 부활 승천 이후 사도들과 초대교회로 말미암아 복음은 온 세상을 향해 뻗어나갔다. 영적 계보는 유대인에 한정되지 않고, 헬라인이든지 누구든지 하나님의 자녀라 일컬음을 받는 시대가 되었다고 바울은 설명하고 있다. "[28] **대저 표면적 유대인이 유대인이 아니요 표면적 육신의 할례가 할례가 아니라** [29] **오직 이면적 유대인이 유대인이며 할례는 마음에 할지니 신령에 있고 의문에 있지 아니한 것이라 그 칭찬이 사람에게서가 아니요 다만 하나님에게서니라**"(롬 2:28,29).

타산지석[他山之石], 배도한 이스라엘의 모습을 보며 우리는 충분한 교훈을 얻어야 한다. 하나님의 간절한 호소를 끝까지 거절하고, 자기들의 욕구와 욕망대로 고집스럽게 살아간 결과는 끔찍한 파멸이었다. 유대의 역사는 우리에게 "이렇게 되지 말라"라고 끊임없이 소리치고 있다. 철저히 버림받은 유대민족, 그러나 하나님은 개인들에게는 끝없는 사랑과 돌봄을 여전히 제공하고 계신다. 우리는 멸망 받은 유대민족의 뒤를 이을 것인가? 영광스러운 믿음의 대열에 서게 될 것인가? 역사를 통해 교훈을 얻지 못하면 미래가 있을 수 없다.

3. 믿음의 조상들

믿음의 조상이 된 이유

"[1] 믿음은 바라는 것들의 실상이요 보지 못하는 것들의 증거니 [2] 선진들이 이로써 증거를 얻었으니라 [3] 믿음으로 모든 세계가 하나님의 말씀으로 지어진 줄을 우리가 아나니 보이는 것은 나타난 것으로 말미암아 된 것이 아니니라"(히 11:1~3)

유대인들은 그들의 종교적 우월성과 민족적인 선민사상 때문에 자부심을 느꼈다. 따라서 하나님의 말씀보다 그들의 유전과 관습을 더 중요하게 생각했고, 자신들 마음대로 해석했다. 그 결과 그들은 죄인을 구원하러 오신 메시아의 사명을 인정하지 않았고, 구세주로 영접하기보다 유대 나라를 로마의 압제로부터 구원해 줄 강한 정치적 메시아를 원했다. 예수님을 거절하고 십자가에 못 박은 그들은 인간의 힘으로 나라를 지키기로 결심하고 무력으로 쟁취하려 했다. 그 어리석은 결과를 분쟁과 살육과 멸망의 역사에서 확인할 수 있다. 그러나 인간의 계획과 힘으로서가 아닌, 하나님의 말씀과 약속에 의해 자기들의 신념과 계획을 버리고 온전히 믿음으로 따라 산 믿음의 조상들의 역사를 보면서 그 믿음에 동참하는 우리가 되기를 소원한다.

비바람과 추위를 견뎌 낸 꿋꿋한 나무가 훌륭한 악기로 탄생한다. 땅속에 묻혀 있는 보통 석탄이 섭씨 550도 이상이라는 높은 온도와 1평방 인치 당 750톤의 압력을 받게 되면 아름다운 다이아몬드로 만들어진다. 세상에서 모진 시련과 어려움을 겪지만, 우리를 믿음의 용사로 꼴 지우시는 하나님을 믿는 믿음으로 끝까지 그분을 신뢰하고 따라갈 때, 우리 역시 하나님의 영광을 세상에 증거하고 드러내며, 하나님을 위해 죽기까지 충성하는 믿음의 용사들이 될 수 있다. 히브리서 11장에 나오는 믿음의 조상들을 살펴보고, 그들이 믿음의 조상이 될 수밖에 없는 이유들을 묵상해보자.

아벨

"믿음으로 아벨은 가인보다 더 나은 제사를 하나님께 드림으로 의로운 자라 하시는 증거를 얻었으니 하나님이 그 예물에 대하여 증거하심이라 저가 죽었으나 그 믿음으로써 오히려 말하느니라"(히 11:4).

믿음으로 아벨은 하나님께서 지시하신 대로 양으로 희생 제물을 드렸고, 피 흘림이 없이는 속죄가 없으며 희생제물을 바침으로써 그리스도의 피에 대한 그의 믿음을 나타냈다. 하나님께서 그 제물을 열납하셨다. 아벨은 구속의 원칙을 파악하고 믿음과 순종을 선택했으므로 죽임을 당했으나 하나님께서는 믿음으로 드린 그의 제사를 열납하시므로 그의 믿음을 인정하셨고 의인이라는 증거 또한 얻게 되었다.

에녹

"믿음으로 에녹은 죽음을 보지 않고 옮기웠으니, 하나님이 저를 옮기심으로 다시 보이지 아니하니라 저는 옮기우기 전에 하나님을 기쁘시게 하는 자라 하는 증거를 받았느니라"(히 11:5).

홍수를 불러올 만큼 죄악이 관영하던 세상에 에녹은 3백 년이란 긴 세월을 하나님과 동행했다. 에녹이 하나님과 동행한 것은 황홀경 속에서나 이상 중에서 기도만 했기 때문이 아니라, 그의 일상생활의 모든 일을 행하는 가운데서였다. 가정에서 사회생활에서, 남편으로서, 아버지로서, 시민으로서 그는 확고한 믿음을 가지고 주님과 동행하였다. 그러므로 하나님께서는 죄가 편만 한 세상에서도 하나님과 동행할 수 있다는 표본을 후세대의 인류를 위해 보여준 에녹 때문에 기뻐하셨고 이제는 그를 하늘에 데려가시므로 이 땅에서 하나님과 동행하여 산 사람은 영원히 하나님과 동행할 수 있다는 좋은 모본을 보여주셨다.

노아

> "믿음으로 노아는 아직 보지 못하는 일에 경고하심을 받아 경외함으로 방주를 예비하여 그 집을 구원하였으니 이로 말미암아 세상을 정죄하고 믿음을 좇는 의의 후사가 되었느니라"(히 11:7).

비를 보지 못했던 그 시대에, 장차 닥칠 홍수를 위해 방주를 지으라고 하신 하나님의 명령에 믿음으로 순종했던 노아는 모든 사람을 구원하려고 애썼다. 노아는 120년간 방주를 지었고, 120년간 사람들에게 경고하며 멸망을 피하는 방법을 호소했으나 돌아오는 것은 비난과 조롱뿐이었으며, 그의 탄원과 호소에 귀 기울이는 사람은 없었다. 그럼에도 노아는 방주 짓기를 중단하지 않았고 그의 신실함 때문에 그의 가족들이 구원함을 얻었다. 노아의 믿음은 그 당시 사람들의 불신을 정죄했고, 믿음을 따라 의로운 사람이 되었으며, 순종으로 자신의 믿음을 증거했다.

아브라함을 부르심

> "믿음으로 아브라함은 부르심을 받았을 때에 순종하여 장래 기업으로 받을 땅에 나갈새 갈 바를 알지 못하고 나갔으며"(히 11:8).

자신이 안주하던 정착지와 모든 것을 버리고 떠난다는 것은 가벼운 시험이 아니었다. 그러나 그는 부르심에 순종하기를 주저하지 않았다. 그는 앞으로 들어갈 약속의 땅이 비옥한 땅인지, 기후가 좋은지 그리고 재물을 쌓을 기회가 있는 곳인지 묻지 않았다. 하나님께서 말씀하셨으므로 그 말씀에 의지해 순종하였다. 아브라함의 의심 없는 순종은 온 성경에서 찾아볼 수 있는 가장 현저한 믿음의 증거들 가운데 하나이다. 그에게 있어서 "믿음은 바라는 것들의 실상이요, 보지 못하는 것들의 증거"(히 11:1)였다. 그는 하나님의 약속이 실현되는 외부적 증거가 조금도 없었음에도 그 약속을 믿고서, 안락한 집과 익숙한 환경을 버리고 갈 바를 알지 못하면서, 하나님께서 인도하시는 곳으로 따르려고 나아갔다.

> "[9] 믿음으로 저가 외방에 있는 것 같이 약속하신 땅에 우거하여 동일한 약속을 유업으로 함께 받은 이삭과 야곱으로 더불어 장막에 거하였으니 [10] 이는 하나님의 경영하시고 지으실 터가 있는 성을 바랐음이니라"(히 11:9,10).

아브라함은 가나안 땅에 정착해서도 나그네와 외국인처럼 살았다. 그는 하나님으로부터 약속을 받았음에도 불구하고 발붙일 만큼의 유업도 얻지 못했으며, 막벨라 밭을 사라의 매장지로 사기전까지는 가나안 땅을 주시겠다는 하나님의 약속의 성취를 죽을 때까지 보지 못했다. 그런 나그네 생활을 했음에도 아브라함은 하나님께서 그에게 하신 약속(창 12:2,3)을 성취하실 것을 굳게 믿었다. 아브라함의 궁극적인 목표는 하나님이 그를 사랑하고 섬기는 자들에게 보상으로 주실 영원한 하늘 유업을 얻는 것이었다.

아브라함의 시험

> "[17] 아브라함은 시험을 받을 때에 믿음으로 이삭을 드렸으니 저는 약속을 받은 자로되 그 독생자를 드렸느니라 [18] 저에게 이미 말씀하

시기를 네 자손이라 칭할 자는 이삭으로 말미암으리라 하셨으니 [19] 저가 하나님이 능히 죽은 자 가운데서 다시 살리실 줄로 생각한지라 비유컨대 죽은 자 가운데서 도로 받은 것이니라"(히 11:17~19)

아브라함은 하나님께로부터 독자 이삭을 번제로 드리라는 지시를 받았다. 이것은 하나님의 속성과 어울리지 않는 요구였고, 그의 자손이 하늘의 별처럼 셀 수 없이 많으리라던 약속의 아들이었는데 하나님의 명령은 이해가 되지 않는 고통스러운 것이었다.

그러나 아브라함은 반드시 약속을 성취하시는 하나님의 신실하심을 기억했고 믿음으로 약속을 붙잡았다. 이삭은 기적의 아들이니 그에게 생명을 준 하나님의 능력이 그 생명을 다시 회복할 수 있음을 믿었다. 보이지 않는 저편을 바라보며 아브라함은 하나님의 말씀을 붙잡고 "하나님이 능히 죽은 자 가운데서 다시 살리실 줄로 생각"(히 11:19)하였다.

긴 세월 동안 주님께서 어디로 인도하시든지 따라온 아브라함은 믿음과 인내는 가장 어려운 지점, 곧 가장 사랑하는 것까지 하나님 앞에 바치는 곳까지 다다랐고, 그 혹독한 시험을 믿음으로 승리하였다.

시험을 이긴 아브라함의 믿음

그러나 아브라함은 실수가 없는 완벽한 사람이 아니었다. 자기의 힘으로 하나님의 약속을 이루려고 낳은 이스마엘로 인해 분쟁과 분열을 경험하게 되었다. 그 후 하나님이 정하신 시간에, 하나님이 정하신 방법으로 반드시 약속을 성취한다는 교훈을 배우면서 후대의 모본이 될 믿음의 조상으로 완성되어 갔다.

연약하기 때문에 아브라함은 "전능하신 하나님"을 붙잡아야만 했다. 전능하신 하나님이 살아 계셔서 그분의 약속을 이루신다니! 이것이야말로 우리가 가져야 할 믿음이다. 이 믿음 때문에 불가능을 가능케 하는 기적이 생겼고, 이 믿음 때문에 순종할 수 있게 되었으며, 이 믿음 때문에 가장 소중한 것도 드릴 수 있게 되었다.

사라

"믿음으로 사라 자신도 나이 늙어 단산하였으나 잉태하는 힘을 얻었으니 이는 약속하신 이를 미쁘신 줄 앎이라"(히 11:11).

그들의 몸은 이미 늙은 몸이었다. 그러나 하나님께서는 인간의 방법으로 얻은 아들 이스마엘이 아닌, 사라의 몸에서 친히 난 아들이 아브라함의 후사가 될 것이라고 거듭 강조하셨다.

그러나 그녀는 자신의 불신 때문에 여호와께서 약속을 이루지 못하시면 어떻게 할 것인가! 아마 사라는 엎드려 하나님 앞에 간절히 간구하였을 것이다. 드디어 그녀의 기도는 가납함을 받았고, 죽은 것 같은 태에서 잉태되는 기적이 일어났다. 만일, 그녀가 끝까지 하나님의 능력을 믿지 않았더라면, 아이를 낳을 수 없었을 것이다. 믿음은 불가능한 것을 믿는 것이다. 하나님께서는 불가능한 기적을 이루시기 위해 사라가 잉태할 수 없는 늙은 나이에 이르도록 기적을 연기하셨다. 그리하여 인간의 힘으로는 전혀 어찌할 수 없는 처지에 이르게 하시고, 그 상황에서 하나님의 역사와 능력만을 바라보도록 하셨다.

사라가 믿음을 가졌을 때 아들을 생산한 기적이 일어난 것처럼 진정한 믿음은 기적을 생산한다. 그 생산은 다름이 아닌 "행함(순종)"이며, 이 행함은 믿음의 결과로써 일어나는 것이다.

모세

> "[24] 믿음으로 모세는 장성하여 바로의 공주의 아들이라 칭함을 거절하고 [25] 도리어 하나님의 백성과 함께 고난 받기를 잠시 죄악의 낙을 누리는 것보다 더 좋아하고 [26] 그리스도를 위하여 받는 능욕을 애굽의 모든 보화보다 더 큰 재물로 여겼으니 이는 상 주심을 바라봄이라"(히 11:24~26).

모세는 당시 세계에서 가장 강했던 애굽의 파라오가 될 왕자였다. 그러나 자신과 백성들을 위해 하나님이 정해 놓은 고귀한 운명을 확신했기 때문에 현재의 명예, 지위, 권력을 거절했다. 하나님의 약속과 능력에 대한 믿음만이 그로 하여금 애굽의 보좌를 거절하게 할 수 있었다. 모세는 자신이 애굽왕이 되는 것이 백성들을 해방시키는 데 더할 나위 없는 위치에 서는 것이라고 합리화할 수도 있었을 것이다.

그러나 모세는 멀리서 믿음의 눈으로 모든 민족이 그를 통해 복을 받게 될 아브라함에게 약속된 그 후손의 강림을 바라보았다. 그는 믿음의 눈으로만 볼 수 있는 보상이 애굽의 왕위에 수반된 즉각적이고 물질적인 보상보다 더 가치 있다는 것을 알았다. 그는 언약과 관련한 약속들과 특권들에 눈을 고정시켰다. 그리고 하나님의 인도를 따라 믿음으로 자신에게 상 주실 분을 바라보며 주신 사명을 완수해 나갔다.

라합

> "믿음으로 기생 라합은 정탐꾼을 평안히 영접하였으므로 순종치 아니한 자와 함께 멸망치 아니하였도다"(히 11:31).

라합은 이방인이었고, 창기였으나 당당히 믿음의 조상으로 히브리서 11장에 소개되었고 예수님의 조상이 되었다. 라합은 그녀의 집을 드나드는 사람들로부터 애굽에 내려진 재앙과 홍해를 가르시고 그들을 구원하신 기이한 이적, 만나를 내려서 먹이신 사건 등 전능하신 이스라엘의 하나님에 대해 들었을 것이다. 들음에서 하나님에 대한 믿음이 생겼다. 라합의 믿음은 가나안 땅을 정탐했던 10명의 정탐꾼들보다도 더 크고 강했다. 그들은 홍해를 건넜고 출애굽 당시의 놀라운 구원을 경험했음에도 하나님의 약속을 믿지 못했다. 그들은 젖과 꿀이 흐르는 가나안 땅을 실제 보고서도 하나님을 불신했고, 두려움과 불평의 정신을 백성들에게 퍼뜨렸다. 그러나 라합은 보지 못했지만 믿었다. 그녀는 하나님에 대한 적은 지식밖에 없었지만 두 정탐꾼을 숨겨주면서 자신의 생명을 걸고 믿는 바를 행동으로 옮기었다.

최악의 조건을 가진 이방인이라 할지라도 진정한 믿음을 소유하면 영적으로 예수 그리스도와 한 가족이 될 수 있고, 함께 구원에 참여할 수 있는 귀한 신분이 된다는 것을 보여준다.

4. 마지막 주자들

마지막 백성의 믿음

히브리서 11장에는 예수님의 재림을 기다리며 믿음으로 사는 의인들, 뒤로 물러가 침륜에 빠지지 않으며, 영혼을 구원하는 믿음을 가진 자들(히 10:37~39)을 소개한다. 그런데 그들은 믿음으로 증거는 받았으나 약속은 받지 못했다. 그들의 신실함이 입증되어 믿음의 조상이라는 명예는 얻었으나, 하나님이 예비하신 더 나은 본향을 멀리서 바라보고 그것을 유업으로 받을 소망을 가지며 외국인과 나그네처럼 살았다. **"[40] 이는 하나님이 우리를 위하여 더 좋은 것을 예비하셨은즉 우리가 아니면 저희로 온전함을 이루지 못하게 하려 하심이니라"**(히 11:40).

아무리 훌륭한 믿음의 조상과 선조들이 있었다 할지라도 마지막 세대인 우리가 온전한 믿음을 소유하고 있지 않으면, 세상의 역사가 마칠 수 없다고 되어 있다. 온전함을 이루는 믿음으로 구속의 사역을 완성시킬 사람들, 이 세상 죄의 역사를 끝내고 예수님의 재림을 촉진시키고 준비하는 예수의 증인들, 아브라함과 선조들에게 약속된 영원한 유업을 받는 일을 성공적으로 완수하는 마지막 주자들이 우리가 되기를 간절히 원한다.

"[1] 이러므로 우리에게 구름 같이 둘러싼 허다한 증인들이 있으니 모든 무거운 것과 얽매이기 쉬운 죄를 벗어 버리고 인내로써 우리 앞에 당한 경주를 경주하며 [2] 믿음의 주요 또 온전케 하시는 이인 예수를 바라보자 저는 그 앞에 있는 즐거움을 위하여 십자가를 참으사 부끄러움을 개의치 아니하시더니 하나님 보좌 우편에 앉으셨느니라"(히 12:1, 2).

그 일을 성공시키는 분, 우리를 온전케 하시는 분은 예수님이시다. 그 예수님을 믿음으로 바라보라고 성경은 제시한다. 타락한 인간들을 죄의 음침한 어둠에서 불러내 복음의 영광스러운 빛 속으로 인도한 분은 그리스도이다. 이전의 죄 된 생애에서 정결케 하고 우리에게 하나님의 아들과 딸이 될 자격을 주시는 분은 그리스도이다. 십자가의 은혜로 우리를 의롭게 하시는 이는 그리스도이다. 하늘 가는 길을 밝게 하는 분은 그리스도이다. 죽은 행실을 회개케 할 뿐 아니라 완전한 데 나아가게 하시는 분은 그리스도이다. 새 생명으로 태어나 죄에서 해방시켜 주시는 분은 그리스도이다.

우리가 도무지 이룰 수 없는 그 의를 예수님께서 이룰 수 있음을 믿는 믿음으로 그리스도의 은혜와 능력을 붙잡을 때 그리스도가 우리를 온전케 하신다. 우리가 믿음의 눈을 예수님께 고정할 때 능력의 근원이신 그리스도께서 참고 극복하도록 힘을 주신다. 이 관계를 계속 유지할 때에 우리는 모든 어려움을 극복하고 마지막까지 인내할 수 있는 은혜와 능력을 얻게 된다.

마지막 경주, 마지막 승리자

경주에 있어서 마지막 주자는 매우 중요한 의미가 있다. 앞의 선수들이 아무리 잘 뛰었다 할지라도 마지막 선수가 실수하거나 넘어지면 모든 경기가 실패로 끝나버리게 되기 때문이다. 이 지구 역사를 기나긴 경주로 생각한다면 성경은 현시대를 살고 있는 우리를 하나님의 구속 사역의 마지막 주자라고 언급하고 있다.

히브리서 11장에 언급된 허다한 믿음의 조상들은 온갖 난관과 장애물이 있었음에도 자신의 경주를 완주했다. 그들의 신실함과 인내는 그들에게 승리를 주었다. 이제 그 경주의 바통이 우리에게 넘어왔다. 앞서 신실하게 하나님의 약속과 명령을 믿음으로 순종하며 살았던 믿음의 조상들이 그렇게 소망하던 마지막 역사의 끝이 바통을 잡고 있는 우리에게 달려있다.

이 경주에서 승리자가 되기 위해서는 방해가 되는 것, 경주를 힘들게 하는 불필요한 모든 것을 버려야 한다. 이 경주에서는 모든 참가자가 승리할 수 있는데, 이는 우리가 다른 사람들과 경쟁하지 않고 자신과 경쟁하기 때문이다. 자아가 유일한 경쟁자이며, 유일한 요구 사항은 자아와의 싸움에서 우리가 신실함과 인내를 행사하여, 그리스도의 은혜로써 모든 "무거운 것", 곧 악으로 기우는 모든 경향을 극복하는 것이다. 모든 그리스도인에게는 경주할 때 자신을 방해하려고 애쓰는 악으로 치우친 성향, 얽매이기 쉬운 어떤 죄가 있다. 우리가 악한 성향을 극복하고 승리할 때, 또 다른 것이 그 자리를 차지하며 지배하려고 압박한다. 그러나 그 전투의 단계마다 승리를 쟁취하는 것이 모든 그리스도인의 특권이다. 그러나 이 경주는 평생의 경험이기 때문에 인내와 끈기를 요구한다. 연속적인 난관과 좌절에 맞서는 끈기와 경주 끝에 있을 보상을 기다리는 인내가 필요하다.

히브리서 11장에 기록된 믿음의 조상들의 생애와 인생의 이야기를 살펴보면, 그들이 살았던 삶이 우리와는 전혀 다른, 실수나 범죄의 기록이 전혀 없는 완벽한 삶이었거나, 보통 사람은 살 수 없는 어떤 이질적인 삶의 기록이 아님을 알 수 있다. 곧, 믿음의 조상이었던 그들도 우리와 똑같이 인간의 한계성과 연약성을 지녔던 사람들이었고, 실수와 좌절과 죄를 지어 쓰러진 경험이 있었던 사람들이었음을 발견할 수 있다.

그러나 그들이 믿음의 조상으로 성경에 기록될 수 있었던 이유는, 하나님의 약속을 의지하여 보이지 않는 것을 보는 것처럼 믿어 인내하고 참았다는 것이며, 보이는 것보다 보이지 않는 것에 더 비중을 두었다는 것이다. 그리하여 끝내 그 단련된 정금 같은 믿음으로 하나님을 위해 죽기까지 충성하는 증인들이 되었다. 결국, 그들을 연단하시고 인도하신 하나님의 손길을 의지했던 그들의 단순한 믿음이, 생애의 고비마다 나타났던 고난의 연속들을 견디어 낸 인내가 그들을 믿음의 조상으로 만들었던 것이다.

그렇다면 인류 역사의 마지막에 부르심을 받은 우리는 믿음의 조상들보다 더 뛰어난, 특별한 믿음을 가져야 하는가? 만약 그렇다면 그들의 믿음은 부족했다는 것인가? 하나님의 선물인 영원한 생명을 얻는 것에는 그 어느 누구도 특별한 우선권을 가지거나 우월한 위치에 있는 것이 아니다. 믿음의 질은 동일하다. 아브라함과 믿음의 조상들이 가졌던 전능하신 하나님의 약속과 신실하심을 믿고 따르는 믿음, 우리 안에서 온전함을 이루는 예수 그리스도를 신뢰하여 열매 맺는 믿음이다. 이기는 자에게 영원한 생명을 약속하신 미쁘신 하나님께서 우리를 부르셨으니 그분이 능히 이루실 것을 약속에 의지해 믿는 믿음이다(살전 5:24).

예수님께서 앞에 있는 즐거움을 위해 부끄러움을 개의치 않으시고 십자가를 참으신 것은 믿음의 눈으로 "자기 영혼의 수고한 것"의 결과를 보셨기 때문이다(사 53:11). 그리스도는 죄가 없는 우주를 기쁨으로 내다보시면서 십자가를 참았다. 예수님의 대속의 은혜로 구원 얻을 수많은 의인들을 바라보셨기 때문에 십자가를 참으실 수 있었다. 장래의 기쁨이 그리스도에게 십자가를 참을 수 있는 힘을 준 것처럼, 인생의 힘들고 고통스러운 경험들 속에서 영원한 기쁨을 소망하는 것은 우리의 특권이다. 현재의 고난은 장차 나타난 영광과 족히 비교할 수 없다(롬 8:18). 그러므로 우리는 예수 그리스도를 주님으로 아는 최상의 기쁨을 위해 이 땅의 모든 것을 해로 여길 수 있게 된다.

처음부터 마지막을 미리 보시는 하나님께서 장래에 있을 신실한 무리들이 영원한 유업에 들어가기를 원하시며, 필요한 모든 은혜를 제공해 주시는 이때에 믿음의 증거를 얻고, 영광스러운 믿음의 후손으로서 남은 경주를 달려가자!

제6장

미움, 증오, 복수 그리고 전쟁

미래의 유일한 희망은 과거에 우리의 적이었던 이들을 너그러이 용서하는 태도에 있습니다. 용서는 단지 종교적 감상이 아니라 중력의 법칙만큼이나 인간 영혼에 근본적인 법칙입니다. 중력의 법칙을 무시하고 지붕위에서 뛰어내리면 어딘가 부러지는 것처럼 용서의 법칙을 어기면 영혼에 치명상을 입고 오랜 세월 동안 사슬에 묶인 죄수처럼 살게 됩니다.

예수 그리스도께서 이 땅에 계실 때, 유대인들은 예수님을 십자가에서 죽였고, 그리스도인들을 핍박했습니다. 그러다가 중세시대 기독교가 힘을 얻게 되자, 그들은 유대인에게 오랜 세월동안 복수를 했습니다. 그리고 근현대에 들어서자 유대인은 다시 기독교인에게 복수하고 있습니다.

양측은 하나님의 은혜에 대해 끊임없이 말하면서도 용서의 삶은 살지 않습니다. 미움, 증오, 복수 그리고 다시 증오 또 복수 이 악의 사슬은 끊어져야 합니다. 이것은 비단 유대교와 기독교의 문제만은 아닙니다. 우리의 삶에 비용서의 그림자가 얼마나 짙게 깔려 있습니까? 우리는 용서에 대해 수없이 설교를 들어도 쉽게 용서하지 못하며 쉽게 용서받지도 못합니다.

이번 말씀을 통해 용서하지 못하고 용납하지 못해서 생긴 피의 결과를 살펴보며, 마지막 시대 악의 세력과의 전쟁에서 승리하는 참된 남은 교회가 되기를 바랍니다.

1. 디아스포라

AD 70년 예루살렘 멸망, AD 132년 로마에 대한 항전 등을 통해 결국 유대인들은 살던 도시, 정든 고향 이스라엘에서 쫓겨나 전 세계로 흩어져 서글픈 나그네 인생길에 오르게 되었다. '디아스포라'(diaspora)는 신앙적, 경제적, 정치적 이유 등으로 고향을 떠난 유대인을 가리킨다. '디아스포라'의 시작이 로마와의 전쟁이후부터는 아니다. 디아스포라는 북방 이스라엘과 남방 유다가 아시리아와 바벨론에 각각 멸망당했을 때부터 발생했다. 이때 아시리아나 바벨론에 포로로 끌려간 사람도 있었지만 주변 나라로 피난한 사람들도 있었기 때문이다. 하지만 본격적인 디아스포라는 70년 동안의 바벨론 포로기가 끝나고 귀환하는 과정에서 나타났다. 하지만 이때까지만 해도 디아스포라는 대개 아시아 지역에 국한되었는데, 시간이 흐르면서 그 범위는 넓어졌다. 사도행전 2장에는 흩어진 유대인들이 거주하는 나라들이 소개가 되고 있다.

팔레스타인 유래

BC 1445년경 모세가 이집트를 출애굽하여 40년 광야생활을 거쳐 1405년에 가나안에 들어간 후 약 300년 동안 사사시대가 펼쳐졌다. 한창 사사시대였던 기원전 1250년에 그리스에서 필리스티아인 즉 블레셋 사람들의 침략을 받는데 블레셋은 이스라엘 민족을 괴롭히는 강력한 적으로 구약성서에 자주 등장한다. 블레셋 사람이라는 말에서 오늘날 팔레스타인이 유래되었다. 블레셋 사람은 고대 가나안 지방의 지중해 연안 지역의 5개 도시(가자, 아스글론, 아스돗, 에글론, 가드)를 구성하고 있던 민족이다. 그들은 인어처럼 반은 물고기이고, 반은 사람 모양의 다곤 신을 믿었다. 사사기에 보면 삼손이 들릴라의 유혹으로 필리스티아인들에게 잡혔는데, 다곤 신전을 무너뜨려 블레셋 사람들과 같이 죽었다는 내용이 나온다. 또 다윗이 양치기 소년일 때 필리스티아의 거인 전사 골리앗과의 대결이 나온다. 초기에는 블레셋이 이스라엘을 압박하기도 했지만, 통일 이스라엘 왕국의 성립 이후에는 더 이상 이스라엘을 위협하지 못했다.

예루살렘의 주인

유대인과 기독교인과 무슬림에게 성지인, 이름만 들어도 가슴 설레는 예루살렘! 평화의 도시라는 이름을 가진 예루살렘이지만 그 역사는 역설적이게도 가장 치열한 피의 도시가 되었다. 예루살렘의 주인이 어떻게 바뀌는지 그리고 유대인과 기독교인 사이의 피의 전쟁을 살펴보도록 하자.

▪ 통일왕국(BC 1050년 ~ BC 586년)

사울이 이스라엘의 첫 왕이 되었지만 아직은 부족국가 체제였다(BC 1050년). 그러다가 드디어 다윗이 통일왕국을 수립하고(BC 1010년) 예루살렘을 이스라엘의 수도로 정한 후 솔로몬 왕이 첫 성전을 짓는다(BC 970년경). 그러나 이스라엘은 북방 이스라엘과 남방 유다로 나뉘게 되고(BC 931년경), 북방 이스라엘이 아시리아에 의해 멸망당하고(BC 722년), 남방 유다도 바벨론에 의해 멸망하였다(BC 586년). 바빌로니아가 유다 왕국을 점령하면서 솔로몬 성전과 예루살렘은 파괴되었고, 남방 유다의 히브리인들은 바빌로니아 왕국의 노예가 되었다. 이때 다니엘이 포로로 바벨론에 끌려가고 예루살렘 수난의 역사는 여기서부터 시작한다.

■ **페르시아의 지배(BC 538년 ~ BC 330년)**

페르시아가 바벨론을 멸망시킨 후, 유대인 포로들은 바벨론에서 포로 생활 70년을 마치고 예루살렘으로 귀환한다. 그리고 페르시아의 허락 아래 스룹바벨이 두 번째 성전을 지을 수 있게 되었다.

■ **헬레니즘 왕국의 지배 (BC 330년 ~ BC 63년)**

알렉산더 대왕이 페르시아 제국을 멸망시키면서 유다는 고대 그리스의 손에 넘어왔다. 이 당시부터 팔레스타인은 유다로 불렸다. 알렉산더 대왕이 죽은 후 그가 점령한 지역은 여러 조각으로 나눠졌는데, 유다는 프톨레마이오스 왕조와 셀레우코스 제국의 일부가 되었다. 이 시기에 유다는 문화적, 경제적 연합을 하게 되면서 빠른 속도로 도시화가 되었다. 올림픽을 시작한 나라가 그리스인데 이미 기원전 2세기쯤에는 헬라 문화와 유대 문화가 융화되면서 예루살렘에 메인스타디움 스포츠 경기장이 건설되고 정치적, 종교적으로도 헬라 철학이 상당부분 히브리 종교와 뒤섞이게 된다. 이때 바리새파, 사두개파 등의 분열이 생겨났다. 이 시기에는 고위 성직자들 간의 다툼이 내전으로 이어지기도 했으며, 마카비의 혁명이 일어나기도 했다.

헬라의 알렉산더 대왕은 BC 332년경 이집트에 알렉산드리아(Alexandria)를 건설하고 수많은 유대인들을 그곳으로 강제 이주시켰다. 이때 이주한 유대인들이 100만 명이나 되었다고 한다(Josephus, Philo). 또 유대인들을 박해하여 마카비 혁명을 촉발시켰던 수리아의 안티오쿠스 4세는 BC 170년경 유대인 2천 세대를 소아시아의 리디아, 브루기아 지역으로 강제 이주시켰다(Josephus). 또 1세기 후 예루살렘을 점령한 로마의 폼페이우스 장군은 BC 63년경 수많은 유대인 포로들을 로마로 이주시켰다.

■ **로마 제국의 지배(AD 638년)와 비잔티움 천도 이전(BC 63년 ~ AD 330년)**

헬라 제국의 시대가 가고 철의 나라 로마가 세계역사에 등장하게 된다. 로마의 삼두정치를 이끌었던 카이사르, 크라수스, 폼페이우스 중에서 폼페이우스가 팔레스타인을 지배하다가, 헤롯이 로마에 의해 분봉왕이 되었다.

그 후 제1차 유대 전쟁이 발발하게 되었고(AD 66~73) 티투스는 예루살렘을 점령하고, 통곡의 벽을 제외한 스룹바벨에 의해 재건되고 헤롯에 의해 완공된 두 번째 성전 전체를 파괴했다. 그 후 바르 코크바의 반란이 실패한 후(AD 132~135), 모든 유대인들은 로마 제국에 의해 예루살렘에서 추방되었고, 로마 제국은 지역명을 유다에서 "시리아 팔레스티나"로 바꾸었다. 유다의 명칭을 유대인들이 가장 싫어하는 블레셋이라고 이름을 바꾼 것이다.

■ **비잔티움 제국의 지배(330년 ~ 638년)**

콘스탄티누스 1세가 오늘날의 터키 이스탄불인 비잔티움으로 수도를 천도하면서, 기독교에 대한 호의를 베풀고, 기독교는 팔레스티나의 공식 종교가 되었다.

■ **아랍 칼리파의 지배 (638년 ~ 1516년)**

그러나 야르무크 전투(636년)에서 비잔티움 제국을 격파한 정통 칼리파 아랍 세력이 예루살렘의 지배권을 갖게 된다. 이 야르무크 전투는 무함마드가 죽은 뒤 이슬람이 당시 기독교 세력이 지배하던 레반트(팔레스타인, 시리아, 요르단, 레바논 지역)로 급속히 진출할 것을 예고하며 무슬림의 정복 역사상 중요한 의의를 갖는다. 현재 예루살렘에 있는 황금 돔사원은 이때 건축된다(691년).
예루살렘이 아랍권에 넘어가자 유럽의 기독교는 예루살렘을 되찾기 위해, 1099년 제1차 십자군을 보내 예루살렘을 점령하고 약 100년 가까이 통치했으나, 1187년 이슬람이 예루살렘을 재탈환하였다.

■ 오스만 제국의 지배(1516년 ~ 1920년)

오스만 제국이 예루살렘을 통치했는데 이 지역을 팔레스타인이라고 부르지는 않았다. 오스만 제국이 제1차 세계 대전에 패전함으로써 1920년 8월 10일 세브르 조약으로 인해 현재의 터키를 제외한 중동 지역 대부분을 영국과 프랑스에 내주게 되었다.

■ 영국의 지배(1920년 ~ 1948년)

영국이 이 지역을 통치하면서 팔레스타인이라는 명칭이 공식적으로 다시 쓰이기 시작했다. 19세기 말 나치의 홀로코스트를 비롯 유럽 전체에서 유대인들을 박해하였고, 이런 반유대주의는 시오니즘(Zionism: 과거의 이스라엘 땅에 유대민족의 독립국가를 재건하기 위한 운동)의 발단이 되었다. 나라가 없기 때문에 이런 취급을 받는다며 유대인 국가 건설이라는 목표를 향해 나아갔다. 이 시기부터 유럽에 살던 유대인들은 팔레스타인 지역으로 귀환하기 시작했다.
유대인들은 민병대를 조직해서 기존에 살고 있던 팔레스타인들과 분쟁을 일으켰는데, 단순한 분쟁이 아니라 팔레스타인들을 학살하며 그들을 몰아내기 시작했다. 소요가 커지자 1947년 초 영국 정부는 팔레스타인 통치를 끝내겠다고 선언했고, 팔레스타인의 운명을 UN에 떠맡겼다.

■ 이스라엘의 독립(1948년 5월 14일)

아랍인들과 유대인들의 사이가 점점 악화되자 1947년 UN은 아랍과 유대인에게 팔레스타인 영토를 각각 반씩 분할하도록 제안했다. 유대인들은 팔레스타인에 살고 있는 아랍인들의 10%도 되지 않았는데 반씩 나누라는 이 결정을 아랍인들은 당연히 반대했고, 결국 UN과 미국의 후견으로 1948년 5월 14일 유대인들은 이스라엘의 독립을 선언했다. 이스라엘의 독립 선언 후 이집트, 이라크, 요르단, 시리아와 레바논의 공격으로 제1차 중동 전쟁이 시작되었다. 이스라엘의 패전이 짙어갈 때, 갑자기 UN은 휴전을 선언하고 이스라엘이 군사력을 보강할 수 있는 물자를 공급해 준 후에 다시 전쟁이 시작되었다.
이스라엘군은 전투보다 더 효과적인 테러를 통해 부녀자들을 욕보이고 마을을 학살한 소식을 신문에 실어 선전효과로 팔레스타인을 공포에 떨게 했다. 오늘날 기독교는 이때의 전쟁을 하나님께서 진두지휘하신 전쟁이라고 믿고 있는데, 이런 전쟁을 하나님께서 이스라엘을 회복하기 위해 일으키고 승리하신 전쟁이라고 말해서야 되겠는가? 이 결과 70만 명이 넘는 팔레스타인 사람들은 이스라엘에서 추방당하거나 피난하여 요르단 등 인근 아랍국가로 이주했으며, 남아있는 사람들은 세상에서 가장 큰 감옥인 가자지구에 몰아넣었다.

2. 유대인과 기독교의 전쟁

왜 예수를 증오할까?

유대인들은 예수를 믿지 않는 것뿐만 아니라 오늘날도 예수 믿는 유대인을 증오하고 죽인다. 그들은 이렇게 얘기한다. "우리에게 권력이 있다면 예수를 십자가에 못 박았듯이 너희를 못 박을 것이다." "하나님이 인간이 된다는 것은 이교도적인 사상임으로 받아들일 수 없다." "자기가 메시아라고 주장한 사람은 예수 말고도 많이 있었다. 우리가 버린 쓰레기를 너희는 신으로 믿고 있다."

2천년 전 예수님을 십자가에 못 박아 죽였고, 사도 바울을 쫓아다니며 괴롭히더니, 2천년이 지난 지금도 미워할 뿐만 아니라 증오하고 있다. 그리고 AD 132년 유대 2차 전쟁부터 정통 유대인들은 그리스도를 믿는 유대인을 향한 증오가 더욱 격심 해진다. 무슨 일이 있었던 것일까? 바르 코크바는 메시아라는 칭호를 받을 정도로 로마군대를 격파하고 승승장구하던 유대혁명군 대장이었다. 이러한 전쟁영웅에 메시아라는 칭호를 주게 되었고, 모든 유대인들은 그를 메시아로 믿어야 하는 일이 발생하게 되었다. 예루살렘을 탈환하고, 이스라엘을 로마로부터 해방시켰으니 많은 사람들이 메시아로 인정한 것이다. 그런데 문제는 예수를 메시아로 믿는 유대인들도 그 군대에 상당수 포함돼 있었다. 그들을 나사렛파라고 불렀는데, 나사렛파였던 그들은 바르 코크바를 메시아로 인정할 수 없었기에 결국 군대를 떠났다. 전력에 누수가 생기는 이때, 때마침 로마의 대대적인 반격으로 135년 바르 코크바는 패전을 거듭하다가 자살하게 되고, 랍비 아퀴바는 유대인들을 선동한 죄로 체포되어 처형당했으며, 이로써 유대인 전체가 예루살렘에서 추방되어 디아스포라가 되었다. 그런데 유대인들은 패전의 이유를 나사렛파, 즉 예수를 믿는 자들에게 돌렸다. 그들의 군대 이탈이 패전의 원인이 되었다는 것이다. 예수 믿는 그리스도인 유대인에 대한 정통 유대인의 증오심, 이것은 시작에 불과했다.

하드리아누스 황제의 분노에 의해 유대인들은 예루살렘에서 쫓겨나고 전 세계로 흩어져 나그네가 되어 이 나라 저 나라를 떠돌게 되었다. 그런데 당시엔 기독교가 이미 아시아, 유럽, 아프리카에 이르기까지 광범위하게 퍼져 있었다. 그런데 예수님을 십자가에 못 박고, 스데반을 돌로 쳐 죽였으며, 예수님을 믿는 사람을 핍박했던 유대인이라는 사실은, 이방 기독교인들에게 혐오의 대상이 되었다. 그러므로 유대인들은 전 세계 기독교인으로부터 예수님을 십자가에 매달은 민족이라는 이유로 박해를 받으며 살게 되었다.

십자군

기원 후 1000년 경이 되면서 팔레스타인과 예루살렘이 이슬람 성지로 변해버렸다. 그래서 서유럽의 기독교인들이 성지 탈환을 위해 8차에 걸쳐 200여 년 동안 벌인 정복전쟁이 십자군 전쟁이다. 당시 전쟁에 참가한 기사들이 예수님의 이름으로 전쟁에서 승리하겠다는 뜻으로 가슴과 어깨에 십자가 표시를 했기 때문에 이 원정을 십자군이라고 부르게 되었다. 십자군 전쟁이 생긴 이유는 서구 기독교, 즉 당시 교황청이 예루살렘을 이슬람으로부터 탈환하고, 자신의 세력과 지배를 확대하려고 벌인 전쟁이다. 아이러니하게도 지금도 예루살렘은 전쟁이 끝나지 않고 있다. 예루살렘! 샬롬의 도시, 평화의 도시가 어찌 이렇게 되었을까!

교황청은 십자군이 되어 전쟁에 참여하면 그동안 지은 죄를 용서받을 수 있고, 이 전쟁에서 목숨을 잃는다면 천국이 보장된다고 사람들을 설득했다. 사람들이 종교를 맹신하게 되면 이렇게 비이성적인 주장에도 설득되어 넘어간다. 이 비루한 십자군 전쟁에 참여한 사람들은 다양한 목적이 있었다. 교황은 자신의 세력을 확대하기 위해 전쟁을 일으켰고 이 전쟁에 참여한 영주들은 넓은 땅을 차지하려는 욕심이 있었다. 상인들은 전쟁을 통해 한몫 챙기려고 했고, 죄수들과 농민들은 약탈을 위해 참여했다.

예루살렘은 기독교와 이슬람 양쪽 모두에서 성지로 여기는 중요한 장소였다. 이슬람에서는 무함마드가 승천했다고 얘기하고 기독교에서는 예수께서 승천한 곳이다. 당시 예루살렘은 셀주크 투르크족이 차지하고 있었는데, 1096년 1차 십자군은 예루살렘을 차지하게 되지만, 뺏고 뺏기는 전쟁의 시작일 뿐이었다. 이슬람 지도자 살라딘이 '지하드', 즉 성전(聖戰)을 선언하고 1187년 되찾아온다. 십자군은 1차 원정만 빼고는 모두 실패했고 이후 이슬람에게서 예루살렘을 탈환하지 못했다.

교황, 왕, 영주들이 서로 권력을 차지하려고 싸우면서 가는 곳마다 파괴와 약탈을 일삼았기 때문에 예수님이 허락하지 않은 전쟁을 예수님의 이름을 걸고, 예수님의 이름을 모독한 전쟁이 십자군 전쟁이다. 마찬가지로 1948년 이스라엘 독립전쟁이나, 1967년 6일 전쟁은 하나님의 뜻대로 이뤄진 전쟁이 아니다. 현대판 십자군 전쟁이다. 비루한 목적을 가지고 비루한 엘리트들에 의해 치러진 전쟁이지 성경 예언의 성취가 아니다.

십자군들이 예루살렘을 탈환했는데, 이곳에 와보니 무슬림만 있는 것이 아니라 아직까지 거기 살고 있는 유대인도 발견했다. 기독교인이었던 십자군들은 유대인을 향한 복수의 정신으로, 유대인을 모아 건물 안에 들여보낸 다음 밖으로 나오지 못하게 못을 박고 불을 질렀다. 유대인들이 불에 타 죽으며 마지막으로 본 것이 무엇이었는가? 예루살렘을 뒤덮은 십자가 깃발을 보며, 십자군들의 갑옷에 그려진 십자가를 보며 죽어갔다. 십자군은 죽어가는 유대인들 앞에서 예수님을 찬양하며 춤을 추었다. 그때 당시 불에 타 죽은 유대인의 숫자를 약 29만 9천명으로 추산하는데, 그렇게 유대인들은 예수님 찬양 소리를 들어가며 죽어갔다.

죽음에서 살아난 유대인들은 강제로 기독교로 개종 당했다. 침례를 준다고 머리채를 잡고 물에 집어넣었고, 물에서 나오지 못하게 발로 짓이기며 예수의 이름으로 침례를 주었다. 카톨릭 교도들의 예루살렘에서의 만행은 곧 디아스포라에게 전해졌다. 그들에게 있어 십자가는 로마군대보다 더 무서운 것이 되었다. 십자군이 예루살렘 탈환 후 예루살렘을 지키는 군대를 조직했는데, 그것이 바로 오늘날 프리메이슨의 모태가 된 템플기사단(Knight of Temple)이다.

기독교인들의 유대인 박해

반유대주의는 독일에서만 극심했던 것이 아니다. 중세부터 카톨릭 신자가 대부분이었던 유럽인들은 예수를 죽인 유대인을 증오했고, 유대인들이 예수를 죽이면서 말한 '우리의 머리와 자손들의 머리에 핏값을 돌리라'는 이 맹세를 기억하고 그대로 갚아주었다. 원수까지 사랑하라고 가르치신 예수님의 말씀과 반대로, 예수님을 믿는다고 하는 사람들의 이런 광기를 어떻게 해석해야 할지 모르겠지만 중세 유대인의 처지는 참으로 비참했다.

중세시대부터 유대인들은 게토라고 불리는 특수한 구역에서만 살았는데, 이탈리아에서 마지막 게토가 철거된 것이 지금으로부터 약 150년 정도 밖에 되지 않았다. 나치의 유대인 탄압 때 프랑스에서는 경찰과 헌병들이 나치에 적극 가담하여 프랑스에 있는 유대인을 일제히 단속하여 나치에 넘겨주었고, 네덜란드와 폴란드에서도 유대인 처리에 협력했다. 반유대주의는 중세부터 2차 세계대전에 이르기까지 전 유럽의 공공연한 분위기였다.

증오의 역사

유대인에 대한 적대 감정이 한순간에 만들어진 것이 아니다.

306년 엘비라(Elvira) 종교회의: 기독교인들이 유대인과 어울리는 것을 금하고, 기독교인 지역에 유대인들이 장사하는 것 등을 금지.

535년 클레르몽 회의: 유대인은 공직을 맡을 수 없다.

589년 3차 톨레도 종교회의: 유대인을 이교도로 분류하고 이교도와 유대인을 박해하기 시작.

692년 트룰린 회의: 기독교 의사는 유대인 환자를 치료할 수 없다.

1179년 3차 라테란 종교회의: 유대인은 기독교인을 상대로 법원에 고소하거나 증언할 수 없다.

1215년 4차 라테란 종교회의: 유대인은 악마의 뿔을 상징하는 노란색 모자를 쓰고 노란 마크를 가슴에 붙이게 하였다.

1434년 바젤회의: 유대인은 학위를 받을 수 없다.

12세기 영국에서 추방

14세기 프랑스에서 추방

15세기 스페인에서 추방

16세기 이탈리아에서 추방

중세에 흑사병이 한창 유행할 때는 불에 타 죽고 우물에 던져지는 극심한 박해를 받았다. 왜 그랬을까? 유대인은 현대과학이나 의학보다도 앞선 성경의 건강원칙을 잘 이행하고 있었기 때문에 전염병에 걸리지 않았다. 그러다 보니 유대인이 이런 전염병의 주범이라고 몰리게 된 것이다.

계속되는 추방과 박해 속에 유대인이 믿을 만한 것은 오로지 돈과 자신의 능력뿐이었다. 유대인은 농토를 가질 수 없어서 농사를 지을 수 없었고, 장사나 고리대금업 같은 일을 할 수밖에 없었다. 그래서 일찍부터 금융과 경제적 이익에 눈을 뜬 사람들이었다. 이러한 배경으로 인해 지금도 세계의 금융을 유대인이 좌우하고 있다.

유대인들의 경제적 감각은 점차 유럽 왕들과 제후들의 구미를 끌어당겼고, 유대인의 재능을 알아본 왕과 제후들은 재무를 관리하게 했으며, 유대인들은 그들의 금고를 채워주었다.

유대인은 어느 곳을 가든 이방인이었기 때문에, 영주나 왕의 보호를 받을 수 없었다. 그래서 돈을 주고 보호를 사야 했는데, 나라 없이 떠도는 돈 많은 유대인은 손쉬운 약탈의 대상이 되었다. 국왕이나 영주들은 툭하면 유대인을 추방하고 그들의 재산을 빼앗았고, 전염병이 돌거나 자연재해가 발생하면 제일 먼저 유대인이 의심을 받았다. 흉년이 들거나 재난이 생기면 배고프고 분노한 사람들이 제일 먼저 연장을 들고 유대인에게 달려갔다. 그래서 유대인의 역사는 생존의 역사, 살아남기 위해 노력하는 역사였다.

요나 선지자가 도주하려고 했던 다시스(Tarshish)라 불리는 스페인, AD 70년 유대멸망 전부터 스페인에는 유대인 디아스포라가 살고 있었다. 스페인에서는 카톨릭이 국교가 되면서 6세기부터 유대인들에 대한 핍박이 지속되었는데, 유대교로 개종한 사람들은 사형에 처했다. 그러다가 1391년엔 약 5만 명의 유대인이 대학살을 당하게 된다. 교황 식스투스 4세는 도미니크 수도사였던 토마스를 스페인 종교재판소장으로 임명했는데, 화형대의 연기가 끊이지 않게 한 인물로 악명을 남기고 있다. 카톨릭 사제들은 "유대인의 회당을 불사르고, 유대인들은 세례를 받게 하든지 아니면 죽게 하든지 해야 한다"고 선동했다. 모든 시나고그(유대인 회당)는 파괴됐고, 문을 잠그고 있는 유대인들을 끄집어내어 살해하거나 강제로 세례를 받게 했다.

두려움을 느낀 많은 유대인들은 기독교로 개종했다. 기독교로 개종한 유대인들을 가리켜 콘베르소스(conversos), 즉 개종한 유대인들이라 불렀다. 당시 카톨릭교회는 유대인만이 아니라 콘베르소스들에 대해서도 이들을 위장 개종자라 하여 대대적인 이단 처벌을 감행했다. 사실 스페인에서의 종교재판은 종교적인 이유보다도 유대인의 부에 대한 증오심 때문에 그들의 재산을 탐한 것이 종교재판의 숨은 동기였다는 역사의 평가가 있다. 카톨릭 신도들은 수도사들에게 부추김을 받고 피에 굶주린 욕망과 탐욕에 이끌렸다. 스페인 전 지역에서 유대 공동체들을 살해하고 약탈하는 것을 보면 종교적 열정에 따른 것이 아님을 알 수 있다. 그 때 스페인 종교재판에서 15년간 화형을 당한 유대인만 8만 명에 달한다고 한다.

간신히 살아남은 유대인들, 그러나 휴식은 오래가지 못했다. 1454년에 한 어린아이가 겁탈을 당하고 살해 당했는데, 시신은 개들에 의해 찢어져 있었다. 이 사건의 범인은 틀림없이 유대인이라는 의혹이 일어났고 그 결과로 유대인들을 심문하고 고문하게 되었다. 수도사 알폰소 드 에스피나(Alfonso de Espina)는 유대인들이 어린아이의 심장을 파내고 불에 태웠다고 하면서 "믿음의 요새"(Fortalicium Fidei)라는 책을 출판하여 유대인들이 불결한 의식을 통해 기독교 어린이들을 죽이고, 우물에 독을 넣고, 기독교인들의 집을 불태우고, 성체를 더럽히고, 거룩한 형상들을 파괴하고, 또는 모든 불결한 관습들을 전파한다고 알렸다. 결국 1492년에 유대인을 완전 추방하면서 남아있는 자들에게는 사형을 선언했다.

유대인들을 강제 개종시킬 때 그들은, "동정녀 마리아를 실제 하나님의 어머니라고 믿고 고백할 것이며, 모든 창조물의 여왕으로 인정하라"고 강요했다. 이러니 마리아든 예수든 그들에게는 끔찍한 이교사상일 수밖에 없었던 것이다.

16세기 개신교가 탄생했지만, 스페인 종교재판소가 워낙 악명을 떨쳤기 때문에, 종교개혁이 스페인에서는 크게 성공하지 못했다.

그런데 카톨릭만 유대인들을 핍박했는가? 루터는 1543년 "유대인과 그들의 거짓말(Von den Juden und Ihren Luegen, 1543)"이라는 책에서,

"어느 마귀가 이들을 이 시대에 여기까지 오게 했는가? 그들은 정말이지 우리나라에서 전염병 같고 페스트 같은 존재요, 완전 불행 자체이다. 그들은 마귀 그 자체"라고 했다. 그리고 유대인들이 기독교로 개종하지 않을 때는 이렇게 하라고 구체적으로 언급했다.

첫째, *회당과 학교를 불태울 것.*

둘째, *그들의 집을 철저히 파괴하고 불태울 것.*

셋째, *모든 기도 책들과 탈무드 저작물을 압수할 것.*

넷째, *랍비들을 죽음으로 위협해 가르치는 것을 금지할 것.*

다섯째, *여권과 여행특권을 유대인들에게 절대로 금할 것.*

여섯째, *고리대금업을 금하게 하고,*
그들의 모든 현찰과 금은 패물을 빼앗을 것.

일곱째, *눈썹에 땀이 흐르도록 일을 시킨 후에 빵을 먹게 할 것.*

그러면서 유대인들에 대해 표현하기를, "쓸모없는 찌꺼기, 냄새나는 쓰레기, 유대인을 보면 악의 화신이 다닌다고 말하라. 그들은 지난 1400년 동안 피에 목마른 개였고, 모든 기독교인들의 살인자였다. 그것도 명백한 의도를 가진 살인자였다. 그들은 비밀리에 시냇물과 우물에 독을 타고, 어린아이를 유괴하여 갈기갈기 찢었다. 그들은 우리 주 예수 그리스도를 저주한다."

홀로코스트

루터는 종교를 떠나서 독일의 사상가로 영향을 주는 인물이기에 루터의 글과 사상은 후대에까지 전달되어 독일의 히틀러가 유대인 학살을 시작한

날을 바로 루터의 생일로 잡았다. 히틀러는 그의 책 "나의 투쟁"에서 루터를 "위대한 전사, 위대한 개혁자 … 마틴 루터는 나의 가장 큰 지지자가 되었다"고 했다. 뉘른베르크 전범 재판 당시 율리우스 슈트라이허는 "나는 마틴 루터가 하지 않은 말을 한 적이 없으며 나에게 행하라고 한 대로 하지 않은 것이 없다"고 했다.

1942년부터 1945년까지 히틀러에 의해 가스실에서 학살당할 때 유대인들은 교황청에 아이들의 생명이라도 살려 달라고 편지를 보냈지만 응답받지 못했고 결국은 아이들만 150만 명이 죽었다.

유대인들은 십자군, 종교재판, 교황, 마리아, 히틀러, 루터, 심지어 예수까지 다 하나의 기독교로 이해하고 있다. 2천년동안 예수 믿는 사람들에게 핍박을 받아왔으므로 그들은 카톨릭과 기독교를 구분하지 않는다. 그래서 예수를 메시아로 믿지 않을 뿐만 아니라 예수를 믿는 사람들을 증오할 수밖에 없게 되었다.

반격, 유대인들의 기독교 박해

현재 이스라엘에서 예수님을 믿는 유대인들은 정통파 유대인들의 핍박때문에 숨어서 예배를 드린다. 예수 믿는 사람들이 테러를 당하고 예배장소가 불에 타기도 한다. 찬송과 기도소리가 밖에 나갈까 봐 망을 보면서 두려워하며 예배를 드린다. 마치 2천 년 전에 "제자들이 유대인들을 두려워하여 모인 곳에 문들을 닫았더니"(요 20:19) 라는 표현대로, 그렇게 숨어 예배를 드린다.

예수를 믿는다는 것이 알려지면 더 이상 직장을 다닐 수 없다. 자녀가 예수를 믿는다고 알려지면 더 이상 학교를 다닐 수 없고, 주부들은 마트에서 물건을 살 수가 없다.

유대인들이 현상수배범처럼 포스터를 만들어서 "유대교를 안 믿고 이방 종교를 믿는 민족의 배신자다. 이 땅에서 쫓아내야 한다"고 곳곳마다 뿌리고 있다. 옷을 살 수도 없고, 아이가 아파서 병원에 가도 진료를 해주지 않고, 약국에서 약을 살 수도 없다.

그리스도인 유대인들이 안식일에 예배를 드리면, 정통 유대인들이 떼로 몰려와 난동을 피우기 때문에, 산에서 숨어 예배를 드리기도 한다. 한번은 유대명절인 부림절에 그리스도인 유대인 집 앞에 선물상자를 두고 갔는데, 소년이 그걸 풀자 폭탄이 터졌다.

예수를 믿는 사람들의
사진과 신상을 공개하는 유대인들

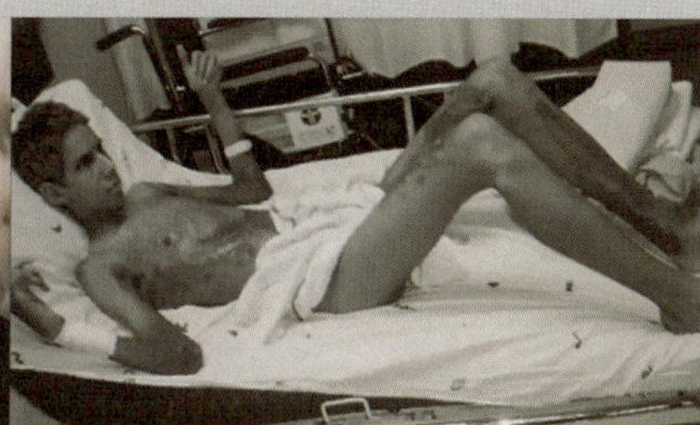

온몸에 폭탄 파편이 박히고
심한 화상을 입은 16세 "아미"

밤중에 유대 기독교인 집에 정통파 유대인들이 들이닥쳤다. 열세 살 된 아들과 아버지를 납치해서 2시간동안 어둠속을 향해 달렸다. 차가 멈춘 곳은 이스라엘의 국경. 이스라엘 모든 국경은 철조망으로 돼 있는데, 그 철조망은 고압전류가 흐른다. 그 앞에 차가 멈추고 둘을 끌어내렸다. 그리고 아이를 고압전류가 흐르는 철조망을 향해 걸어가라고 했고, 아버지를 끌어내려 자갈밭에 무릎을 꿇게 했다. 아버지를 에워싸고 협박을 한다. "네가 예수를 믿고 유대교로 돌아오지 않는다면 네 아들은 살아서 돌아올 수 없다. 그러나 지금이라도 너의 잘못을 인정하고 당신이 믿는 예수는 없었던 사람이고, 네가 믿은 신앙은 가짜라고 고백한다면 아들을 살려주겠다. 어떻게 하겠느냐?" 마지막 말이 끝나자마자 아버지가 울면서 "내가 잘못했습니다. 내가 뭔가 홀렸습니다. 신약성경은 모두 가짜입니다. 다시는 예수를 믿지 않겠습니다. 그러니 아들을 살려주십시오." 아버지의 이야기를 듣던 아들이 멈춰 섰다. 뒤도 돌아보지 못하고 캄캄한 밤중에 아들이 소리친다. "아버지 지난 세월동안 읽어 주셨던 신약성경은 모두 가짜였나요? 예수님 이야기는 모두 거짓말이었나요? 저는 아버지가 거짓말을 하셨다고 생각하지 않아요. 오히려 지금 이 순간 거짓말을 하고 계십니다. 차라리 저를 버리시더라도 예수님을 부인하시면 안 됩니다."

다른 곳도 아닌 이스라엘에서 예수를 믿는 이유로 핍박당하는 많은 유대 기독교인들이 고통 당하고 있다. 이런 일들이 중세시대가 아니고, 현재 이스라엘에서 일어나고 있다. 오늘날도 예수를 믿는다는 이유로 칼에 찔리고, 돌에 맞고, 불에 타고, 폭탄 테러를 당하고 있다. 예수님 당시에 그렇게 예수님을 따라다니면서 괴롭혔던 유대인. 사도 바울을 그렇게 쫓아다니면서 시비 걸고 피곤하게 했던 유대인. 오늘도 예수를 믿는 유대인을 그렇게 따라다니며 그때보다 더 심각하게 핍박하는 유대인. 종교라는 이름으로 자행된 광란과 살인, 그 아픈 역사가 사도시대와 중세시대로 끝이 아니라 오늘도 진행되고 있으며, 곧 우리에게도 이르러 올 현실인 것이다.

3. 세계를 지배하는 자들

혈통적 유대인

그렇다면 오늘날 이스라엘에 있는 유대인들이 정말 유대인들일까? 현재 이스라엘에 들어간 유대인들은 혈통상 유대인이 아니다. 금발에 파란 눈을 가진 유대인이 말이 되는가? 디아스포라가 된 유대인들은 여러 혈통이 섞였기 때문에 현재는 순수 유대인을 찾아보기 어렵다. 그런 사람들이 2천년 전 자기 조상들이 살던 땅이라고 현지 원주민을 쫓아내고 차지한 것이 지금의 이스라엘이다. 사실 유전학적으로 2천년전 유대인과 가장 흡사한 사람은 현재 아랍인들이다. 원래 아랍인들은 야곱의 형 에서나, 이삭의 형 이스마엘의 후손이기 때문에 한 혈통이다. 그래서 오랜 기간동안 아랍인들은 이 사실을 잊지 않고, 유대인들을 형제라 하며 대체적으로 관용을 베풀었으나 현대 이스라엘은 아랍권 나라들에 무차별 폭격을 가한다. 중세시대 유대인들은 기독교 아래서 사는 것보다 아랍인들과 사는 것이 더 나은 삶이었다. 아랍인들은 유대인들을 보호하고 협력했기 때문이다. 그런데 지금 피를 나눈 이웃과 전쟁을 하는 이들은 진짜 유대인일까?

지배자들

유대인이 약자인 것처럼, 피해자인 것처럼 보이지만 절대 약자가 아니다. 오히려 전 세계를 지배하는 절대강자이다. 세계를 움직이는 엘리트들은 대부분 유대인들이다. 유명한 유대인들을 잠깐 살펴보면, 신대륙을 발견한 콜럼버스(Chistopher Columbus), 프랑스의 예언가 노스트라다무스(Michel de Nostradamus), 네덜란드의 철학자 스피노자((Baruch de Spinoza), 독일의 공산주의 사상가 칼 막스(Karl Marx), 소련 공산당의 시작 레닌(Vladimir Ilich Lenin), 국제 금융의 시조이며 비밀조직의 엘리트 로스차일드(Mayer Amschel Rothschild), 정신분석학의 프로이드(Sigmund Freud), 물리학자 아인슈타인(Albert Einstein), 토마스 에디슨, 록펠러, 노엄 촘스키(Avram Noam Chomsky), 금융투자자 조지 소로스(George Soros), 전 국제통화기금(IMF) 총재였던 도미니크 스트로스 칸(Dominique Strauss Kahn), 빌게이츠, 엘빈 토플러, 미국 금융은 물론 세계금융을 지배하는 영향력을 갖고 있는 미국 FRB 초대(初代) 의장인 찰스 해믈린(Charles Hamlin)을 비롯해 18년간 FRB의장을 지낸 앨런 그린스펀(Alan Greenspan), 벤 버냉키(Ben Shalom Burnanke) 등 역대 의장의 절반 가량이 유대인이다.

전 세계인이 가장 많이 사용하는 SNS커뮤니티 페이스북을 만든 마크 저크버그(Mark Zukerberg), 세계 제1의 인터넷 기업 구글(Google)의 창업자도 유대인이다. 미국의 할리우드 영화계는 전통적으로 유대인들의 독무대다. 영화감독 스티븐 스필버그(Steven Spielberg), 〈캐리비안의 해적〉 시리즈의 제리 브룩하이머(Jerry Bruckheimer), 영화배우 스칼렛 요한슨, 앤드류 가필드 심지어 엘비스 프레슬리와 데이비드 베컴도 유대인이다.

USB 플래시 드라이브, 의료계에 혁신을 일으킨 필캠(PillCam), GPS추적장치, 네비게이션, MP3 등 모두 유대인이 만든 것이다. 혹자는 유대인이 만든 최고의 발명품 중 두 가지는 기독교와 공산주의라고 비난하기도 한다. 공교롭게도 이 두 이념은 세계에서 가장 많은 사람을 죽였는데 로마 카톨릭도 기독교에 포함한다면 공산주의보다 기독교가 인류 역사 전대미문의 학살을 주도한 종교집단이다.

미국 최대 금융회사 골드만삭스 출신으로 전 재무장관 스티브 므누신, 트럼프의 사위 쿠슈너도 유대인이고, 오바마 재임당시 비서실장을 비롯하여 정치 참모들은 대부분 유대인이었다. 미 대법원 판사 9명중 3명이 유대인이었다.

오늘날 전 세계에서 가장 영향력 있는 유대인을 뽑는 것은 쉬운 일이 아니다. 대상자가 넘치기 때문인데 이들 대부분은 미국 유대인이다. 미국 유대인들의 인구는 약 650만명이고 전 세계 유대인은 크게 잡아도 1700만명 정도밖에 되지 않는다. 이 얼마되지 않은 숫자의 유대인이 미국과 세계를 실제적으로 지배하고 있다.

이 많은 유대 인사 중 아직 언급하지 않은 인물이 있는데, 바로 엘리트의 핵심 실세 헨리 키신저(Henry Kissinger) 전 미국무장관이다. 헨리 키신저는 지구상에서 가장 강력한 권력 결사체로 불리는 미국의 외교평의회(CFR), 유럽과 북미지역의 엘리트 모임인 빌더버그(Bilderberg), 북미·유럽·아시아의 엘리트로 구성된 삼변회(TC·Trilateral Commission) 이 3개 기구 모두에 참여하는 인물이고 신세계질서의 큰 흐름을 주도적으로 기획·설계하는 국제 엘리트의 수장 격으로 알려져 있다.

1997년 12월 한국은 혹독한 IMF 사태를 겪었다. 아시아 외환위기 당시 마하티르 말레이시아 총리는 "외환위기는 동남아를 위시한 신흥공업국의 경제를 국제 유대자본에 예속시키려는 국제 유대자본의 음모"라고 주장하면서 유대계 금융투자가인 소로스를 이 음모수행의 주범으로 몰아세웠다. 때문에 그는 반유대주의자로 몰리기도 했다. 이런 비난에도 불구하고 그는 IMF가 내놓은 처방과는 정반대로 변동환율제(각국 통화의 가치, 즉 환율을 고정하지 않고 시장의 추세에 따라 변동하는 제도)를 고정환율제(고정시킨 환율을 유지하기 위해 중앙은행이 외환시장에 개입하는 제도)로 바꾸고 이를 밀고나가 성공을 거둠으로써 그의 주장이 사실임을 입증했다.

반대로 한국과 태국은 모두 IMF가 제시한 강압적이고 불평등한 처방을 전면 수락했고, 그 결과 IMF사태 이후 한국의 시중은행 거의 모두가 평균 50%가 넘는 외국자본에 의해 운영되고 있다. 다시 말해 한국경제는 소수

금융가들의 자본에 지탱하고 있으며, 그들이 자본을 회수하면 한국 경제 붕괴라는 시스템을 만들어 놓았다는 것이다.

오늘날 국제무대에서 벌어지고 있는 주요 사건들의 이면에는 유대인이 있다는 사실을 기억해야 한다. 미국발 금융위기, 유가폭등, 곡물파동, 외환시세의 변동, 국제신용평가, 중동의 전쟁위험, 이란 핵문제 등 오늘날 국제적 이슈들을 잘 살펴보면 유대인의 존재를 더욱 크게 느낄 수 있다.

홀로코스트 산업

세계 언론은 민중을 길들이고 있다. 노르만 핀켈슈타인이 2000년 6월에 출간한 "홀로코스트 산업: 홀로코스트를 초대형 돈벌이로 만든 자들은 누구인가?"에서 홀로코스트를 이용하여 돈벌이를 하고 있는 유대인 엘리트 중심의 여러 단체와 기관들을 고발했다. 그의 부모가 홀로코스트 생존자임에도 불구하고 말이다.

또 랄프 쇤만이 지은 "잔인한 이스라엘"은 엘리트 유대인들이 오히려 나치와 협력하여 유대인 학살을 공모했다는 충격적인 주장을 한다. 3년 동안 아우슈비츠에서 수백만이 죽어가는데 아무도 몰랐을까? 미국을 비롯한 유럽과 엘리트 유대인들은 알고 있었을 뿐만 아니라 오히려 유대인들이 유대인 구출에 적극 반대했다는 것이다.

그 이유가 무엇일까? 홀로코스트가 있을 때, 미국에 있는 유대인들은 이미 세계의 실세였기 때문에 당시 상황을 잘 알고 있었지만, 홀로코스트를 통해 얻어내려고 하는 정치적 목적이 있었다. 홀로코스트를 통해 이루어진 가장 큰 수확은 시오니즘이 촉발되었다는 것이다. 즉 "우리가 나라가 없어서 이렇게 당하는구나 우리 땅을 되찾자!" 그래서 2차 대전 후 팔레스타인으로 몰려들기 시작했고, 1948년 전쟁으로 독립 깃발을 꽂았다. 그리고 지금까지 중동에서 전쟁을 계속하고 있다. 이쯤 되면 우리는 홀로코스트가 단순히 히틀러의 작품이라고 생각하는 것이야 말로 오히려 상식적이지 않다는 것을 알게 된다.

악의 순환 고리

이스라엘 사람들은 자신들이 사는 지역에 아랍인들이 있어서는 안 된다고 주장한다. 그래서 남녀노소 상관없이 팔레스타인 마을에 무차별 폭격을 퍼붓는데, 그것이 모두 법적으로 허용된다. UN과 미국의 강력한 지원으로 2천년동안 살던 사람들을 쫓아내고 이스라엘을 세웠는데, 사실상 그것은 팔레스타인에 미군기지를 세운 것이다.

이스라엘의 팔레스타인에 대한 폭력은 나치보다 뒤지지 않는다. 오늘도 팔레스타인 사람들은 고문대에 끌려간다. 입에 담기도 어려운 각종 고문을 지금도 자행하고 있다. 나치에게 당한 유대인들이 아랍인들에게 똑같이 하고 있다. "잔인한 이스라엘"이라는 책을 보면 마치 카톨릭이 종교재판소에서 개신교인을 고문하는 장면이 연상된다.

1967년 6월 5일 아랍과 이스라엘 사이에서 벌어진 이른바 '6일 전쟁' 이후 이스라엘이 영토를 완전히 차지하면서 이젠 마음대로 중동을 쥐락펴락할 수 있는 여건이 만들어졌다. 그 이후부터 "예루살렘 회복"이라는 종교사상으로 기독교를 혼미케 하고 있으며, 국제사회는 이스라엘을 '영원한 피해자들의 안식처'로 그리면서 이스라엘이 저지르는 모든 행위를 옹호하게 된 것이다. 한국 기독교를 비롯 세계 기독교가 성경을 오해하고, 이스라엘의 회복에 모든 예언의 초점을 맞추고 있다. 현대 이스라엘의 건립은 성경 예언의 성취가 아니라 세계주의자들과 교황청의 작품임을 알아야 한다.

아무 힘도 없는 민간인들을 학살한 것이 전쟁인가? 그것은 폭력이다. 유대인의 원통한 죽음을 잊지 말라고 끊임없이 홀로코스트와 나치의 만행을 세계 대중들에게 보여주는데, 반면에 이스라엘이 나치처럼 팔레스타인에서 여자와 어린이들에게 저지른 만행에 대해서는 침묵한다. 언론은 이슬람 무장단체에 대해서만 다루지 이스라엘의 실태에 대해서는 별로 언급하지 않는다.

70년 전에 아우슈비츠 수용소에서 죽은 유대인들의 죽음은 그렇게도 슬퍼하면서 왜 지금 이 순간에도 피가 흐르고 심장이 뛰고 있는 살아있는 팔레스타인 사람들이 죽어가는 것은 침묵하는가? 유대인들은 나치에게 당한 행동을 똑같이 하고 있다. 본인들이 핍박받았기 때문에 다른 민족을 죽여도 괜찮다는 면책특권이라도 있는 것인가? 이스라엘은 팔레스타인을 빼앗은 다음 그들을 세계에서 가장 큰 감옥인 가자지구에 가둬 놓았다.

악의 순환고리를 끊어야 한다. 오늘날 기독교에서 널리 가르쳐지고 있는 세대주의 예언의 "이스라엘 회복"이라는 신학은 갈등과 테러와 전쟁을 옹호하는 잘못된 신학이다. 그것은 하나님의 뜻도 아니고 성경의 예언도 아니다.

예수님 당시 유대인들은 예수님을 받아들이지 않았다. 사도들의 가르침도 수용하지 않았다. 그래서 초대교회는 이방민족을 향해 복음을 가지고 나갈 수밖에 없었다. 그렇게 순수하게 출발했던 기독교가 변질되어 지난 2천년동안 예수의 이름으로 유대인들을 학살하고 고문하고 핍박했다. 그들은 죽어가면서 그들을 조롱하는 "예수님 찬양" 소리를 들었다.

이제 유대인들의 복수가 시작됐다. 계시록 17장과 18장에 보면 교황청은 땅의 왕들과 상고들, 즉 정치세력과 경제세력의 손을 잡는다고 되어 있다. 전 세계 정치와 경제를 누가 다스리고 있는가? 결국 교황청은 엘리트 집단인 유대세력과 손을 잡는다. 각자가 추구하는 목적이 같다. 그것은 예수님을 진실로 믿는 하나님의 백성들을 처단하는 것이다.

오늘날의 이스라엘에 대한 관심은 교황청의 작품이다. 환란이 올 것이다. 짐승의 표가 우리에게 강요되고, 하나님을 참되게 경배하는 이슈가 마지막 시대 최대의 쟁점이 되는 날이 온다. 그 일을 통해 유대인은 지난 2천 년간 당해왔던 예수에 대한 복수를 참된 그리스도인들에게 하게 된다.

그러나 환난과 전쟁에도 진실한 그리스도인들은 살아남을 것이다. 핍박이 극심했던 초대교회에서도, 교황청이 다스리던 중세 암흑기에도, 하나님의 말씀을 사랑하는 그리스도인들은 살아남아 오늘 우리의 손에까지 진리가 전수되었다. 그리고 앞으로 있을 최후의 대 전쟁에서도 무너진 하나님의 말씀을 회복하고, 오해된 하나님의 성품을 옹호하는 최후의 승자들을 통해 하나님께서 영광 받으실 것이다.

이 세상 역사는 참 어둡다. 그러나 우리 하나님의 진리는 오늘도 우리 가슴에 비춰고 있다. 깨어 일어나자!

4. 전쟁

인류의 역사는 끊임없는 전쟁의 연속이었다. 종교전쟁, 식량전쟁, 침략 전쟁 등 인간의 이기심과 탐욕 때문에 수많은 사람이 죽고 전쟁의 폐허 가운데서 고통 당해 왔다. 따라서 우리는 성경을 읽을 때, "전쟁관"을 가지고 읽으면 성경의 참 의미를 더욱 분명히 깨달을 수 있다. 성경이 그저 복이나 받고, 도덕적으로 착하게 잘 살아라 하는 가르침이 아니라 성경의 역사, 세상의 역사, 우주의 역사는 바로 이 전쟁의 시작과 끝이며, 요한계시록은 그 전쟁의 최후의 전투가 벌어지는 격전지이다.

하나님을 반역했던 사탄이 이제는 사람들을 멸망시키려 하고, 그리스도는 당신의 백성들을 통해 이 전쟁을 지휘하고 계신다. 총 들고 싸우는 전쟁이 아니라, 우리의 마음의 고지에 그리스도께서 깃발을 꽂을 것인가, 사탄이 꽂을 것인가하는 최후의 전쟁이다.

전쟁의 시작

계시록 12장에 보면 최초의 전쟁이 어떻게 하늘에서 시작되었는지 설명해 준다. "[7] 하늘에 전쟁이 있으니 미가엘과 그의 사자들이 용과 더불어 싸울새 용과 그의 사자들도 싸우나 [8] 이기지 못하여 다시 하늘에서 그들이 있을 곳을 얻지 못한지라 [9] 큰 용이 내쫓기니 옛 뱀 곧 마귀라고도 하고 사탄이라고도 하며 온 천하를 꾀는 자라 그가 땅으로 내쫓기니 그의 사자들도 그와 함께 내쫓기니라"(계 12:7-9).

사탄은 땅으로 쫓겨와 하나님의 백성과 전쟁을 치르고 있다. 요한계시록의 초점은 인류 역사보다 더 오래된 그 전쟁이 어떻게 마쳐질 것인가에 대해서 다루고 있다. 우리는 최후의 전쟁을 위해 지금 준비하고 있는 것이다. 이 전쟁이 과거 수년 전에 끝나지 않은 이유는 계시록 7장에 보면, 마지막 남은 무리들에게 인침이 끝나지 않았기 때문에 하나님께서 천사들에게 바람을 붙잡고 있으라고 명하신다. 성경에서 바람은 난리와 재난, 전쟁, 환난 등을 말한다. 하나님께서는 하나님의 백성들이 살아계신 하나님의 인을 받을 수 있도록 준비하라고 바람을 붙잡고 계신다.

전쟁을 하기 위해서는 일정한 기간 동안 그 전쟁을 위해 준비하는 일이 있어야 한다. 양쪽이 전쟁에 대하여 알고 있다면, 양측 모두는 군사훈련을 시키고 장비를 준비하는 일 등 만반의 준비를 할 것이다. 그런 준비를 갖춘 후에야 피차에 싸움을 하는 것이다. 사탄은 인류의 긴 역사동안 때로는 승리하기도 하고 실패하기도 하면서 마지막 전쟁을 위하여 준비를 해 왔으며, 이제 최후의 전쟁을 눈앞에 두고 하나님의 남은 백성을 향하여 있는 힘을 다하여 싸우려고 만반의 준비를 하고 있다. 그는 지금 당장이라도 이 마지막 전투에 모든 것을 걸고 달려들려고 한다.

그렇다면 하나님의 백성들은 준비되었는가? 안타깝게도 전쟁이 코앞인데, 누구와 싸워야 하는지 조차도 분별하지 못하고 있다. 사탄의 기만술에, 사탄이 흘린 거짓 정보에 다 넘어가서 적을 알아보지 못하고 엉뚱한 대상과 싸우려 한다. 이렇게 해서 전쟁을 이길 수 있겠는가? 그래서 하나님께서 바람을 붙잡고 계시는 것이다.

짐승과 어린 양의 전쟁

마지막 전쟁의 모습을 짐승과 어린 양의 전쟁으로 묘사하고 있다. "[13] 저희가 한 뜻을 가지고 자기의 능력과 권세를 짐승에게 주더라 [14] 저희가 어린 양으로 더불어 싸우려니와"(계 17:13,14).

짐승은 이 땅에 있는 모든 세력들 즉 정치, 종교, 경제계를 연합하여 한 군대를 만들지만, 진실한 하나님의 백성들은 순결한 어린양 예수 그리스도와 연합해 싸우게 될 것이다.

그렇다면, 이 지상의 마지막 대 전쟁에서 짐승의 군대의 수장은 누구인가? 여기에 나오는 짐승은 계시록 13장에 나오는 짐승인데 보좌에 앉아서 스스로를 하나님의 대리자라고 말하는 세력이며 적그리스도이다. 예수 그리스도보다 교회의 권위가 더 높다고 당당하게 말하는 세력이며, 그들의 지도 아래 온 세상이 한 동맹체를 조성하여 그리스도를 따르는 성도들을 대항할 것이다.

우리가 조금만 관심을 가지고 세계 정치, 경제, 종교를 본다면 그들이 어떤 방향으로 가고 있는지 쉽게 알 수 있다. 개신교가 신속하게 세력을 한데 모아 로마 감독인 교황과 연합하는 것을 볼 수 있다. 예언의 말씀들이 우리 눈 앞에서 이루어지고 있다. 교회의 유명한 지도자들이 그들의 여행길을 로마로 향하고 있다. 마치 이슬람 교인들이 메카로 순례 여행을 가는 것처럼 개신교회들은 로마로 향하고 있다.

원수 마귀가 힘을 한데 모으고 있는 것이다. 그리고 모든 교파를 초월하여 하나의 동맹체를 만들었을 때, 어린양을 따르는 남은 무리들과 최후의 일전을 펼치게 된다. "용이 여자에게 분노하여 돌아가서 그 여자의 남은 자손 곧 하나님의 계명을 지키며 예수의 증거를 가진 자들로 더불어 싸우려고 바다 모래 위에 섰더라"(계 12:17).

이 전쟁의 이슈는 무엇인가? "[9] 또 다른 천사 곧 셋째가 그 뒤를 따라 큰 음성으로 가로되 만일 누구든지 짐승과 그의 우상에게 경배하고 이마에나 손에 표를 받으면 [10] 그도 하나님의 진노의 포도주를 마시리니 그 진노의 잔에 섞인 것이 없이 부은 포도주라 거룩한 천사들 앞과 어린 양 앞에서 불과 유황으로 고난을 받으리니 [11] 그 고난의 연기가 세세토록 올라가리로다 짐

승과 그의 우상에게 경배하고 그 이름의 표를 받는 자는 누구든지 밤낮 쉼을 얻지 못하리라 하더라 [12] 성도들의 인내가 여기 있나니 저희는 하나님의 계명과 예수 믿음을 지키는 자니라"(계 14:9-12).

"짐승과 그 우상에게 경배하고 표를 받을 것인가?" "하나님을 경배하고 하나님의 인을 받을 것인가?" 하는 경배의 문제이다. "누구를 섬길 것인가?" 하는 이 전쟁에서 승리한 자들이 자비가 섞이지 않은 일곱 재앙에서 보호함을 받고, 아마겟돈 전쟁에서도 승리하여 하나님의 명예를 드높이게 될 것이다.

싸운다는 말이 반복되는 것을 보면 과연 계시록은 전쟁의 책이다. 이 지상은 영적 전쟁터가 될 것이다. 사탄은 이 전쟁에서 승리하고, 이 세상의 군주가 되기 위해서 모든 기만과 힘을 다해 하나님의 말씀을 지키는 자들을 없애려고 최후의 공격을 할 것이다.

그러나 전쟁의 승리는 보장되어 있다. 짐승의 편에 있는 모든 군사들은 전멸할 것이지만 어린 양을 따르는 군사는 예수님의 영광스런 재림을 맞이하며 이 땅에서의 모든 고통과 전쟁에서 해방될 것이다. 이 얼마나 놀라운 승리인가! 이 일에 대하여 하나님께 감사하자. **"저희가 어린 양으로 더불어 싸우려니와 어린 양은 만주의 주시요 만왕의 왕이시므로 저희를 이기실 터이요 또 그와 함께 있는 자들 곧 부르심을 입고 빼내심을 얻고 진실한 자들은 이기리로다"**(계 17:14). 어린 양과 어린 양을 따르는 남은 무리가 이긴다! 어떤 무기로 이기는가? 하나님의 계명과 예수의 증거와 믿음으로 이긴다.

이 전쟁이 끝난 장면을 성경은 이렇게 묘사한다. **"[2] 짐승과 그의 우상과 그의 이름의 수를 이기고 벗어난 자들이 유리 바닷가에 서서 하나님의 거문고를 가지고 [3] 하나님의 종 모세의 노래, 어린 양의 노래를 불러 가로되 주 하나님 곧 전능하신 이시여 하시는 일이 크고 기이하시도다 만국의 왕이시여 주의 길이 의롭고 참되시도다"**(계 15:2, 3).

살아남은 자들! 지상 마지막 전쟁에서 승리한 자들! 예수 그리스도의 피와 예수 그리스도의 증거를 힘입어서 짐승을 이기고 승리한 자들! 거짓 선지자들을 무찌르고 이긴 이 사람들을 통해 하나님의 계명은 회복되고 오해된 하나님의 성품은 옹호된다.

새들의 잔치 vs 어린양의 혼인잔치

그러면 반대편에 있는 군대는 어떻게 되는가? **"[17] 또 내가 보니 한 천사가 태양 안에 서서 공중에 나는 모든 새를 향하여 큰 음성으로 외쳐 이르되 와서 하나님의 큰 잔치에 모여 [18] 왕들의 살과 장군들의 살과 장사들의 살과 말들과 그것을 탄 자들의 살과 자유인들이나 종들이나 작은 자나 큰 자나 모든 자의 살을 먹으라 하더라"**(계 19:17,18).

마지막 전쟁이 끝날 때 요한계시록 19장을 보면 두 종류의 잔치가 있다. 수많은 사람들이 새들의 밥이 되는 잔치가 있을 것이다. 반면 승리한 자들이 참여하는 또 다른 잔치가 있는데 **"[7] 우리가 즐거워하고 크게 기뻐하여 그에게 영광을 돌리세 어린 양의 혼인 기약이 이르렀고 그 아내가 예비하였으니 [9] 천사가 내게 말하기를 기록하라 어린 양의 혼인 잔치에 청함을 입은 자들이 복이 있도다"**(계 19:7,9).

악의 세력의 통치하에 하나님의 백성들을 박멸하기 위하여 연합했던 모든 자들의 시체를 새들이 쪼아먹고 있을 때, 의를 행한 사람들은 하나님의 도성 안에 있게 된다. 어린양 되신 그리스도의 혼인 잔치에 함께 앉게 될 것이다. 우리 모두 이 잔치에 초대받아 그 자리에 있게 되기를 바란다.

이 잔치야 말로 끝까지 살아남아 마지막 일곱재앙을 통과한 사람들, 어둠의 권세가 그들을 해하기 위하여 여러가지 수단을 다 부렸지만, 모든 것을 이기고 환난을 승리로 통과한 사람들이 나누게 될 기쁨의 자리다.

성령의 갑옷

그러나 기억해야 할 것은, 그 아름다운 장면에 도달하기 전에 우리는 먼저 환난과 영적 전쟁을 통과해야 한다. 그러나 또한 염려하지 말 것은 이 환난을 통과할 수 있도록 성령의 충만함이 갑옷처럼 입혀질 것이다. 우리 힘으로는 지상 최대의 전쟁을 싸워 이길 수 없다. 전쟁에 들어가기 전에 최신 무기를 장착하듯이, 성령의 충만함, 성령의 침례인 늦은비 성령을 받아야 한다. 그리면 늦은비 성령을 받기 위해서는 어떤 일을 해야 하는가?

하나님께서는 당신의 백성을 한 계단씩 인도하신다. 우리 마음에 무엇이 있는지 다 드러나게 하기 위해서 여러가지 상황들로 이끄신다. 저마다 어떤 문제에 대해서는 승리하지만 다른 문제에 대해서는 견디지 못하고 실패한다. 우리는 한 계단씩 올라갈 때마다 단련을 받아 거룩한 용사로 준비된다. 매 계단마다 감사함을 잃지 않고, 겸손함을 배우며, 하나님의 말씀에 순종하기 위해서 그 대가가 어떤 것이든지 두려워하지 않고 믿음으로 극복한 사람들은 늦은 비 성령을 받아 전신갑주로 무장될 것이다.

하나님은 지금 군사들을 훈련시키고 있다. 최후의 대 전쟁이 눈앞에 있기 때문에, 반드시 승리로 이끌기 위해서는 철저한 군사훈련을 해야 한다. 그 훈련이 늦은비 성령을 받는 과정이다. 그냥 가만히 있는데, 성령이 충만해져서 환난을 통과하는 것이 아니다. 한 계단, 한 계단씩 앞으로 전진해 가면서 앞에 있는 일을 위해 준비시키는 것이 하늘의 계획이다.

교회를 다니는 것이 신앙의 완성이 아니다. 거기서 멈추면 안된다. 우리 주님께서 구름속에 나타나시는 날까지 우리 인생의 변화는 계속되어야 한다. 매일의 삶을 통해서 우리는 더욱 믿음을 활용하는 법을 배우며, 성령의 도우심으로 과거의 지나간 때를 벗어버리고 날이 갈수록 예수님을 닮아가야 한다.

우리 모두 한 계단 올라가자! 그리스도에게로 더 가까이 가자! 멈춰 서 있지 말고, 내려가지 말고, 이기면서 올라가자! 매 계단마다 하나님의 인자하심에 의지하여, 하나님의 약속과 능력에 의존하여 굴복하며 나아가자!

흔들림

우리가 이 세상을 살아가는 동안 마귀가 주는 문제들을 수없이 만날 수 있으나 그것은 마지막 전쟁을 승리로 이끌기 위한 훈련일 뿐이다. 우리는 어려움과 시련을 경험하면서 하나님을 더욱 의지하는 지혜롭고, 용맹한 군대로 훈련되어 간다. 그리고 하나님께서는 군대장관이 무엇이라고 말씀하든지 따지지 말고 이것이 하나님의 말씀이면 재빠르게 순종하는 군대를 가지게 것이다. 그러므로 우리는 민첩한 순종을 습관화하는 것이 필요하다.

이 모든 과정 중에 양쪽 군대내에 흔들림이 있을 것이다. 주님의 편에 속해 있던 많은 군인들이 적군의 군대에 연합하고, 원수편에 있던 군인들이 하나님의 말씀에 순종하는 임마누엘 왕의 군대에 가담하는 자리바꿈 현상이 마지막에 일어난다. 슬픈 일이지만 하나님의 군대에 있던 많은 사람들은 핍박이 심해지고 긴장이 강화될 때 탈영병이 되어 적군의 편에 서게 될 것이다. 그러나 하나님께 찬송하고 감사하는 것은 바벨론에 있는 하나님의 신실한 백성들은 무너져 가는 배도한 교회와 하나님 없는 세상을 떠나, 남은 무리로 구성된 진리의 군대에 가담하게 될 것이다. 이것은 어떤 특별한 교단, 교파, 교회로 모이는 것이 아니라 운동이다. 보이지 않는 조직이지만 영적으로 하나 된 무리다. 서로 만날 일이 없을지라도 진리로 무장한 하나의 군대다.

훈련

요엘 2장은 하늘에서 군대를 소집하는 소환장의 말씀이며, 이 시대 우리에게 부는 나팔소리이다. 지구 역사 마지막 대 전쟁에서 승리하기를 원하는 자들은, 늦은비 성령을 받기 위해 준비하라는 긴급한 요청이다.

"[1] 시온에서 나팔을 불며 나의 성산에서 호각을 불어 이 땅 거민으로 다 떨게 할지니 이는 여호와의 날이 이르게 됨이니라 이제 임박하였으니 [12] 여호와의 말씀에 너희는 이제라도 금식하며 울며 애통하고 마음을 다하여 내게로 돌아오라 하셨나니"(욜 2:1,12).

전쟁의 때가 되었으니 나팔을 불고 호각을 불면서 "내게로 돌아오라"는 소환명령이다. 그래서 훈련소에 입소했더니 어떤 훈련을 시키는가?

"[15] 너희는 시온에서 나팔을 불어 거룩한 금식일을 정하고 성회를 선고하고 [16] 백성을 모아 그 회를 거룩케 하고 장로를 모으며 소아와 젖먹는 자를 모으며 신랑을 그 방에서 나오게 하며 신부도 그 골방에서 나오게 하고 [17] 여호와께 수종드는 제사장들은 낭실과 단 사이에서 울며 이르기를 여호와여 주의 백성을 긍휼히 여기소서 주의 기업으로 욕되게하여 열국들로 그들을 관할하지 못하게 하옵소서 어찌하여 이방인으로 그들의 하나님이 어디 있느뇨 말하게 하겠나이까 할지어다"(욜 2:15-17).

훈련의 첫 단계는 회개다. 소집된 군인들이 제일 먼저 해야 할 것은 회개이다. 개인적으로도 회개해야 겠지만, "백성들을 모아" 함께 모여 회개한다. 공동체가 같이 한다. 성도들이 모여 자주 기도회를 하고 적군이 승리하지 못하도록, 하나님의 명예가 실추되지 않도록, 하나님의 백성이 조롱거리가 되지 않도록 하나님을 의지하며 간구해야 한다.

"그 때에 여호와께서 자기 땅을 위하여 중심이 뜨거우시며 그 백성을 긍휼히 여기실 것이라"(욜 2:18). 어떻게 긍휼히 여기시는가? "[23] 그가 너희를 위하여 비를 내리시되 이른 비를 너희에게 적당하게 주시리니 이른 비와 늦은 비가 예전과 같을 것이라 [28] 그 후에 내가 내 영을 만민에게 부어 주리니"(욜 2:23,28).

성령을 만민에게 부어 주시겠다고 했다. 지금 우리는 최후의 전쟁을 위해 늦은비를 부어 주시려는 그 지점에 와 있다. 우리를 한 계단씩, 한 계단씩 인도하여 오셨고, 이제 그 마지막 계단에서 늦은비 성령을 받도록 준비시키려고 하신다. 우리가 해야 할 일은 주님이 부어주시는 늦은비를 받을 수 있도록 죄를 버리고 우리 심령의 그릇을 정결하게 하는 것이다.

누가 살아남을 것인가?

우리가 만약 파선하는 배의 승객이라면, 허리에 금을 차고 뛰어내릴 것인가? 아니면 구명조끼를 입고 뛰어내릴 것인가? 우리는 영적으로, 육체적으로, 정신적으로, 시련을 당할 때에 풍파를 뚫고 나갈 수 있는 방법을 배워가고 있는가? 그렇게 해서 승리자가 될 수 있도록 준비하는 생활을 하고 있는가? 승리의 함성을 드높이기 위해 준비하고 있는가?

우리가 사는 이 시기는 엄숙한 시기이다. 이 글을 읽는 사람 중에 어떤 이는 한 계단 더 올라가야 할 사람이 있고, 또 어떤 사람은 한 계단이 아니라 180도 완전히 삶의 방향을 수정해야 하는 사람도 있을 것이다. 우리가 세상에 빠져 죄를 범하는 삶을 살고 있다면, 그저 한 계단 오르는 일이 필요한 것이 아니라 과거에 하던 것과는 전혀 다른 어떤 일을 해야 한다.

지상에 있을 마지막 전쟁을 위해서 준비하자. 원수의 군대가 아니라 임마누엘 왕의 군대 편에서 승리자가 되기를 원하는가? 하나님의 말씀에 순종하며 예수의 증거를 가진 자들과 함께 있기를 원하는가?

우리의 삶의 태도가 세상적이고 세속적이었음을 깨닫게 되었다면 그 올가미에서 벗어나자. 아직 은혜를 내려 주시는 이 때는 섬겨오던 모든 우상들을 버리고, 지금까지의 삶의 방식에서 완전히 돌아서는 결단을 해야 할 시기이다. 영원한 생명을 위해서 예수님을 선택하는 것과 비교해 볼 때 금이나 은을 바라보고 산다는 것은 얼마나 어리석은 일인가? 오늘 이 시간 그동안 나를 얽어 메고 있던 죄의 사슬을 주님의 도움을 힘입어 끊어 내기로 결심하고, 주님께 도와 달라고 구하자!

우리 주님께서 나를 위하여 생명을 바칠 정도로 내 영혼의 가치는 귀한 것이다. 나를 살리기 위해 대신 목숨을 버리신 놀라운 사랑과 희생을 깨닫게 될 때, 우리는 주님을 위해 버리지 못할 것이 없고, 하지 못할 일이 없게 된다.

예수님이 말씀하신다. "천국이 가까웠으니 회개하라" 오늘 이 시간 십자가 밑으로 함께 가자! 거기서 그리스도의 보혈이 우리의 죄악을 씻어 주시기를 간구하자. 죄를 짓지 않기 때문이 아니라 회개한 자들이 구원받는다. 죄를 품고 있는 자들에게 늦은비 성령을 부어 주실 수가 없다. 하나님께서 우리의 지성과 영성을 일깨워 주셔서 이 엄숙한 시기에 현명한 결정을 하도록 도와 주시기를 바란다.

사람을 그리스도께 인도하고, 그리스도의 희생의 가치를 깨닫게 해 주시는 성령께서 오늘 우리 마음에 놀라운 변화를 일으켜 주시기 위해 호소할 때, 우리 자신을 온전히 맡기고 결단하자. 그러므로 늦은비 성령이 풍성히 쏟아지는 그 때에 최후의 전쟁에서 살아남는 우리 모두가 되기를 간절히 원한다.

제7장
메시아닉 쥬 VS 대체신학
이스라엘을 알아야 미혹 당하지 않는다

요즘처럼 볼 것 많고 들을 것 많은 세상에서 진리를 바로 알고 말씀의 반석 위에 굳게 서 있는다는 것이 얼마나 중요한 일인지 새삼 깨닫습니다. 거짓이 참 것과 너무나 비슷하고, 오히려 더 성경적인 것처럼 달콤하게 들리기 때문에 성경의 바른 진리를 알고 있지 않으면 미혹 당하여 쓰러지고 맙니다. 특별히 "이스라엘의 회복"에 대한 문제는 많은 교회를 잘못된 길로 인도하고 있습니다.

신세계질서(New World Order)는
중동지역 정치적 상황을 어떻게 만들고 있는가?
하나님께서 왜 고대 이스라엘 민족을 선택하셨는가?
선택받았던 이스라엘이 어떻게 그 자리에서 떠났는가?
선택된 백성으로 남기 위해선 어떻게 해야 하는가?
정말 하나님은 이스라엘 국가를 통해 마지막 예언을 성취하시려는 것일까?
이스라엘 12지파는 어디에 있는가?
그리스도인의 역할은 무엇인가?
참 이스라엘, 참 교회의 모습은 어떤 것인가?

이번 장에서는 "메시아닉 쥬 VS 대체신학"이라는 주제를 통해 참 진리의 말씀을 찾아가도록 하겠습니다. 진리의 성령께서 독자 여러분의 마음을 감동시켜 주시기를 기도합니다.

1. 이스라엘 재건의 비밀

이스라엘 회복의 의미

요즘 여러 다양한 곳에서 유대인의 회복과 갖가지 말세의 정황들을 전하고 있는데, 그들은 실제 이스라엘 국가의 회복이 있어야 전 세계의 회복도 있고, 그래야 주님이 재림하신다고 말한다. 그래서 유대인들이 기독교로 개종을 하면 예수님의 재림이 가까웠다고 생각한다. 예수님의 재림이 가까운 것은 사실이다. 그러나 그 증거가 유대인들이 기독교로 개종했기 때문은 아니다.

유대인이 아닌 그리스도인이 영적 이스라엘로 대체되었다는 "대체신학"을 악이라고 표현하면서 그리스도 이후 영적 계보를 교회가 잇는 것이 아니라, 혈통적 유대인들이 여전히 그 계보를 잇고 있으며 그래서 1948년 이스라엘이 독립한 것은 성경의 성취라고 하는 사람들의 주장에는 어떤 의미가 숨겨져 있는 것일까?

이스라엘 회복을 이야기하는 이유는 다름이 아닌 바로 "7년 대환난" 교리 때문에 그렇다. 대환난 전에 그리스도인들은 다 휴거 되고, 대환난을 통해서 유대인들이 집단적으로 완전히 회개해서 예수님을 메시아로 영접하면, 예수님께서 감람산에 실제적으로 재림하셔서 유대인들이 천년왕국에 들어간다는 것이다. 이 7년 대환난 교리를 믿는 사람들은 대체신학은 사탄이 만든 신학이라고 주장한다.

어떤 사람은 이렇게 얘기한다. "좋아요. 이렇게 믿을 수도 있고, 저렇게 믿을 수도 있고, 뭐 그때 가보면 누가 맞았는지 밝혀지겠죠! 그것이 우리의 구원과 상관이 있겠습니까? 그냥 뭐 신학자들의 논쟁거리에 말려들 필요가 없고, 그저 예수님만 잘 믿으면 되지요."

그러나 아주 중요한 문제가 있다. 이렇게 예언을 해석하면 마지막 때에 온 세상을 기만하는 적그리스도를 몰라보게 된다. 적그리스도가 나타나서 사람들에게 짐승의 표를 강요하고 있는데, "언젠가는 적그리스도가 나타나겠지" 하면서 먼 미래만 보고 있다면, 적그리스도를 경배하고, 짐승의 표를 받게 된다는 말이다. 그래서 이 문제는 단순히 어떤 교리를 믿고 안 믿고의 문제가 아니라 마지막 시대 참과 거짓, 구원이냐 멸망이냐에 관한 대전쟁의 이슈인 것이다.

이스라엘 재건과 7년 환난 교리의 관계

로마 교황청은 개신교가 불법의 사람, 즉 적그리스도를 알아보지 못하게 끊임없이 노력하고 있다. 그 결과 많은 신실한 기독교인들이 자신들이 믿는 신학이 왜, 어떻게 만들어졌는지도 모른 채 따라가고 있다. 성경은 진리를 믿음으로 구원을 받는다고 말씀하고 있다(살후 2:13). 예수님을 믿되 성경대로 믿어야 한다. 그렇지 않으면 가짜에 속아 넘어갈 가능성이 크다. 예수님께서는 거짓 가르침과 거짓 선지자들을 조심하라고 하셨다. 특히 말세에는 미혹하는 일이 많을 것이라고 경고하셨는데, 참 진리를 보지 못하도록 악한 영은 수많은 신학들을 만들어 내고 있다. 진짜를 찾아야 한다. 말씀을 통해서 가짜를 분별할 줄 알아야 한다. 조금씩 거짓 가르침을 믿어 온 사람들은 곧 닥칠 큰 위조 사건에 속아 넘어갈 위험이 있다.

깊이 생각해 보면 유대인들이 예수님만 핍박하고 거절했던 것은 아니다. 사도 바울이 이방인들과 온 세상을 향해 그리스도의 복음을 들고나갈 때 누가 바울을 가장 괴롭게 했는가? 동족 유대인이었다. 예수님이 이 땅에 계실 때도 그렇게 쫓아다니며 괴롭혔던 이들이 바울도 쫓아다니며 그리스도의 복음이 전파되는 것을 방해했다. 그 유대인들은 오늘날에도 그리스도와 그리스도를 믿는 사람들을 박해하고 있다.

사도 바울은 초대교회가 유대인과 이방인의 민족적 정서 차이로 주 안에서 하나가 되지 못하고 늘 분파와 분쟁이 있었기 때문에 그들을 하나로 연합하려고 많은 근심과 노력을 했다. 그런데 놀랍게도 현대 기독교회가 7년 환난이라는 교리로 바울의 수고를 한순간에 물거품으로 만들며 세상을 또다시 이스라엘과 이방인으로 나누고 있다.

1948년 이스라엘 재건이 성경 예언의 성취라며 수많은 기독교인에게 관심을 받았다. 이렇게 믿는 사람들은 이스라엘 뉴스에 관심을 두고 이스라엘을 위해 기도하고 있다. AD 70년 로마의 티투스 장군에 의해 예루살렘이 멸망되고 나서 2,000여 년이 흐른 뒤에, 지금의 중동 땅에 이스라엘이라는 국가가 1948년 5월 14일에 재건되었다. 우리는 이 사실을 어떻게 이해해야 할까? 정말 하나님은 이스라엘 국가를 통해 마지막 예언을 성취하시려는 것일까?

시오니스트와 신세계 질서

이스라엘이 1948년 건국되기 전에, 전 세계에 널리 퍼져 있던 유대인들은 이스라엘이 회복될 것이라는 시오니스트[팔레스타인에 유대인의 나라를 세우려고 힘쓰는 유대인들]의 소문을 들었다. 시온은 예루살렘을 가리키는 고대 언어이다. 시오니즘[과거의 이스라엘 땅에 유대민족의 독립국가를 재건하기 위한 운동]은 공산주의와 사회주의 뒤에 수백 년 동안 숨어서 활동한 유럽의 유대인 그룹인 아슈케나짐[유럽의 유대인 그룹. 히브리어로 독일을 가리키는 말이므로 문자 그대로의 뜻은 독일계 유대인(German Jews)]의 정치적인 활동이다.

데오돌 헤즐(T. Herzl)은 1917년 시온운동을 일으켰고, 앞으로 30년 후면 이스라엘은 국가를 갖게 될 것이라 했는데 그로부터 정확히 30여 년 후인 1948년에 이스라엘은 독립하게 되었다. 이것은 성경 예언의 성취가 아니라 마지막 시대 7년 대환난 시나리오를 통해 이 세상을 기만하기 위한 목적의 성취이다.

1897년 첫 번째 시오니스트 의회가 스위스 바젤에서 개최되어 유대인 국가 건설이 결정되어 장소를 찾기 시작할 때, 영국이 아프리카를 제공하였으나 시오니스트는 거절하고 팔레스타인을 원했다. 그래서 결국 시오니스트가 팔레스타인을 자신들의 땅으로 결정하고 유럽의 아슈케나짐 유대인들이 그 땅으로 이주하기 시작하였다.

오늘날 기독교인들은 성서의 땅 이스라엘이 거룩한 분위기로 가득하리라고 생각한다. 하지만 시오니스트가 팔레스타인으로부터 이 땅을 빼앗아 이스라엘을 세운 후로 이곳은 세상에서 가장 분쟁과 피 흘림이 많은 곳이 되었다. 세계주의자들의 전 세계를 지배하려는 계획에서 이스라엘의 임무는 중동에서 끊임없는 분란을 만드는 것이기 때문이다.

세계주의자들이 세운 나라 이스라엘은 세상에서 가장 인종 차별이 심한 나라이다. 이민자들의 탈이민이 가장 많은 나라 역시 이스라엘이다. 군대의 동성애자들의 비율이 높은 나라 1위 역시 이스라엘이다. 세상에서 범죄 조직 마피아의 활동이 보호되는 나라 1위 역시 이스라엘이다.

이스라엘에서 실제 유대교를 믿는 인구는 전체 인구의 5%밖에 안 된다. 시오니스트가 통제하는 언론은 이스라엘이 중동에서 공산주의를 막는 방어막이라고 선전하지만, 이스라엘은 근본적으로 나치 스타일의 파시즘이 혼합된 막시스트 공산주의 국가이다. 따라서 이스라엘은 중동에서 공산당의 활동을 허용하는 유일한 국가이며, 역설적으로 아랍 국가들은 공산주의 활동을 허용하지 않는다.

선택받은 민족

기독교인들은 유대인들을 영원토록 '신이 선택한 민족'이라고 믿도록 세뇌되었다. 이런 신화는 소수 유대인 지도자들이 성경에서 몇 문구를 발췌해 이것을 근거로 하나님이 그들을 '선택된 민족'으로 정했다고 주장하지만 '신이 선택한 민족'이라는 개념을 만든 사람들은 사실 유대교를 믿지 않는 유대인 무신론자들이다. 이들 시오니스트 유대인들은 정치적 목적으로 유대교를 선택한 것이지, 성경에 나오는 실제 유대인과는 아무런 혈연적, 신앙적 관계가 없다. 오히려 성경은 그런 자들에 대해 "보라, 사탄의 회당에 속한 자들 곧 스스로 유대인이라 하나 유대인이 아니고 거짓말을 하는 자들이 있는데"(계 3:9)라고 말씀한다.

오늘날 육적 이스라엘 회복이라는 것은 하나님의 기적 같은 역사가 아니라 하나님을 믿지 않는 시오니스트에 의해 이루어졌다는 사실이다. 유대 민족은 예루살렘이 멸망한 후 온 세상에 흩어졌다. 북방 이스라엘의 10지파는 앗수르에 의해 멸망한 후 혼혈 정책에 의해 그 씨가 없어져 버렸고, 이후 로마에 의해 예루살렘이 철저히 파괴된 후 유대 나라의 두 지파인 베냐민과 유다 지파도 혼혈과 잡혼 그리고 실종 등으로 그 순수한 피가 전혀 없어진 상태에 이르게 된 것은 역사가 증명하는 사실이다. 그러다가 1948년에 흩어진 소수의 유대인이 이스라엘에 모여 엘리트 비밀조직들의 활동으로 다시 국가로 인정을 받게 되었는데, 일부 현대 기독교회는 이러한 실제 이스라엘 건국을 보고 그것이 성경 예언의 성취이며 그들이 여전히 참 이스라엘이라고 믿고 있다. 그러나 1948년 이스라엘 건국이 성경 예언의 성취라고 믿는 사람들은 중요한 실수를 하고 있는데, 그들은 하나님께서 왜 이스라엘을 선택하셨는지를 기억해야 한다. 그리고 선택받았던 이스라엘이 어떻게 그 자리에서 떠났는지 성경의 진리를 간과하고 있다.

2. 이스라엘을 선택하신 이유

국경을 초월하여 복음을 전하라

아담과 하와는 하나님께 불충성하여 에덴동산을 잃어버렸고 그 죄 때문에 온 땅은 저주를 받았다. 만일 하나님의 백성이 그분의 교훈을 따라 행했다면 그들의 토지는 비옥하고 아름다운 땅으로 회복되었을 것이다. 마치 이 지구가 하나님의 정하신 자연법칙을 따를 때 귀중한 곡식을 내는 것처럼, 사람의 마음도 하나님의 말씀을 순종함으로써 하나님의 성품을 반영하도록 되어 있었다. 그랬다면 이방 사람들이 살아 계신 하나님을 경배하고 섬기는 백성의 우월성을 인정하게 되었을 것이다. "내가 너를 이방인들의 빛으로 세웠나니 이것은 너로 하여금 땅 끝까지 이르러 구원을 이루게 하려 함이라"(행13:47, 사49:6).

하나님께서는 이스라엘 백성을 통하여 온 세계에 풍성한 축복을 나누어 주시는 것이 목적이었고, 이스라엘 백성을 통하여 주님의 빛을 온 세상에 비추는 길을 마련하셨다. 이방 나라들은 패역한 행실을 따름으로 하나님께 대한 지식을 잃어버렸다. 그러나 하나님께서는 그들을 불쌍히 여기셔서 멸망시키지 않고 하나님의 백성을 통해 그들이 주님과 친숙해질 수 있는 기회를 주려고 하셨다. 주님의 백성을 통해 나타내신 원칙이 이방인들에게 하나님의 도덕적 형상을 회복시키는 방편이 되게 계획하셨다.

주님께서 이스라엘 백성을 애굽에서 구해 내실 때에 또 한 번 하나님의 권능과 긍휼을 나타내셨다. 낮에는 구름기둥, 밤에는 불기둥으로 인도하셨다. 광야의 위험에서 그들의 생명을 보존하고 약속된 땅으로 인도하셔서 주님을 인정하지 않는 나라들 앞에서 이스라엘 백성을 당신의 택하신 기업, 주님의 포도원으로 세우셨다. 그들을 애굽의 속박에서 구원해 내신 일과 광야를 지나는 여행길에 그들을 취급하신 일 속에 나타난 놀라운 역사는 이스라엘 백성의 유익만을 위함이 아니라, 그 근방 백성들에게도 유익이 되게 하셨다.

이스라엘 백성을 통해서 하나님의 품성을 나타내 이방이 하나님께로 이끌려 오도록 하는 것이 그분의 뜻이었다. 그러므로 그들을 통해 온 세상에 복음의 초청을 보내도록 하셨다. 제사 제도의 교훈을 통하여 그리스도께서는 만백성 앞에서 높임을 받으시고 그분을 바라보는 자는 다 살게 하셨다. 가나안 사람 라합과 모압 사람 룻처럼 우상숭배에서 돌아서서 참 하나님을 경배하는 모든 사람은 하나님의 택한 백성과 연합할 것이었다. 이스라엘은 그 백성이 늘어남에 따라 국경을 점점 넓혀서 마침내 온 세계에 이르러야 했다.

선택된 백성으로 남는 조건

"하나님은 모든 사람이 구원을 받으며 진리를 아는 데에 이르기를 원하"(딤전 2:4)신다. 그래서 하나님은 이 땅에 반드시 하나님을 대표하는 사람들을 선택하셨고 이들에 의해 모든 사람에게 하나님을 알리고 진리를 전하도록 계획하셨다. 하나님께서는 인류에게 그분의 성품과 진리를 알리시려고 아브라함을 믿음의 조상으로 세우시고 이스라엘을 택하셨다. 이스라엘에게 하늘의 명령과 하나님의 뜻의 계시를 맡기셨다. 세상 열국들은 타락하였고 하나님을 잊었다. 그래서 하나님은 이스라엘을 통하여 그들에게 여호와를 알 수 있는 기회를 주시고자 하셨다. 하나님께서 이스라엘을 택하시고, 진리를 주셨지만 그것은 언제나 조건적이었다. 그 조건이 완수될 때만 이스라엘은 계속 선택된 백성으로 남을 것이었다. 그 조건은 무엇인가?

과거 유대인들은 하나님께서 아브라함과 맺은 언약, 또한 모세에게 주신 선민적 지위인 유일의 교회관 **"너희는 열국 중에서 내 소유가 되겠"**(출 19:5)다고 하신 말씀 때문에 자신들의 역할이나 지위가 절대로 변경되거나 폐지되지 않을 것이라 믿었다. 그러나 그들이 한 가지 놓친 것이 있는데 그 언약에는 **"세계가 다 내게 속하였나니 너희가 내 말을 듣고 내 언약을 지키면"**(출 19:5)이라는 조건이 붙어 있다는 것이다. 이러한 조건을 무시한 채 언약의 말씀과 축복만 받아들인 유대인들은 자신들의 지위가 절대로 변함없을 것이라 믿게 되었다.

"[4] 내가 만일 네 아버지 다윗이 행함 같이 마음을 온전히 하고 바르게 하여 내 앞에서 행하여 내가 네게 명령한 대로 온갖 일에 순종하여 내 법도와 율례를 지키면 [5] 내가 네 아버지 다윗에게 말씀하시기를 이스라엘의 왕위에 오를 사람이 네게서 끊어지지 아니하리라 한 대로 네 이스라엘의 왕위를 영원히 견고하게 하려니와 [6] 만일 너희나 너희의 자손이 아주 돌아서서 나를 따르지 아니하며 내가 너희 앞에 둔 바의 계명과 법도를 지키지 아니하고 가서 다른 신을 섬겨 그것을 경배하면 [7] 내가 이스라엘을 내가 그들에게 준 땅에서 끊어 버릴 것이요 내 이름을 위하여 내가 거룩하게 구별한 이 성전이라도 내 앞에서 던져버리리니 이스라엘은 모든 민족 가운데에서 속담거리와 이야깃거리가 될 것이며"(왕상 9:4~7).

안타깝게도 이스라엘 백성은 하나님께서 맡기신 사명을 완수하지 못했다. 그들은 하나님을 잊었으며 그들의 거룩한 사명을 완수하는 데 실패했다. 그들은 받은 축복을 세상에 나누어 주지 않았고, 그 모든 축복과 특권을 자신의 영광을 위해 사용하였다. 하나님은 이스라엘에 대하여 이렇게 선언하셨다. **"내가 너를 순전한 참 종자 곧 귀한 포도나무로 심었거늘 내게 대하여 이방 포도나무의 악한 가지가 됨은 어찌이뇨"**(렘 2:21).

"예루살렘 거민과 유다 사람들아 구하노니 이제 나와 내 포도원 사이에 판단하라 내가 내 포도원을 위하여 행한 것 외에 무엇을 더할 것이 있었으랴 내

가 좋은 포도 맺기를 기다렸거늘 들포도를 맺힘은 어찜인고 이제 내가 내 포도원에 어떻게 행할 것을 너희에게 이르리라 내가 그 울타리를 걷어 먹힘을 당케 하며 그 담을 헐어 짓밟히게 할 것이요 내가 그것으로 황무케 하리니 다시는 가지를 자름이나 북을 돋우지 못하여 질려와 형극이 날 것이며 내가 또 구름을 명하여 그 위에 비를 내리지 말라 하리라 하셨으니 대저 만군의 여호와의 포도원은 이스라엘 족속이요 그의 기뻐하시는 나무는 유다 사람이라 그들에게 공평을 바라셨더니 도리어 포학이요 그들에게 의로움을 바라셨더니 도리어 부르짖음이었도다"(사 5:3~7).

"유대인들의 헛된 이야기들과 진리에서 돌아선 사람들의 명령에 귀를 기울이지 못하게 하려 함이니라"(딛 1:14).

누구라도 열린 마음으로 성경 말씀을 읽으면, 선민의 조건은 하나님의 말씀을 준수해야만 하는 것임을 알 수 있다. 성경은 오래전에 유대인들이 선택된 민족이라는 권리를 잃어버렸음을 기록하고 있다. 하나님께서는 유대인을 편애하는 분이 아니다.

하나님께 감사치 않고, 기회와 축복을 등한히 여기고 하나님의 선물을 이기적으로 사용하는 죄, 이 모든 것이 이스라엘 백성에게 하나님의 진노를 내리게 한 죄이다. 이스라엘 백성이 하나님의 목적을 이루는 데 실패했기 때문에 버림을 받았고 하나님께서는 그들 대신에 다른 백성을 부르셨다.

끝까지 돌이키지 않은 이스라엘

하나님은 이스라엘에 여러 선지자를 보냈다. 그러나 수많은 선지자를 핍박하고 죽인 사실을 우리는 잘 알고 있다. 그런 이스라엘이지만 포기하지 않으시고 예수님이 인간이 되어 이 땅에 오셨다. 그러나 유대 종교지도자들은 예수님을 미워하였고 심지어 죽이고자 하였다. 그래서 예수님을 모함하려고 십자가에 달려 돌아가시기 며칠 전에 여러 가지 도전하는 질문을 했는데, 그런 질문들에 예수님은 친절하게 답변하셨고 그들의 악함을 깨닫게 하시기 위해 다음의 비유를 말씀하셨다.

"[33] 다시 한 비유를 들으라 한 집 주인이 포도원을 만들어 산울타리로 두르고 거기에 즙 짜는 틀을 만들고 망대를 짓고 농부들에게 세로 주고 타국에 갔더니 [34] 열매 거둘 때가 가까우매 그 열매를 받으려고 자기 종들을 농부들에게 보내니 [35] 농부들이 종들을 잡아 하나는 심히 때리고 하나는 죽이고 하나는 돌로 쳤거늘 [36] 다시 다른 종들을 처음보다 많이 보내니 그들에게도 그렇게 하였는지라 [37] 후에 자기 아들을 보내며 이르되 그들이 내 아들은 존대하리라 하였더니 [38] 농부들이 그 아들을 보고 서로 말하되 이는 상속자니 자 죽이고 그의 유산을 차지하자 하고 [39] 이에 잡아 포도원 밖에 내쫓아 죽였느니라"(마 21:33~39).

이 비유의 말씀을 하신 후에 "그러면 포도원 주인이 올 때에 이 농부들을 어떻게 하겠느냐"(마 21:40)고 예수님께서 질문하셨을 때 유대 종교지도자들이 "그들이 말하되 그 악한 자들을 진멸하고 포도원은 제 때에 열매를 바칠 만한 다른 농부들에게 세로 줄지니이다"(마 21:41)라고 직접 말하였다. 그때에 예수님께서 "그러므로 내가 너희에게 이르노니 하나님의 나라를 너희는 빼앗기고 그 나라의 열매 맺는 백성이 받으리라"(마 21:43)고 하셨다.

이 말씀은 이스라엘을 두고 말씀하신 것이다. 하나님은 이스라엘의 구원을 위하여 모든 일을 하셨다. 수많은 선지자를 보냈고 심지어 하나님의 아들인 예수님이 오셨다. 그러나 이스라엘은 하나님의 구원의 손을 뿌리쳤고 예수님까지 죽였다. 이 비유를 듣고 유대 종교지도자들은 스스로에게 심판을 선언했다. 그래서 예수님은 하나님의 나라가 너희에게서 빼앗기고 열매 맺는 백성이 받겠다고 말씀하신 것이다. 유대 종교지도자들은 예수님의 비유가 자기들을 가리켜 하신 말씀인 줄 알고 분노하여 결국 예수님을 죽이도록 넘겨준다(마 21:45).

예수님은 이렇게 자신을 거부하는 이스라엘을 위하여 다음과 같이 말씀하셨다. "[35] 그러므로 의인 아벨의 피로부터 성전과 제단 사이에서 너희가 죽인 바라갸의 아들 사가랴의 피까지 땅 위에서 흘린 의로운 피가 다 너희에게 돌아가리라 [37] 예루살렘아 예루살렘아 선지자들을 죽이고 네게 파송된 자들을 돌로 치는 자여 암탉이 그 새끼를 날개 아래에 모음같이 내가 네 자녀를 모으려 한 일이 몇 번이더냐 그러나 너희가 원하지 아니하였도다 [38] 보라 너희 집이 황폐하여 버려진 바 되리라"(마 23:35, 37, 38).

뒤바뀐 진리의 수호자

이렇게 이스라엘이 진리를 거부하였기에 예수님도 더는 이스라엘과 함께하실 수 없었다. 하나님은 더 이상 하나님을 대표하는 사람들로 이스라엘을 사용하실 수 없었다. 십자가 이후에도 한동안 제자들은 유대 민족의 구원을 위해서만 일했다. 그러나 예수님께서 돌아가신 지 3년 반 후인 서기 34년, 스데반이 새 언약의 복음을 끝까지 거절하는 유대 종교지도자들을 향하여 경고와 호소의 설교를 할 때, 그를 산헤드린 공회가 돌로 쳐서 죽이는 판결을 내림에 따라, 스데반은 그리스도 교회의 첫 번째 순교자가 되었으며(행 7:51~60), 곧 이어서 일어난 핍박과 함께 이방인들에게 복음이 전파되기 시작했고, 그 후로 온 세상에 진리를 전하는 사명은 육적 이스라엘에게서 열매 맺는 하나님의 백성, 영적 이스라엘 교회로 넘어간다.

아브라함의 실제 후손들이 예수님이 오시기까지는 진리를 가지고 있었고 이방 나라에 복음을 전해야 할 책임을 지고 있었다. 그러나 그들이 예수님을 십자가에 못 박으며 진리를 명백히 거절한 이후 지난 2천 년간 누가 온 세상에 복음을 전했는가? 교회가 하나님의 진리를 지키고 전파하였다. 지난 2천 년간 누가 진리를 보존하고 예수 그리스도에 대한 복음을 온 세상에 전했는가? 유대인이 아니라 새 언약의 백성들이다. 그 과정에서 교회가 배도하고 타락하는 일이 있었다. 그렇지만 하나님은 여전히 당신의 열매 맺는 백성을 통해 진리를 수호하고 보존하여 오늘까지 이르게 하셨다. 그러므로 진정한 의미의 하나님의 백성인 이스라엘은 하나님의 진리를 지키고 전달하는 백성이다. 하나님께서 아브라함을 부르신 이유가 그것인데, 그 후손들이 더 이상 그 일하기를 멈추었기 때문에 하나님은 그리스도로 말미암아 새 시대를 여셨다. 이제 하나님을 대표하는 사람들은 유대인이 아니라 그리스도인들이 된 것이다.

영적 이스라엘의 출현

성경은 혈통적 이스라엘이 예수 그리스도를 거절하고 십자가에 못 박은 후에, 이제는 혈연관계를 떠나 영적인 이스라엘 백성을 부르신 사실을 말하고 있다. "[28] 너희는 유대인이나 헬라인이나 종이나 자유인이나 남자나 여자나 다 그리스도 예수 안에서 하나이니라 [29] 너희가 그리스도의 것이면 곧 아브라함의 자손이요 약속대로 유업을 이을 자니라"(갈 3:28, 29).

유대인이든지, 헬라인이든지 누구든지 그리스도안에 있으면 아브라함의 자손이라고 한다. 현재 팔레스타인 이스라엘을 건국한 사람들은 그리스도안에 있지 않을 뿐만 아니라 2천 년 전처럼 여전히 예수님을 모욕하고 있으며 예수님을 믿는 이들을 핍박하고 있다. 이것만 보더라도 1948년 이스라엘 독립은 하나님께서 하신 일이 아님을 알 수 있다.

"[28] 무릇 표면적 유대인이 유대인이 아니요 표면적 육신의 할례가 할례가 아니니라 [29] 오직 이면적 유대인이 유대인이며 할례는 마음에 할지니"(롬 2:28, 29) "곧 육신의 자녀가 하나님의 자녀가 아니라 오직 약속의 자녀가 씨로 여기심을 받느니라"(롬 9:8).

유대인! 혈통적 이스라엘! 그들이 아니라 그리스도로 말미암은 약속의 자녀가 하나님의 자녀라는 것이 바울의 신학이다. 성경에서 보다시피 이스라엘은 현재 이스라엘 국가를 가리켜 말하는 것이 아님을 분명히 알 수 있다. 육적 이스라엘은 예수 그리스도를 거절했고, 이제 영적인 이스라엘인 하나님의 참 백성, 교회가 생긴 것을 성경은 기록하고 있다. 사도 바울은 이렇게 말했다. **"하나님의 말씀을 마땅히 먼저 너희에게 전할 것이로되 너희가 버리고 영생 얻음에 합당치 않은 자로 자처하기로 우리가 이방인에게로 향하노라"**(행 13:46).

사도 바울의 참 이스라엘 백성에 대한 정의는 다음과 같다. **"[15] 할례나 무할례가 아무것도 아니로되 오직 새로 지으심을 받는 것만이 중요하니라 [16] 무릇 이 규례를 행하는 자에게와 하나님의 이스라엘에게 평강과 긍휼이 있을지어다"**(갈 6:15,16).

여기 나오는 이스라엘이 실제 유대인, 즉 갈라디아에 있는 유대인들을 말하는 것일까? 아니다. 그리스도를 믿는 이방인을 하나님의 이스라엘이라고 말씀하고 있다. 당시로서는 참으로 파격적인 말씀이다. 그런데 오늘날 사람들은 사도 바울의 말씀을 거슬러 돌아가려고 한다. 물론 유대인일지라도, 육적인 이스라엘일지라도 그들이 예수님을 하나님의 아들 그리스도로 믿고 받아들여 그 말씀에 따라 살면 그들도 영적 이스라엘이 되는 것이다. 영적 이스라엘이라는 큰 집합 속에 유대인과 그리스도인 모두가 속했기 때문에 영적 이스라엘이라는 범주에 유대인이 제외되지 않는다.

구약시대는 이스라엘 민족이 중심이 되어 하나님께서 역사하셨지만, 신약시대에서는 유대인과 이방인으로 하나가 된 초대교회가 믿음으로 따라난 영적 이스라엘로 불리며 하나님께서 역사하셨다. 그래서 구약의 이스라엘이 받았던 하나님의 백성과 거룩한 나라와 제사장의 축복의 말씀이 동일하게 신약의 그리스도인들에게 언약이 되었다.

[구약] **"너희가 내게 대하여 제사장 나라가 되며 거룩한 백성이 되리라 너**

는 이 말을 이스라엘 자손에게 고할찌니라"(출 19:6).

[신약] "오직 너희는 택하신 족속이요 왕 같은 제사장들이요 거룩한 나라요 그의 소유된 백성이니 이는 너희를 어두운 데서 불러내어 그의 기이한 빛에 들어가게 하신 자의 아름다운 덕을 선전하게 하려 하심이라"(벧전 2:9). "그 아버지 하나님을 위하여 우리를 나라와 제사장으로 삼으신 그에게 영광과 능력이 세세토록 있기를 원하노라 아멘"(계 1:6).

이 말씀을 통해 하나님의 복음은 교회를 통하여 우리에게 전달되었고 하나님의 진리를 아는 자들이 영적인 이스라엘이요, 믿음의 조상인 아브라함의 후손이라는 것을 알 수 있다. 오늘날 이스라엘은 혈통적 유대인이 아니라 새로 지음을 받은 자, 예수님을 구주로 받아들이고 성령으로 거듭난 자들이라고 성경은 말하고 있다.

실제 이스라엘 백성이 예수님을 믿고 개인적으로 구원받을 수 있다. 그러나 그들이 국가적, 민족적으로 전 유대인이 회개하고 예수님을 받아들이게 된다는 것은 성경적이지도 않고, 합리적이지도 않다.

12지파

그들은 또한 요한계시록에 나오는 14만 4천이 결국 실제 이스라엘의 남은 자들이라고 생각한다. 그 이유는 계시록 7장에 그들이 열두 지파에서 나온다고 기록되어 있기 때문이다. 그러나 계시록 7장의 열두 지파의 이름들은 원래의 지파들과 조금 다르다. 단 지파와 에브라임 지파가 빠지고 요셉 지파와 레위 지파가 들어가 있다. 원래 고대 이스라엘에서 레위 지파가 열두 지파에서 빠져 있었던 이유는 그들은 제사장의 임무와 성전 봉사를 맡고 있었기 때문이다. 그러나 계시록 7장에는 레위 지파를 포함하고 있다. 이렇듯 원래의 열두 지파와 계시록 7장의 14만 4천의 열두 지파와는 차이가 있다. 또한 야고보서에서는 다음과 같이 말씀하고 있다. "하나님과 주 예수 그리스도의 종 야고보는 흩어져 있는 열두 지파에게 문안하노라"(약 1:1). 지금 야고보가 실제 유대 지파를 말하는 것일까? 흩어져 있는 열두 지파는 유대인을 말하는 것이 아니라 이방인으로 구성된 소아시아 지방의 초대교회를 일컫는 것이다.

이스라엘의 구원인가, 온 세상의 구원인가?

사도 바울은 로마서에서 "하나님의 은혜로 그리스도로 말미암아" 구원 얻는 길을 선포한 후에 로마서 9~11장까지는 그리스도의 구속 사역의 성취로 말미암아 하나님의 구속사의 범위가 이스라엘 중심에서 세계 만민에게로 확대되는 것을 설명한다. 그런데 오히려 세대주의자들은 로마서 9~11장을 이스라엘 회복과 전 유대인의 구원으로 해석하는데 그것이 과연 그러한지 살펴보자.

로마서 9장 앞부분은 바울이 자기 민족인 이스라엘이 하나님의 율법을 가지고 있고 그리스도가 저희 중에서 나셨음에도 불구하고 구원을 받지 못하는 것에 대해 애끓는 심정을 토로하면서(9:1~5), 그러나 하나님의 백성의 정의는 종족에 있는 것이 아니라 약속에 있음을 밝힌다(9:6~13).

그리고 27절에 이사야의 예언을 인용하며, "이스라엘 뭇 자손의 수가 비록 바다의 모래 같을지라도 남은 자만 구원을 얻으리니"(롬 9:27)라고 말하므로 모든 이스라엘이 다 구원받는 것이 아니라 남은 자만 구원을 얻는다는 사실을 분명히 하고 있다. 이스라엘이 선택받은 민족인데, 왜 구원받지 못하는가? 그 이유를 "믿음에 의지하지 않고 행위에 의지"(롬 9:32)하기 때문이라고 바울은 설명한다.

로마서 10장에서도 역시 계속하여 동족 이스라엘이 구원받지 못하는 이유를 예를 들어 설명하고 있다. 그들이 구원받지 못하는 이유는 **"하나님께 열심이 있으나 지식을 좇은 것이 아니라 하나님의 의를 모르고 자기 의를 세우려고 힘써 하나님의 의를 복종치"**(롬 10:2, 3) 아니 하였기 때문이다.

로마서 11장에서는 이스라엘의 반역을 오히려 전 세계의 구원에 사용하시는 하나님의 구속사의 계획을 밝힌다. 이스라엘이 거절하였으니 하나님께서 그들을 완전히 버리셨는가? 그렇지 않다. **"그러므로 내가 말하노니 저희가 넘어지기까지 실족하였느뇨 그럴 수 없느니라 저희의 넘어짐으로 구원이 이방인에게 이르러 이스라엘로 시기나게 함이니라"**(롬 11:11). 이스라엘이 넘어짐으로 구원이 이방에게로 퍼져가는 계기가 된 것이다. 그리고 이방인의 구원이 이스라엘을 시기하게 하고 분기시켜 그들도 또한 구원받게 하려는 것이 하나님의 원대한 구속사의 섭리이다(롬 11:12,25). 이방인들은 이스라엘이 잘려 나간 곳에 믿음으로 접붙임을 얻어 지금 구원을 누리고 있다. 그러므로 만일 믿지 아니하면 원가지들도 아끼지 아니하신 하나님께서 접붙인 가지도 아끼지 아니하시고 찍어 내버릴 것이다. 그리고 잘려 나간 원가지들도 믿으면 다시 접붙이실 것이다(롬 11:24). 비록 원가지였던 유대인이 잘려 나갔을지라도 그들이 회개하고 돌아오면 새 언약의 백성이 되는 것이다.

그런데 오늘날 퍼지고 있는 세대주의 가르침은 이스라엘이 반역하고 잘려 나갔는데도 불구하고 여전히 "하나님의 눈동자처럼 보호하고 인도하고 계신다. 이스라엘에 불리한 정책을 실시하는 것은 하나님의 눈동자를 범하는 것이다"라고 하는 것은 성경적인 사상이 아니다. 그들은 지금 하나님의 눈동자가 아니다. 하나님의 눈동자는 그들이 아니라, 참 진리와 참 복음을 믿고 주님의 말씀에 따라 순종하며 사는 백성들이다. 하나님의 약속은 언제나 조건적이라는 사실을 명심해야 한다.

이방인의 충만한 수

로마서 11장에 보면 이방인의 충만한 수가 들어온다는 말씀이 있는데(롬 11:25), 무엇을 의미하는 것일까? "이방인의 충만한 수"는 그 다음 절의 "온 이스라엘"과 관련지어 생각해야 한다. 만일 이방인의 충만한 수가 "모든 이방인"을 가리키고 "온 이스라엘"이 이스라엘 백성 모두를 말한다면, 바울은 여기서 모든 사람이 결국은 다 구원을 받는다는 "만인 구원론"(Universal Salvation)을 주장하는 것이 된다. 그러나 바울서신 어디에서도 유대인이거나 이방인이거나 모두가 구원을 받는다고 주장한 일이 없다. 바울은 오히려 그가 이방인의 사도가 된 것은 그의 동족인 이스라엘 백성을 시기하게 하여 "저희 중에서 얼마를 구원하려 함"(11:14)이라고 말했기 때문에 모두가 구원받는 것을 생각하지 않고 있음은 분명하다.

그런데 바로 이어서 "온 이스라엘이 구원을 얻으리라"(롬 11:26)는 말씀이 나온다. 이것이 모든 유대인이 다 구원받는 말씀일까? 오랜 세월 메시아를 거절하고 지금도 받아들이지 않고 있는 이스라엘이 재림 직전 집단적으로 회개하고 구원을 받는다는 것은 하나님의 구속의 경륜과는 조화되지 않고, 그런 일이 생길 수도 없다. 그렇다면 무슨 말씀일까? 로마서 11장은 유대인과 이방인을 비교하면서 설명하고 있는 말씀이다. 그 둘은 참 감람나무와 돌 감람나무로 비교되었다. 그러므로 "온 이스라엘"을 그리스도를 영접한 유대인과 그리스도를 영접한 이방인을 합해서 온 이스라엘, 모든 이스라엘이라고 해석하는 것이 바울의 신학을 가장 잘 이해한 것이다.

3. 누가 참 이스라엘인가?

메시아닉 쥬(Messianic jew)

본래 메시아닉 쥬란 "그리스도를 받아들인 유대인"을 일컫는 말이었는데, 요즘 회자되는 메시아닉 쥬는 실제 유대인 그리스도인들과는 상관없는 하나의 교파와 같은 개념으로 현대 기독교인들에게 접근하고 있어 주의가 요구된다. 특별히 한국 메시아닉 쥬는 기독교가 유대주의의 뿌리를 잃어버리고 헬라 철학의 오류 위에 세워진 대체신학이라고 언급하며 실제 이스라엘 국가의 회복이 성경에 예언된 진정한 이스라엘의 회복이라고 주장하고 있다. 그들에 따르면 현재 이스라엘 국가가 2,000년 만에 다시 세워지고 또한 이스라엘에서 비밀리에 추진되고 있는 제3성전을 짓기 위한 움직임 등이 그 증거라고 주장하면서 이스라엘의 모든 것이 회복될 때 하나님의 백성들은 다시 절기를 지키며 동물 희생 제사를 드리게 될 것이라고 이야기하고 있다. 사실 메시아닉 쥬라는 이름보다 절기를 지켜야 한다는 것을 강조하기 때문에, "절기파" 또는 토라에 언급된 실제적 실천을 주장하기 때문에 "토라파"라고 해야 더 합당한 이름일 것이다. 초대교회 당시도 이런 유대주의로 돌아가려는 움직임이 있었고 이러한 주장을 다른 복음이요, 이러한 주장을 하는 사람들을 거짓 교사라 하여 사도들과 바울이 심각하게 경고했다는 것을 기억해야 한다(갈 1:6).

대체신학

예수님은 혈통적 유대인들에 대하여 "돌 하나도 돌 위에 남지 않고 다 무너뜨리우리라"(마 24:2)는 마지막 예언을 하셨고 AD 70년 예루살렘의 멸망과 함께 국가적, 선민적 유대인들의 운명도 이것으로 끝이 났다. 유대인 디아스포라[세계 도처에 흩어진 유대인이나 유대인 공동체]는 성경의 예언 성취이지만, 1948년 육적 이스라엘이 독립한 것은 성경의 예언과는 결코 무관한 것이다. 성경에는 그런 예언이 없다. 유대인이 그리스도를 영접함으로 개인적으로 구원을 받을 수는 있어도 선민으로서의 지위는 서기 70년에 끝났고 그 자리에는 열매를 맺는 새로운 이스라엘인 교회가 자리 잡게 되었던 것이다(마 21:43). 이것을 메시아닉 쥬는 대체신학이라고 폄하하는데 이것은 성경의 말씀과 예언을 크게 곡해하는 것이다.

신약성경은 혈통적, 국가적 유대인이 아닌 영적 이스라엘 백성의 출현과 사역에 대한 말씀이다. 예수님 부활 승천 이후 초대교회가 새로이 조직되기 시작했는데 이들 구성원들은 예수님의 예언대로 열매 맺는 이방인 그리스도인들이었으며 사도 바울은 그들을 새로운 영적 이스라엘로 보고 있었음을 우리는 기억해야 한다(롬 2:28,29). 만일 메시아닉 쥬의 주장대로 교회의 자리에 유대인들이 사라지고 이방인들이 새로운 언약 백성으로 자리 잡게 된 것이 대체신학이라 한다면 대체신학의 창시자는 바로 예수님과 사도 바울이 될 것이다.

메시아닉 쥬는 또한 에스겔 37장의 마른 뼈들의 회복에 대한 예언을 1948년 이스라엘 독립에 연관 지어 설명하는데, 이것은 성경해석의 원칙을 잘못 적용한 결과이다. 성경의 예언을 구분하는 데는 두 가지 원칙이 있는데, 첫째는 역사적(문자적) 해석이요, 둘째는 묵시적(상징적) 예언 해석 방법이 있다. 예를 들어 바벨론 포로 70년, 애굽의 노예 400년 이런 예언들은 역사적(문자적)으로 해석해야 하는 것들이고 다니엘서와 계시록에 있는 대부분의 예언들은 묵시적(상징적)으로 해석해야 하는 것들이다. 하지만 다니엘서 내에서도 느부갓네살의 일곱 때 등은 역사적으로 해석해야 하는데 그것은 그 문맥이 실제 역사적 사건이라고 설명해 주기 때문이다.

이처럼 역사적이냐 묵시적이냐를 구분 짓는 것은 예언을 해석하는 가장 기본적인 원칙 중 하나가 된다.

에스겔 37장 마른 뼈의 환상도 역사적(문자적)으로 해석해야 하는데 이는 문맥 자체가 당시 실제적 사건에 대한 예언임을 말하고 있기 때문이다. 에스겔이 예언하던 당시의 북방 이스라엘은 이미 100년 전에 사라졌으며 남방 유다의 멸망은 신속히 다가오는 때였다. 이러한 시기에 마른 뼈들에 대한 이상은 소망 없어 보이는 유다가 바벨론 포로 이후에 회복될 것이라는 약속이었다. 예레미야 선지자가 바벨론 포로생활은 70년만 하고 돌아올 것이라고 말했듯이, 에스겔서는 바벨론 포로생활을 하게 하신 하나님의 분명한 목적과 번영할 때 배우기를 등한히 했던 하나님의 교훈을 역경 가운데서 배우도록 허락하셨음을 선포하는 예언이었다. 이것을 저 멀리 2500여 년이 지난 1948년 이스라엘 독립으로 해석하는 것은 합당치 않다. 이사야, 예레미야, 에스겔, 다니엘 그리고 소선지서 등 모든 "회복" 예언은 1948년 실제 이스라엘의 독립 예언이 아니라 바벨론 포로생활을 마치고 돌아올 것이라는 예언이다.

누가 이스라엘인가

이스라엘 백성이 흩어진 이후에는 더는 선택된 민족이 아니다. 이제는 하나님께서 진리를 세상에 전하기 위해 그리스도 교회를 사용하실 수밖에 없으셨다. 하나님께서 이스라엘 민족을 택하신 이유는 그들이 특별하기 때문이 아니라, 빛 곧 진리를 전수하기 위하여 사용하실 한 통로가 필요했기 때문이다. 그러나 이제는 하나님의 교회들을 영적인 이스라엘로 택하여 사용하고 계신다. 오순절에 성령을 받고 제자들은 제일 먼저 예루살렘과 유대에 복음을 전파했다. 그러나 유대인들은 거절했고, 그 결과 복음이 이방인들에게로 전파된 것이다.

그리스도를 십자가에 못 박고 배반하여 나간 한 민족, 수천 년 동안이나 진리를 떠나 세속적으로 살아온 민족, 그것도 그들의 혈통이 다 섞이어 혼합된 사람들을, 단지 과거에 한 번 선택받은 적이 있다는 이유 하나만으로 다시 선택된 민족이 된다는 것은 성경적이지 않을 뿐만 아니라 상식적이지도 않다.

현재 이스라엘 국가의 98%는 예수 그리스도를 모르는 불신자들이다. 그런데 하나님께서 그들을 갑자기 변화시키시어 성령을 부어 주신다는 말인가? 하나님은 우리와 변론하기를 원하시는 분이시다. 우리에게 주신 자유 의지를 존중하므로 본인의 의사와 관계없이 강제하지 않으시고 충분한 빛을 주신 후 스스로 선택하게 하시는 분이시다. 그런데 지난 2000여 년 동안 핍박을 받으며 진리를 유지해온 교회를 제쳐 놓고 갑자기 유대인들을 다시 등장시켜서 그들을 통하여 마지막 역사가 이루어지고 하나님의 능력이 그들에게 내려진다는 것은 참 교회, 참 예언을 분별하지 못하게 하려는 잘못된 가르침이다.

하나님의 약속은 항상 조건적이다. 그 조건은 바로 하나님의 명령을 순종하는 것이다. "[6] 만일 너희나 너희의 자손이 아주 돌아서서 나를 따르지 아니하며 내가 너희 앞에 둔 바의 계명과 법도를 지키지 아니하고 가서 다른 신을 섬겨 그것을 경배하면 [7] 내가 이스라엘을 내가 그들에게 준 땅에서 끊어 버릴 것이요 내 이름을 위하여 내가 거룩하게 구별한 이 성전이라도 내 앞에서 던져버리리니 이스라엘은 모든 민족 가운데에서 속담거리와 이야깃거리가 될 것이며"(왕상 9:6, 7).

유대 나라가 하나님의 말씀을 듣지 않고 반역했을 때 바벨론의 침공을 받고 예루살렘이 파괴되었으며 포로로 잡혀갔다. 그때 에스겔과 예레미야 같은 여러 선지자가 예루살렘 황무지에 다시 꽃이 필 것이라는 예언을 했다. 예루살렘과 유대 나라의 회복을 예언하고 소망을 고취하였다. 그래서 어떤 사람들은 이 회복을 1948년도의 이스라엘 나라의 재건으로 적용하고 있지만 구약의 선지자들이 예언한 예루살렘의 회복은 포로로 잡혀간 지 70년 후에 다시 돌아와 느헤미야 때 성전을 재건축하는 일로 성취되었다는 사실을 알아야 한다. 약속을 받은 자들의 배도와 반역과는 상관없이 하나님의 약속이 무조건 성취된다고 생각하는 것은 성경적이 아니고 합리적인 해석도 아니며 하나님을 오해하는 것이다.

무너진 예루살렘 성전이 재건되리라는 아모스의 예언이 있는데, 이 예언을 사도 바울은 이방에 복음이 전파된 결과로 그리스도 교회가 세워지는 것으로 적용하였다. **"그날에 내가 다윗의 무너진 천막을 일으키고 그 틈을 막으며 그 퇴락한 것을 일으켜서 옛적과 같이 세우며"**(암 9:11).

"[14] 하나님이 처음으로 이방인 중에서 자기 이름을 위할 백성을 취하시려고 그들을 돌보신 것을 시므온이 말하였으니 [15] 선지자들의 말씀이 이와 일치하도다 기록된 바 [16] 이후에 내가 돌아와서 다윗의 무너진 장막을 다시 지으며 또 그 허물어진 것을 다시 지어 일으키리니"(행 15:14~16).

사도 바울은 아모스의 말씀이 신약시대의 교회에서 이루어졌다고 설명했다. 옛날 육적 이스라엘에 주셨던 언약이 이제는 영적인 이스라엘 즉 하나님의 교회들에 주어진 것이다.

열매 맺는 백성

"육신을 따라 난 이스라엘을 보라 제물을 먹는 자들이 제단에 참예하는 자들이 아니냐"(고전 10:18). 사도 바울은 그 당시 육적인 이스라엘 백성이 있음을 언급했다. 그러므로 이 말씀을 다른 편에서 본다면 영적으로 따라 난 이스라엘 백성이 있다는 반증이기도 하다. **"또한 하나님의 말씀이 폐하여진 것 같지 않도다 이스라엘에게서 난 그들이 다 이스라엘이 아니요"**(롬 9:6).

예수님을 믿는다고 다 영적인 이스라엘은 아니다. 교회에 다닌다고 다 이스라엘이 아니다. 열매를 맺는 백성만이 영적인 이스라엘이다. 실제 유대인들도 순종치 않고 열매를 맺지 않았을 때 버림받았던 것처럼 그 조건이 우리에게도 동일하게 적용된다. 그래서 예수님께서 **"하나님의 나라를 너희는 빼앗기고 그 나라의 열매 맺는 백성이 받으리라"**(마 21:43)고 말씀하셨다.

무슨 열매인가? 성령의 열매이다. 하나님의 성품을 닮은 열매다. 우리는 참 하나님의 이스라엘, 영적인 이스라엘이 되어야 한다. 계명을 지키므로 구원받는 것이 아니라 믿음으로, 은혜로만 구원을 받는다. 그러나 구원받은 자의 증거와 결과는 하나님의 명령을 지키는 거룩한 열매로 나타나야 한다. 이 열매가 없다면 그것은 구원의 경험이 없다는 뜻이다. 그러므로 우리는 열매 맺는 참 이스라엘, 참 하나님의 백성, 참 하나님의 교회가 되어야 한다.

마지막 성경 예언의 성취는 짐승의 표 환난에 초점이 맞춰져 있다. 이 환난에서 살아남는 자들을 성경은 **"하나님의 계명과 예수의 믿음을 지키는 자"**(계 14:12)라고 기록해 두고 있다. 선지자들과 그리스도는 헛된 의식에만 사로잡혀 형식적 종교의 나락으로 떨어진 당시 이스라엘 백성을 책망하셨고, 사도들 역시 새로운 언약 백성이 된 그리스도인들에게 하나님의 계명의 정신에 맞는 성품의 열매를 맺을 것을 강조했다. 이러한 구원의 대주제가 마지막 때 짐승의 표 환난 시에도 적용이 된다. 이 마지막 때는 참된 믿음을 가지고 하나님의 계명에 죽기까지 순종하는 성품의 열매를 맺는 자들이 구원을 얻게 될 것이라고 계시록은 예언하고 있다.

이러한 때에 사탄은 또다시 초대교회 때 그랬던 것처럼 기만을 펼치면서 믿음과 성품이 아니라 여러 가지 의식들을 지키고 제사를 지내는 것이 구원이라고 속이고 있다. 우리 인간은 너무나 연약하다. 그리하여 눈에 보이는 어떤 의식들과 행위 제사들을 통하여 마음의 평안을 누리려는 경향들이 있다. 사탄은 우리의 이러한 연약성을 충동질하면서 그러한 의식과 행위들을 통하여 거짓 평안 가운데 우리를 잠들게 하려고 노력한다.

참된 변화와 거듭남을 통하여 날마다 자신을 부인하고 하나님의 진리를 따르는 생애가 아니면, 우리는 그러한 유혹과 헛된 가르침에 쉽게 마음을 열고 멸망의 다른 복음을 좇아갈 수 있다. 예수님은 오직 마음에 의로운 성품의 옷을 입은 사람들이 천국 잔치에 참여하는 사람이 될 것이라고 말씀하셨다. 사탄이 우는 사자와 같이 삼킬 자를 두루 찾으며 돌아다니는 이때에 우리가 귀를 기울여야 할 메시지는 우리 구주 예수 그리스도의 말씀이지 인간의 헛된 철학과 거짓 가르침인 다른 복음에 귀를 기울이지 않아야 함을 항상 명심해야 한다.

4. 이 시대 참 이스라엘, 참 교회

유대 교회의 교회관

세상 유일의 교회를 가졌고 당시 하나님의 말씀인 구약 성경을 가졌던 유대인들, 그 교회에 소속되어 말씀을 글자 하나 틀리지 않고 지키며 고수하려 했던 유대인들은 왜 진리이신 예수님을 거절하고 멸망의 길로 가게 되었을까? 성경에 기록된 실패의 역사는 "말세를 만난 우리의 경계로 기록"(고전 10:11) 된 것이다.

당시 유대 교회에 소속되지 않았지만 복음을 받아들인 이방인들은 오히려 구원을 받았다. 그러나 하나님께서 세우신 세상 유일의 교회에 소속되어 있고 말씀을 완벽하게 지킨다고 믿으며 살던 유대인들은 멸망했다. 유대인들은 영적으로 교만했고, 그 영적 교만의 중심에는 이스라엘 교회관과 율법 준수의 자랑이 있었다. 예수님과 바울은 그것을 깨뜨리기 위해 최선을 다했다. 예수님과 사도 바울이 신약 성경에서 강조하는 것은 신앙의 본질, 계명의 정신, 마음의 할례, 그리스도와 같은 향기 나는 성품이었다.

그러한 초대교회를 향해 유대파 그리스도인들이 강박적으로 내세운 주장은 '할례를 받지 아니하면 구원이 없다'는 것이었다. 이러한 주장에 대해 사도 바울은 "다른 복음"으로 규정하며 "다른 복음을 전하면 저주를 받을"(갈 1:8) 것이라고 강력하게 경고했다. 그러면서 그는 "할례나 무할례가 아무것도 아니"(갈 6:15)라고 말한다. 이 얘기는 유대교회 안에 있는 것이나 유대교회 밖에 있는 것은 아무것도 아니라는 뜻이다. 하지만 유대인들의 문제는 회당을 중심으로 하지 않는 유대교 밖의 신앙은 구원이 없다는 것이었다. 이는 이스라엘의 교회관과 종교적 열심이 그리스도 복음의 본질을 삼켜버린 결과이다.

그런 그들을 향해 그리스도께서는 다음과 같은 선고를 내리셨다. **"하나님의 나라를 너희는 빼앗기고 그 나라의 열매 맺는 백성이 받으리라"**(마 21:43). 이것이 바로 교회관의 본질이다. 진리와 본질을 빼놓고 문자적 의미에 치우친 교회관을 받아들이면 과거 유대인들이 가졌던 동일한 오류에 빠지게 된다.

아브라함과 맺은 언약도, 모세에게 주신 언약도 그 조건에 따라 폐기하신 하나님이시다. 하나님의 역사로 세워진 교단과 교회라고 하더라도 그것을 받아들이고 따르는 사람들이 진리를 무시하고 본질에서 벗어난 교회관을 고집하면 성경의 예증에 의하여 과거 유대인들의 역사가 그 교단과 교회에 동일하게 반복될 것이다.

가시적인 교회 vs 비가시적인 교회

그 당시 하나님께서 세우신 유일한 교회인 유대교회의 유대인들은 그들의 유전을 진리의 말씀으로 깨뜨리려는 예수님을 끝까지 거절했다. 그들의 조직을 지키기 위해 진리이신 예수님을 십자가에 못 박아 죽였다. 그들은 진리를 거절했음에도 눈에 보이는 조직인 유대교회에 연결되는 것이 구원이라고 주장하며 복음으로 태어난 초대교회를 향해 유대교회에 연결되어야 한다는 자신들의 독특한 교회관을 강요했다. 그러나 하나님께서는 예수님을 거절한 유대교회가 아니라 복음을 받아들인 초대교회를 통해 역사하셨다.

교회를 교단, 조직, 건물로 가리키는 개념은 카톨릭을 통해 중세기에 들어왔으며, 가시적인 교회와 비가시적인 교회를 나눠서 설명하기 시작한 것도 카톨릭이다. 카톨릭은 눈에 보이지 않는 교회의 머리는 하나님이시고, 눈에 보이는 교회의 머리는 교황이라고 설명했다. 보이지 않는 교회가 보이는 교회에게 모든 권한을 부여한 것이라는 개념이 카톨릭의 교회관이다. 그래야 천주교 및 교황의 권위를 진리보다 더 높일 수 있기 때문이다. 카톨릭은 성경의 진리를 왜곡하고 이방 종교를 흡수한 혼합 종교이고, 정치적 후원으로 성장하였으며, 권력과 금력을 얻기 위해서는 수단과 방법을 가리지 않고 성장한 가짜 기독교이다. 그 종교는 성경의 진리를 믿는 사람들을 핍박하고 죽였으며 심지어 사람들이 진리를 알지 못하게 일반인들은 성경을 읽지 못하게 했다. 사람들의 영적인 눈을 가려 카톨릭을 맹신하고 맹종하도록 만들기 위해 가시적인 교회 개념을 만들었다.

유대교회는 초대교회를 향해 가시적인 교회관을 고집했다. 천주교는 왈덴스인들이나 종교개혁 후 개신교회를 향해 가시적인 교회관을 주장했다. 그들은 진리의 본질은 외면하고 교회라는 조직 자체로 자신들의 정당성을 호소했다. 오늘날도 하나님께서 세우신 교단이라고 주장하는 이들이 이와 같은 역사를 반복하고 있다.

성경에 등장하는 마지막 하나님의 교회는 요한계시록에 기록된 여자의 남은 무리이다. 이들은 어떤 특정 교단이 아니라 “예수의 증거”를 가지고 “하나님의 계명과 예수의 믿음”을 지키는 사람들이다. 예수님의 재림을 촉진시키는 재림운동은 교단 차원에서 일어나는 것이 아니라 하나의 운동처럼 진리를 따라 사는 사람들에 의해 진행되는 것이다. 하나님의 교회는 진리를 따라 사는 사람들에 의해 역사 이래 한순간도 끊기지 않고 계속되어 왔다. 성경의 진리를 따라 순수하게 시작한 수많은 교단과 교파가 이제는 성경의 진리를 거절하고 막는 단체가 되었다. 교회의 핵심 요소는 하나님의 임재와 진리라는 것을 잊지 말아야 한다.

참 포도나무이신 예수님

이스라엘이 실패한 역사는 말세에 반복될 것이기 때문에 성경은 그에 대해 경고하고 있다. 이런 때에 우리는 주님께서 이 마지막 때를 위하여 주신 모든 진리를 세상에 선포해야 한다. 그분께서 세우신 모든 기둥은 튼튼해져야 한다.

"[5] 내가 팔일 만에 할례를 받고 이스라엘 족속이요 베냐민 지파요 히브리인 중의 히브리인이요 율법으로는 바리새인이요 [6] 열심으로는 교회를 박해하고 율법의 의로는 흠이 없는 자라 [7] 그러나 무엇이든지 내게 유익하던 것을 내가 그리스도를 위하여 다 해로 여길뿐더러 [8] 또한 모든 것을 해로 여김은 내 주 그리스도 예수를 아는 지식이 가장 고상하기 때문이라 내가 그를 위하여 모든 것을 잃어버리고 배설물로 여김은 그리스도를 얻고"(빌 3:5~8). 사도 바울은 그리스도를 얻는 것과 그리스도를 아는 지식이 가장 고상하다는 것을 깨달은 후 과거 그가 목숨처럼 소중하게 여겼던 그의 민족적 자부심, 지식, 율법의 행위 등 모든 것을 해로 여기고 배설물처럼 버렸다.

그리스도와 바울이 그렇게 고뇌하며 싸웠던 대상은 이방인들이 아니라 그 당시 가시적으로는 하나님의 유일한 교회였던 유대인들이었다. 유대인들은 항상 포도나무를 가장 고상한 식물이며 힘 있고 뛰어나며 열매를 잘 맺는 모든 것의 상징이라고 생각했다. 이스라엘은 하나님께서 약속의 땅에 심으신 포도나무로 대표되었다. 유대인들은 그들의 구원의 희망을 그들이 이스라엘과 연결된 사실에 근거를 두었다. 그러나 예수님께서는 "내가 참 포도나무"라고 말씀하신다. 이스라엘과 연결되었다고 해서 유대인들이 하나님의 생명에 참여하는 자가 되고 그분의 약속의 상속자들이 될 수 있다고 생각하지 말아야 한다는 것을 말씀하신 것이다. 참 포도나무이시며 진리이신 예수님을 통해서만 영적 생명을 받을 수 있다.

정통이라는 교단에 속해 있는지가 아니라 진리이신 예수님께 연결되어 있는지의 여부가 중요한 것이다. 유대인들의 은혜의 시간이 마쳐지기 전에 침례 요한은 그 당시 교회 조직과는 별개로 광야에서 사람들을 모아 진리를 전했다. 예수님도 그 당시 교회 조직의 잘못된 점을 마태복음 23장에 기록된 것처럼 적나라하게 말씀하셨다. 그 이유는 그 당시 백성이 종교 지도자들의 영향에서 벗어나 진리를 분별할 수 있도록 하기 위함이다.

유대인들이 진리이신 예수님을 십자가에 못박고 나서 새로운 초대교회가 시작되었다. 예수님께서 십자가에 달리시고 부활하셔서 승천하신 그 해부터 예수님의 제자들은 이미 영혼들을 그 당시 하나님의 교회라고 생각되었던 유대인들의 교회에 보내지 않기 시작했다. 우리는 눈에 보이는 교단이나 조직을 강조하기보다는 예수님, 그리고 예수님이 하신 진리의 말씀에 연결돼야 한다.

열매 맺는 참 교회

포도나무와 연결되었다고 입으로 공언은 하나 열매를 맺지 못해 버림을 당한 유대 교회 대신 하나님께서는 열매 맺는 그리스도 교회를 세우셨다. 이 교회는 포도나무와 연결되어 있으므로 포도나무의 생명은 그의 생명이 된다. 그리스도를 개인의 구주로 믿음으로서 연합이 이루어지고, 그리스도와의 연결을 통해 허물과 죄로 죽은 영혼이 생명을 얻는다. 죄인이 그의 결점을 그리스도의 장점에, 그의 텅 빈 것을 그리스도의 충만하심에, 그의 연약함을 그리스도의 끊임없는 능력에 연합시킨다. 그때에 그는 그리스도의 정신을 가진다. 이와 같이 성령의 역사를 통해 인간은 거룩한 성품을 나누어 가지는 자가 된다.

포도나무의 생명은 가지들에 달린 향기로운 열매를 통해 명백히 나타날 것이다. 우리가 하나님의 아들을 믿는 믿음으로 살 때 성령의 열매가 우리의 생애 가운데 나타나 보일 것이며 한 사람도 멸망 받지 않을 것이다.

접붙인 가지가 외형으로는 포도나무와 연합된 것처럼 보이지만 생명을 유지하는 데 필요한 연결이 되지 않을 수도 있다. 그렇게 되면 자라지도 못하고 열매를 맺지도 못할 것이다. 신앙 고백으로 교회에서 자리를 차지하고 앉아있을 수는 있으나 성품의 변화와 자라남이 없다면, 과실을 맺지 않는다면 포도나무이신 예수님과의 연결이 끊어져 생명을 공급받지 못하는 상태이다.

예수님을 따라다닌 열두 제자 중에 한 제자는 포도나무와 끊어져 버림을 당했으며 나머지 제자들은 열매를 맺기 위해 전정하는 칼의 쓰라린 시련을 통과해야만 했다. 가지를 치는 일은 고통을 유발할 것이지만 칼을 대시는 분은 아버지이시다. 아버지께서는 난폭한 손으로나 무관심한 마음으로 일하지 않으신다. 과실에 전달해야 할 수액을 소모해 버리는 지나치게 무성한 잎들은 잘라 버려야 한다. 너무 자란 것들은 잘림을 받아서 의의 태양이 치료하는 광선을 발하도록 기회를 주어야 한다. 농부이신 아버지는 과실이 더욱 알차고 더욱 많이 열리도록 하기 위해 해롭게 자라나는 곳을 잘라 버린다.

"너희가 내 안에 거하고 내 말이 너희 안에 거하면 무엇이든지 원하는 대로 구하라 그리하면 이루리라"라고 예수님께서는 말씀하신다. 그리스도의 말씀은 영이요 생명이고 말씀을 통해 그리스도께서 우리 속에 거하신다. 말씀을 받아들임으로 포도나무의 생명을 받게 된다. 말씀을 통해 그리스도 안에 살고 그리스도에게 부착되어 그리스도의 공급을 받으며 그리스도에게서 영양분을 흡수한다면 우리는 그리스도와 같은 열매를 맺을 것이다.

그리하여 예수님이 그토록 원하셨던 큰 소망, 바로 그분이 우리를 사랑하신 것처럼 우리도 서로 사랑하는 열매가 맺힐 것이다. 중단 없이 성령의 감화를 받은 자들은, 말씀을 통해 예수님을 받아들이고 그 생명을 끊임없이 받는 사람은 모두 예수님이 우리를 사랑하신 것처럼 우리도 서로 사랑할 것이다. 이 사랑은 참 포도나무와 연결된 증거이며, 예수님의 제자 된 증거이다.

교회에 사랑의 열매가 생길 때

교회에 이런 사랑이 나타난다면 사탄은 분노할 것이다. 예수님을 핍박하고 죽인 것처럼 교회도 그런 취급을 받을 것이다. 복음은 반대와 위험과 손실과 고통과 투쟁을 통해 앞으로 전진할 것이다. 전능하신 성령의 도우심으로 진리가 악과의 투쟁에서 승리할 것이므로 교회는 용기와 힘과 인내를 가져야 한다.

분명히 불가능한 것같이 보이는 것들이 복음 전파의 길을 막을지라도 교회는 예수님의 은혜를 힘입어 앞으로 전진해야 한다. 교회는 어려움을 슬퍼하는 대신에 어려움을 극복하도록 부르심을 받았다. 그러므로 어떤 일에도 실망하지 말고 범사에 소망을 가져야 한다.

교회는 악을 대적할 수 있는 능력을 가져야 하는데 그것은 세상이나 죽음이나 지옥이라도 정복할 수 없는 능력, 그리스도께서 승리하신 것처럼 그들을 승리하게 할 수 있는 능력이다. 이 능력의 근원으로부터 나오는 모든 은혜와 힘과 능력은, 진리의 말씀으로 예수님과 연합한 교회가 예수님의 이름으로 구할 때 받게 되는 특권이다.

역경 가운데서라도 복음 전파하기를 쉬지 않는 교회, 비난과 반대와 핍박 가운데서도 그리스도의 자비와 은혜가 충만한 교회, 그리스도께서 우리를 사랑하셨던 것처럼 서로 사랑하는 교회가 준비될 때 그리운 우리 주님이 재림하실 것이다. 이러한 교회가 지금 준비되고 있다!

때가 가깝다. 하나님은 이 마지막 때 우리를 참 이스라엘로 부르고 계신다. 저기 팔레스타인에 있는 이스라엘이 약속의 자녀가 아니다. 그리스도를 믿고 그 말씀대로 사는 우리가 영적 이스라엘이다. 이 영적 이스라엘로 부르심을 받은 자들은 마지막 때에 해야 할 사명이 있다. 그 사명을 보지 못하게 하려고 악한 자는 기독교를 혼미케 하고 있다. 우리의 분명한 소명과 사명을 깨닫게 되기를 간절히 바란다.

제8장

세상을 뒤흔드는 3가지 경고

1840년대에 전 세계적으로 있었던 부흥운동, 특별히 미국에서 재림운동에 참여했던 사람들은 계시록 14장의 메시지를 자신들의 활동에 적용함으로 말씀을 역사에서 실체화했다. 그렇다면 그 계시록 14장의 메시지가 지나간 역사인지, 아니면 당시뿐만 아니라 오늘 이 시대에서도 다시 역사에서 실체화되는 하나의 사건으로서 적용될 수 있는지, 또한 이 천사들이 전하는 메시지가 이 마지막 시대에 반드시 전해져야 하는 영원한 복음인지, 그리고 마지막 시대를 사는 백성이 선포해야 할 사명 중 일부분이라면 그 중요한 내용은 무엇인지 살펴보고자 한다.

특별히 계시록 18장의 넷째 천사가 전하는 메시지는 계시록 14장에 등장하는 세 천사 중 둘째 천사가 전한 메시지의 반복이다. 그러므로 계시록 14장의 말씀은 마지막 시대를 사는 우리가 어떤 복음을 전해야 하는지를 밝혀주는 매우 중요한 복음이다.

여러분은 계시록 14장의 세 천사가 전하는 복음에 대해 들어본 적 있는가? 또 그 복음을 전하는 일에 동참하고 있는가? 그리고 무엇보다 그 복음이 나의 삶 속에서 경험으로 녹아내리는 실제적인 그리스도인 삶을 살고 있는가?

이 세 천사의 메시지는 세상을 뒤흔들 만큼 능력 있고 중요한 말씀이다. 이 메시지가 전해져야 예수께서 드디어 재림하실 수 있는, 재림 전에 반드시 선포되어야 하는 말씀이다. 이 메시지는 계시록 18장보다는 부드러운 어조로 외치고 있는 세상을 향한 마지막 사랑의 호소이자 경고이다. 세 천사의 메시지는 계시록 14장 6절부터 시작한다.

1. 첫째 천사의 복음

첫째 천사의 메시지:

"또 보니 다른 천사가 공중에 날아가는데, 땅에 거하는 자들
곧 여러 나라와 족속과 방언과 백성에게 전할 영원한 복음을 가졌더라.
그가 큰 음성으로 가로되 하나님을 두려워하며 그에게 영광을 돌리라.
이는 그의 심판하실 시간이 이르렀음이니 하늘과 땅과 바다와
물들의 근원을 만드신 이를 경배하라 하더라" (계 14:6, 7).

1) 천사의 신분

여기에 나오는 공중을 날아가며 외치고 있는 천사들은 누구인가? 계시록 18장의 천사와 마찬가지로 실제 천사가 아니다. 실제 천사들이 날아다니면서 복음을 전하면 어느 누가 믿지 않겠는가? 이 천사들은 복음을 전하는 일꾼들, 메신저를 말한다. 그런데 모든 시대에 적용되는 것이 아니라 이 말씀 자체가 마지막 시대를 지적하고 있기 때문에, 세 천사란 마지막 시대에 살고 있으면서 참 복음을 전하는 하나님의 참 백성을 의미한다.

그런데 왜 그들이 공중을 날면서 전파하고 있는 모습으로 묘사되었을까? 그것은 이 세상에 사는 모든 사람이 한 명도 빠짐없이 이 메시지를 들어야 하는 전 세계적인 스케일의 말씀이라는 사실을 인식시켜주며, 또한 이 복음은 지체됨이 없이 신속하게 전파되어야 할 성질의 것이라는 사실을 강조하는 것이다.

2) 영원한 복음

이 중요한 마지막 메시지를 전파하기 위하여 첫 번째로 날아가고 있는 천사가 모든 사람에게 전할 "영원한 복음"을 가지고 있다고 성경은 말해준다. 이 영원한 복음이란 무엇을 의미하는 것일까? 영원한 복음이란, 아담이 타락하자마자 에덴동산에서부터 하나님께서 인간을 어떻게 구원하시겠다는 하나님의 구속의 방법에 대해 계시하셨던 바로 그 복음을 말하는 것이며, 또한 아브라함이 이해하고 믿었던 그 구원의 복음을 말하는 것이며, 사도 바울이 깨닫고 설명한 바로 그 똑같은 복음을 말하는 것이며, 현재는 물론이요 앞으로 미래까지 영원히 동일하며 변치 않는 바로 그 복음을 말하는 것이다. 그러므로 인간이 구원받을 수 있는 구원의 진리와 경험은 한 가지밖에 없는 것이다. 쉽게 말해서 **영원한 복음이란, 인간을 구원하시기 위하여 하나님께서 제정하신 유일한 구속의 방법**을 말하는 것으로서, 그 방법이 영원히 변치 않는 복음이라는 의미이다.

① 기쁜 소식, 그 이상의 의미

복음이란 흔히들 "Good news 기쁜 소식"이라고 설명하지만, 그 이상의 의미를 내포하고 있다. 사도 바울은 복음을 이렇게 말한다. "이 복음은 모든 믿는 자에게 구원을 주시는 하나님의 능력이 됨이라"(롬 1:16).

복음이란, 단지 예수 그리스도를 통해 인간을 구원하신다는 사실을 알려주는 복된 소식에 불과한 것이 아니라, 죄를 사랑하고 죄를 즐거워하는 상태에 빠진 우리를 죄와 상관없는 자, 더이상 죄를 짓지 않는 의로운 자로 만들어주시는 하나님의 능력을 말하는 것이다. 그러므로 **복음이란 어떤 소식이나 교리, 하나님의 말씀 그 이상을 의미**하는 것이다. 그것은 **죄인을 변화시켜 에덴으로 다시 돌아갈 수 있게 만드시는 하나님의 재창조의 기적**을 말하는 것이다. 불순종해서 악해진 죄인들을 순종하는 의인들로 변화시켜서, 아직도 우주에서 죄 없이 순종하며 행복하게 사는 타락하지 않은 존재들과 다시 만나서 살 수 있도록 회복하시는 하나님의 사랑의 능력을 말하는 것이다. 쉽게 말해 **복음의 능력이란 우리를 기꺼이 하도록 만드는 능력이다.** 하나님 말씀에 순종해야 한다니까 마지못해 하는 것이 아니고, 하늘 가려면 말씀대로 살아야 하니까 하는 것이 아니라, 내 마음의 소원과 내게 가장 기쁜 일과, 가장 만족스러운 일이기 때문에 기꺼이 자발적으로 주님을 위해 살게 하는 능력, 그것이 복음이다. 말 그대로 얼마나 복된 소식인가! 우리는 이 복음의 능력을 체험하며 살고 있는가?

어머니와 사과

이 복음의 능력을 이런 예로 설명할 수 있겠다. 어느 깊은 산속에 서로 사랑하는 엄마와 딸이 살고 있었다. 이 모녀에게는 특이한 유전병이 있다. 사과를 먹으면 온몸에 붉은 반점이 생기고 반점들이 점점 커지면서 터져 온몸을 붉게 부어오르게 만들고 마지막엔 호흡이 곤란하게 되어 죽게 된다. 그래서 엄마는 딸아이를 보호하기 위해 사과가 나지 않고 찾아볼 수도 없는 깊은 산골에 살았다. 그래도 딸아이를 사랑하는 엄마는 혹시라도 하는 사랑의 염려로 겨우 말귀를 알아들을 정도의 나이 때부터 틈만 나면 아이에게 수시로 얘기해 준다. "빨갛고 예쁜 사과라는 과일이 있는데 이 사과는 보암직하고 먹음직하고 탐스럽지만, 너와 나는 먹게 되면 처음엔 온몸에 붉은 반점이 생기고 반점들이 점점 커지면서 터져 죽게 된단다. 혹시 다른 사람들이 먹고 안전하다고 너도 따라 먹게 되면 절대로 안 된다."라며 틈만 나면 반복적으로 이야기해 준다.

하지만 딸은 사과를 본 적도 없고 엄마가 말하는 증상들을 경험한 적이 없어 이해할 수가 없기에 엄마의 호소가 반복될수록 아이는 지겹기만 하다. 이제 줄줄 외울 정도로 잘 알고 있으니 그만하라고 짜증 섞인 소리로 대꾸하지만, 딸아이의 생명이 걸린 일이기에 엄마는 호소하는 일을 그칠 수가 없다.

그러던 어느 날 이 모녀는 여행 중에 공교롭게도 사과 농장이 많은 마을을 지나게 된다. 여기저기 주렁주렁 탐스럽게 익어가는 사과는 너무나 예쁘고 먹음직스럽게 보인다. 난생처음 본 사과에 빠진 딸아이에게 엄마는 열심히 사과의 해로움에 대해 얘기하지만 딸의 귀에는 더는 들리지 않는다.

어느새 딸은 엄마의 시야에서 사라져, 사과를 맛있게 먹고 있는 사람들 틈에 섞여 그중 가장 탐스러운 사과를 손에 들고 입으로 가져가려 한다. 사라진 딸을 찾아 다급하게 헤매던 엄마의 시야에 사과를 막 입에 대고 먹으려 하는 딸아이의 모습이 보인다. 이제 엄마의 머리에는 오직 아이의 생명을 지키고자 하는 마음뿐이다. 아이를 사랑하는 엄마는 목이 터져라 큰 소리로 딸의 이름을 불러 자기를 보게 한다. 아이를 지금뿐 아니라 앞으로도 영원히 지킬 수 있는 유일한 방법을 마음으로 결심하고 엄마는 한 개의 사과를 집어 단숨에 먹는다. 엄마의 다급한 목소리에 놀라 엄마에게 달려온 딸아이는 "처음엔 붉은 반점이 생기고, 그다음엔 그 반점이 점점 커지고, 그다음에 커진 반점이 터져 온몸이 붉게 부어오르고 급기야는 호흡이 곤란해져 죽게 된단다." 하던 엄마의 매일의 외침을 엄마의 죽음을 통해 직접 목격한다.

이제야 딸은 안다. 엄마의 다급한 목소리의 의미를, 매일 귀찮아하던 엄마의 외침이 사랑이었음을, 자기를 살리기 위해 대신 사과를 먹고 죽음으로 보인 사랑의 그 깊은 의미가 가슴에 저며와 눈물을 그칠 수가 없다. 더는 들을 수 없는 엄마의 매일의 외침은 엄마의 사랑이 가슴에 저미면 저밀수록 더 크게! 더 크게! 더 크게! 들린다.

신기하다. 그 귀찮던 호소가 이제는 사랑으로 더 큰 사랑으로 즐거이 들린다. 신기하다. 그렇게 예쁘고 탐스럽고 먹음직스럽던 사과가 이제는 예쁘지도 탐스럽지도 먹음직스럽지도 않다. 다만 사과를 생각하면 자꾸 엄마의 사랑이 보인다. 나로 인해 죽은 엄마의 사랑에 가슴이 저민다. 그래서 사과를 멀리하게 된다. 사과는 딸을 더 유혹할 수가 없다. 왜냐하면 사과는 사랑하는 엄마를 죽게 한 원수이며 사과를 먹지 않는 것이 엄마를 더욱 사랑하는 것임을 이제는 딸아이가 알기 때문이다.

② 복음의 능력

복음의 능력이란 이런 것이다. 하고 싶은 것을 억지로 참고, 하고 싶은 일을 어쩔 수 없이 참고 사는 것이 아니라 **하나님을 너무나 사랑하기 때문에 주님의 말씀대로 하지 않고는 살 수 없게 만드는 힘! 그 능력! 그 파워! 이것이 복음의 능력이다.**

이 어머니처럼 예수께서 우리를 살리시기 위해 여러 차례 경고하셨고, 여러 차례 선지자들을 보내셨으나 그들을 돌로 쳐 죽이고 그들의 말을 들으려 하지 않았다. 여러 차례 성경 말씀으로 계시하셨으나 죄에 대해 무감각해진 인간들은 거기에서 빠져나오려고 하지 않는다. "너 그렇게 살면 안 돼. 죄의 삯은 사망이야. 영원한 멸망이야."라는 성령의 호소를 인간은 그냥 잔소리처럼 듣는다. 그래서 예수께서 직접 이 땅에 오셔서 우리의 눈앞에서 옷 벗겨지시고, 침 뱉음 당하시며, 채찍에 맞으시고 십자가에 달려 돌아가셨다. 십자가에 달리심으로 그 어떤 호소보다 강력한 웅변을 하고 계시는 것이다. 실제로 예수께서 지금 내 눈앞에서 이렇게 죽어가는 것을 본다면 "아 예수님이 십자가에 돌아가셨으니 이젠 죄지어도 용서받을 길 생겼다. 이젠 괜찮다."라는 반응을 보일 것인가, 아니면 이 딸처럼 "주님, 저를 살리시기 위해 대신 죽으셨군요. 저의 죄 때문에 이렇게 죽으셨군요! 죄가 싫습니다. 죄가 무섭습니다. 이 모든 죄를 끊고 다시는 죄를 짓고 싶지 않습니다."라는 반응을 보일 것인가? 진지하게 생각해보자. 우리가 왜 죄를 지으면서 사는지 아는가? 왜 죄를 지으면서도 이 정도는 괜찮다고 생각하는지 아는가? 예수님의 십자가를 잃어버렸기 때문이다. 십자가를 바라보라! 십자가에는 능력이 있다. 죄를 그치고 하나님의 말씀대로 살게 하는 놀라운 힘이 십자가에 있다. 십자가가 우리 죄를 용서하는가? 그렇다. 그러나 현대 기독교회의 복음은 거기서 끝나버렸다. 십자가는 우리 죄를 용서할 뿐만 아니라, 현재 죄의 권세에서도 우리를 구원하는 능력이 있고 그 죄를 짓지 않게 만드는 세상에서 가장 놀라운 사랑이 있다.

이 복음의 능력을 경험하고 싶지 않은가? 전에는 그렇게 힘들었던 것이, 그렇게 끊기 어려웠던 죄의 즐거움이 이제는 가증하고 죽도록 미워지는 변화를 경험하고 싶지 않은가? 참된 거듭남의 경험, 참된 신자의 경험, 참된 그리스도인의 경험을 갖고 싶지 않은가? 이제는 예수님을 믿는 하나님의 자녀로서 새로운 삶을 살아야 하지 않겠는가?

③ 창세기에서 계시록까지 변치 않는 복음

예수께서 인간으로 오셔서 인간을 대신해서 죽으시고 죄의 권세에서 해방될 능력을 주신다는, 에덴동산에서 인류에게 선포하신 이 복음은(창 3:15) 죄인을 진심으로 회개케 하며, 하나님의 율법에 완전히 순종하고자 하는 새 마음을 갖게 하는 능력이 있다. 이 복음은 아담 때부터 지금까지 변치 않는 영원한 복음이다.

예수님을 믿는다는 것이 무엇일까? 우리의 지식과 동의로 "주님은 메시아"라는 것을 인정하는 것이 아니다. 신자가 그리스도를 믿고 받아들인다는 것은 그리스도의 생애를 살 수 있는 능력도 함께 믿고 받아들이는 것이다. 이 능력을 어디에서 받는가? 십자가에서! 그러므로 그리스도인의 생애는 우리가 노력해서 얻어지는 생애가 아니라 하루하루가 기적의 생애, 하늘의 능력이 매일 우리 생애 가운데 나타나는 초자연적인 생애다.

3) 하나님을 두려워하며 그에게 영광을 돌리라

① 두려워한다는 의미

첫째 천사가 날아가며, "하나님을 두려워하며 그에게 영광을 돌리라"고 외친다. 두려워한다는 것을 경외한다는 말로 번역할 수 있는데, **경외한다는 것이 무엇**일까?

"인자와 진리로 인하여 죄악이 속하게 되고 여호와를 경외함으로 악에서 떠나게 되느니라" (잠 16:6). "여호와를 경외하며 그 도에 행하는 자마다 복이 있도다"(시 128:1). "곧 너와 네 아들과 손자로 평생에 네 하나님 여호와를 경외하며 내가 너희에게 명한 그 모든 규례와 명령을 지키게 하기 위한 것이며"(신 6:2). "우스 땅에 욥이라 이름하는 사람이 있었는데 그 사람은 순전하고 정직하여 하나님을 경외하며 악에서 떠난 자더라"(욥 1:1).

하나님을 경외, 즉 하나님을 두려워한다는 것은 그의 **계명들을 순종하고 죄를 멀리하는 것**을 의미하고 있다. 아브라함이 하나님의 명령이므로 독자 이삭까지라도 아낌없이 제물로 바치려 한 순간 하나님께서는 이렇게 말씀하셨다. "네가 네 아들 독자라도 내게 아끼지 아니하였으니 내가 이제야 네가 하나님을 경외(두려워)하는 줄을 아노라"(창 22:12). 이처럼 완전한 순종만이 하나님께서 받으신다는 것을 우리에게 가르쳐 주고 계시는 것이다.

② 영광을 돌린다는 의미

"그에게 영광을 돌리라"는 말은 무슨 뜻인가? 그분께 영광을 돌리라는 말은 **우리의 생애에서 그리스도의 성품을 나타낸다는 뜻이다.** 모세가 시내산에서 하나님의 영광을 보여 달라고 하자 하나님께서 그 앞을 지나치시면서 당신의 형상을 보이시고 이름을 선포하셨다. 당신의 이름을 선포하시면서 하나님이 어떤 분이신지 말씀하셨다(출 34:6). 그러므로 "하나님을 두려워하며 그에게 영광을 돌리라"는 말씀은, **하나님의 말씀과 계명을 순종하고 죄에서 떠나므로 그의 성품을 우리 속에 이루라는 메시지이다.**

4) 심판의 시간

첫째 천사의 메시지는 언제나 진리이지만, 요한계시록에서 천사가 날아가며 새삼스러우며 급하게 전 세계적으로 경고하는 이유는 무엇일까? 그 이유는 "그의 심판하실 시간이 이르렀"기 때문이다. 다니엘 8장의 2300주야 예언이 끝나고, 하늘에서 재림 전 심판이 진행되면서부터 지구 역사의 대속죄일, 대심판의 날이 시작되었다. 이제는 모든 죄로부터 완전히 정결케 되고 죄의 도말을 경험한 참 이스라엘 백성이 드러나야 할 때가 된 것이다. 하늘에서 행해지는 대심판을 예수님의 중보를 힘입음으로 통과한 자들만이 새로 오는 새 하늘과 새 땅에 살 수 있는 자격을 얻는 것이다. 죽은 자들을 먼저 심판한 후에 산 자들을 심판할 시기가 이르렀다는 경고가 첫째 천사의 메시지에 포함되어 있다. 이 복음은 세상 역사의 마지막에 전파되어야 할 최후 은혜의 소식이다.

5) 창조주를 경배하라

첫째 천사의 메시지에 "하늘과 땅과 바다와 물들의 근원을 만드신 이를 경배하라"는, 즉 창조주를 경배하라는 것은 하나님께서 천지를 창조하시고 일곱째 날에 안식하신 것처럼 안식일에 대한 십계명의 회복까지를 포함하고 있다. 그 이유는 마지막 시대를 사는 하나님의 백성은 하나님의 말씀을 완전히 순종하는 자들인데, 그들은 먼저 십계명이 구약의 율법이 아니라 오늘도 우리에게 적용되며 심판의 기준이 된다는 사실을 말씀해 주고 있는 것이다.

2. 둘째 천사의 복음

둘째 천사의 메시지:

"또 다른 천사 곧 둘째가 그 뒤를 따라 말하되
무너졌도다 무너졌도다 큰 성 바벨론이여 모든 나라를
그 음행으로 인하여 진노의 포도주로 먹이던 자로다 하더라" (계 14:8).

1) 바벨론이 무너졌다.

둘째 천사는 바벨론이 무너졌다는 메시지를 전하고 있다. 왜 무너지는가? 첫째 천사의 메시지를 거절했기 때문에, 교회들이 바벨론이 되어 도덕적으로 심히 타락하고 영적으로 어두워져서 무너져 내리고 있다는 영적 현실을 보여주는 경고의 말씀이다. 하나님의 말씀을 거절할 뿐만 아니라 하나님의 계명을 지키는 참된 백성을 이단, 극단, 광신, 율법주의, 분리주의자라고 핍박하게 될 때 그 교회들은 바벨론이 되는 것이다.

1843년 미국의 장로교 목사이자 노예 폐지 운동 지도자 중 한 사람인 찰스 피치(Charles Fitch) 목사가 기독교회를 향해서 둘째 천사의 메시지인 "바벨론에서 나오라"(계 14:8)는 설교를 하게 되고 그 설교가 광범위하게 출판되면서 교회를 흔들어 깨우는 일이 있었다. 이러한 과거의 역사가 이 마지막 시대에 다시 반복되고 있다. 오늘날은 교회가 첫째 천사의 메시지를 거절했기 때문에 더욱 바벨론이 된 것이다.

2) 둘째 천사가 거절한 메시지

첫째 천사의 메시지가 무엇이었는가? 네 가지로 구분할 수 있는데, 첫 번째는 참된 복음, **"영원한 복음"**에 대한 것이다. 영원한 복음은 오늘날 교회에서 가르치는 그런 값싼 복음을 말하는 것이 아니다. 영원한 복음이란, 인간을 구원하기 위하여 하나님께서 제정하신 유일한 구속 방법인데, 믿는 사람을 하늘의 사람으로 변화시켜서 잃어버린 에덴으로 다시 돌아갈 수 있게 만드는 하나님의 복음이다. 순종하면 영생이요, 불순종하면 멸망이라는 그 복음은 아담 때로부터 지금까지 변치 않는 영원한 복음이다. 하지만 그 순종은 의무로서가 아니라 가장 기쁘고 즐거운 사랑의 발로이다. 그 복음을 경험해야 하늘에 이르는 것이다. 세상도 좋아하고 죄도 좋아하면서 하늘도 좋아하고 예수님도 좋아한다는 사람은 결단코 단 한 사람도 하늘에 있지 않을 것이다. 오직 하나님만 그 사람에게 가장 중요한 분이 되어 섬기는 사람이 영원토록 하나님과 함께 거하는 것이다.

두 번째는 **"하나님을 경외하라"**는 것이다. 하나님의 말씀에 순종하고 죄를 멀리하라고 촉구하는 메시지이다. 영원한 복음의 능력을 체험하면 당연히 죄와 멀어지는 삶을 살 수밖에 없게 된다. 어떻게 하나님이 싫어하는 것을 나는 계속 좋아하면서 살 수 있겠는가?

세 번째는 **"하나님께 영광을 돌리라"**는 것이다. 경진 대회 나가서 1등 한 것이 하나님께 영광 돌리는 것이 아니라 우리가 그리스도의 아름다운 성품을 나타낼 때 하나님께서 영광 받으시는 것이다.

네 번째는 **"창조주를 경배하라"**는 것이다. 피조물인 우리가 창조주이신 하나님을 올바로 예배하는 방법을 성경은 가르쳐주고 있다. 창조주를 기억하는 방법이 무엇인가? 이슬람처럼 하루에 다섯 번씩 기도하는 것이 창조주를 기억하는 것인가? 아니다. 일주일에 한 번 금식하는 것이 창조주를 기억하는 방법인가? 아니다. 어떻게 하면 창조주 하나님을 경배할 수 있을까? "천지와 만물이 다 이루니라 하나님의 지으시던 일이 일곱째 날이 이를 때에 마치니 그 지으시던 일이 다하므로 일곱째 날에 안식하시니라 하나님이 일곱째 날을 복 주사 거룩하게 하셨으니 이는 하나님이 그 창조하시며 만드시던 모든 일을 마치시고 이날에 안식하셨음이더라"(창 2:1-3).

창조주를 경배하는 방법은 창조를 기념하는 안식일을 지키는 것이다. 부모가 될 수 있는 자격은 자식을 낳았다는 데 있고, 자녀들로부터 합당한 존경을 받는 마땅한 권리도 역시 그들을 낳았다는 데 있다. 마찬가지로 **하나님이 되실 수 있는 자격은 창조에 있고 인간에게서 합당한 예배를 받으시는 것이 마땅한 까닭도 창조에 있다.** "하나님이 그 지으신 모든 것을 보시니 보시기에 심히 좋았더라"(창 1:31). 이렇게 심히 좋은 창조사역을 기념하면서 피조물인 인간들에게 "창조주를 경배하라"고 시작된 날이 바로 안식일이다. 안식일은 어떤 종교 창시자의 발명품이 아니다. 그것은 창조주에 의해서 개시된 최초의 제도이다. 하나님께서 친히 인간의 역사를 시작하면서 주신 제도이다. 인류의 아침은 안식일로 시작했다. 그날 아침 새의 노랫소리와 산들거리는 나무와 졸졸졸 흐르는 시냇물의 음악 소리에서 우리는 에덴동산에서 아담과 담소하신 하나님의 음성을 들을 수 있다. "1년"은 지구가 태양을 한 바퀴 도는 공전 때문이다. "한 달"은 달이 지구를 한 바퀴 도는 달의 공전 때문이며, "1일"은 지구가 제자리에서 한 바퀴 도는 자전 때문에 생기는 것이다. 그렇다면 "1주일"은 어떤 별의 움직임 때문에 오는 주기일까? 그것은 인류 역사의 모든 문헌을 다 뒤져봐도 오직 창세기에서만 발견할 수 있는 제도이다. 안식일은 창조의 기념이며 따라서 하나님의 능력과 사랑의 표징이고, 또한 직접 제정하시고 복을 주어 거룩하게 하신 날이다. 하나님이 존재하는 한 안식일은 절대로 무시되어서는 안 되는 날이다. 이것은 유대주의도 아니고, 율법주의도 아니다. 안식일은 그저 **인간으로서 당연히 지켜야 하는 인간의 도리**를 말하고 있다.

(한 가지 묻겠다. 십계명을 지켜야 하는가? 아니면 지금은 은혜 시대이고, 예수님께서 새 계명을 주셨으니까 안 지켜도 되는가? 예수님께서 "서로 사랑하라 이것이 새 계명이다. 했으니 우리는 서로 사랑하기만 하면 됩니다." 여러분 찬송가 뒤에 십계명 붙어 있는가? 제가 가지고 있는 찬송가에는 십계명이 기록돼 있다. 대부분의 찬송가 뒤표지 안쪽에는 십계명이 있는 것으로 안다. 지키지 않아도 되는 것을 왜 붙여놨을까?)

그러나 지금은 예수 그리스도의 십자가로 말미암은 은혜 시대이기 때문에, 십계명을 지킬 의무에서 벗어났다고 주장하는 사람들이 종종 있다. 예수께서 서로 사랑하라는 새 계명을 주셨으니 우리는 서로 사랑하기만 하면 된다고 한다. 대부분의 찬송가 뒤표지 안쪽에 십계명이 붙어 있다. 지키지 않아도 된다면 굳이 왜 붙여 놓았을까?

제1은, 너는 나 외에 다른 신들을 네게 있게 말지니라. 제2는, 우상을 만들지 말고 그것들에게 절하지 말며 그것들을 섬기지 말라. 제3은, 여호와의 이름을 망령되이 일컫지 말라. 제4는, 안식일을 기억하여 거룩히 지키라. 제5는, 네 부모를 공경하라. 제6은, 살인하지 말지니라. 제7은, 간음하지 말지니라. 제8은, 도적질하지 말지니라. 제9는, 네 이웃에 대하여 거짓 증거하지 말지니라. 제10은, 네 이웃의 소유를 탐내지 말지니라.

출애굽기 20장 1절 이하에 있는 말씀이다. 하나님 외에 다른 신을 섬겨도 되는가? 안 된다. 그것은 당연히 지켜야 하는 계명이다. 살인해도 되는가? 안 된다. 그것은 당연히 지켜야 하는 계명이다. 그러면 안식일을 거룩히 지켜야 하는가? "잠깐만요! 그것은 유대주의고, 안식일은 일요일로 변경됐습니다." 과연 그럴까? 그렇다면 누가 변경했는가? 예수님? 사도들과 제자들? 초대교회 장로들? 하나님의 법을 누가 변경했을까? 성경에서는 단 한 번도 변경된 사실이 없고, 초대교회도 안식일을 준수했다. 안식일이 일요일로 변경된 것은 로마제국과 기독교의 불륜관계에서 낳은 소산물이다. 타락의 결과로 일요일 예배가 태어났지, 성경의 가르침이 아니다.

십계명에 안식일을 지키라고 말씀하시면서 왜 안식일을 지켜야 하는지 이유를 설명해 주고 있다. "[8] 안식일을 기억하여 거룩히 지키라 [9] 엿새 동안은 힘써 네 모든 일을 행할 것이나 [10] 제칠일은 너의 하나님 여호와의 안식일인즉 너나 네 아들이나 네 딸이나 네 남종이나 네 여종이나 네 육축이나 네 문안에 유하는 객이라도 아무 일도 하지 말라 [11] 이는 엿새 동안에 나 여호와가 하늘과 땅과 바다와 그 가운데 모든 것을 만들고 제칠일에 쉬었음이라 그러므로 나 여호와가 안식일을 복되게 하여 그날을 거룩하게 하였느니라"(출 20:8-11).

왜 안식일을 지켜야 한다고 말씀하는가? 하나님께서 천지를 창조하셨고 또 나를 지으신 창조주라는 것을 기억하기 위해 안식일을 지킨다. 또한 말씀하신 대로 계명에 순종하여 안식일을 지키는 것이 창조주 하나님을 경배하는 것이다. 다른 방법이 없다. 하나님께서 나를 창조하신, 나를 이 땅에 태어나게 하신 부모님임을 기억하여 공경할 수 있는, 하나님이 원하시는 방법은 오직 안식일밖에 없다. 이것은 그리스도의 희생을 부인하는 것도 아니요, 그리스도의 부활을 무시하는 것도 아니다. 예수님은 안식일을 폐하지 않으셨다. 그분이 폐하신 것은 제사의 율법이지 십계명을 폐하신 것이 아니다. 십자가로 십계명을 폐하지 않았고, 물론 십계명의 하나인 안식일도 폐지되지 않았다. 십자가는 십계명을 폐한 것이 아니라 오히려 죄의 삯은 사망이라는 하나님의 말씀을 더욱 세우는 것임을 입증했다.

안식일은 유대인의 율법이 아니라 인류가 지켜야 하는 도덕법이다. 그런데도 오늘날 기독교계는 십계명 중에서 안식일을 변경했고 그것을 따르고 있다. 성경은 바로 그 일을 적그리스도가 할 것이라고 예언하고 있다(단 7:25 참조).

3) 바벨론의 취하게 하는 포도주

현대 기독교회가 첫째 천사의 메시지를 거절해서 오늘날 어떻게 되었는가? 하나님의 은총에서 떨어져 나가게 되었고, 영적 어둠 속에 갇혀 바벨론으로 치달을 수밖에 없는 당연한 결과를 가져오게 되었다. 기만이 너무 강하고 크기 때문에, 그리고 잘못된 가르침인 바벨론의 포도주에 취해있기 때문에, 아무 문제가 없다고 여기며 죄악의 온상이 되었음에도 교인들은 자신을 그리스도인이라고 공언하고 있는 비참한 현실이 되었다.

계시록 14장의 둘째 천사의 메시지가 온 세상에 전해지고 있다. 이 호소에 교회는 귀를 막고 종교개혁시대처럼 진리를 전하는 하나님의 백성을 핍박하는 장면이 곧 재현될 것이다. 하나님 말씀대로 살기를 원하고 주님의 뜻대로 살기를 원하는 신실하신 그리스도인들이 첫째 천사의 말씀에 따라 하나님의 성품으로 꼴 지어져 가고 있는가? 둘째 천사의 경고에 따라 무너진 바벨론에서 나오고 있는가?

3. 셋째 천사의 복음

셋째 천사의 메시지:

"[9] 또 다른 천사 곧 셋째가 그 뒤를 따라 큰 음성으로 가로되
만일 누구든지 짐승과 그의 우상에게 경배하고 이마에나 손에 표를 받으면
[10] 그도 하나님의 진노의 포도주를 마시리니 그 진노의 잔에 섞인 것이 없이
부은 포도주라 거룩한 천사들 앞과 어린 양 앞에서 불과 유황으로 고난을 받으
리니 [11] 그 고난의 연기가 세세토록 올라가리로다 짐승과 그의 우상에게
경배하고 그 이름의 표를 받는 자는 누구든지 밤낮 쉼을 얻지 못하리라
하더라 [12] 성도들의 인내가 여기 있나니 저희는 하나님의 계명과
예수 믿음을 지키는 자니라" (계 14:9-12).

1) 사랑과 경고의 호소

셋째 천사의 메시지는 세상을 향한 마지막 경고의 말씀인데, 보다시피 매우 엄숙하고 중요한 말씀임을 알 수 있다. 계시록 13장에 두 짐승이 나오는데, 첫째 짐승은 교황청이고 두 번째 짐승은 미국이다. 교황청이 미국을 통해서 전 세계에 짐승의 표를 강요하게 되는데, 그 표를 받지 말라고 세 번째 천사가 강력히 경고하면서 간절히 호소하고 있다.

대 환란이 올 것이다. 그 환란 동안 성도들은 인내해야 하는데, 어떻게 인내하는가? 본문 말씀에 보면 예수의 믿음을 가지고 하나님의 계명을 지키면서 이겨야 한다. 셋째 천사는 짐승의 표를 받지 말고 그 받을 재앙을

받지 말라고 외치고 있다. 이 경고는 "하나님의 계명과 예수 믿음을 지키는 자들", 곧 인내를 가지고 생명의 위협 앞에서도 짐승의 표 받기를 거절하는 마지막 성도들이 여기에 있다고 외치면서 그 끝을 맺고 있다. 이 셋째 천사의 복음은 두려움과 공포감을 일으키는 경고라기보다는 멸망해 가는 인류를 향해 애절하게 목메어 호소하는 하나님의 사랑의 절규이다. "죽지 말아라! 왜 짐승의 표를 받고 죽으려고 하느냐, 나를 따르라, 인내해라, 계명을 지켜라, 믿음을 가져라!"

2) 하나님의 계명과 예수 믿음을 가진 성도들

이 세상의 역사가 마쳐지려 하고 있다. 예수님의 재림 전에, 미국과 기독교와 교황청이 연합해서 짐승의 우상을 세우고 짐승의 표를 강요하게 될 것인데, 이것은 하나님의 백성에게 커다란 시련이 될 것이다. 그러나 생명 자체도 거짓의 대가로 사지 않는 신실한 하나님의 백성은 짐승의 표가 아닌 하나님의 표를 받게 될 것이다.

교황의 권위를 인정할 것인가! 하나님의 계명을 준수할 것인가! 이 전쟁은 이미 시작되었고, 절정을 향해 달려가고 있다. 때가 찼다. 교황의 권위를 따르느냐, 아니면 하나님의 말씀을 따르느냐의 투쟁은 어떤 의미에서 본질이 아니다. 그 속의 본질적인 투쟁은 하나님의 계명을 순종하는 믿음과 성품을 가지고 있느냐 없느냐 하는 전쟁이다.

예수께서는 이 땅에 계시면서 하나님 아버지의 계명을 온전히 지키심으로 아버지의 성품을 나타내셨다. 우리도 예수의 믿음을 가질 때만 하나님의 계명을 지키는 성도가 될 수 있다. 오늘날 많은 교회가 인간은 하나님의 계명을 지킬 수 없다고 핑계하는데 그것에 대하여 셋째 천사는 이렇게 외치고 있다. "성도의 인내가 여기 있나니, 저희는 하나님의 계명과 예수 믿음을 지키는 자니라"

마지막 성도들은 하나님을 전적으로 신뢰하며 순종하는 사람들이다. 그래서 셋째 천사의 메시지는 믿음으로 말미암는 의의 복음이다. 자기는 매일 죽고 그리스도께서 자기 속에 사시는 경험을 통하여, 항상 내재하시는 성령의 능력으로 하나님의 성품을 반사하는 사람들, 그들이 믿음으로 의로워진 사람들이다. 그래서 셋째 천사의 메시지는 내가 어떤 사람인지를 결정하고 인치는 메시지다. 우리가 세상을 향하여 바벨론의 거짓 가르침을 폭로하고 하나님의 인을 받도록 초청하려면, 먼저 우리가 진리로 거룩하게 되는 경험을 이루어야 한다.

사탄은 사람이 하나님의 계명을 지킬 수 없다고 주장했다. 맞다. 우리 자신의 힘으로는 계명을 지킬 수 없는 것이 사실이다. 그러나 그리스도께서 사람의 형상을 취하시고 이 세상에 오사 당신의 완전한 순종으로써 신성과 인성이 연합될 때에 하나님의 모든 법도를 지킬 수 있다는 것을 증명하셨다. 사람이 그리스도를 받아들일 때는 그리스도의 생애를 살 수 있는 능력도 받아들이는 것이다. 그것이 "너희 안에 계신 그리스도니 곧 영광의 소망"(골 1:27)이다. 하늘에서 살게 될 시민들은, 하나님의 계명을 무거운 것이라고 여기지 않고, 기쁨으로 순종하는 사람들이고 이런 사람들을 하나님께서 데려가시는 것이다. 우리는 재림을 기다리는데, 하늘에 갈 성도로서의 준비도 함께 하고 있는가?

첫째 천사가 날아가며, 심판하실 시간이 이르렀다고 예수님 재림의 때가 되었다고 전 인류에게 경고한다.

둘째 천사가 날아가며, 첫째 천사 메시지를 거절한 교회들이 바벨론이 되었고, 바벨론이 무너졌다고 경고한다.

셋째 천사가 날아가며, 짐승의 표를 받지 말고 하나님의 인을 받기 위해선 예수의 믿음을 가지고 하나님의 말씀을 순종하라고 경고한다.

4. 세 천사 복음을 경험하고 전하는 사람들

주님께서 속히 오신다. 재림하시려고 문고리를 잡고 막 문을 열려고 하시는 때이다. 환란의 때는 모퉁이를 돌아 성큼 다가오고 있다. 이러한 시기에 이 중요한 세 천사의 복음을 이해할 뿐만 아니라 삶 속에서 체험하는 성도들이 하루속히 많아져야 하겠다. 그래서 세상에 경고의 나팔을 불어야 한다. 분명한 나팔 소리를 울려야 한다. 아직도 이 세상에는 바벨론이 받을 심판과 그 재앙들에서 피해 나와야 할 귀한 영혼들이 많이 있지 않은가! 바벨론에서 나와야 한다. 그것이 하나님의 뜻이다. 우리와 우리 가족의 가치를 소홀히 여기지 말고 하나님의 말씀에 순종하고 결단해야 한다.

이 진리는 쉬운 진리가 아니다. 핍박받는 길이다. 어려운 길이다. 진리를 받아들인 한 자매님이 있는데 가족들이 모이면 이런 얘기를 한다고 한다. "가족은 한 신앙 안에 있어야 하는데, 네가 거기에 빠져서 우리 집안에 안 좋은 일이 생긴다. 오빠 사업이 안 되는 게 너 때문이고, 언니 건강이 안 좋아지는 게 너 때문이고, 조카 대학에 떨어진 게 너 때문이고, 네가 지금 사탄의 종이 됐기 때문에 우리 집안에 이런 일이 일어나는 거야."

집안에 일어나는 모든 우환과 좋지 않은 일의 결과를 이분 탓으로 돌린다고 한다. 참 마음 아픈 일이지만 어쩌겠는가? 예수님도 가족들에게 귀신 들렸다는 냉정한 평가를 받았다.

"[21] 장차 형제가 형제를 아비가 자식을 죽는 데 내어주며 자식들이 부모를 대적하여 죽게 하리라 [22] 또 너희가 내 이름을 인하여 모든 사람에게 미움을 받을 것이나 나중까지 견디는 자는 구원을 얻으리라 [24] 제자가 그 선생보다 또는 종이 그 상전보다 높지 못하나니 [25] 제자가 그 선생 같고 종이 그 상전 같으면 족하도다 집 주인을 바알세불이라 하였거든 하물며 그 집 사람들이랴 [26] 그런즉 저희를 두려워하지 말라 감추인 것이 드러나지 않을 것이 없고 숨은 것이 알려지지 않을 것이 없느니라 [28] 몸은 죽여도 영혼은 능히 죽이지 못하는 자들을 두려워하지 말고 오직 몸과 영혼을 능히 지옥에 멸하시는 자를 두려워하라 [29] 참새 두 마리가 한 앗사리온에 팔리는 것이 아니냐 그러나 너희 아버지께서 허락지 아니하시면 그 하나라도 땅에 떨어지지 아니하리라 [30] 너희에게는 머리털까지 다 세신바 되었나니 [31] 두려워하지 말라 너희는 많은 참새보다 귀하니라 [32] 누구든지 사람 앞에서 나를 시인하면 나도 하늘에 계신 내 아버지 앞에서 저를 시인할 것이요 [33] 누구든지 사람 앞에서 나를 부인하면 나도 하늘에 계신 내 아버지 앞에서 저를 부인하리라 [34] 내가 세상에 화평을 주러 온 줄로 생각지 말라 화평이 아니요 검을 주러 왔노라 [35] 내가 온 것은 사람이 그 아비와, 딸이 어미와, 며느리가 시어미와 불화하게 하려 함이니 [36] 사람의 원수가 자기 집안 식구리라 [37] 아비나 어미를 나보다 더 사랑하는 자는 내게 합당치 아니하고 아들이나 딸을 나보다 더 사랑하는 자도 내게 합당치 아니하고 [38] 또 자기 십자가를 지고 나를 좇지 않는 자도 내게 합당치 아니하니라 [39] 자기 목숨을 얻는 자는 잃을 것이요 나를 위하여 자기 목숨을 잃는 자는 얻으리라" (마 10:21-39). 어렵고 힘든 일이다. 그래서 성령을 달라고 기도하자. 그 힘으로 이길 수 있도록 하나님께 도움을 요청하고, 또 가족 모두를 구원해주시기를 간절히 기도하자.

교회가 일어나 빛을 발해야 할 때가 있었다면 바로 지금이다. 더는 잘못된 가르침인 바벨론의 포도주에 취해 있어서는 안 된다. 모든 교회는 깨어서 일어나 세 천사의 메시지를 선포해야 한다. 어느 누구도 이 음성을 억제할 수 없다. 누구도 이 외침을 막을 수 없다. **세상의 인정을 잃어버리는 것을 두려워하기보다 마지막 시대 진리를 아는 백성으로 사명감을 등한히 하는 것을 두려워하자.** 단 하나의 빛도 흐려지지 않도록 깨어 선포해야 한다. 주님 곧 오신다. 깨어 일어나야 한다!

기도

우리를 너무나 사랑하는 하나님 아버지!

이 시대에 세 천사의 외침이 우리의 심령 가운데, 우리의 교회에, 그리고 온 세상에 외쳐지고 있습니다. 하나님의 그 간절한 사랑의 호소가 우리에게 들려올 때 우리가 거절하지 않게 해 주시옵소서. 또한 하나님의 그 거룩하신 말씀대로 우리가 변화되고, 바벨론에서 나와 이 진리를 선포하는 하나님의 마지막 증인들이 될 수 있도록 인도하여 주시옵소서. 주님을 따라가는 길에 어려움과 비난과 핍박과 아픔들이 있을지라도 주님이 가신 길을 우리가 따라가고 있사오매 성령께서 우리에게 힘을 주시고, 또한 우리 주변에 있는 사람들을 함께 구원하여 주시옵소서. 주님의 재림의 기쁜 소식을 인하여 감사를 드립니다. 우리가 그날을 바라보며 서로 위로하고 용기를 얻고 전진케 하여 주시옵소서. 예수님의 이름으로 간절히 기도드립니다. 아멘!

제9장
마지막 시대 성령행전

예수 그리스도의 재림이 가까웠습니다. 어둠의 세력이 오늘날 기독교회를 아무리 깊은 영적 잠에 빠져들도록 활동할지라도 우리 구주께서는 당신의 백성을 가지고 계십니다.

빛이 하나님의 거룩한 보좌로부터 이 땅 구석에 있는 어두운 우리의 심령에까지 강력히 임하고 있습니다. 하나님의 자녀가 되는 권세를 주시기 위해 각 사람에게 이 빛이 비춰고 있습니다. "사람의 아들"로 태어난 우리가 "하나님의 아들"로 살 수 있도록 하기 위해 이 빛이 임하고 있습니다.

"성육신" 이 고귀한 진리는 타락한 인간이 무한하신 하나님의 아들의 형상에 일치할 수 있게 하는 주제입니다. 그것은 전쟁, 즉 하나님께서 준비하신 날을 예비하도록 용사들을 일깨우기 위한 엄숙한 복음입니다.

이 세상의 역사는 저물어 가고 있습니다. 마지막 시대 이른 비와 늦은 비에 풍성히 적셔지는 거룩한 일꾼들이 출현할 시기입니다. 그 성령의 능력으로 세상은 다시 한번 진리의 환한 빛으로 정복당할 것입니다. 여러분과 제가 그 주인공이 되기를 간절히 바랍니다.

1. 이른 비와 늦은 비

"그러므로 형제들아 주의 강림하시기까지 길이 참으라
보라 농부가 땅에서 나는 귀한 열매를 바라고 길이 참아
이른 비와 늦은 비를 기다리나니" (약 5:7).

비로 표현된 성령의 역사

요한계시록 14장에서 세상을 뒤흔드는 3가지 마지막 경고가 세 명의 천사들에 의해 전해진 후에, 계시록 18장에 네 번째 천사가 등장한다. 네 번째 천사는 세 천사의 복음을 포함하고 있다. 세 천사로 복음 사역이 완수가 안 되기 때문에, 세 천사를 도와 그들에게 힘을 주고, 협력하기 위해 네 번째 천사가 필요하게 되었고, 그들은 계시록 18장의 천사로 소명을 받았다.

이 천사는 큰 권세를 가졌다. 이 큰 권세가 무엇인가? 성경은 기독교 역사에서 두 번의 큰 성령의 역사가 있을 것을 알려준다. 그것을 팔레스타인 농사 절기에 필요한 이른 비와 늦은 비라는 개념으로 설명한다. **"그러므로 우리가 여호와를 알자 힘써 여호와를 알자 그의 나오심은 새벽빛같이 일정하니 비와 같이 땅을 적시는 늦은 비와 같이 우리에게 임하시리라 하리라"**(호 6:3).

성경에서 "늦은 비, 이른 비"는 성령께서 비로 임하시는 것으로 표현된 성령의 역사를 나타내는 말이다. **"필경은 위에서부터 성신을 우리에게 부어주시리니 광야가 아름다운 밭이 되며 아름다운 밭을 삼림으로 여기게 되리라"**(사 32:15). 위에서부터 부어져서 광야가 아름다운 밭이 되게 하고, 아름다운 밭은 삼림이 되게 하는 것은 비의 역할 때문인데, 위에서 부어지는

성령의 역사를 이렇게 비로 표현하는 것이 얼마나 적절한가! **"여호와께서 너희 땅에 이른 비, 늦은 비를 적당한 때에 내리시리니 너희가 곡식과 포도주와 기름을 얻을 것이요"**(신 11:14). **"또 너희 마음으로 우리에게 이른 비와 늦은 비를 때를 따라 주시며 우리를 위하여 추수 기한을 정하시는 우리 하나님 여호와를 경외하자"**(렘 5:24).

씨앗을 심는 파종기에 내리는 이른 비와 곡식을 추수하기 전에 내리는 늦은 비의 상징을 통하여 히브리 선지자들은 특별한 방법으로 하나님의 교회 위에 부어질 영적인 은혜를 예언했다. **"시온의 자녀들아 너희는 너희 하나님 여호와로 인하여 기뻐하며 즐거워할지어다 그가 너희를 위하여 비를 내리시되 이른 비와 늦은 비가 전과 같을 것이라"**(욜 2:23). 또한 비가 오는 것을 성령께서 임하시는 것으로 말씀하고 있다. 이어서, **"[28] 그 후에 내가 내 신을 만민에게 부어 주리니 너희 자녀들이 장래 일을 말할 것이며 너희 늙은이는 꿈을 꾸며 너희 젊은이는 이상을 볼 것이며 [29] 그 때에 내가 또 내 신으로 남종과 여종에게 부어 줄 것이며"**(욜 2:28, 29).

이처럼 이른 비와 늦은 비의 개념을 가지고 성령의 역사를 설명하고 있다. 구약 선지자들의 개념은 신약시대까지 이어진다. **"그러므로 형제들아 주의 강림하시기까지 길이 참으라 보라 농부가 땅에서 나는 귀한 열매를 바라고 길이 참아 이른 비와 늦은 비를 기다리나니"**(약 5:7). 이 비의 역사는 "주의 강림하시기까지" 주님의 재림과 연관되어 등장한다.

넷째 천사와 늦은 비 성령

이른 비와 늦은 비는 하나님의 백성들에게 임하는 성령의 역사라고 성경이 말씀하는데 그렇다면 이른 비의 역사는 언제 있었을까? 기독교 역사에서 큰 성령의 역사는 오순절 마가의 다락방에 120명의 제자가 모여

기도하고 있을 때 임했다. 크신 성령의 능력이 그들에게 임했고, 그곳에서 초대교회가 태동했다. 땅끝까지 복음을 전하라고 성령께서 임하셨다. 이것을 이른 비 성령의 역사라고 말한다. 그리고 성경은 그리스도의 재림 전에 늦은 비 성령의 역사가 있을 것을 약속하고 있다.

늦은 비는 이 마지막 시대 우리를 위해 준비된 성령의 역사인데, 그렇다면 늦은 비는 내렸을까? 교회를 태동시키기 위해 이른 비를 주신 것처럼, 이제는 종말에 사는 마지막 교회, 참 백성을 만들기 위해 늦은 비가 임한다. 이른 비를 통해 초대교회가 탄생하고 땅끝까지 복음을 전한 것처럼, 늦은 비를 통해 다시 오시는 그리스도의 재림을 준비시키고, 적그리스도와 짐승의 우상의 정체를 폭로하여 세상을 깨운다. 또 담대하고 능력있게 진리를 증거하게 해 주며, 마지막 7 재앙의 환난을 통과할 수 있는 큰 힘을 부어 주신다. 그렇기 때문에 폭포수 같은 늦은 비는 환난의 때에 충만하게 내린다.

온 세상이 도덕적 영적으로 캄캄하고 **"저희가 주의 법을 폐하였사오니 지금은 여호와의 일하실 때니이다"**(시 119:126)라는 말씀처럼 하나님의 계명이 유린당할 때 하나님께서 일하실 것이다. 늦은 비 성령을 받은 넷째 천사, 하나님의 법을 옹호하는 백성들을 통해 무엇이 참 진리인지 능력 있는 외침을 하도록 하신다.

교회의 시작과 씨앗의 발아를 위해 이른 비 성령을 부어 주신 것처럼, 예수님의 재림 전에 그 씨앗이 자라서 이제 추수할 수 있는 알곡이 될 수 있도록 마지막 시대에 늦은 비를 주시는데 큰 권세를 가지고 큰 능력으로 성령께서 역사하는 시대다. 넷째 천사는 늦은 비의 영광으로 온 땅을 환하게 한다.

계시록 18장의 천사는, 계시록 14장의 세 천사가 복음을 전하지만 그들의 힘과 능력으로는 복음 사역을 완성할 수 없으므로 셋째 천사에게 힘과 능력을 주기 위해 등장하게 된다. 즉 계시록 18장의 넷째 천사가 오지 않으면 복음 사역과 인류 역사가 끝이 나지 않는다.

그렇다면 우리는 늦은 비를 받는 계시록 18장의 천사가 되어야 한다. 늦은 비는 인류 역사의 클라이맥스다. 최절정이다. 역사의 주인공으로 서느냐, 들러리로 왔다가 그냥 사라져버리느냐는 이 늦은 비의 여부에 결정된다. 이것이 없으면 마지막 백성으로서 설 수가 없고, 이 타락한 시대를 향한 복음 전파에 능력이 없으며, 환난을 통과할 수도 없다. 그래서 우리에게는 늦은 비가 필요하다.

지금 광화문 광장에 가서 온종일 복음을 전파해도 관심을 두고 듣는 사람이 얼마나 될까? 수많은 불쌍한 영혼들, 그리스도의 피로 산 저 영혼들을 구원하고 싶은데, 우리에게는 힘과 능력이 없다. 그래서 늦은 비의 은혜가 필요하다. 늦은 비는 사람을 감동하게 하기 때문에, 한마디의 말에도 영혼의 골수와 폐부를 찔러 쪼개어 회심시키는 능력이 있다. 우리에게는 영혼들의 심령에 감동을 주고 이끄는 힘이 없기 때문에 오늘도 늦은 비의 역사를 간절히 간구해야 한다.

이른 비의 빗방울, 하나님의 아들 그리스도

그렇다면 어떻게 해야 늦은 비를 받을 수 있을까? 예수님의 제자들이 오순절에 이른 비 성령을 어떻게 받았는지를 보면 알 수 있다. 예수님께서 부활하신 후 제자들과 40일간 머물다 하늘로 승천하셨고, 그 후 제자들이 열흘간 회개와 성령을 구하는 기도를 했을 때, 드디어 오순절 마가의 다락방에 모여 있는 120명의 신자들에게 이른 비 성령께서 임했다. 이 과정에서 우리는 매우 중요한 사실들을 발견할 수 있다. 부활 장면부터 살펴보자.

“[19] 이 날 곧 안식 후 첫날 저녁 때에 제자들이 유대인들을 두려워하여 모인 곳에 문들을 닫았더니 예수께서 오사 가운데 서서 가라사대 너희에게 평강이 있을지어다 [20] 이 말씀을 하시고 손과 옆구리를 보이시니 제자들이 주를 보고 기뻐하더라 [21] 예수께서 또 가라사대 너희에게 평강이 있을지어다 아버지께서 나를 보내신 것 같이 나도 너희를 보내노라 [22] 이 말씀을 하시고 저희를 향하사 숨을 내쉬며 가라사대 성령을 받으라"(요 20:19~22).

예수님이 제자들을 향하여 숨을 내쉬며 성령을 받으라고 하셨다. 19세기 영감의 주석은 이 장면을 이렇게 설명한다. "그리스도께서 그의 제자들에게 숨을 내쉬며 성령을 받으라고 하신 것, 그리고 그들에게 그의 평화를 나누어 주신 이 그리스도의 행동은 오순절 날에 주어질 풍성한 성령의 소낙비가 있기 전에 주신 약간의 빗방울과 같은 것이었다. … 그들은 주님의 부활에 관하여 그들이 보고 들은 것을 증거하여야 하였다. 그들은 주님의 입술에서 흘러나온 은혜스러운 말씀을 되풀이하여야 하였다"(The Spirit of Prophecy, vol. 3, 243).

요한복음 20장에서 "숨을 내쉬며 성령을 받으라" 말씀하신 것을 이른 비 소나기 전의 "빗방울"과 같은 것이라 했다. 이른 비의 빗방울이 무엇인지, 누가복음 24장에서 좀 더 구체적으로 설명한다. "[44] 또 이르시되 내가 너희와 함께 있을 때에 너희에게 말한 바 곧 모세의 율법과 선지자의 글과 시편에 나를 가리켜 기록된 모든 것이 이루어져야 하리라 한 말이 이것이라 하시고 [45] 이에 저희 마음을 열어 성경을 깨닫게 하시고 [46] 또 이르시되 이같이 그리스도가 고난을 받고 제삼일에 죽은 자 가운데서 살아날 것과 [47] 또 그의 이름으로 죄 사함을 얻게 하는 회개가 예루살렘으로부터 시작하여 모든 족속에게 전파될 것이 기록되었으니 [48] 너희는 이 모든 일의 증인이라 [49] 볼지어다 내가 내 아버지의 약속하신 것을 너희에게 보내리니 너희는 위로부터 능력을 입히울 때까지 이 성에 유하라 하시니라"(눅 24:44~49). 두려워 숨어 떨고 있는 제자들에게 나타나 예수님께서 무엇을 하셨는가? 성경 공부를 하셨다. 성경 공부 주제가 무엇이었는가? 이 성경 공부에 제목을 붙인다면, "하나님의 아들 그리스도"(Son of God)가 될 것이다. 예수님께서"하나님의 아들 그리스도"이심을, 우리의 구주 되심을 구약 성경에 근거해서 자세히 설명하셨다.

오순절 이른 비 성령의 역사가 내리기 전에, 풍성한 소나기가 내리기 전에 무엇을 주셨는가? 빗방울을 먼저 주셨다. "숨을 내쉬며 성령을 받으라"하셨는데 그것을"약간의 빗방울"같은 성령이라고 했다. 그 빗방울은 "주님의 입술에서 흘러나온 은혜스러운 말씀", 누가의 표현에 의하면 "그리스도에 대한 성경의 예언을 깨닫게" 하신 것이다. 그리스도에 대한 어떤 부분에 대해서인가? 목수의 아들 나사렛 예수가 "하나님의 아들 그리스도"이심을 깨닫게 하고 그것을 믿게 한 것이다.

우리가 지금 예수님의 구주 되심을 믿는 것이 더 쉬울까, 아니면 그때 당시 예수님을 믿는 것이 더 쉬웠을까? 생각해보자. 그때 당시 뒷골목 깡패들이 우글거리는 나사렛 출신의 30대 초반 젊은이가, 고운 모양도 없고 풍채도 없다고 했으니까 외모도 별로이고, 전직 목사도 아니고 목수였던 청년이 "나는 스스로 있는 자다. 나는 메시아다. 내게로 오는 자는 영원히 목마르지 않을 것이다." 이 얘기를 어떻게 믿고, 과연 누가 예수님을 구주로 믿고 영접할 수 있었을까?

진리로 역사하시는 성령

지금보다 그때가 더 믿기 어려웠다. 지금은 여러 증거가 있고, 신약성경도 있고, 성령의 감동이 있어서 예수님은 하나님의 아들 그리스도시라고 믿지만, 우리가 예수님과 동시대 사람이었다면 내세울 것 없는 그 젊은이를 하나님이라고 믿을 수 있겠는가? 예수님께서 기적을 베푸니까 따라는 다녔지만 성경에 근거 된 믿음을 갖지는 못했기에 십자가에 달려 돌아가실 때 제자들이 다 도망가 버렸다.

그래서 예수님이 부활하셔서 성경 공부하셨다. 성경을 깨닫게 해 주신 것을 요한복음 20장에는 "숨을 내쉬며 성령을 받으라"라는 것으로 표현되었다. 성경을 깨닫고 하나님을 알게 된 것이 성령을 받는 것이다. 성령은 진리 가운데서 역사하시기 때문이다. 우리가 성령을 어떻게 받는가? 성령은 말씀을 통해 받는다. 말씀을 깨닫는 것은 성령이 임했다는 것이다. 목소리 쉬도록 부르짖었다고 성령 받는 것이 아니다. 나무 기둥 붙잡고 밤새 철야기도 해서도 아니고, 방언을 하는 것이 성령 받은 것이 아니다.

실망과 슬픔에 빠진 제자들은 예수님의 죽음이 자신들의 운명이 되지나 않을까 두려워하면서 다락방에 숨어있었다. 주님께서 바로 이곳에 나타나셨고 사십 일 동안 지상에 머물러 계시면서 제자들에게 성경을 가르치셨다. 이때 기적을 베풀고, 병자를 고쳤다는 기록이 없다. 그들이 이해할 수 없었던 성경을 깨닫게 하셨다.

그 주제가 뭐라고 했는가? 예수님께서 무엇을 설명하셨는가? 하나님의 아들 그리스도! 제자들은 "하나님의 아들 그리스도"에 대한 성경적 이해가 부족했기 때문에 예수님의 죽음 이후 절망에 빠지고 낙심하여 두려워했다. 그래서 문을 걸어 잠그고 두려워 떨고 있는 제자들에게 나타나 성경을 자세히 가르치셨다. 이때 제자들이 무엇을 받았다고 했는가? 이른 비 성령의 빗방울! 성경을 깨닫게 된 것을, 예수님에 대해 알게 된 것을 성령을 받은 것이라고 말씀하고 있다.

이른 비의 소나기를 받기 위한 준비

그 결과 그들은 새롭게 함을 입었다. 말씀을 깨닫자 새로운 사람이 되어버렸다. 그 진리의 지식으로 변화를 받았고 예수님께서 "하나님의 아들 그리스도"이심을 깨닫고 이들의 믿음은 더할 수 없이 견고하게 되었다. 엄청난 변화가 생겼다. 진리를 깨닫자 새로운 경험을 하고, 믿음이 견고해지고,

나의 의뢰한 자를 내가 안다고 말할 수 있게 되었다(딤후 1:12). 그래서 드디어 자신들에게 맡겨진 진리가 무엇인지 알았고, 그 진리를 세상에 선포해야 한다는 사명을 깨달았다.

지금 이 일은 이른 비 성령의 빗방울을 받고 제자들에게 일어난 변화이다. 성경을 깨닫고 새로운 경험을 하게 되었다. 제자들이 3년 반 동안 예수님에게서 많은 가르침을 받고 설교를 들었는데, 이제야 "나의 의뢰한 자를 내가 안다"고 말할 수 있게 되었다.

과연 우리는 예수님을 안다고 말할 수 있을까? 많은 사람이 예수님을 알고 믿으니까 교회를 다닌다고 생각할 수 있다. 하지만 제자들도 3년 반 동안 예수님과 생활하면서 많은 감동과 은혜를 받았다. 이 기간 동안 제자들은 예수님의 동정, 자비, 오래 참으심, 사랑, 능력에 대해서 배우고 알았다. 그러나 "하나님의 아들이신 그리스도"에 대해 성경이 말하는 것을 깨닫지 못했기 때문에 예수님이 십자가에서 돌아가시자 깊이 절망했고 다 도망갔다. 30년 동안 신앙을 해도 진리를 알지 못하고, 진리의 경험을 하지 못하면 예수님을 온전히 안다고 말할 수 없다.

그래서 예수님은 제자들에게 "성경의 예언들"을 가르치셨고 말씀에 대한 올바른 이해와 깨우침을 갖게 하시기 위해 "이른 비 성령의 빗방울"을 제자들에게 주셨고 제자들은 비로소 지적, 영적, 경험적으로 예수님을 온전히 알게 되었다. "이른 비 성령의 빗방울"을 통해 그들은 예수님을 온전히 알게 된 것이다.

예수님께 대한 온전한 이해와 깨달음이 생기자 제자들은 비로소 그들이 무엇을 해야 할지 알게 되었다. "하나님의 아들 그리스도"를 깨닫고 그들에게 위임된 진리를 세상에 선포해야 한다는 것을 인식한 것이다. 그런데 쭉 둘러보니 예수님을 저주하고, 도망가고, 두려워서 숨은 한심한 제자들뿐이다. 대 사명을 예수님께 위임받았으나 그들은 자신의 연약함과 능력 없음을 보고 약속하신 성령의 필요를 간절히 느끼고 구할 수밖에 없게 되었다. "주님 우리는 안됩니다. 우리는 너무나 연약하고 비겁했던 자들입니다." 그래서 그들의 선포에 능력을 주는 성령의 임재, 연약한 그들을 다윗같이 강하고 담대하게 만드는 성령의 능력, 그들을 강권하여 영혼 구원 사역에 더욱 큰 열심을 내게 만드는 성령의 소나기를 그들은 간절히 구하게 되었다. 성령의 약속을 믿고 기다리면서 그들이 어떻게 준비를 했는가? 자신의 속절없음을 깨닫고 회개하며, 서로에게 용서를 구하며 자아가 철저히 부서지는 경험을 했다. 약속을 믿고 하나님을 의지하면서, 영혼 구원에 대한 부담과 열렬한 기도로 연합하여 준비의 시간을 보냈다.

이것이 늦은 비를 받게 되는 우리와 어떤 연관이 있을까? 늦은 비도 이른 비처럼 빗방울과 소나기가 있을까?

2. 늦은 비의 빗방울, 의의 복음

"이를 인하여 내가 또 이 고난을 받되 부끄러워하지 아니함은
나의 의뢰한 자를 내가 알고 또한 나의 의탁한 것을 그날까지
저가 능히 지키실 줄을 확신함이라" (딤후 1:12)

의롭게 하는 복음

하나님께서는 우리가 모르고 그냥 지나치지 않도록, 기독교 역사에서 이뤄지는 종교운동이나 부흥운동에 유사한 패턴을 가지고 행하신다. 초대 교회 때 이른 비가 내린 것처럼 마지막 때 늦은 비가 임하는데, 그렇다면 늦은 비 성령은 시작됐을까 아니면 올 것인가?

늦은 비는 이미 시작됐고 또 올 것이다. 그렇다면 이미 시작된 것은 무엇이고, 올 것은 무엇일까? 이른 비도 이른 비의 빗방울이 있었고, 이른 비의 소나기라는 두 국면이 있었다. 마찬가지로 늦은 비도 늦은 비의 빗방울이 있고, 늦은 비의 소나기가 있다.

늦은 비의 빗방울은 시작되었는데 그렇다면 늦은 비의 빗방울은 무엇일까? 빗방울이 떨어진 다음 소나기가 퍼붓듯이, 빗방울에 적셔져야 소나기를 받게 된다. 의롭게 하는 복음을 경험하지 못한 자에게, 준비되지 못한 자에게 늦은 비의 능력이 충만하게 부어진다면 그 능력을 자신을 높이는데 사용하고 말 것이다. 따라서 빗방울의 경험이 없는 사람에게는 소나기가 임하지 않는다. 이른 비의 빗방울은 성경을 깨닫게 된 것이었다. 예수님께서 "하나님의 아들 그리스도"라는 것이 성경을 통해 증명되고 깨닫자 성령이 이르렀다.

그렇다면 늦은 비의 빗방울도 성경을 깨닫는 것이다. 이 마지막 시대에 늦은 비를 불러오는 특별한 복음이 있는가? 늦은 비의 빗방울로서 역할을 하는 특별한 의의 복음, 즉 인류를 의롭게 만드는 복음이 있는가? 그렇다. 그것은 "사람의 아들로 오신 그리스도"(Son of man)이다. 다시 말해 인간으로 오신 그리스도, 성육신에 관한 복음이다. "사람의 아들로 오신 그리스도? 예수님이 동정녀에게 나시고 십자가에 못 박히시고 3일 만에 부활하셨다. 새로운 사실도 없는데 누가 이것을 몰라?" 반문할 수도 있다. 사람의 아들 예수 그리스도에 대한 진리는 그 정도가 아니다. 사람의 아들, 즉 인간으로 오셨는데 어떤 인간으로 오셨는가?

사람의 아들 그리스도, 성육신의 비밀

"[2] 하나님의 영은 이것으로 알지니 곧 예수 그리스도께서 육체로 오신 것을 시인하는 영마다 하나님께 속한 것이요 [3] 예수를 시인하지 아니하는 영마다 하나님께 속한 것이 아니니 이것이 곧 적그리스도의 영이니라 오리라 한 말을 너희가 들었거니와 이제 벌써 세상에 있느니라"(요일 4:2,3). "미혹하는 자가 많이 세상에 나왔나니 이는 예수 그리스도께서 육체로 임하심을 부인하는 자라 이것이 미혹하는 자요 적그리스도니"(요이 1:7).

적그리스도가 부인하는 것은, 예수 그리스도께서 육체로 사람의 아들로 오셨다는 것을 부인한다는 것에 그 초점을 맞추고 있다. 적그리스도가 예수 그리스도를 인류 역사상의 인물이나, 심지어 하나님의 아들이라는 사실을 부인한다고 말하지 않는다. 적그리스도가 부인하는 것은 예수님께서 실제로 인간의 본성을 취하셨다는 사실이다.

다시 말해 적그리스도가 부인하는 것은, 예수님이 하나님의 아들인지 아닌지를 부인하는 것이 아니라 예수님께서 인간의 육체적 본성을 가지고 오셨음을 부인한다는 것이다. 성경에 분명히 말하기를 예수님은 우리와 동일한 혈육/육체를 취하셨다고 말씀한다. **"이 아들로 말하면 육신으로는 다윗의 혈통에서 나셨고"**(롬 1:3). **"자녀들은 혈육에 함께 속하였으매 그도 또한 한 모양으로 혈육에 함께 속하심은 … 그러므로 저가 범사에 형제들과 같이 되심이 마땅하도다"**(히 2:14,17). **"크도다 경건의 비밀이여 그렇지 않다 하는 이 없도다 그는 육신으로 나타난 바 되시고…"**(딤전 3:16). 예수님이 왜 이 방법을 택하셨는가? 그렇게 하여 그분은 우리처럼 유혹을 받을 수 있으셨고, 그래서 우리의 싸움을 이해하신다. 그러나 우리의 육체를 쓰셨을지라도 결코 죄는 짓지 않으셨다!

기독교인 중에 "하나님의 아들 그리스도"를 부인하는 사람은 없을 것이다. "예수님은 하나님이시다. 그분은 메시아요, 그리스도다." 그분의 신적인 신분, 그 사실을 모두 인정한다. 그런데 "사람의 아들 그리스도"에 대해서는 부인한다. "그분은 우리와 뭔가 다르셨기 때문에 예수님이 죄를 짓지 않고 하나님의 계명에 순종하며 사는 것이 가능했지만 우리는 안 돼!" "그분이 십자가에서 버티실 수 있었던 것은 그분 안에 어떤 신적 능력이 있었기 때문일 거야" 이것이 바로 "사람의 아들 그리스도"를 부인하는 것이다. 예수님은 우리와 동일한 육체로 오셔서, 동일한 시험을 받으시고, 아니 더 힘든 시험을 받으셨지만 모든 죄에 승리하셨다. 어떻게 승리하셨는가? 그분은 하나님이시니까 "그까짓 거" 하면서 이기셨을까? 아니다. "기록되었으되" 즉 하나님의 말씀과 성령의 능력으로 승리하셨고, 믿음으로 하나님의 뜻을 순종하셔서 우리에게 순종의 본을 보여주셨다.

우리에게 하나님의 말씀이 있는가? 그렇다. 이 시대에도 성령께서는 주님의 자녀들을 돕기 위해 역사하고 계시는가? 그렇다. 그렇다면 그리스도께서 승리하신 것처럼 우리도 승리할 수 있는가? 아멘! 우리를 승리할 수 있게 만드는 복음, 우리를 순종케 하며 의롭게 만드는 복음, 이것이 늦은 비의 빗방울이다.

늦은 비의 빗방울이 무엇인지 다시 한번 정리해 보자. 아담이 창조된 이후 4천 년이 지나서 예수님은 이 땅에 오셨다. 탄생하실 때, 우리와 동일한 인간적 본성과 연약함을 지신 그런 인간의 성질을 가지고 태어나셨다. 아담의 모든 후손들이 유전법칙이 끼쳐온 죄의 결과를 물려받고 태어나듯이, 예수님도 그 유전법칙을 지니고 태어나셨다. 비록 이런 유전을 물려받고 태어나셨지만, 우리에게 순종과 죄짓지 않는 생애의 모본을 주셨다.

예수님께서 사람의 아들로 오셔서 승리하셨고, 그리스도를 도우셨던 능력이 우리에게도 동일하게 주어지기 때문에 우리도 승리할 수 있다는 이 진리가 바로 늦은 비의 빗방울이다. 그리스도께서 오시기 전에 침례 요한이 길을 예비했던 것처럼, 이 늦은 비의 빗방울이 늦은 비의 소나기를 받을 수 있게 하는 의의 복음이다. 우리는 늦은 비의 빗방울을 통해 예수님을 지적으로, 영적으로, 경험적으로, 온전히 알게 된다.

나의 아픔과 투쟁을 과연 예수님이 아실까? 격렬하게 우리를 유혹하는 이 세상의 악함을 우리 주님은 아실까? 이처럼 예수님이 너무 멀리 계시는 것처럼 생각된다면 성육신의 복음이 믿음과 소망을 줄 것이다. "자기가 시험을 받아 고난을 당하셨은즉 시험받는 자들을 능히 도우시느니라"(히 2:18). "[15] 우리에게 있는 대제사장은 우리 연약함을 체휼하지 아니하는 자가 아니요 모든 일에 우리와 한결같이 시험을 받은 자로되 죄는 없으시니라 [16] 그러므로 우리가 긍휼하심을 받고 때를 따라 돕는 은혜를 얻기 위하여 은혜의 보좌 앞에 담대히 나아갈 것이니라"(히 4:15,16). "고난으로 말미암아 온전케"(히 2:10) 되신 예수 그리스도는 "자기를 순종하는 모든 자에게 영원한 구원의 근원이 되"(히 5:9)셨다.

우리와 동일한 시험을 받으셨으나 온전히 승리하셨기 때문에 우리를 어떻게 도울지 아시는 예수 그리스도! 이 복음은 예수님이 나와 동떨어진

신이 아니라 오늘 나를 가장 잘 이해하고 도울 수 있는 분으로 받아들이게 하며 우리에게 소망과 믿음이 생기게 만든다. 그분은 인자로서 우리에게 순종의 모본을 주시고, 하나님의 아들로서 순종할 능력을 우리에게 주신다. 이 성육신의 복음을 깨닫게 되면 우리는 그분을 진정으로 사랑하고 신뢰하게 된다. 사람의 아들로 오신 예수 그리스도는 우리의 유일한 소망이다. 그분이 나를 죄의 세력에서 구원하여 시험과 유혹에서 승리할 수 있게 도우신다!

3. 우리의 모본, 사람의 아들 그리스도

"[11] 거룩하게 하시는 자와 거룩하게 함을 입은 자들이
다 하나에서 난지라 그러므로 형제라 부르시기를 부끄러워 아니하시고
[14] 자녀들은 혈육에 함께 속하였으매 그도 또한 한 모양으로 혈육에
함께 속하심은 사망으로 말미암아 사망의 세력을 잡은 자 곧 마귀를 없이
하시며 [16] 이는 실로 천사들을 붙들어 주려 하심이 아니요 오직
아브라함의 자손을 붙들어 주려 하심이라 [17] 그러므로 저가 범사에
형제들과 같이 되심이 마땅하도다 이는 하나님의 일에 자비하고 충성된
대제사장이 되어 백성의 죄를 구속하려 하심이라" (히 2:11,14,16,17).

7가지 승리의 비결

그리스도께서 승리하셨기에 우리도 승리할 수 있다는 것은 율법주의가 아니라 참된 복음이다. 영광스런 소망이다. 예수님이 이 땅에 사실 때 어떻게 승리하셨는가? 그 속에 있는 신적 능력을 필요시마다 꺼내 쓰셨는가? 이러한 이해는 성육신의 고귀한 진리를 짓밟는 것이다. 예수님은 우리와 동일한 입장에서 시험받으시고, 동일한 방법으로 승리하셨는데, 예수님이 승리할 수 있었던 네 가지 능력이 있다.

첫 번째는 믿음이다. 예수님은 하나님 아버지에 대한 강하고 변함없는 믿음으로 승리하셨다. 우리도 동일한 믿음으로 승리할 수 있다.

두 번째는 말씀이다. 예수님은 사탄에게 시험받으실 때에 "기록되었으되"라는 말씀을 무기로 사용하셨고 승리하셨다. 우리도 말씀으로 승리할 수 있다.

세 번째는 기도이다. 예수님은 구속 사역을 완수하고 힘을 얻기 위해 끊임없이 기도하셨다. 우리도 기도를 통해 하늘의 능력을 받을 수 있고 승리할 수 있다.

네 번째는 성령의 도우심이다. 예수님은 항상 성령이 충만하셨고 그 능력으로 승리하셨다. 우리도 성령의 능력으로 승리할 수 있다.

우리가 더 유리한 세 가지 이유

이 네 가지 능력이 우리에게도 동일하게 허락되었을 뿐만 아니라 오히려 우리는 예수님보다 더 유리한 입장에 있다. 왜 그럴까? 다음과 같은 세 가지 이유가 더 있기 때문이다.

첫 번째 이유는, 우리에게 십자가에 달리신 예수님이 계시고 아무도 그분에게서 우리를 끊을 수 없기 때문이다. 주께서는 **"내가 땅에서 들리면 모든 사람을 내게로 이끌겠노라"**(요 12:32) 하셨다. 하나님이 인간을 위해 생명을 버리는 놀라운 사랑을 우리는 보았다. 이 사랑의 힘은 우리를 모든 시험에서 넉넉히 이기게 한다. **"[35] 누가 우리를 그리스도의 사랑에서 끊으리요 환난이나 곤고나 박해나 기근이나 적신이나 위험이나 칼이랴 [36] 기록된 바 우리가 종일 주를 위하여 죽임을 당하게 되며 도살 당할 양 같이 여김을 받았나이다 함과 같으니라 [37] 그러나 이 모든 일에 우리를 사랑하시는 이로 말미암아 우리가 넉넉히 이기느니라 [38] 내가 확신하노니 사망이나 생명이나 천사들이나 권세자들이나 현재 일이나 장래 일이나 능력이나 [39] 높음이나 깊음이나 다른 어떤 피조물이라도 우리를 우리 주 그리스도 예수 안에 있는 하나님의 사랑에서 끊을 수 없으리라"**(롬 8:35~39).

두 번째 이유는, 우리 죄를 용서해 주시는 그리스도가 계시기 때문이다. **"나의 자녀들아 내가 이것을 너희에게 씀은 너희로 죄를 범치 않게 하려 함이**

라 만일 누가 죄를 범하면 아버지 앞에서 우리에게 대언자가 있으니 곧 의로우신 예수 그리스도시라"(요일 2:1). 죄를 범했는가? 실수했는가? 예수님께서 이렇게 말씀하신다. "내가 너를 안다. 넘어졌구나. 실수했구나. 다시 시작해 보렴." 자비롭고 따뜻한 음성으로 자기의 이름을 불러보라! "OO야! 내가 너를 안다. 실망치 말고 다시 일어나라." 중보자로서 대언해 주시는 예수 그리스도가 계신다.

세 번째 이유는, 우리가 감당치 못할 시험을 허락하지 않으신다고 약속하셨다. **"사람이 감당할 시험 밖에는 너희에게 당한 것이 없나니 오직 하나님은 미쁘사 너희가 감당치 못할 시험당함을 허락지 아니하시고 시험당할 즈음에 또한 피할 길을 내사 너희로 능히 감당하게 하시느니라"**(고전 10:13).

사탄은 예수님을 넘어뜨리기 위해 총공격을 했다. 예수님의 전 생애는 극심한 유혹과 시험의 연속이었다. 사탄은 잠시도 예수님께 쉴 틈을 주지 않고 죄로 넘어지게 하기 위하여 전력을 다했다. 그럼에도 우리 주님은 우리가 승리할 수 있는 동일한 방법으로 승리하셨다. 자비로우신 하나님께서는 우리를 시험 가운데 내버려 두지 않으시고, 우리가 감당하지 못할 시험은 받도록 허락하시지 않겠다는 약속을 해 주셨다. 또한 우리에게 피할 길을 주시고, 성령을 통해 이길 힘을 공급해 주신다.

이처럼 우리는 주님보다 유리한 입장에 있다. 믿음, 말씀, 기도, 성령 외에 우리에게는 세 가지가 더 있기 때문이다. 주님과 우리는 출발선이 다른데, 그것은 예수님께서 우리보다 유리한 입장에 계시기 때문이 아니라 우리가 예수님보다도 유리한 입장에 있기 때문에 그렇다. 이렇게 7가지의 능력으로 우리는 이기는 자가 될 수 있다. 인간은 그리스도께서 사탄과의 투쟁에서 가지셨던 것보다 더 많은 도움을 가지고 있기 때문에 정복당할 필요가 없다. 우리를 사랑하사 우리를 위하여 생명을 바치신 주님 때문에 우리는 더욱 큰 정복자가 될 수 있다는 것이 성경의 약속이다.

두 패턴

오순절 이른 비 소나기 전에 이른 비의 빗방울을 주셨는데 그것은 성경을 깨닫게 하신 것이었다. 그 주제는 "하나님의 아들 그리스도", 구세주이시며 메시아 예수 그리스도였다. 마찬가지로 늦은 비의 빗방울이 먼저 내리고 그다음 늦은 비의 소나기가 있는데, 늦은 비의 빗방울은 늦은 비의 복음이다. 그러므로 늦은 비는 이미 시작되었다고 해도 과언이 아니다.

이른 비의 빗방울 → **하나님의 아들 예수 그리스도(Son of God)**
→ 회개/거룩 → 이른 비의 소나기

늦은 비의 빗방울 → **사람의 아들 예수 그리스도(Son of man)**
→ 회개/거룩 → 늦은 비의 소나기

제자들이 이른 비의 빗방울인 "하나님의 아들 그리스도"를 깨닫자, 그들은 예수님께 대한 믿음이 더할 수 없이 견고하게 되었고, 드디어 "나의 의뢰한 자를 내가"(딤후 1:12) 안다고 말할 수 있게 되었다. 그리고 드디어 그들이 무엇을 전해야 하며 어떤 사명을 주셨는지 깨달았다. 그런데 이 엄청난 진리를 깨닫고, 세상에 전해야 할 복음을 받았는데, 주변을 둘러보니 믿을 만하고 내세울 것 있는 사람이 한 명도 없다. 예수님이 십자가에 달리시자 도망갔던 나약하기 그지없는 제자들이었고, 산헤드린 출신도 하나 없으며, 어부요 별 볼 일 없는 사람들뿐이다. 그래서 그들은 탄식하며 기도한다. "주님! 우리가 예수님께서 '하나님의 아들 그리스도'라는 이 엄청난 복음을 전해야 하는데, 우리는 능력이 없습니다. 우리는 할 수 없습니다. 주님! 약속하신 성령이 임하게 해 주십시오." 그들이 주님께 간절히 탄원하며, 그들 마음속에 있는 모든 죄악들로부터 정결케 되었을 때, 오순절 마가의 다락방에서 그들에게 이른 비의 소나기가 폭포수처럼 쏟아져 내렸다.

이른 비의 빗방울 즉 "하나님의 아들 그리스도"를 깨달은 후, 오순절 이른 비 소나기를 받고 그 복음을 능력 있게 전하자 한 사람이 하루에 3,000명 때로는 5,000명을 회심시켰다. 각종 방언 말함과 기적이 수반되었다. 그리고 그들은 그들이 전해야 할 복음을 땅끝까지 전했다! 이것이 이른 비의 능력이다! 기억할 것은 그들이 이른 비의 소나기로 능력 있게 복음을 전하기 전에 "하나님의 아들 그리스도"를 깨닫고, 그 진리로 새롭게 변화함을 받았으며, 온전한 회개로 서로 철저히 낮아진 이후에 벌어진 일이라는 것이다. 갑자기 이런 일이 임한 것이 아니다.

마찬가지로 늦은 비의 빗방울인 "사람의 아들 그리스도", 성육신의 의의 복음을 깨닫게 되면 우리의 믿음이 더할 수 없이 견고하게 된다. 예수님이 하셨기에 나도 할 수 있다는 소망과 믿음을 주는 이 승리의 복음! 이것을 깨달았을 때 여러분의 신앙이 어떻게 되었는가? 천지가 개벽하지 않았는가? 그때 드디어 "나의 의뢰한 자를 내가"(딤후 1:12) 안다고 말할 수 있게 되지 않았는가! 그리고 우리가 전해야 할 복음이 무엇인지 깨닫고, 우리에게 위임된 진리를 세상에 선포해야 한다는 사명을 깨닫게 되었다.

그런데 문제가 있다! 이 엄청난 진리를 알았는데, 마지막 시대에 세상을 깨워야 할 복음을 받았는데, 주변을 둘러보니까 내세울 만한 사람이 하나도 없다. 그래서 우리는 탄식하며 기도한다. "주님! 우리가 '사람의 아들 그리스도'라는 이 엄청난 복음을 전해야 하는데, 우리는 능력이 없습니다. 우리는 할 수 없습니다. 우리는 돈을 의지하지 않고, 사람을 의지하지도 않습니다. 주님의 약속하신 성령이 임하게 해 주십시오. 늦은 비 성령을 간절히 구합니다."

우리가 주께 간절히 탄원하며, 우리 마음속에 있는 모든 죄악들로부터 정결케 될 때, 서로 자존심 세우지 않고, 진실로 용서를 구하며 온전히 하나가 되었을 때, 오순절 마가의 다락방에서 그들에게 이른 비의 소나기가 폭포수처럼 쏟아져 내렸던 것처럼, 우리에게 늦은 비의 소나기가 쏟아져 내리는데, 온 세상의 모든 폭포가 합쳐서 쏟아지는 것처럼 쏟아져 내릴 것이다. 늦은 비는 이른 비 보다 더 큰 능력을 가져온다. 그래서 그들은 "사람의 아들 그리스도"라는 복음으로 하나님의 변함없는 말씀의 불변성을 실증해 보일 것이다.

마지막 시대에 온 인류에게 "그리스도 VS 적그리스도", "짐승의 표 VS 하나님의 인"을 선택하게 하는 이슈가 생길 것이다. 이 세상에 존재하는 모든 사람은 늦은 비 성령을 받은 넷째 천사들의 크고 강한 외침을 듣고 무엇이 진리인지 둘 중 하나를 선택하는 순간이 오게 된다. 이후에 그리스도께서 재림하신다.

의롭게 된 자들에게 내리는 늦은 비의 소나기

늦은 비를 받기 원하는가? 늦은 비도 이른 비처럼 먼저는 "사람의 아들 그리스도"라는 의의 복음을 깨닫고 예수님을 다시 만나야 한다. 그래서 그 진리로 새롭게 변화함을 받고, 그 진리 때문에 회개와 거룩의 삶이 이르러 올 때, 늦은 비의 소나기를 받는다는 사실이다.

셋째 천사에게 힘을 주고 복음 사역을 완성할 계시록 18장의 천사는 "사람의 아들 그리스도"라는 "의의 복음"을 통해 믿음으로 말미암아 의롭게 된 사람들이다. 이 복음은 온 땅을 환하게 하는 의의 가르침이며, 이 복음의 결과로 계시록 18장의 천사들은 그리스도를 닮은 성품의 빛과 늦은 비의 권세로 온 땅을 환하게 할 것이다. 그 복음은 성령의 능력으로 하나님의 말씀에 순종하며 살 수 있다는 복음이다. 이 복음은 늦은 비의 소나기를 받을 수 있도록 변화시켜주는 가르침이다. 하지만 "늦은 비의 빗방울"로서 우리에게 "새로운 경험"이 되지 않으면, 예수님을 새롭게 경험하지 않으면, 그것은 이해할 수 없는 복음이다.

많은 사람들이 "이신칭의"(以信稱義, Justification by Faith) 믿음으로 말미암는 의의 복음을 믿고 있지만, 그들의 삶에서 맥이 없고 능력이 없는 이유는 하나님께서 인류에게 주신 참된 의의 복음을 모르기 때문이다. "사람의 아들 그리스도"는 "이신칭의"의 핵심이다.

소생하고 싶은가? 영적 매너리즘에서 벗어나길 원하는가? 구주 예수 그리스도와 하나님에 대한 지식을 갈망하는가? 지금 그 상태에서 벗어나고 싶은데, 벗어날 힘이 없는가? 주님이 말씀하신 대로 살고 싶은데, 자꾸 패배하고 쓰러지는가? "사람의 아들 그리스도"라는 늦은 비의 빗방울, 의롭게 하는 복음을 경험해야 한다. 그러면 지금까지 경험하지 못한 신앙부흥을 가져오게 될 것이다. 늦은 비의 빗방울! 이것이야말로 그리스도께서 나누어 주시는 생명수이다. 지금 비가 내리고 있다. 늦은 비의 빗방울이 타는 목마름을 가진 정결한 영혼들의 심령을 적시고 있다.

4. 복음 사역을 마치는 능력

"오직 성령이 너희에게 임하시면 너희가 권능을 받고 예루살렘과 온 유대와 사마리아와 땅 끝까지 이르러 내 증인이 되리라" (행 1:8).

이른 비와 늦은 비 성령의 부어 주심을 역사적으로 적용한다면 예수님께서 승천하신 후 오순절에 제자들에게 성령을 주셔서 복음의 씨가 온 세상에 전파되게 한 것을 이른 비의 역사라고 볼 수 있다. 그러면 이른 비 성령의 결과로 어떠한 역사가 일어났는가? 오순절에 단 한 번의 설교로 그리스도의 공생애 기간 내내 회개시킨 것보다 더 많은 사람을 회개케 하였다. 그들은 단순 명료한 그 시대의 복음, "하나님의 아들 예수 그리스도"를 전했다. 그것은 어두운 마음속에 빛을 비추는 단순하고 웅장한 진리의 외침이었고, 하루에도 수천 명을 회개케 하였다. 그처럼 복음 사역이 마쳐지는 마지막 때에도 다시 한번 늦은 비 성령의 충만한 역사를 통해 복음이 땅끝까지 전파되고 큰 능력으로 사역이 마쳐지게 될 것이다. **"내가 내 신을 만민에게 부어 주리니"**(욜 2:28). 만약 요엘의 이 예언이 사도 시대에 부분적으로 성취되었다면(행 2:16,17) 이 예언은 다시 더 분명하게 오늘날 우리 시대에 성취될 것이다. 정결케 된 하나님의 백성들에게 성령을 부어 주실 때에 그들은 도덕적 흑암 중에 빛이 될 것이며, 큰 빛이 세상의 구석구석까지 비추게 될 것이다. 사람들이 성령의 지배하에 자신을 맡길 때 하나님께서는 큰 능력으로 일하신다. 특히 마지막 때를 사는 우리에게 있어서 늦은 비는 환난의 때에 굳게 서게 해줄 것이며 큰 힘과 능력으로 복음 사역을 마치게 할 것이다.

오순절 당시 초대 교회에 임했던 성령의 역사는 놀라운 것이었지만, 바벨론을 향하여 큰소리로 복음을 외칠 마지막 성도들에게 내릴 늦은 비 성령의 역사는 그보다 훨씬 더 크고 놀라울 것이다. 그 경험은 유쾌하고 매우 기쁜 경험이 될 것이다. 우리는 유쾌하게 되는 날을 위해 준비하고 있는가? 오순절 성령을 받기 위해 제자들이 준비했던 것처럼, 마지막 늦은 비 성령을 받기 위한 준비를 하고 있는가?

기다림

예수님의 제자들은 주님께서 승천하시기 전 **"요한은 물로 침례를 베풀었으나 너희는 몇 날이 못 되어 성령으로 침례를 받으리라, 오직 성령이 너희에게 임하시면 너희가 권능을 받고 예루살렘과 온 유대와 사마리아와 땅끝까지 이르러 내 증인이 되리라"**(행 1:5,8)고 하신 약속을 믿고 예루살렘에서 아버지의 약속, 즉 성령의 부어 주심을 기다렸다.

예수님의 제자들이 마음을 살피며 성령을 기다릴 때에 기억에서 사라졌던 진리들이 그들의 마음에 다시 떠올랐으며, 그리스도의 경이로운 생애의 장면들이 주마등처럼 스쳐 지나갔다. 그분의 순결하고 거룩한 생애를 묵상하며 제자들은 만일 그들이 그리스도의 성품의 아름다움과 그분이 가르치신 복음을 증거할 수만 있다면 너무 힘들어서 하지 못할 수고나 너무 커서 하지 못할 희생이 없다는 것을 느꼈다.

예수님의 제자들은 구주를 오해한 자신들이 너무 안타까웠다. 만일 그들이 "과거의 삼 년을 다시 살 수만 있다면 다르게 행동했을 텐데"라고 얼마나 후회했을까! 만일 그들이 다시 주님을 볼 수만 있다면 주님을 사랑하는지를 보여 드리기 위해 얼마나 열심히 노력했을까! 그들은 과거에 늘 불신의 말과 행동으로 주님을 슬프시게 한 일을 생각하고 마음이 찢어지는 듯 아팠다.

이제 예수님의 제자들은 세상에 그리스도를 대표하기에 손색이 없는 사람이 되기를 진심으로 원했다. 그들은 세상 앞에 담대히 주님을 시인함으로 그들의 불신에 대해 속죄하고자 하였다. 그러나 그렇게 하기에는 너무 부족한 자신들의 모습을 보고 성령의 도우심이 필요함을 절실히 느꼈다. 그들은 간절히 성령을 간구했다. 제자들은 사람들을 만나기에 적합하게 되도록, 매일의 교제에서 죄인들을 그리스도께 인도할 수 있는 말을 할 수 있도록 매우 열렬히 기도했다. 이 준비의 날들은 깊이 마음을 살피는 날들이었다.

예수님의 제자들은 영적인 필요를 느끼고 자신들을 영혼 구원 사역에 적합한 사람들로 만들어 주시기를 주님께 부르짖었다. 그들은 단순히 자신을 위한 축복을 구하지 않았다. 그들은 영혼 구원에 대한 부담에 눌려 있었다. 그들은 복음이 세상에 전파되어야 할 것을 깨닫고 그리스도께서 약속하신 능력을 간구하였다. 두 번째 오순절 성령의 역사가 다시 크게 임할 시간이 다가오고 있다.

준비의 시간들

성령의 임재의 필요성을 깨닫기 위해 필요한 과정이 있었다. 오순절 성령을 받기 위해 제자들이 겪었던 경험과 준비 과정은, 두 번째 오순절 성령의 역사인 늦은 비 성령을 기다리고 있는 마지막 시대의 그리스도인들에게 좋은 교훈을 주고 있다. 그들의 어떤 경험이 성령의 필요를 느끼게 했을까?

1) 시련을 통해 성령의 필요를 느낌

제자들이 성령의 필요를 진정으로 알기 위해 겪었던 과정은 시련과 고난이었다. 예수님께서 십자가에 달려 돌아가신 사건은 제자들의 일생일대의 시련이었다. 그들은 논과 밭, 고깃배, 가족과 모든 것을 버리고 예수님의 사역에 투신한 사람들이었다. 앞날에 대한 예언 성취를 알려주신 주님의 말씀이 귀에 들어오지 않았던 제자들은 그들의 주님이 십자가에 돌아가시는 사건을 받아들일 수가 없었다. 이제 곧 영광의 왕국이 이 지상에 설 것이며 그 왕국에서 그들이 차지할 자리와 명예에 관심이 집중되어 다투던 그들에게 있어서 주님의 죽음은 청천벽력과도 같았다. "저가 남은 구원하였으되 자기는 구원할 수 없도다… 지금 십자가에서 내려올지어다. 그러면 우리가 믿겠노라"고 조롱하는 군중들의 말을 들으면서, 또 사람들의 비웃음 속에서 그들의 일생을 걸고 좇던 희망의 태양이 저버리면서 제자들의 마음은 어두운 밤의 그늘로 덮여버렸다. 제자들은 "우리는 이 사람이 이스라엘을 구속할 자라고 바랐노라"(눅 24:21)는 말을 입술로 되뇌며 외롭고 상처받은 마음으로 슬픔에 잠겨 울었다. 십자가는 그들에게 큰 시련과 시험이었다. 세상에 걸었던 그들의 인간적인 희망과 최대의 소망이 사라진 가운데 그들은 빈손으로 허허벌판에 남겨진 듯 허전하였다.

이제 누가 높은가 다투던 그들의 혈기는 사그라지고, 세상의 명예를 추구하던 헛된 욕심도 잦아들고, 눈앞에 닥친 시련 속에서 두려움에 떨며 자신들의 나약한 모습을 보게 되었다. 자신들의 연약성과 부족함, 그리고 많은 허물을 깨닫고 자신에 대한 자부심을 버리게 되었다. 낮은 곳으로 내려앉게 된 그들의 심령은 가난하게 되었고 빈 마음으로 주님의 임재와 성령의 도우심을 간절히 바라게 되었다. 십자가는 그들에게 있어서 최대의 시련이었다. 그러나 그 시련은 그들 자신을 새로운 눈으로 보게 했고 성령을 받기에 적합한 겸손한 사람으로 만들었다.

우리가 받는 교훈

때때로 시련은 우리 마음속에 큰 역사를 이루어 낸다. 주님께서는 우리가 세속적인 것과 이기심과 조급함에서 깨끗함을 받고 정결하게 되도록 우리에게 시련을 허락하신다. 그 깊은 환난의 물결이 우리를 덮치도록 허락하시는 것은 우리가 자신의 진정한 상태를 깨닫고 예수 그리스도를 바라보게 하시기 위함이다.

시련에 처하게 될 때에 어려움과 고통 속에서 우리는 우리 자신이 아무것도 아니며, 스스로 얼마나 연약하고 부정한 존재인가를 알게 되므로 더러운 죄악에서 깨끗해지고자 하는 깊은 갈망을 갖게 된다. 시련과 시험을 통하여 더 순결하고 더 거룩한 사람이 되게 하시는 것이다. 우리는 연단의 풀무불에 들어갈 때에 이기심으로 어두워진 심령을 가지고 들어가는 때가 종종 있다. 그러나 우리가 하나님의 은혜 가운에 그 어려운 시험을 참고 견딘다면 그 시험에서 나올 때에는 어두워진 심령이 밝게 되고 신의 성품을 더 반영하게 될 것이다.

시련은 우리의 눈을 뜨게 한다. 모든 것이 수포로 돌아가고 고통 속에 처할 때에 우리는 가난한 심령을 갖게 되고 자신의 진정한 상태와 처지를 깨닫게 되며, 그때에 치료받기를 바라는 마음으로 성령을 바라게 된다. 고난 속에서 주님께 부르짖으며 그것을 견딜 힘과 성령의 능력을 간절히 구하게 되며, 그때에 마음의 그릇 속에 주님의 성령을 담을 준비를 하게 되는 것이다. 시련과 시험은 우리를 연단하여 주님의 가치 있는 일꾼으로 만들며, 성령의 임재를 간절히 구하게 하는 지름길이다.

2) 회개와 고백

시련을 겪은 후 제자들은 겸손하게 되었다. 그렇게 오랫동안 귀한 가

르침을 받았음에도 불구하고 조금도 변화되지 않은 모습과 고난 당하시는 주님을 버리고 도망갔던 그들의 비겁함을 보며 자신의 속절없는 상태를 발견하고 진정으로 슬퍼하게 되었다. 게다가 주님께서 그들이 전해야 될 복음 "하나님의 아들 그리스도"와 모든 교훈을 다시 상기시켜 주시기는 했지만, 아직도 부족한 자신들에게는 주님이 주신 사명을 위해 전혀 준비되지 못했음을 느끼고 어쩔 줄 모르게 되었다.

그들은 진정으로 준비된 일꾼이 되기 위해, 하나님을 대표하는 자가 되기 위해 통회하며 엎드려 회개했다. 그들은 참된 회개로 마음을 겸비하게 했다. 높아지려는 모든 욕망을 버리고 그들은 서로에게 죄를 고백하고 자신들의 허물에 대한 용서를 빌었다. 끝없이 흐르는 눈물과 서로를 용서하고 받아주는 포옹과 따뜻한 용서의 말이 그들에게서 흘러나왔다. 진실된 회개로 비워진 제자들의 마음은 이제 성령의 권능을 받아도 될 만큼 겸손하게 되었다.

우리가 받는 교훈

그리스도인 생애에서 회개의 경험은 매우 중요하다. 죄를 위한 경건한 슬픔이라고 불리는 회개는 한 번으로 끝나는 것이 아니다. 우리는 참된 회개, 곧 "하나님의 뜻대로 하는 근심" "후회할 것이 없는 구원에 이르게 하는 회개"(고후 7:10)의 경험을 지속해야 한다. 우리가 주님께 가까이 다가가면 갈수록 우리의 부족과 죄 됨이 드러나 예수님을 믿으면 믿을수록 매일 점점 더 깊은 회개의 경험을 하게 된다.

특히 하나님의 사랑인 말씀을 묵상할 때 우리의 죄들이 밝히 드러나 양심을 깨우치게 되는데, 그럴 때에 우리의 유일한 안위와 소망은 십자가 앞으로 나아가는 것이다. 우리는 매일 십자가 밑에 나아가 회개의 눈물을 흘리며 자신의 악함과 구주를 모욕하고 슬프시게 한 죄들을 통회하며, 우리의 죄 때문에 예수님께서 못 박히시고 찔림을 받으시는 것에 대해 회개해야 한다.

어떤 사람도 자신이 알고 있는 죄를 여전히 행하면서 구원을 주장할 수 없다. 말씀을 듣고 깨달았으면 실천에 옮겨야 한다. 단순히 동의에서 멈춰 있다면 우리의 회개는 감정적이고 아침 이슬과 같이 쉬 사라지는 것이 될 것이다. 의의 평온한 열매를 맺지 못하는 감정뿐인 회개는 믿지 않을 때보다 더 사람을 악화시킬 수 있다. 참된 회개에는 반드시 변화가 수반되는데 죄에서 떠나는 변화, 인생을 개혁하는 변화, 오해를 이해와 화합으로 만드는 변화, 이웃의 필요를 채우는 변화, 무정한 사람이 친절하고 애정 많은 사람이 되는 변화의 기적이 따른다. 거룩한 생애가 열매로 나타나게 되는 것이다.

회개는 성령의 부으심을 받을 수 있는 가장 기본적인 경험이다. 회개하고 정결하게 된 사람, 죄를 미워하고 멀리하는 사람, 혹시 실수하고 쓰러지더라도 낙심하지 않고 다시 회개의 경험으로 재빨리 들어가는 겸손한 사람들이 성령의 선물을 받을 것이다. 참된 회개와 거룩한 삶의 기적이 우리 인생에서 일어나고 있는가?

3) 연합

제자들이 성령을 받은 조건 중에 매우 중요한 한 가지는 그들이 하나로 연합했다는 것이다. 그들은 "마음을 같이 하"고, "한마음과 한뜻이 되"(행 2:46, 4:32)었다. 제자들은 그들 사이에 있는 차이를 없앴다. 연합했다는 의미는 그들의 개성과 성격이 똑같아졌다는 것은 아니었다. 그러나 달라진 점은 상대방의 개성과 성격을 존중해 주고 이해해

주었다는 것이다. 다양성 가운데서 조화를 이루고 한 가지 목적으로 통일성을 이루었다는 것이다. 서로 다르던 그들이 하나로 연합될 수 있었던 중요한 이유는 한 목적과 한 소망이었다. 진리가 그들을 하나로 만들었고, 그들의 생각은 그리스도로 가득 찼고, 그분의 나라를 확장시키는 것이 그들의 목적이 되었다.

예수님을 마음에 모신 형제들은 서로 반목할 수 없다. 예수님을 함께 모시고 동행하면서 어떻게 서로 불화할 수 있을까? 그들의 심령은 매우 충만하고, 깊고, 넓은 자비와 사랑으로 넘쳐흘러서 서로를 귀하게 여기며, 함께 힘을 합하여 세상 끝까지 나아가 그리스도를 증거했다. 그들은 그리스도께서 시작하신 사역을 추진 시키려는 강렬한 열망으로 충만하여 하나가 되었다. 하늘에 대해 그들이 진 큰 빚과 그 사역에 대한 그들의 책임을 깨달았기 때문에 사소한 일은 그들에게 문제 될 것이 없었다. 성령의 부음을 받아 힘을 얻은 그들은 십자가의 승리를 널리 증거하려는 뜨거운 열성으로 전진했다. 그리스도의 평화가 그들의 얼굴에서 빛났으며, 자신들의 삶을 봉사 사역에 바친 제자들의 모습에서 하나님께 굴복한 사람들이란 증거가 나타났다.

우리가 받는 교훈

제자들에게 오순절 성령을 받기 위한 준비로 연합이 중요했다면, 마지막 때에 늦은 비 성령을 받아 복음 사역을 마쳐야 하는 하나님의 백성들의 연합은 얼마나 중요한 것일까! 마지막 때에는 한 성령께서 한 백성을 인도하실 것인데, 그들의 특징은 진리 안에서의 연합과 화합이다. 제자들이 서로 판이한 성격과 기질들을 가지고 있었지만, 이전의 편견을 버리고 진리

안에서 서로 연합되고 조화되었던 것처럼, 한 진리 안에 모인 마지막 때의 성도들도 서로의 이견과 대립과 주장들을 버리고 뜨거운 사랑으로 연합해야 할 것이다.

사탄은 이 연합이 성도들 속에 계속 존재하는 한, 복음의 진리가 널리 보급되는 것을 막을 수 없음을 알고 형제들 사이에 불화의 요소들을 끌어들이려고 노력하고 있다. "우리와 같이 저희도 하나가 되게 하옵소서… 저희를 진리로 거룩하게 하옵소서. 아버지의 말씀은 진리니이다"(요 17:11,17), "영생은 곧 유일하신 참 하나님과 그의 보내신 자 예수 그리스도를 아는 것이니이다"(요 17:3). 진리로 거룩하게 된 자들이 참된 연합을 할 수 있다. 이들은 진리를 명확히 깨닫되 거룩하게 하는 진리의 능력을 경험한 성도들이다. 참 하나님과 참 예수 그리스도를 아는 사람들이 연합할 수 있다. 이들은 잔인하고 불의한 하나님이 아니라 자비와 공의의 하나님을 체험하여 맛보아 안 자들이며, 예수 그리스도의 성육신을 분명하게 이해하고 성육신의 복음으로 의롭게 된 성도들이다.

하나님의 권능과 성령의 능력과 거룩한 천사들의 도움을 힘입어 세상 앞에 연합 전선을 펴서 끊임없이 흑암의 권세들과 싸우며 마지막 복음을 전해야 할 일꾼들은 먼저 서로 연합하는 것을 배워야 한다. 그러면 진리가 승리하게 될 것이며, 이 연합된 수고와 역사가 계속될 때에 천사들은 앞서 가서 길을 열 것이며 영혼들이 진리를 받아들이게 되어 많은 사람이 그리스도께 인도될 것이다. 이 아름다운 연합을 이룬 교회를 가리켜 "달같이 아름답고 해같이 맑고 기치를 벌인 군대같이 엄위"(아 6:10)한 하나님의 백성이라고 성경은 가리키고 있다. 이 연합된 교회는 승리에 승리를 더하며 전진하여 세상에 복음을 선포하는 그 거룩한 사명을 영광스럽게 성취할 것이다.

마치면서

그리스도께서는 지상 생애 동안 날마다 필요 되는 은혜를 새롭게 공급받기 위하여 하늘 아버지께 간구하셨고 이러한 하나님과의 교통을 통하여 다른 사람들을 굳세게 하시고 축복하실 수 있었다. 하늘 아버지께 엎드려 기도하시는 하나님의 아들, 예수 그리스도를 바라보자!

하나님의 아들이심에도 불구하고 그분은 기도로써 믿음을 굳게 하셨으며, 또한 하늘과 교통하심으로 악을 저항하시고 사람들의 필요를 채울 수 있는 능력을 친히 얻으셨다. 인간이 되어 보신 그분은, 죄와 유혹의 세상에 살면서 예수님을 섬기고자 하는 사람들의 필요들을 아신다. 연약하고 과오를 범하는 사람들임을 아시지만, 주님의 사역에 전적으로 자신을 헌신한 모든 사람에게 하나님의 도우심을 약속하신다. 예수님의 모본은 믿음, 즉 하나님께 전적으로 의존하여 아낌없이 그분의 사역에 헌신하도록 이끄는 믿음으로써, 하나님께 드리는 열렬하고도 끈기 있는 탄원은 죄와의 싸움에 있어서 성령의 도우심을 받게 하는 데 효력이 있다는 보증이 된다.

그리스도의 모본을 따르는 모든 사람은 하나님께서 세상의 추수를 무르익게 하기 위해 마지막 시대 교회에게 약속하신 능력을 받아 사용할 준비가 갖춰질 것이다. 우리가 매일 아침 주님 앞에 무릎을 꿇고 그분께 대한 헌신의 서약을 새롭게 할 때에 그리스도께서는 소생케 하고 거룩하게 하는 능력과 함께 성령의 임재를 허락하실 것이다. 그런 사람들이 매일의 의무를 수행하기 위하여 전진해 나아갈 때에 눈에 보이지 않는 성령의 역사로 "하나님의 동역자"가 되게 하신다는 확신을 갖게 된다. 그런 사람들이 마지막 때 늦은 비 성령의 역사에 참여하게 된다.

이 세상의 역사는 저물어 가고 있다. 하나님의 종들이 준비되기까지 재앙의 바람이 불지 못하도록 굳게 바람을 잡고 있는 네 천사가 이제 그 손을 놓으려는 시기에 우리는 살고 있다. 하나님의 인치는 천사는 이 세상에 환난이 오기 전에 하나님 종들의 이마에 살아 계신 하나님의 인을 치려고 사람들을 찾고 있다.

이 시기에 "사람의 아들 그리스도"라는 늦은 비의 빗방울의 축복이 우리 모두에게 풍성히 임하기를 기도하자. 지금은 늦은 비의 방울이 하나둘씩 떨어지기 시작하는 때이다. 이런 때에 우리는 깨어 매일의 생애에서 이른 비 성령을 받는 경험을 해야 하며 그리하여 늦은 비가 내릴 때에 그 영광스러운 역사에 참여하는 사람이 되어야 한다.

머지않아 크신 늦은 비 성령의 역사가 준비된 영혼들에게 임할 것이다. 그리고 그 성령의 능력으로 세상은 다시 한번 진리의 환한 빛으로 정복당할 것이다. 정결하게 준비된 영혼의 그릇 속에 크신 성령이 임하시고 유쾌하게 하는 경험이 우리 모두에게 임하기를 간절히 바란다.

제10장
하나님의 비밀

하나님께서는 우리에게 어떤 목적을 가지고 계실까요? 그리스도를 믿고 새로운 생명, 새로운 삶을 받은 다음, 하나님께서 우리에게 원하시는 것은 무엇일까요? 하나님은 당신의 백성이 예수님 닮기를 원하십니다.

"하나님이 미리 아신 자들을 또한 그 아들의 형상을 본받게 하기 위하여 미리 정하셨으니"(롬 8:29). 인간은 타락함으로 하나님의 형상 대부분을 잃어버렸지만, 하나님께서는 그리스도 안에서 그 형상을 회복하셨습니다.
사도 요한은 "사랑하는 자들아 우리가 지금은 하나님의 자녀라 장래에 어떻게 될지는 아직 나타나지 아니하였으나 그가 나타나시면 우리가 그와 같을 줄을 아는 것은 그의 참모습 그대로 볼 것이기 때문"(요일 3:2)이라고 하였습니다. 우리가 예수님과 같을 것이라고 했습니다. 구원받은 우리는 틀림없이 그리스도를 닮았을 것입니다.

참된 기독교는 어떤 교리를 믿는 것이 아니라, 예수 그리스도를 따라 사는 것이고, 자기 삶을 통해 예수님의 삶을 구현해 내는 것입니다. 세상이 교회와 우리 그리스도인을 인정하는 때가 언제인가요? 그리스도의 모습을 드러낼 때입니다. 반대로, 세상이 교회와 우리를 비난하고 손가락질할 때는 언제인가요? 그리스도의 모습을 잃어버렸을 때입니다.

우리가 어떻게 예수 그리스도의 형상을 닮아 향기 내는 삶을 살 수 있을까요? 그 하나님의 비밀, 사람으로 오신 그리스도를 알아보도록 하겠습니다.

1. 대제사장 예수 그리스도

"[14] 자녀들은 혈과 육에 속하였으매 그도 또한 같은 모양으로 혈과 육을
함께 지니심은 죽음을 통하여 죽음의 세력을 잡은 자 곧 마귀를 멸하시며
[15] 또 죽기를 무서워하므로 한평생 매여 종노릇 하는 모든 자들을 놓아
주려 하심이니 [16] 이는 확실히 천사들을 붙들어 주려 하심이 아니요
오직 아브라함의 자손을 붙들어 주려 하심이라 [17] 그러므로 그가 범사에
형제들과 같이 되심이 마땅하도다 이는 하나님의 일에 자비하고 신실한
대제사장이 되어 백성의 죄를 속량하려 하심이라 [18] 그가 시험을 받아
고난을 당하셨은즉 시험받는 자들을 능히 도우실 수 있느니라" (히 2:14~18).

히브리서 1장에서 아들의 가장 고귀한 본질 곧 초월성을 말한다면 2장은 그분이 우리에게 얼마나 가까이 계시는지를 보여준다. 여기서 사도는 우리에게 예수님을 "형제"로 소개한다. 성경은 우리가 그 사실에 대해 절대적 확신을 하기를 바란다. 누군가가 나에 대해 제대로 알아주기를 바라는 것처럼, 예수님은 당신에 대해 제대로 알고, 제대로 믿기를 원한다. 예수님이 우리의 "형제"가 되신다는 놀랍고 고귀한 진리를 살펴보자.

형제라 부르시기를 부끄러워 아니하시고

예수님의 인성을 올바로 알지 못하면 하늘 대제사장이신 예수님에 대해서도 이해하지 못하게 된다. 성경은 명백하게 예수님이 신성을 지녔다고

논증한 것처럼 그분이 인성을 지녔다고 단도직입적으로 주장한다.

히브리서에서 예수님의 성육신에 관한 첫 번째 말씀이 2장 9절에 나온다. "오직 우리가 천사들보다 잠간 동안 못하게 하심을 입은 자 곧 죽음의 고난 받으심을 인하여 영광과 존귀로 관 쓰신 예수를 보니 이를 행하심은 하나님의 은혜로 말미암아 모든 사람을 위하여 죽음을 맛보려 하심이라"(히 2:9). 이것은 시편 8편을 인용한 말씀이다. 2장 14절에서는 혈연관계를 통해 설명한다. "자녀들은 혈육에 함께 속하였으매 그도 또한 한 모양으로 혈육에 함께 속하심은 사망으로 말미암아 사망의 세력을 잡은 자 곧 마귀를 없이 하시며"(히 2:14). 2장 9절에서 그리스도 자신이 창조하고 그 생명을 유지하는 천사보다 못하게 되었다고 말하는 것처럼 2장 14절은 그분이 실제로 인간의 본성을 취했다고 말한다. 하지만 가장 호소력 있는 논증은 2장 11~13절에 나온다. "[11] 거룩하게 하시는 자와 거룩하게 함을 입은 자들이 다 하나에서 난지라 그러므로 형제라 부르시기를 부끄러워 아니하시고 [12] 이르시되 내가 주의 이름을 내 형제들에게 선포하고 내가 주를 교회 중에서 찬송하리라 하셨으며 [13] 또 다시 내가 그를 의지하리라 하시고 또 다시 볼지어다 나와 및 하나님께서 내게 주신 자녀라 하셨으니"(히 2:11~13).

두 가지 중요한 표현이 여기에 나타난다. 첫 번째는 "다 하나에서"(11절), 두 번째는 "형제"이다(12,13절). 첫 번째 표현은 "모두 하나의 기원을 가진"(개정표준), "모두 하나의 혈통에서"(새영어), "같은 인성을 공유한"(필립스) 등 다양하게 번역된다. 여기서 사도는 인성을 쓰신 아들이 우리와 얼마나 가까운지를 말하고 있다.

인간이 되신 예수님의 사랑

아들과 우리가 "하나에서" 나왔다고 말함으로써 그분은 자신과 우리를 동일시한다. 그분은 자신이 사람이라 불리는 것을 부끄럽게 생각하거나 우리를 피하지도 않으신다. 진심으로 그분은 우리가 당신의 형제라고 발표하는 것이다.

과연 하나님이 우리 인생의 아픔을 하나님으로서 아는 것 말고, 실제 인간으로서 경험해 보셨을까? 나의 이 눈물과 고통을 아실까? 멀게만 느껴지던 하나님께 대한 질문에 이제는 눈으로 보는 것처럼 새롭게 이해된다. 영원히 가까워졌다는 사실, 그것을 절대 잊지 말자!

신이 인간이 되어 살았다는 것도 놀라운데, 인간으로 살면서 사탄으로부터 무수한 유혹과 시험과 고통과 고난을 견디시고 이기셔야만 하는, 우리와 동일한 입장에서 사신 분이다! 인간을 사랑해서 그렇게 인간이 되신 신께서, 우리가 멸망 받기를 바라실까? 아니다. 우리를 구원하기 위해 신이 인간이 되신 분이다. 이것은 사랑이라는 단어로도 표현하기가 힘든 위대하심이다. 하나님은 단 한 명도 멸망 받기를 원치 않으시기 때문에 우리가 주님을 사랑하고 주님과 형제가 됨을 감사하는 한 우리를 하늘까지 붙들고 이끄실 것이다. 주님께서 우리를 구원하시기 위해 이렇게 엄청난 희생을 하셨는데, 왜 우리를 구원하지 않으시겠는가? 우리 마음에 예수님께 대한 사랑이 있는 한 형제로 인정될 것이다.

육체에 계실 때 겪은 인간으로서의 경험

"저가 범사에 형제들과 같이 되심이 마땅하도다"(2:17). 여기서 2장의 위대한 사상들이 흘러나온다.

① 그가 인간이 "되셨다."
② 천사가 아니라 인간을 그의 형제로 삼으셨다(16절).
③ 그는 "범사에" 우리와 같이 되셨다.

예수님은 입양이 아니라 출생을 통해 우리의 가족이 되셨고, 온 우주 앞에서 우리를 형제로 기꺼이 발표하신다. 성경은 아들이 "육체에 계실 때" 겪은 그분의 경험을 말한다. 그분이 고통받고, 시험당하고, 온전케 되신 것은 의심할 여지 없이 인간으로서의 경험이다.

1. 이 땅에 사신 예수님의 고통은 어떤 것이었을까?

히브리서의 여섯 곳에서 예수님의 고통을 말하는데(2:9,10,18; 5:7,8; 9:26; 13:12), 그분의 고통에는 영적인 면이 결합해 있다. 성경이 말하려는 것은 우리의 병고나 참사나 아픔 같은 인간의 일반적인 문제가 아니다. 예수님의 고통은 영적이라는 것이다.

그분의 고통의 성질은 무엇이었는가? 그분이 느낀 죽음의 고통은 인류가 느끼는 것과 같은 것인가? 아니다. 우리 모두를 위해 맛보신 죽음이므로 인간이 생각하는 것보다 훨씬 더한 고통이다. 그리스도께서 그 고통을 짊어지셨기 때문에 더는 우리의 몫이 아닌 대속적 고통이다. 그것은 인간이 영원한 죽음의 문턱 안을 들여다보면서 절망 중에 무서워 부르짖는 "오 하나님, 살려주십시오!"가 아니다.

"조금 나아가사 얼굴을 땅에 대시고 엎드려 기도하여 가라사대 내 아버지여 만일 할만하시거든 이 잔을 내게서 지나가게 하옵소서 그러나 나의 원대로 마옵시고 아버지의 원대로 하옵소서 하시고"(마 26:39). 그리스도의 죽음에는 우리의 경험으로는 이해할 수 없는 면이 들어있다. 그분의 죽음은 단순히 법적 오심으로 인한 무고한 자의 죽음 그 이상이며, 순교자의 죽음과도 비교될 수 없는 것이다. "나의 하나님, 나의 하나님 어찌하여 나를 버리셨나이까?"라는 십자가의 절규(마 27:46)를 들으면서 우리는 그분의 죽음에는 신비로운 국면이 있음을 느낀다. 아들은 우리가 이해할 수 없는 버림 받음과 죄로 인해 하나님과 분리되어 완전히 홀로됨에서 오는 공포 속에 빠진 것이다. 신학적인 용어로 말하면, 그분은 "둘째 사망"의 고통을 겪으셨다.

"[7] 그는 육체에 계실 때에 자기를 죽음에서 능히 구원하실 이에게 심한 통곡과 눈물로 간구와 소원을 올렸고 그의 경외하심을 인하여 들으심을 얻었느니라 [8] 그가 아들이시라도 받으신 고난으로 순종함을 배워서 [9] 온전하게 되었은즉 자기를 순종하는 모든 자에게 영원한 구원의 근원이 되시고 [10] 하나님께 멜기세덱의 반차를 좇은 대제사장이라 칭하심을 받았느니라"(히 5:7~10). 이 구절은 예수님의 긴박하고도 강렬한 탄원을 묘사하고 있다. 예수님의 겟세마네 경험을 가리키는 이 장면은 복음서의 기사에서 보다 더 생생하게 표현한다. 이것은 인간으로서 그분이 겪은 경험이 가상이 아니라 실제임을 확증한다. 만물을 만드시고 붙드시는 분, 모든 존재에게 생명을 부여하시는 분이 탄원자가 되셔서, 자신을 십자가 죽음의 공포에서 구해 달라고 하나님께 간구하고 있다.

"그러므로 예수도 자기 피로써 백성을 거룩케 하려고 성문 밖에서 고난을 받으셨느니라"(히 13:12). 성문 밖은 종교적 의식의 영역에서 벗어난 곳, 불경스러운 곳이었고 예수님은 거룩한 지경 밖에서 고난을 당하셨다. 죄인이 당하는 마지막 형벌의 죽음을 예수님께서 대신 받으셨다는 것이다.

2. 이 땅에 사신 예수님의 시험은 어떤 것이었을까?

첫 번째, "자기가 시험을 받아 고난을 당하셨은즉 시험받는 자들을 능히 도우시느니라"(히 2:18).

여기서 성경은 우리의 대제사장이 될 수 있는 그리스도의 자격을 선포한다. 시험받는 자를 도울 수 있는 그분의 능력은 몸소 시험을 받았던 그분 자신의 경험에서 나온다. 예수님의 시험은 분명 실제였다. 만일 그분이 실패할 가능성이 전혀 없었더라면, 그리고 그분의 시험이 단순히 가상적이었다면, 우리가 알듯이 우리의 시험은 사실인데 그분이 어떻게 우리가 시험받을 때 도울 수 있겠는가? 하나님이니까 그냥 다 안다면 그런 하나님은 우리에게서 너무 멀리 떨어진 신이다.

두 번째, "[15] **우리에게 있는 대제사장은 우리 연약함을 체휼하지 아니하는 자가 아니요 모든 일에 우리와 한결같이 시험을 받은 자로되 죄는 없으시니라** [16] **그러므로 우리가 긍휼하심을 받고 때를 따라 돕는 은혜를 얻기 위하여 은혜의 보좌 앞에 담대히 나아갈 것이니라**"(히 4:15,16).

성경은 예수님의 시험에 대하여,

① 우리와 동일한 인간의 본성을 가지고 있었기 때문에 모든 면에서 시험받았다고 말한다.

② 어떤 사람들은 예수님의 시험은 광야에서 사탄에게 시험받을 때뿐이었다고 말하는데, 성경은 그리스도의 시험이 일시적인 것이나 제한적이거나 광야나 겟세마네 경험에만 국한된 것이었다는 생각을 배제하고 예수님이 인간과 얼마나 밀접한 관련을 맺고 있는지를 보여주고자 한다.

③ 그분은 시험들을 통과하는 동안 죄를 짓지 않았다. 불같은 온갖 시험에도 한결같이 꿋꿋하셨고, 모든 시험을 이기셨다. 결국 예수님이 시험에 굴복한 것이 아니라 마침내 시험이 예수님께 굴복했다.

④ 우리와 예수님이 갖는 공통점은 시험에 넘어지는데 있는 것이 아니라 그분이 우리의 투쟁을 충분히 체휼, 즉 경험적으로 동정하고 이해한다는 데 있다. 그분께서 견디셨기 때문에 우리의 시련과 견디려는 노력을 이해하고 어떻게 도울지도 아신다.

⑤ 16절의 "때를 따라 돕는 은혜"는 시험을 극복하는 데 필요한 도움을 말한다. 넘어진 자를 위한 용서를 말하는 것이 아니라, 시험을 이기는데 필요한 힘을 제공하시는 분으로 예수님을 제시한다.

오늘날 삶의 방식과 2천 년 전 삶의 방식이 매우 다른데, 어떻게 예수님이 모든 점에서 우리처럼 시험을 받았다고 말할 수 있을까? 그것은 "모든 일에 하나님의 뜻에 일치되는가?"의 여부이다. "나는 과연 삶의 압박에도 아랑곳하지 않고 나의 하나님께 충실한가?" 이런 점에서 그분의 시험은 우리의 영원한 모본이다. 예수님의 인간 되심! 그리고 그분이 인간으로서 시험을 받으셨고, 시험을 받는 동안 죄를 짓지 않았다는 것, 그리고 그리스도인들이 시험을 받을 때 그분이 도울 수 있다는 것을 확신하는 것은 중요하다.

3. 이 땅에 사신 예수님은 어떻게 완전하게 되었는가?

히브리서는 아들이 "온전케 되었다"라는 개념을 세 번이나 제시한다.

"고난으로 말미암아 온전케"(히 2:10) 되셨다.

"온전하게 되었은즉 자기를 순종하는 모든 자에게 영원한 구원의 근원이 되"(히 5:9)셨다.

"영원히 온전케 되신 아들을 세우셨"(히 7:28)다.

원래 완전하신 분인데, 완전케 되셨다는 것이 무엇을 의미할까? 예수님이 죄를 점진적으로 극복해서 완전해졌다는 것인가? 히브리서는 인간의 죄 됨과 예수님의 오염되지 않은 부분을 뚜렷이 대조한다.

"모든 일에 우리와 한결같이 시험을 받은 자로되 죄는 없으시니라"(히 4:15).

"[2] 저가 무식하고 미혹한 자를 능히 용납할 수 있는 것은 자기도 연약에 싸여 있음이니라 [3] 이러므로 백성을 위하여 속죄제를 드림과 같이 또한 자기를 위하여 드리는 것이 마땅하니라"(히 5:2, 3). 아론 같은 제사장들이 지닌 도덕적 결함이 그분 안에는 없다.

"거룩하고 악이 없고 더러움이 없고 죄인에게서 떠나 계"(히 7:26)신다.

"저가 저 대제사장들이 먼저 자기 죄를 위하고 다음에 백성의 죄를 위하여 날마다 제사 드리는 것과 같이 할 필요가 없으니 이는 저가 단번에 자기를 드려 이루셨음이니라"(히 7:27). 예수님은 아론 같은 제사장들처럼 자신을 위해 제사를 드릴 필요가 없는 분이시다. "흠 없는 자기를 하나님께 드린 그리스도"(히 9:14)이시다.

문맥에 비추어 보면, 아들의 완전케 됨이라는 표현에 나타난 히브리서의 의도를 파악할 실마리를 찾을 수 있다. 완전케 됨을 대제사장으로서의 그분의 역할과 연관시키고 있다. 그분이 하나님을 온전히 의지할 수밖에 없는 새로운 차원, 즉 인간으로서 하나님을 의지하고 순종하여 우리의 대제사장이 되는 자격을 얻으셨다는 것이다.

아들의 "완전케 되심"이란 배워가는 과정이라 할 수 있다. 인간의 배움은 실수를 통해서 얻어진다. 실패는 우리에게 지혜와 깨달음을 주기 때문이다. 그러나 예수님은 다르다. 그분은 넘어지고 일어나는 시행착오를 통해 배운 것이 아니라, 하나님의 뜻에 끊임없이 순종함을 통해 배운 것이다.

순종은 점진적이다. 우리의 의지를 하나님께 드린다면 하나님은 그분의 계획대로 우리를 인도해 가신다. 주님의 뜻에 우리를 굴복시키는 이 과정을 날마다 배우게 된다면 우리는 주님과 더욱 가까워진다. 그러면 우리는 더욱 주님을 닮을 것이고, 주님의 말씀 속에서 새로운 통찰을 얻게 될 것이며, 주님과의 관계도 더욱 친밀해질 것이다. 주님이 점점 우리에게 실재가 되셔서, 예전엔 미처 몰랐던 분처럼 느끼게 된다.

예수님이 그러셨다. 주님은 이 땅에서의 삶의 경험이 펼쳐져 가는 동안 하나님의 뜻에 순종하는 것이 무엇을 의미하는지를 계속 배우셨다. 순종이 그분에게 고난을 불러온 것은 세상이 하나님의 뜻을 따르지 않았기 때문이다. 순종하려는 예수님을 끊임없이 사탄이 시험하고 괴롭혔기 때문에 순종에는 고난이 따랐다. 그러나 예수님은 전진했고, 끊임없이 자신 안에서 하나님의 계획을 이루어 나가면서 그 대가가 무엇이든 거기서 결코 물러서지 않으셨다. 마지막 시험은 결정적인 것이었는데, 겟세마네 동산에서 그분은 심한 통곡과 눈물로 기도하였다. 그러나 그때에도 주님은 앞으로 계속 나아갔다. 십자가로 나아갔다!

고난, 시험, 순종 이 세 가지는 예수님의 참된 인성을 가리키는 신학의 3중주다. 즉,

하나님은 고난받을 수 없다.
하나님은 시험받을 수 없다.
하나님은 순종이 필요 없다.

오직 인간으로 오신 예수님에게만 이 3가지가 의미 있는 것이다. 성경은 예수님의 본성과 우리의 본성에 공통점이 있듯이 그분의 경험도 그렇다고 말한다. 그분은 고민의 깊이, 시험의 혹독함, 그리고 그분의 모든 것을 하나님의 뜻에 점진적으로 끊임없이 순종한다는 것이 무엇인지를 이해하셨다. 예수님은 현재에도 하나님이듯이 과거에도 하나님이셨다. 그러나 그분은 인간이 되셨고, 고난받는 자, 탄원하는 자, 의존하는 자가 되셔서 배우신 것이다. 그러므로 그분이 친히 경험한 것으로 인해, 아니 그 배움을 통과하셨다는 의미에서 "온전케" 되신 것이다. 예수님을 믿음으로 받아들이는 우리를 의롭게 하시고자 그분 자신이 완전한 의를 이루셨다. 그러므로 우리를 중보하시는 대제사장으로서의 자격을 갖추셨다. 그분의 인간적 경험은 강렬하고 사실적이고 진짜였으며, 바로 이것이 하나님의 정하신 계획에 따라 하늘 대제사장의 봉사를 위해 그분을 온전케 만들었다. 예수님의 완전은 고난과 시험 그리고 순종을 통해서 이루어진 것이다.

예수님이 인간이 되심으로 이루어진 3가지

첫 번째는 그분의 대속적 죽음이다. 그분은 모든 사람을 위하여 죽음

을 맛보셨다(2:9). 어떤 천사도 죽어야 했던 적이 없다. 십자가에서뿐만이 아니다. 겟세마네에서 골고다에 이르는 그 어두운 공포의 방에 들어가 본 자가 아무도 없다. 영원한 비존재가 되는 것이 무엇인지를 맛본 분! 그래서 희망을 줄 수 있는 분은 오직 예수 그리스도뿐이다.

예수님의 인성이 이룬 두 번째 업적은 인간의 삶을 두려움 가운데서 해방시킨 것이다. "**[14] 자녀들은 혈육에 함께 속하였으매 그도 또한 한 모양으로 혈육에 함께 속하심은 사망으로 말미암아 사망의 세력을 잡은 자 곧 마귀를 없이 하시며 [15] 또 죽기를 무서워하므로 일생에 매여 종노릇 하는 모든 자들을 놓아주려 하심이니**"(히 2:14,15). 예수님이 인간이 되신 것은 죽기 위함이었다고 말한다. 모든 사람은 마귀의 노예요 포로이며, 죽음의 공포에 매여 살고 있다. 하지만 그분의 죽으심으로 두려움 가운데 있는 인간을 해방시키셨다. 죽음! 그 미지의 세계로 들어갈 때 얼마나 많은 사람들이 두려워하는가? 그러나 주님께서 그 죽음을 정복하시고 영원히 비존재가 되는 잔혹한 멸망과 위협으로부터 구원하셔서 우리에게 죽음이 끝이 아니라 새로운 시작이 있음을 보여주셨다.

히브리서에서는 세 번째 업적이 가장 강조된다. 그것은 예수님이 인간이 되심으로 대제사장이 될 수 있는 자격을 얻으셨다는 사실이다. 그분이 우리와 "하나"되신 것(2:11), 그분이 우리의 혈육에 속하신 것(2:14) 그리고 고난과 시험과 완전케 됨의 경험(2:10,17,18; 4:14~16; 5:1~10)은 히브리서가 최고의 관심을 두는 점이다. 이것들로 인해 우리의 대제사장이 될 수 있었기 때문이다.

예수님이 계시지 않았다면 우리는 "둘째 사망"의 공포를 맛봐야 하고, 영원히 비존재가 되는 공포 속에서 살 것이며, 우리에겐 하늘 대제사장도 없을 것이다. 우리가 절대적 확신과 소망을 가질 수 있는 근거는 예수 그리스도의 인간 되심, 성육신이다.

2. 역사로 보는 성육신의 이해

"[2] 이로써 너희가 하나님의 영을 알지니 곧 예수 그리스도께서 육체로 오신 것을 시인하는 영마다 하나님께 속한 것이요 [3] 예수를 시인하지 아니하는 영마다 하나님께 속한 것이 아니니 이것이 곧 적그리스도의 영이니라 오리라 한 말을 너희가 들었거니와 지금 벌써 세상에 있느니라" (요일 4:2, 3).

예수 그리스도의 본질 논쟁

우리도 예수님처럼, 믿음으로 승리하며 살 수 있다고 말하면 어떤 이들은 "그러면 우리가 하나님처럼 된다는 말인가?"라고 오해를 하는 사람들이 있다.

성경 66권이 정경(Canon)으로 채택되는 과정 속에 하나님께서 개입하신 것처럼 우리가 현재 믿고 있는 기독교 교리가 정착되는 과정 또한 하나님의 주관하심이 있었다. 길고 긴 회의와 논쟁 가운데서도 특별히 "하나님"과 "신성"에 대한 이해 즉 성부, 성자, 성령의 신격과 개성 그 본질과 존재에 대한 견해는 수많은 이단을 양산하는 대표 주제가 되기도 했다.

본격적인 기독론의 논쟁은 4세기에 아리우스의 출현으로 시작되었다. 그는 예수님께서 하나님의 아들이기 때문에 태어나기 전에는 존재하지 않았고, 따라서 선재했을지라도 피조물이며, 하나님은 아니라고 주장했다. 이에 대해 콘스탄티누스(Constantinus I, 274~337) 황제가 개최한 니케아 공의회(325년)에서 "하나님의 아들인 예수는 아버지인 하나님과 본질을 같이 한다"라고 주장한 아타나시우스의 견해를 채택하고 아리우스파를 이단으로 정죄했다. 하지만 '예수의 신성'에 대한 논쟁은 쉽게 수그러들지 않았고, 동로마의 테오도시우스(Theodosius I, 346~395) 황제가 아리우스 논쟁을 종결짓기 위해, 381년 콘스탄티노플에서 공의회를 열게 되었다. 이 회의에서 아버지인 하나님과 아들인 예수 그리스도는 동일본질(Homoousios, 호모우시오스)이라는 니케아 종교회의의 결정을 재확인하고, 성령에 대해서도 그 본질은 하나님이시며 성령의 개성을 인정하고, 성령은 성부와 성자와 더불어 경배를 받으신다는 니케아-콘스탄티노플 신조가 확립되었다.

아타나시우스의 "성부와 성자 하나님이 동일하시다"라는 [동일본질론]은 기독교의 구원론을 확립시킨 일이며, 하나님을 경배하는 원칙을 제시하여 기독교의 토대를 세운 일로 평가받고 있지만, 이 호모우시오스(Homoousios)라는 단어 속에는 성자가 성부로부터 파생(generation)되었다는 오리겐의 헬라 철학적인 개념을 지니고 있었기 때문에 모든 사람에게 환영받지는 못했다.

예수 그리스도의 본성 논쟁

이러한 과정을 통해 "예수 그리스도"는 "하나님"이시라는 진리에 도달했을 무렵, 또 하나의 질문이 발생하게 되었는데, "그리스도가 하나님이라면 그의 본성은 인간인가? 신인가?" "그분이 하나님이라면 본성은 하나님이어야 하고 인간이라면 본성은 인간이어야 하지 않는가? 인간 예수는 도대체 무엇인가?" 하는 질문이 자연스레 따라올 수밖에 없었다.

초대교회는 크게 두 가지 이해로 양분되어 있었다. 인성을 강조하는 안디옥 학파와 지나치게 인성을 강조하는 에비온주의(예수는 신격화된 인간, 단순히 선지자 중 한 사람이라는 주의)가 있었고, 신성을 강조하는 알렉산드리아 학파와 지나치게 신성을 강조하는 가현설주의(Docetism, 그리스도가 육체를 입고 오심을 부인하는 영지주의)가 있었다.

알렉산드리아 출신인 바실리데스(Basilides, 활동 시기 117~138)는 영지주의의 창시자로서 사실상 도세티즘을 제일 먼저 소개한 인물인데 그는 이렇게 주장했다. "그리스도는 고난받지 않고 구레네 시몬이 그리스도를 위해 십자가를 짊어지고 가도록 강요받고 그 순간 시몬은 그리스도의 모습을 가졌고, 다른 사람이 그를 그리스도로 알고 십자가에 못 박았다. 그러나 예수님 자신은 구레네 시몬의 모습을 취하시고 거기 계시며 그 사실을 알지 못하는 그 사람들을 비웃었다." 이러한 비성경적인 주장이 교회에 끼친 해악은 이루 말할 수 없었지만, 역설적으로 이러한 논리에 반대하기 위해 그리스도교 신학은 발전할 수 있었다.

질문으로 다시 돌아가서, "그리스도가 하나님이라면 그분의 본성은 인간인가? 신인가?" 하는 문제는 여전히 풀어야 할 숙제였다. 니케아 공의회 이후 여전히 그리스도의 신성에 대한 의견이 분분할 당시, 아폴리나리우스(Apolinarius, 310~390년)는 352년에 사람의 모양으로 오신 하나님(단일 신성)을 강조했지만, 360년 안디옥 학파와 카파도키아 교부들로부터 가현설 주의라고 정죄를 받았고, 이후 381년 콘스탄티노플 공의회에서 삼위일체를 완성하고 아폴리나리우스는 이단으로 탄핵되었다.

아폴리나리우스가 예수님의 단일 신성을 강조해서 이단이 되자, 콘스탄티노플의 총 대주교였던 네스토리우스(Nestorius)는 단일 신성이나 단일 인성을 강조하면 이단이 되기 때문에 그리스도는 신성과 인성의 두 본성을 다 가지고 있다는 양성론을 제기했다. 그 이유는 당시 "마리아가 하나님의 어머니인가? 인간의 어머니인가?"라는 논쟁이 벌어졌는데, 신성을 강조하는 이들은 하나님의 어머니라고 주장했고, 인성을 강조하는 부류는 인간의 어머니라고 주장했다. 그래서 네스토리우스는 신성과 인성이 혼합되지 않는 두 본성으로 구별되어 존재한다고 주장하면서 마리아는 하나님의 어머니도 아니고, 인간의 어머니도 아닌 "그리스도의 어머니(Christotokos)" 라는 이론을 주장했다.

이 견해는 431년 에베소 종교회의에서 당사자가 없는 상태에서 이단으로(양성론자) 정죄 되었지만, 당사자가 임석하지 않은 상태에서 임의로 정죄한 강도 회의였기 때문에 로마 감독인 식스투스(Sixtus)는 네스토리우스 없이 개최된 에베소 회의는 공정하지 못하므로 수정해야 한다고 제안하며 인성을 강조하는 안디옥 학파와 신성을 강조하는 알렉산드리아 학파가 연합하여 신조를 만들라고 요청하여 "연합신조"를 작성하게 된다. 하지만 이 견해를 두 학파 모두 좋아하지 않았다.

완전하신 하나님, 완전하신 인간

이런 과정에서 알렉산드리아 학파의 유티케스(Eutyches, 375~454)가 등장하여 예수님의 신성과 인성을 가지고 싸우지 말고 예수님은 "신성과 인성이 결합돼서 제3본성으로 변화된 분"이라는 제3본성으로서 단일 본성을 강조했다. 그러나 이것도 일성론이라고 해서 451년 칼케돈 회의에서 정죄된다. 이 칼케돈 회의에서 "예수님은 어떤 본성을 가지고 계시는가?"에 대한 논쟁을 종결시켰는데, 그 결론은 다음과 같다.

"우리는 교부들의 가르침을 본받아 다음의 사실을 고백해야 할 것을 만장일치로 가르치는 바이다. 우리 주 예수 그리스도는 아버지 하나님과 완전히 동일하신 하나님이시며, 이 동일하신 분이 신성에 있어서 완전하시고 인성에 있어서 완전하시며, 참 하나님이시며 참 인간이시고, 이성적 영혼(a rational soul)과 몸으로 구성되셨다. 그는 신성에 있어서 아버지와 동일 본질이시고 인성에 있어서 우리와 동일 본질이시지만 죄를 제외하고는 우리와 똑같으시다"(칼케돈 신조 the definition of Chalcedon,

교회용어사전, 교리 및 신앙, 2013. 9. 16., 생명의말씀사).

한마디로 정의하면 예수님은 완전하신 하나님이고, 완전하신 인간이라는 것이다. 한 본성만을 강조해서 혼합되지도 않고 변화하지 않는 분이라고 하지 말고, 두 본성을 강조해서 한 인격 안에 두 본성이 있지도 않다는 것이다. 이 외의 이론은 다 이단이라고 결론 내렸다.

좀 더 솔직히 말하면 "예수님은 인간인가 신인가?"는 인간의 이성으로 정리할 수가 없다는 것이다. 그래서 더는 논쟁하지 말고 예수님은 완전하신 하나님이고 완전하신 인간이라고만 말하라는 것이다. 거기서 조금 더 설명하기 위해서 신성을 강조하면 아폴리나리우스처럼 이단이 되고, 완전하신 인간만을 강조하면 에비온주의가 되고, 한 육체 안에 각각 독립된 두 본성을 강조하면 네스토리우스처럼 이단이 되고, 두 본성이 결합된 제3의 본성이라고 하면 유티케스처럼 이단이 되는 것이다.

3. 우리 안에 계신 예수 그리스도

"[26] 이 비밀은 만세와 만대로부터 옴으로 감취었던 것인데 이제는 그의 성도들에게 나타났고 [27] 하나님이 그들로 하여금 이 비밀의 영광이 이방인 가운데 어떻게 풍성한 것을 알게 하려 하심이라 이 비밀은 너희 안에 계신 그리스도시니 곧 영광의 소망이니라" (골 1:26, 27).

우리가 질문을 던지고 싶은 것은, "예수님의 신성과 인성이 어떻게 한 본성 안에 존재할 수 있느냐?" "신성과 인성이 어떻게 조화를 이루며 한 인격 속에 있을 수 있었느냐?" "그분은 인성을 가지셨는가? 신성을 가지셨는가?"에 대한 것들이 아니다. 이 논쟁은 지난 역사에서 수많은 사람들이 우리를 대신해서 싸워왔고 확립해 왔다. 그것을 다시 꺼내어 새로운 학파를 주장하려는 것이 아니다.

예수님의 인성이 어떤 본질의 인성이었느냐를 논하려는 것도 아니다. 예수님께서 이미 가지고 계신 그 인성이 구속론적인 입장에서 우리에게 어떤 의미가 있는지 그 부분에 대해서 연구하려고 한다. 우리에게 어떤 의미가 있느냐에 대한 것이지, 예수님의 인성과 신성을 해부하고 정의하려는 시도가 아니다.

인성에 대한 이해의 중요성

예수님은 하나님이신가? 그렇다. 예수님은 인간이신가? 그렇다. 예수님께서 "응애" 하시면서 아기로 태어나실 때 그분은 하나님이시고, 동시에 인간이셨는가? 그렇다. 예수님은 여호와이신가? 그렇다.

예수님은 인성과 신성을 겸하신 분이시다. 그분이 어떻게 성령으로 잉태하실 수 있었는지 설명할 수 있는 사람은 이 세상에 단 한 명도 없고, 예수님의 신성(신적 본질)에 대해 이 세상에서 명확하게 설명할 수 있는 사람 또한 한 명도 없다. 인간의 이성으로는 이해할 수 없는 신비이다. 어떤 신학자도, 어떤 목사도 그걸 설명할 수 없다. 이 문제에 대해 명쾌한 답변을 할 수 있는 존재는 하나님 외에는 아무도 없다.

그렇기에 예수님의 신성 문제는 우리가 논할 주제가 아니며, 우리가 다룰 수 있는 성질의 것이 아니다. 누가 감히 예수님의 신성을 설명할 수 있겠는가? 유한한 인간이 무한한 하나님의 신적 본성을 해부하려는 시도 자체가 참람한 것이 될 수 있다. 그러므로 "그것은 신비이며 모른다"라고 대답하는 것이 정직한 답변일 것이다.

우리가 다루는 것은 예수님의 인성 부분이다. 그것은 예수님의 신성을 무시해서가 아니라 우리가 하나님이 되지 않는 한 그 문제를 알 수가 없기 때문이다. 또한 예수님의 인성에 대해서도 우리가 다 알 수 없다. 주님은 우리와 다른 인간이시다. 그분이 어떤 인성의 신비 속에 있었는지 우리는 명확히 다 이해할 수 없다. 따라서 예수님의 인성을 해부하려는 연구도 아니다.

다만 인간으로 오신 예수님의 입장, 이 세상을 살아갈 때 사탄의 유혹을 승리하고, 하나님의 말씀에 순종하고, 죄를 승리하는 삶을 사셨던 우리의 모본이 되시는 그 부분에서만 얘기하자는 것이다. 그분이 택하신 인간의 본성은 우리와 동일한, 죄의 결과로 타락한 육체를 가지고 오셨다. 그럼에도 죄를 짓지 않고 승리하셨던 그분의 생애가 우리에게 어떤 의미가 있느냐는 것이다.

그러나 예수님께서 신성을 가지고 계셨는가? 그렇다. 신성의 광채가 드러날 때가 있었는가? 그렇다. 하지만 그런 부분은 우리가 이 세상에서 하나님의 말씀대로 순종하며 죄에서 승리하는 것과는 상관이 없는 문제이다. 변화산에서 예수님의 형상이 변형되셨다(마 17:2). 이것은 우리의 모본 되셔서 하나님의 말씀에 순종하며 사신 것과는 전혀 별개의 문제이다.

예수님은 우리와 달랐는가? 당연히 우리와 달랐다. 예수님은 성령으로 잉태하신 분인데 남자의 씨로 태어난 우리와 같을 수가 없다. 하지만 우리와 다름을 자꾸 강조하여 어떻게든 우리와 다른 분으로 묘사해서 "주님은 가능하셨지만 우리는 불가능하다"는 유도를 하려고 한다면 조심해야 한다. 그것은 성경의 복음이 아니기 때문이다.

예수님은 우리와 다른가? 그렇다. 그러나 예수님이 이 땅에 사셨을 때 인간이 사용할 수 없는 능력이나 권위를 사용해서 순종하셨거나 승리하신 것이 아니다. 예수님께서 행하신 기적들, 그것조차 하나님으로서 하신 것이 아니라 인간으로서 믿음을 활용하시고 하나님의 도움으로 행하신 것이다. 물 위를 걸으신 것은 하나님으로서 걸으신 것이 아니다. 우리처럼 인간으로서 하나님 아버지의 능력을 신뢰하는 입장에서 걸으신 것이다. 베드로도 물 위를 걸었는데 그렇다고 해서 그가 하나님이 될 수 없는 것과 마찬가지이다.

성난 파도와 폭풍우를 향해 "잠잠하라"고 명령하셨다. 하나님으로서 신적 권능을 행사하신 것 같지만, 이것 역시 하나님을 믿는 믿음을 활용하신 것이다. 예수님은 스스로 행할 수 있는 권능을 버리셨고, "내가 아무것도 스스로 할 수 없노라"(요 5:30)고 말씀하셨기 때문이다. 예수님께서는 성령의 능력에 의지하셨다. 거센 풍랑 가운데서도 고기잡이배에서 편히 주무실 수 있었던 것은 그분이 하나님이시기 때문이 아니다. 예수님께서 쉬신 것은 믿음 곧 하나님의 사랑과 돌보심을 믿는 믿음 안에서였으며 폭풍을 잔잔하게 한 그 말씀의 능력은 하늘의 능력이 예수님을 통해 나타난 것이었다.

나사로를 부활시키고, 나인성 과부의 아들을 부활시키실 때도, 그분 자신이 가지고 있는 신성의 능력으로 살리신 것이 아니라, 하늘 아버지에 대한 믿음과 기도로써 이루어진 것이다. 그 장면을 주석은 이렇게 설명한다. **"그리스도께서는 당신의 행하신 모든 일에서 당신의 아버지와 협력하셨다. 언제나 그는 홀로 일하지 않으셨으며 이적을 행하신 것이 믿음과 기도로써 이루셨다는 사실을 분명하게 하시려고 매우 주의하셨다"**(Desire of Age p. 536).

예수님은 인간으로서 우리가 사용할 수 있는 믿음과 말씀과 성령의 능력으로 기적들을 행하셨다. 그것까지 우리에게 본을 보여주신 것이다. 베드로가 다비다를 살리고, 바울이 유두고를 살릴 때, 제자들이 앉은뱅이를 일으키고 소경의 눈을 뜨게 할 때, 그들은 예수님께서 하나님 아버지의 능력을 의지하시고 믿음으로 살리신 것과 똑같은 방법으로 행한 것이다.

예수님의 인성 문제가 왜 중요한가? 주님의 인성 문제를 어떻게 이해하느냐에 따라 복음에 큰 차이가 생기기 때문에 그렇다. 복음의 중심은 예수 그리스도의 "성육신"이다. 예수님의 인성과 예수님이 가지신 믿음, 이것은 영원한 복음에서 가장 중요한 핵심이다.

하나님의 비밀

요한계시록 10장은 마지막 시대에 일어날 성도들이 누구이고, 그들이 수행해야 할 사역이 무엇이며, 그 일을 할 때 어떤 대가를 치러야 할지에 대한 계시가 있다. 사탄이 최후의 아마겟돈 전쟁을 위해 그의 추종자들을 모으는 동안(계 16:13~16) 하나님께서도 이에 맞서는 한 백성을 준비하신다(계 10:1~11:13).

계시록 10장의 중심 구절은 7절이다. "일곱째 천사가 소리 내는 날 그 나팔을 불게 될 때에 하나님의 비밀이 그 종 선지자들에게 전하신 복음과 같이 이루리라"(계 10:7). 일곱째 천사가 나팔을 부는 때는 인류 역사의 막바지에 일어나는 일이다. 바로 이때에 하나님의 비밀이 이루어진다. "그 종 선지자들에게 전하신 복음과 같이" 하나님께서 복음을 그의 종 선지자들에게 계시하셨다. 아모스 선지자는 "주 여호와께서는 자기의 비밀을 그 종 선지자들에게 보이지 아니하시고는 결코 행하심이 없으시리라"(암 3:7)라고 하였다.

"하나님의 비밀이 … 이루리라" 일곱째 나팔을 불기 전에 하나님의 비밀이 완성될 것이라는 뜻이다. "하나님의 비밀"의 헬라어 "토 무스테리온 투 데우(τὸ μυστήριον του Θεου, the mystery of the God)"는 복음과 그 선포이다(엡 3:4; 6:19; 골 4:3; 롬 16:25,26). 선지자들을 통해 계시하신 인간의 구원과 관련된 하나님의 목적 곧 구속의 경륜을 가리킨다.

"그 비밀"(τὸ μυστήριον)의 헬라어는 두 가지 의미를 지니는데 첫째는 선택된 소수의 사람들만이 알고 있는 은밀한 일을 가리키고, 둘째는 전에 감추어져 있었으나 이제는 드러난 것을 가리킨다. 하나님의 복음을 소수의 몇 사람만 알고 끝내는 것이 아니기 때문에 두 번째 의미인 인간에게 계시된 하나님의 신비로움으로 해석하는 것이 타당하다.

비밀을 뜻하는 영어 단어에는 미스터리(mystery)와 시크릿(secret)이 있는데, mystery는 숨겨진 비밀이라기 보다 신비로움을 뜻하며, secret은 몰래 감춘 비밀을 뜻한다. mystery의 어원이 헬라어 "무스테리온"(μυστήριον)에서 왔음을 알 수 있다.

우리 안에 계신 그리스도

인류 역사가 마치기 전에 하나님의 비밀의 복음이 온 인류에게 전해지고 이루어져야 하는데, 그 비밀이 무엇인가? 사도 바울은 그 비밀에 대해 이렇게 얘기한다. **"이는 저희로 마음에 위안을 받고 사랑 안에서 연합하여 원만한 이해의 모든 부요에 이르러 하나님의 비밀인 그리스도를 깨닫게 하려 함이라"**(골 2:2). 그리스도를 깨달아 아는 것이다. 어떤 그리스도를 말하는 것일까? 그 비밀을 이렇게 설명한다. **"크도다 경건의 비밀이여 그렇지 않다 하는 이 없도다 그는 육신으로 나타난 바 되시고 영으로 의롭다 하심을 입으시고 천사들에게 보이시고 만국에서 전파되시고 세상에서 믿은 바 되시고 영광 가운데서 올리우셨음이니라"**(딤전 3:16). 이 비밀은 육신으로 오신 그리스도, 곧 사람의 아들 그리스도이다. "[26] **이 비밀은 만세와 만대로부터 옴으로 감취었던 것인데 이제는 그의 성도들에게 나타났고** [27] **하나님이 그들로 하여금 이 비밀의 영광이 이방인 가운데 어떻게 풍성한 것을 알게 하려 하심이라 이 비밀은 너희 안에 계신 그리스도시니 곧 영광의 소망이니라"**(골 1:26, 27). 이 비밀은 하나님께서 그리스도 안에 계셨던 것처럼 그리스도께서도 우리 안에 계시는 것이다. 하나님의 성품이 그리스도를 통해 나타났던 것처럼 그리스도의 성품도 우리 안에 심어져야 한다. 그리스도께서 우리 안에 임재하시는 신비, "신성과 인성"의 연합으로 신의 성품에 참여하는 것(벧후 1:4) 이것이 영광스러운 소망, 즉 그리스도는 우리의 의다.

경건의 비밀, 그리스도

이어서 사도 바울은 언급하기를, "[28] **우리가 그를 전파하여 각 사람을 권하고 모든 지혜로 각 사람을 가르침은 각 사람을 그리스도 안에서 완전한 자로 세우려 함이니** [29] **이를 위하여 나도 내 속에서 능력으로 역사하시는 이의 역사를 따라 힘을 다하여 수고하노라"**(골 1:28, 29). 이 경건의 비밀, 즉 육신으로 오신 그리스도를 가르치는 이유는 우리를 완전한 자로 세우기 위함이며, 이 일을 위해 바울 자신도 자기 안에 계신 그리스도의 능력의 역사를 따라 힘써 일하고 있다고 말씀한다. 이것이 바로 우리의 사명이다.

하나님의 비밀은 죄 없는 육신으로 나타나신 하나님이 아니고 죄 있는 육신으로 나타나신 하나님이다. 하나님이 죄 없는 육신, 곧 죄와는 전혀 관계가 없는 사람 안에 나타나시는 것은 조금도 비밀이 될 수가 없다. 그것은 지극히 당연한 일이다. 그러나 하나님이 우리와 같이 죄의 성향을 지닌 육신에 자신을 나타내실 수 있다는 것은 하나의 비밀이다. 죄 된 육신의 본성을 입으셨음에도 불구하고 죄를 짓지 않고 온 우주 앞에 승리의 깃발을 높이 드셨다. 그렇다면 하나님께서는 마찬가지로 우리를 택하셔서 우리의 모든 죄 된 본성을 극복하고 당신의 의로우신 성품과 영광을 사람들 앞에 드러내 보이실 것이다.

영광의 소망, 그리스도

우리 그리스도인들의 모든 삶 가운데서 우리는 여기저기에 죄를 위한 틈새들을 남겨두면서 살아왔다. 그리스도인의 삶이 죄짓지 않는 생애가 되어야 한다는 사실을 믿지도 않았고 선포해 보려 하지도 않았다. 그러나 이렇게 하나님의 계명을 우리가 충만하게 선포할 수가 없는 경우라면, 도대체 그 이유는 무엇인가? 그것은 우리가 "믿음으로 말미암는 의"의 능력을 제대로 이해하지 못하고 있기 때문이다.

죄 있는 육신을 쓰고 오셨던 예수 그리스도는 죄를 짓지 않으시고 하나님의 영광을 온 우주에 증명하셨다. 마찬가지로 하나님께서는 마지막 시대에 한 무리를 택하셔서 우리의 죄 된 본성 때문에 우리가 죄를 지을 수밖에 없다는 논리를 부정하고, 오히려 우리의 모든 죄 된 본성을 극복하고 당신의 의로우신 성품과 영광을 사람들 앞에 나타내 보이실 것이다. 이것이 바로, 죄스러운 육신을 통해 하나님이 자신을 나타내 보이시는 하나님의 비밀(신비), 즉 "너희 안에 계신 그리스도, 곧 영광의 소망"이다. 일곱째 나팔을 불게 될 때 온 땅을 진리의 빛으로, 예수 그리스도의 의의 빛으로 환하게 할 이 성도들로 인해 하나님의 비밀이 온전히 이루어지며 구속 사역은 끝이 나게 될 것이다.

4. 사람의 아들 그리스도와 믿음으로 말미암는 의의 복음

"이로써 그 보배롭고 지극히 큰 약속을 우리에게 주사 이 약속으로 말미암아 너희로 정욕을 인하여 세상에서 썩어질 것을 피하여 신의 성품에 참예하는 자가 되게 하려 하셨으니" (벧후 1:4).

동일한 능력, 동일한 승리

그리스도인 중에 "하나님의 아들 그리스도"를 부인하는 사람은 없을 것이다. "예수님은 하나님이시고, 그분은 메시아요, 그리스도이다." 이 사실을 부인하는 사람은 기독교 신자가 아니다. 그런데 "사람의 아들 그리스도"에 대해서는 부인한다. "그분은 우리와 뭔가 다르셨기 때문에 예수님이 땅에서 죄를 짓지 않고 하나님의 계명에 순종하며 사는 것이 가능했지만 우리는 안 돼!"라고 말하는 것 이것이 바로 "사람의 아들 그리스도"를 부인하는 것이다.

예수님은 우리와 동일한 육체로 오셔서, 동일한 시험을 받으시고, 아니 더 힘든 시험을 받으셨지만 모든 죄에서 승리하셨다. 예수님께서 사람의 아들로 오셔서 승리하셨고, 그리스도를 도우셨던 능력, 그리스도가 의지했던 능력이 우리에게도 동일하게 주어지기 때문에 우리도 승리할 수 있으며, 그리스도의 의(義)가 나의 의(義)가 된다는 이 진리가 바로 늦은 비의 빗방울이다. 이것은 행함으로 말미암는 의가 아니다. 그리스도인의 생애는 우리가 노력해서 얻어지는 생애가 아니라 매일매일이 기적의 생애, 하늘의 능력이 매일 우리 생애 가운데 나타나는 초자연적인 생애다.

예수님을 믿는다는 것이 무엇일까? 우리의 지식과 동의로 주님은 메시아라는 것을 인정하는 것이 아니다. 신자가 그리스도를 믿고 받아들인다는 것은 그리스도의 생애를 살 수 있는 능력도 함께 믿고 받아들이는 것이다. 그러므로 그리스도께서 내 안에 계셔서 나를 대신하여 의를 이루시므로 "내 안에 계신 영광스러운 소망"이다.

예수 그리스도 사역의 두 국면

이른 비로 오시는 구세주 : **하나님의 아들 그리스도**
늦은 비로 오시는 모본자 : **사람의 아들 그리스도**

예수님께서 인간을 구원하시는 구원자로서의 역할만 있다면, 굳이 이 땅에 아기로 태어나실 이유가 없다. 오히려 AD 31년 1월 14일 갑자기 하늘이 열리고 신의 광채를 발하면서 하나님께서 골고다 언덕에 내려오셔서 십자가에 달리신다면 모든 사람이 하나님을 믿을 것이다. 그러나 주님은 그렇게 오지 않으셨다. 오늘날 신자들은 구세주이신 예수 그리스도만을 사랑한다. 하지만 구세주와 모본자이신 예수 그리스도가 내 안에서 함께 경험돼야 한다.

우리의 죄를 용서하시고 죄로부터 구원하시는 능력의 구세주와, 믿음으로 온전한 순종과 승리의 생애를 사시므로 우리에게 모본이 되신 예수 그리스도, 인간으로 사시면서 하나님을 신뢰하여 사는 삶이 무엇인지 보여주신 모본자로서의 예수 그리스도를 우리는 모두 만나야 한다.

이른 비에서 늦은 비로

늦은 비의 복음은 단계적으로 임한다. 허물과 죄로 죽을 수밖에 없었던 죄인이 먼저 이른 비 성령의 은혜로 "하나님의 아들 그리스도", 즉 구세주이신 예수님을 만나면서 "나의 주시며 나의 하나님"이심을 고백하고 회개의 경험을 하게 된다. 하나님 되시는 예수님을 매일 만나야 한다. 이 고백은 거듭남의 생애를 지속하게 하며, 한 단계에서 다음 단계로 영적인 성장을 하게 하는 성령의 지속적인 은혜를 경험하게 된다. 이렇게 성령의 지속적인 은혜 속에 거했던 자들이 늦은 비의 복음을 경험하게 된다. "하나님의 아들 그리스도"를 만난 사람이 "사람의 아들 그리스도"를 만나게 된다. 허물 많고 죄 많은 우리를 구원해 주시는 구세주이신 그리스도를 만남으로 그 감격에, 용서해 주신 그 은혜에 반응해서 모본자이신 그리스도를 따라 살게 되는 것이기 때문에 이 순서가 바뀌면 안 된다. 이른 비의 경험이 늦은 비의 경험으로 인도하는 것이며, 구세주를 만난 사람이 모본자이신 예수 그리스도를 만나게 되는 것이다.

신자의 신앙고백은 더 깊은 경험 가운데로 들어가게 되는데, 죄인을 회심시켰던 "하나님의 아들 그리스도"께서 이제는 "사람의 아들 그리스도"로서 그분의 생애가 나의 생애가 되도록 하는 것이 늦은 비의 빗방울의 역할이다.

하나님의 신성과 아담의 인성이 하나님의 아들이요, 사람의 아들이신 예수님 안에서 만나게 되고, 그 예수님을 우리 마음에 모시면 은혜의 능력을 통해 연약한 우리가 예수님이 사셨던 생애를 살게 된다. 이 경험을 지속한 성도들은 신의 성품에 참예할 수 있다는 영광스러운 소망을 꿈꾸게 되고, 결국 영광의 왕국에서 그리스도와 함께 영원히 살 것이라는 소망도 갖게 된다. 이 모든 것을 가능하게 만드는 하나님의 비밀이 바로 "너희 안에 계신 그리스도시니 곧 영광의 소망"(골 1:27)이다.

이른 비의 빗방울인 “하나님의 아들 그리스도” 구세주에서, 늦은 비의 빗방울인 “사람의 아들 그리스도” 모본자를 알게 되므로 복음에 대한 이해와 깨달음으로 그치는 것이 아니라 인생을 변화시키는 능력까지 경험하게 되므로 우리는 그 복음의 핵심인 그리스도를 비로소 체험하게 된다. 이 체험을 통해 “나의 의뢰한 자를 내가 안다”(딤후 1:12)고 말할 수 있게 되는 것이다. “안다”는 것은 지식으로 만이 아니라 경험으로 아는 것이므로 이 빗방울에 적셔진 사람들, 즉 이 복음의 능력을 경험한 사람들이 늦은 비의 소나기에 참여하여 역사의 대미를 장식하는 주인공들이 된다.

그리스도, 우리의 의

인류 역사의 최후에 온갖 핍박과 반대 속에서 진리를 전파하는 능력을 위해 약속하신 늦은 비의 소나기와 별개로 지금도 죄인을 의인으로 만드는 의의 복음으로 늦은 비의 빗방울은 떨어지고 있다. 의는 관념이 아니다. 이 세상에 오직 한 분, 예수 그리스도만이 의롭고 온전하시다. 그런데 그 예수님을 믿음으로 마음에 모시게 되면 경건의 비밀 되시는 그리스도께서 우리를 의롭다 하실 뿐 아니라 의롭게 살 수 있게 만드신다. 얼마나 놀라운 복음이며, 놀라운 약속인가!

그래서 “그리스도의 인성”에 대한 주제는 마지막 시대를 사는 백성들에게 반드시 이해되고 경험되어야 하는 지극히 소중한 진리이다. “하나님의 아들 그리스도” 없이 우리는 살 수 없다. 하나님의 아들 그리스도를 믿기 때문에 경험하게 되는 축복들은 세상 끝까지 우리에게 필요하다. 그러나 이것들만으로는 충분하지 않다. 우리는 하나님의 아들 그리스도를 신앙으로 고백하는 한편, 곡식이 여물고 알곡으로 추수되기 위해선 “사람의 아들 그리스도”가 필요하다. 예수 그리스도의 두 사역의 국면이 우리의 신앙

초기에 필요하며, 두 사역의 국면이 거룩한 생활을 향해 전진하는 매 발걸음마다 필요하며, 예수님의 두 국면이 마지막 복음을 완성시키는 것이다.

의롭게 만드는 복음

그렇다면 다음의 질문에 답을 해 보도록 하자. 답은 한 가지다.

① 늦은 비의 소나기를 오게 하는 늦은 비의 빗방울은 무엇인가?
② 온 땅을 환하게 할 늦은 비의 복음은 무엇인가?
③ 그리스도의 의(義)에 대한 계시는 무엇인가?
④ 이신칭의, 믿음으로 말미암는 의의 복음의 핵심은 무엇인가?
⑤ 하나님의 비밀, 경건의 비밀은 무엇인가?

이 모든 질문에 한 가지 답은 "사람의 아들 그리스도", 타락한 인성을 쓰고 성육신하신 예수 그리스도이다. 예수님께서 재림하시기 전에 하나님의 백성을 준비시키기 위해, 예수의 증인을 만들기 위해, 지극히 소중한 복음을 늦은 비의 빗방울로 인류 역사 끝에 사는 우리에게 주셨다. 바로 이 복음을 통해 하나님의 계명에 대한 완전한 순종과 모든 죄에 대한 승리가 가능하게 하셨다.

예수님께서 오시기 전에 침례 요한이 길을 예비했던 것처럼, 이 늦은 비의 빗방울이 늦은 비의 소나기를 받을 수 있게 우리를 준비시키는 의의 복음이다. 인간으로 오신 예수님께서 순종의 생애를 사셨으므로 "그리스도의 그 의를 믿음으로 받아들인 사람"도 순종의 생애를 살 수 있다는 것이 늦은 비의 소나기를 부르는 복음이다.

이 복음은 마지막 시대에 반드시 이해되어야 하고 또한 전파되어야 하는 매우 소중한 진리이다. 늦은 비와 계시록 18장의 천사는 우리의 소명(召命)과 사명(使命)에 밀접히 연관돼 있다. 사람의 아들로 오신 예수 그리스도는 우리에게 순종의 모본이 되시며 하나님의 아들로서 순종할 능력을 주신다는 이 복음이야말로 마지막 시대에 마지막 백성을 준비시키는 복음이다. 우리 구주 예수 그리스도를 믿음으로 영접하는 사람에게 주시는 놀라운 능력, 즉 마음을 변화시켜 하나님을 사랑하게 만들고, 그분의 계명을 순종하면서 살게 하는 이 능력이 바로 복음의 능력이다. 이 놀라운 경건의 비밀이 예수 그리스도이며, 이것이 우리 안의 가장 큰 영광스러운 소망이 되어 예수의 증인을 준비시키고, 이 복음으로 세상의 복음 사역이 완수된다.

예수를 깊이 생각하라!

"그러므로 함께 하늘의 부르심을 입은 거룩한 형제들아 우리의 믿는 도리의 사도시며 대제사장이신 예수를 깊이 생각하라"(히 3:1). 사도는 예수를 깊이 생각하고 바라보라고 권면한다. 인간이 되셔서 고난과 시험을 통해 완전한 대제사장이 되신 예수님을 바라보자!

최초의 그리스도인들은 나사렛 예수가 인간이었다는데 의심이 없었다. 어느 누구도 그분께 다가와 그분의 팔을 꼬집으며, "당신 진짜 인간이요, 아니면 허깨비요?"라고 물은 적이 없었다. 그분을 직접 보고 알고 지냈던 자들은 그분의 인성에 대해 추호의 의심도 갖지 않았다. 그런데 기독교 교부시대에 그분은 인간 이상의 존재라고 주장하면서 논쟁하기도 했다. 점차 신학이 오염되고 여러 세기가 흐르면서 예수님께 대한 생각에 변화가 일어났다. "그분이 죄를 승리하고 계명을 지키며 순종하신 것은 하나님이셨기 때문에 가능하지만 우리 연약한 인간은 할 수 없다"라는 잘못된 인식이 기독교에 자리 잡게 되었다.

예수님의 완전한 인간 되심을 성경이 강조한다는 사실을 그리스도인이 깨달아 예수님을 새롭게 만나게 되길 간절히 바란다. 그것이야말로 주님께 대한 온전한 믿음이요, 승리의 원천이고 그 결과 우리의 삶은 더욱 풍요로워질 것이기 때문이다.

많은 그리스도인들이 예수님의 인성을 제대로 알지 못할까 봐 두렵다. 신성의 개념이 모든 것에 영향을 끼쳐, 그분의 시험은 이미 계획된 것이고 그분의 봉사도 예정되고 보증된 것이며 심지어 십자가도 미리 작정된 결론이라고 생각한다. 요약하면 입으로는 예수님의 인성을 시인한다고 하지만 그들에게 예수님은 우리와 다른 능력과 특권으로 사신 슈퍼맨 같은 존재로 받아들였다.

신학적인 측면에서뿐 아니라 영적인 측면에서도 우리는 많은 것을 잃어버렸다. 예수님의 투쟁과 시험과 위험의 실재성, 이 모든 것이 희석되었다. 오늘날 예수님은 힌두교의 크리슈나처럼, 사람처럼 보이지만 어느 순간에 자신을 우주의 주인으로 뒤바꾸는 그런 존재가 되어버렸다. 이렇게 하여 우리와 예수님의 친밀성은 없어졌다. 그분은 놀라운 분이긴 하지만 저 멀리 떨어져 다른 세상에 계신 분이 되고 말았다. 위대하고 능력 있고 지혜롭고 높으신 분이지만 우리에게서 너무나 멀리 떨어져 계신 분이 되어버렸다는 말이다.

우리는 성경의 원래 시각을 다시 회복하여 예수 그리스도를 우리의 형제로 볼 필요가 있다. 그래서 히브리서는 예수님을 의존적이고, 기도할 필요가 있고, 탄원하고, 통곡하고 고민하는 분으로 묘사한다. 예수님이 우리의 형제라고 하니까, 우리와 동급이라는 얘기가 아니다. 그분은 우리의 창조주이시며, 우리의 아버지이다. 우리를 지으신 분께서 우리를 너무 사랑해서 형제의 자리까지 내려오셨다는 기가 막힌 사랑의 얘기다. 아버지이면서 형제라는 말은 논리적으로 맞지 않다. 그러나 사랑은 이 모든 것을 가능하게 만들었다!

범사에 형제들과 같이 되신 분

예수님은 "범사에 형제들과 같이 되신" 분이다. 모든 일에 인간들과 같이 되신 분이라는 말이다.

예수님은 인간이 당하는 모든 슬픔과 시련을 다 겪으셨기 때문에!

인간을 위하여 시험을 당하시고 또 이기셨기 때문에!

본인은 죄가 없었지만 인간의 죄와 수치와 죄의 무거운 짐을 지셨기 때문에!

그분은 인간의 대언자와 중보자가 되실 수 있다.

이것은 죄의 유혹과 시험을 당해 몸부림치는 영혼들에게 얼마나 놀라운 보증인가! 인성을 쓰셔서 우리 인간을 누구보다 더 잘 이해하시는 예수 그리스도는 인류의 대표자일 뿐 아니라 대언자가 될 자격을 갖추신, 우리의 연약함을 직접 경험하셔서 몸으로 아시는 우리의 형제요 하나님이시다.

인간의 연약함을 너무나 잘 아시는 예수님께서 지금도 죄인을 구원하기 위하여 애쓰고 계신다. 예수님의 피는 진심으로 자신의 죄를 슬퍼하고 회개하는 사람들의 모든 죄악을 씻기시고 용서하신다. 예수님은 유혹이 많은 이 세상에 처한 당신의 자녀들을 잊지 않으신다. 시험과 고통 중에 있는 하나님의 자녀들과 낙심하고 절망에 빠진 사람들을 보시고 위하여 기도하신다.

신의 입장을 버리시고 인간이 되신 예수님! 그 예수님께서 이 땅에서 인간으로 어떻게 사셨는지를 깊이 생각하라! 우리가 "예수님을 닮자"라고 할 때 예수님을 올바로 봐야 닮을 수 있다. 우리는 주님의 말씀을 읽고, 주님께 기도하고 그리고 인간으로 사신 그분의 삶을 깊이 묵상하면서 주님을 알아가고 주님을 보게 된다. 지식으로 아는 것이 아니라 그분의 삶을 살게 된다.

돈 때문에, 인간관계 때문에, 사업의 실패, 방황하는 자녀들, 직장에서의 고달픔, 부부간의 갈등… 하나님께서 인간으로 오셔서 죄인들에게 이렇듯 심한 미움을 받으시고도 참아 내신 그분을 생각해 보라. 그러면 지치거나 낙심하는 일이 없을 것이다. 거기서 위로와 용기를 얻게 될 것이다.

부모는 자식이 아무리 나이 들어도 어린아이로 보인다. "얘야 길조심해라, 차조심해라, 우산 챙겨라, 밥은 잘 먹냐?" 그것이 부모의 마음이다. 70대 노인이 50대 자식이랑 서울에 갈 일이 있었다. 기차 매표소에서 "어른 표 하나랑 아이 표 하나 주세요."라고 했다고 한다.

어느 설날 아침, 마루에 80대 아버지와 50대 아들이 마주 앉아 있었다. 마침 창가에 까치 한 마리가 날아왔다. 아버지가 물었다. "얘야 저게 뭐냐?" "아버지, 까치예요." "그래 오냐 고맙다." 두 번째 또 물었다. "얘야 저게 뭐냐?" 아들은 툴툴거리며 "금방 까치라고 했잖아요!" "오냐 고맙다." 세 번째 또 잊어버리고 또 물었다. "얘야 저게 뭐냐?" 아들은 짜증을 잔뜩 섞어 "금방 까치라고 했잖아요! 그것도 못 알아먹어요?" 그 소리를 듣고 아버지는 너무너무 서러워서 방으로 들어가서 옛날 일기장을 꺼내 왔다. 그 일기장은 서른세 살 때 쓴 일기장이다. 밖에 나와서 아들 보고 읽어보라고 했는데, 그 일기장에 이렇게 쓰여있었다.

"세 살짜리 아들과 마루에 앉아있었다. 마침 창가에 까치가 날아왔다. 아들이 물었다. 아빠 저게 뭐예요? 얘야 까치란다. 아들은 연거푸 스물세 번을 물었다. 나는 스물세 번을 까치라고 답하면서 내 마음이 왜 이리 즐거운지 몰랐다. 사랑하는 아들을 너무 귀여워서 안아주었다."

아버지가 자식에게 세 번 물었을 때 자식은 화를 냈지만 자식이 부모에게 스물세 번 질문했어도, 부모는 마냥 그 자식이 사랑스럽다. 이것이 자녀에 대한 부모님의 사랑이다.

인간으로 오신 하나님! 인간으로 오신 부모님! 우리와 형제가 되신 예수님! 우리가 이 땅에 살아있을 때, 부모님 마음 아프게 하지 말고 그 사랑에 반응하는 자녀가 되자.

그리스도의 인간 되심에 대한 이해는 우리를 하늘과 연결시켜주는 황금줄이다. 예수 그리스도의 성육신을 통해 하나님이 우리를 얼마나 사랑하시며 어떤 희생을 치르셨는지 그 엄청난 실재를 경험하고 믿음이 더욱 굳건해지기를 간절히 바란다.

제11장

마지막 시대에 등장하는 예수의 증인

예수님은 이 땅에 사실 때, 은혜를 분석하거나 정의하신 일은 한 번도 없습니다. "이것이 은혜다. 저것이 은혜다." 하신 적이 없고, 은혜라는 단어도 거의 사용하신 적이 없습니다. 그분 자체가 은혜이셨기 때문입니다. 은혜가 우리에게 오셨습니다!

우리가 스스로 할 수 있는 것이 무엇일까요? 하나님의 도움 없이는 아무것도 스스로 할 수 없습니다. 이 땅의 인생뿐만 아니라 영적 상태를 개선할 수 없고, 영적 질병을 치유할 도리가 없습니다. 우리가 노력한다고 해봐야 장대높이뛰기로 달을 뛰어넘으려는 것과 다름없습니다. 우리가 불을 켠다고 시각장애인을 보게 할 수 없고, 음악을 튼다고 청각 장애인을 듣게 할 수 없고, 겉을 치장한다고 속을 변화시킬 수 없습니다.

씨앗이 없으면 열매를 얻을 수 없습니다. 우리 스스로는 아무것도 할 수 없습니다. 그것을 고백할 줄 알아야 합니다. 그때 주님의 은혜를 간구하게 됩니다. 하나님의 말씀의 씨앗이 우리 마음에 심겨지고 자라나야 합니다. 우리의 유일한 소망은 하나님의 은혜를 바라보는 것입니다.

성경에서 가장 은혜를 입은 사람들을 꼽으라면, 바로 11시 일꾼을 들 수 있겠습니다. 소망 없이 살다가 절망속에 무너질 뻔한 인생이었는데, 그런 사람들을 불러다가 역사의 주인공으로 만들고야 마는 하나님! 하나님께서 그들을 통해 무엇을 계획하고 계시며, 인류의 역사가 어떻게 마쳐지는지 이번 말씀을 통해 충만한 은혜에 젖어들 수 있기를 기도합니다.

1. 11시 인생을 사는 사람들에게 찾아온 은혜

"이와 같이 너희도 명령받은 것을 다 행한 후에 이르기를 우리는 무익한 종이라 우리의 하여야 할 일을 한 것뿐이라 할지니라" (눅 17:10).

11시 인생

살다 보면 "하나님 저한테 왜 이러세요? 너무 하신거 아니에요?" 그런 탄식과 원망과 때로는 분노와 절규가 쏟아져 나올 때가 있다. 부양해야 할 가족이 있는데 직장을 잃었다. 대출받아 조그만 가게라도 하나 열었는데, 빚만 쌓이고 문을 닫은지 오래다. 평생 모은 재산을 한순간에 사기꾼에게 잃고 화병에 쓰러진 가장, 집 나간 자식이 돌아오지 않아 눈물로 기다리는 엄마, 잘못된 결혼생활, 재수/삼수했는데 성적은 나오지 않고, 남들은 부동산과 주식으로 벼락부자가 되었는데, 나는 하루아침에 벼락 거지가 되고, 돈이야 그렇다 치더라도 건강을 잃거나 사랑하는 사람을 잃게 되면 더 이상 살고 싶지 않게 된다. 짜증과 우울과 분노가 복합적인 감정으로 올라와 미친듯이 소리지르고 싶고, 차라리 미쳐버리면 좋겠다는 생각이 들 때도 있다.

돈이 없는 사람은 돈만 있으면 뭐든 될 것 같고, 건강을 잃은 사람은 건강만 있으면 이제 주님 뜻대로 살겠다 결심하기도 하고, 사람들에게서 상처받은 사람은 나를 사랑해주는 사람이 있으면 다 해결될 것 같은 그런 욕구들을 가지고 산다.

우리가 사는 이 세상이 결코 쉽지가 않다. 이 세상을 살아가는 게 힘듦을 넘어서 괴롭다. 힘들지 않은 사람, 가슴 아프지 않은 사람이 없다. 죽을 수 만 있다면, 아니 죽어도 된다면 죽고 싶다는 생각이 간절할 때가 많다. 나의 욕심이 잉태해서 자초한 어려움도 있고, 전혀 원하지도 않고 계획하지도 않았지만 그렇게 할 수밖에, 그렇게 살 수밖에 없는 곤란한 경우도 있다. 또 나의 욕망으로 일을 벌렸는데 잘못되면 하나님 원망하고, 너무 일이 꼬이면 하나님께 반항하는 마음에 '될 대로 돼라' 하며 죄에 죄를 더 쌓아 올린다. 하지만 남는 것은 깊은 허무와 죄책감이 더 깊어질 뿐이다. 돌이키고 싶은데, 돌아가고 싶은데 너무 멀리 온 것 같다는 생각에 정신적, 영적 방황은 계속되기만 한다.

이렇게 괴로운 우리들에게 필요한 것은 무엇일까? 사람들이 부러워하는 좋은 직장에 다녀도 건강 잃으면 괴롭고, 건강해도 돈 없으면 괴롭고, 건강하고 돈 있어도 자식이 속 썩이면 괴롭고, 이것 저것 다 있어도 사람들과 관계가 틀어지면 괴롭고, 내 주변에 사람들이 많이 있는 것 같은데 진심으로 마음을 나누는 사람이 없어서 외롭고, 이런 우리들에게 정말 필요한 것은 무엇일까?

그것은 하늘이 주는 평안이다. 직장을 잃어도, 사기를 당해도, 건강을 잃어도, 쪽박을 차도, 자식들이 속 썩여도, 사람들이 떠나도 내 마음에 하늘이 준 평안이 가득하다면, 우리의 인생은 참으로 복된 인생이 될 것이다.

그런데 그 평안을 갖기 위해 어떻게 해야 할까? 무엇을 어떻게 해야 하늘 평안을 가질 수 있을까? 전 재산을 하나님께 갖다 바치면 평안을 얻을 수 있을까? 뭔가를 열심히 해서 하늘의 평안을 얻을 수 있을까? 그 평안은 우리가 노력해서 받는 것이 아니라 하나님이 주시는 선물이다. 우리는 그것을 은혜라고 부른다. 지금은 마지막 때, 종말의 때이다. 시간이 얼마 남지 않았다. 이 시대에 하나님께서 특별히 베푸시는 은혜가 있다.

성경에는 은혜에 대한 얘기가 참으로 많지만, 우리는 그 은혜를 거저 받아들이기에 많은 망설임이 있다. 이 세상이 비은혜의 세상이기 때문에 은혜라는 단어는 익숙치가 않다. 왠지 유치해 보이기까지 한다. 우리는 어렸을 때부터 비은혜의 세계에서 성공하는 법을 배웠다. "부지런한 새가 벌레를 잡는다. 세상에 공짜란 없다. 권리를 주장하라. 돈 낸 만큼 찾아 먹으라." 나도 이런 공식들을 잘 안다. 그런 공식을 따라 살고 있으니까. 사람들은 이런 공식이 이뤄지는 사회가 좋은 사회라고 생각한다. 사람들은 누구나 받아 마땅한 대로, 그 이상도 그 이하도 아니고, 그저 공정한 대우받기를 원한다. 요즘 우리 사회는 〈정의, 평등, 공정〉 이런 주제가 매우 민감한 이슈가 되었다. "나한테 더 잘해 달라는 건 아닙니다. 더 대우를 해 달라는 것도 아닙니다. 최소한 공평하게는 해 줘야죠." 그래서 조금만 차별을 느끼게 되면 머리에 띠를 두르고 거리로 나가 부르짖는다. 이게 우리가 이 세상을 살면서 배운 법칙들이다.

그러나 성경의 목소리에 조금만 귀기울여 보면 세상의 공식에는 어울리지 않는 은혜가 거대한 파도처럼 넘쳐 흐르고 있다. 우리가 받아 마땅한 것만 받는다면 우리는 어떻게 될까? 우리는 형벌 받기에 마땅하지만 받지 않았다. 또한 우리는 받을 자격이 없는 데 받은 것이 있다. 형벌을 받아야 하는데, 오히려 용서를 받았다. 진노를 받아 마땅한 내가 사랑을 받았다. 우리는 하나님의 은혜 때문에 살고 있다.

그런데 우리는 〈정의, 평등, 공정〉을 학습하다 보니, 은혜에 대해 본능적 저항감이 있다. 그래서 자꾸 나의 행위에 초점을 맞추게 된다. 그런 우리에게 예수님은 선인이나 악인에게 고루 비추이는 햇빛과 비, 가꾸는 이 없어도 험한 산자락에 절로 피는 들꽃… 하나님은 우리에게 은혜로 가득 찬 세상을 보여주셨다. 예수님이 은혜를 분석하거나 정의하신 일은 한번도 없다. "이것이 은혜다. 저것이 은혜다." 하신 적이 없고, 은혜라는 단어도 거의 사용하신 적이 없다. 왜 그랬을까? 그럴 필요가 없었다. 왜냐하면 그분 자신이 은혜이셨기 때문이다. 은혜가 우리에게 오셨다. 그리고 이런 말씀을 통해 은혜를 전해주셨다.

11시 은혜

마태복음 20장은 예언적 의미에서 인류역사가 끝나기 1시간전에 부름받아 일하는 "열한시일꾼"들에 대한 얘기가 나온다. 12시에 종말이 오기 때문에 열한시일꾼들은 종말 직전에 부름 받은 사람들이다. 그런데 사실 열한시일꾼이라는 말은 그렇게 멋진 단어가 아니다. 애닯은 말이다. 행복한 단어가 아니다. 그런데 우리는 스스로를 열한시일꾼이라고 부른다. 그들은 어떤 사람들이고, 어떤 은혜를 받은 사람들인가?

"[1] 천국은 마치 품꾼을 얻어 포도원에 들여보내려고 이른 아침(6시)에 나간 집 주인과 같으니 [2] 그가 하루 한 데나리온씩 품꾼들과 약속하여 포도원에 들여보내고 [3] 또 제삼시(오전 9시)에 나가 보니 장터에 놀고 서 있는 사람들이 또 있는지라 [4] 그들에게 이르되 너희도 포도원에 들어가라 내가 너희에게 상당하게 주리라 하니 그들이 가고 [5] 제육시(오후 12시)와 제구시(오후 3시)에 또 나가 그와 같이 하고 [6] 제십일시(오후 5시)에도 나가 보니 서 있는 사람들이 또 있는지라 [7] 이르되 너희는 어찌하여 종일토록 놀고 여기 서 있느냐 이르되 우리를 품꾼으로 쓰는 이가 없음이니이다 이르되 너희도 포도원에 들어가라 하니라"(마 20:1-7).

3시, 9시, 11시는 유대인들의 시간개념으로서 6을 더하면 현재 우리가 사용하고 있는 시간이 된다. 유대 시간으로 11시는 우리 시간으로 오후 5시를 말한다. 이 장면이 무슨 장면인가? 새벽에 일꾼들을 모집해 가는 새벽 인력시장의 모습이다. 인력시장 앞에 가보면 길게 줄을 서 있고 북적북적하다. 경기가 좋지 않을 때는 여기 저기 폐업하고 일용직이라도 구하기 위해 일할 사람은 늘어나는데, 일할 장소는 줄어만 간다. 6시부터 모집하는 게 아니라 6시가 마감이다. 그래서 경쟁 때문에 새벽 4시부터 줄 서는 사람들이 많다.

그런데 아무리 일찍 와서 줄서도 실력 없는 사람, 나이 많은 사람, 경험 없는 사람... 이런 사람들은 써 주질 않는다. 그래서 이런 경쟁에 밀리는 사람들은 일 못 나가는 날이 일주일중 4일은 된다. 인력 모집 마감은 6시. 선택받은 사람들은 승합차를 타고 여기저기 흩어진다. 남겨진 노동자들이 그래도 자리를 뜨지 못하는 건 혹시나 선택받을까 하는 미련 때문이다. 보통 오전 9시까지 기다리다가 집으로 돌아간다. 오전 9시는 유대 시간으로 제 3시다.

그런데 해가 저물어가는 오후 5시. 유대 시간으로 11시. 이 시간은 사람을 모집하는 시간이 아니라 일이 끝나가는 시간이다. 그런데 몇 사람이 인력시장 앞에 아직도 서 있다. 한번 생각해보라. 종일 인력사무소 앞에서 자기를 불러 주기만을 간절히 기다리는 이 사람의 삶에 얼마나 깊은 시름이 배어 있을까?

대부분 오전 9시에 집에 돌아갔고, 그래도 희망을 가지고 남아있던 어떤 사람들은 매우 드물지만 정오 12시에, 그리고 기적적으로 오후 3시에도 부름을 받고 일터로 갔다. 그런데 오후 5시까지 부름을 받지 못한 이 사람들의 심정이 어떻겠는가? 결국 대부분 포기하고 한 사람, 두 사람 자리를 뜨지만 이 사람은 차마 돌아갈 수가 없다. 아내는 병든 부모님을 간병하고 있고, 아이들은 아빠가 두 손에 먹을 것을 사 들고 오기만을 기다리고 있다. “아빠!” 하며 달려 나올 아이들에게 과자봉지 하나라도 내놓아야 할 가장이 아니겠는가? 빈손으로 어떻게 돌아가겠는가? 흔들리는 가족들의 눈동자를 어떻게 보겠는가? 차마 집에 갈 수가 없다. 오늘 빈손으로 들어가면 아이들이 굶어야 한다는 그 절박함에 모두가 떠나버린 자리에 여전히 남아 있다.

이들이 11시 일꾼이다. 이 사람들은 능력 없는 사람들, 외면당한 사람들, 돈 없는 사람들, 결혼에 사업에 실패한 사람들, 상처 많은 사람들, 나이 많아 무시당하는 사람들이다. 다른 사람들은 열심히 하루 일을 하고 마쳐가는 그 시간이지만, 이 사람은 아직 시작조차 못했다. 차마 빈손으로 돌아갈 것을 생각하니 벌써 눈물이 쏟아지며 장터에서 서성이고 있다.

11시 인생을 사는 사람들이 많다. 자랑할 것이 없는 사람들, 부끄러운 것이 더 많은 사람들, 상처와 얼룩뿐인 지나온 인생들, 부모에게 버림받고 시설에서 자란 사람들, 대인기피증에 몇 개월, 몇 년 동안 말을 안하고 살아서 어떻게 말해야 할지 말하는 법을 잊어버린 사람들, 자기만 바라보고 있는 가족들이 있기에 절망하고 싶어도 절망해서는 안되는 사람들, 악착같이 살아내야 하는 사람들, 여러가지 사정과 형편으로 힘겨운 인생을 사는 사람들이다. 그들은 게으르거나 불성실한 사람들이 아니다. 그들에게 오후 5시는 어떤 시간일까? 누가 봐도 포기해야 할 상황이고 아무런 희망이 없는 상황이다. 그들은 부르짖는다. "우리를 품꾼으로 쓰는 이가 없음이니이다!"

우리 인생에 11시가 올 때가 있다. 생각하지 못했던 어려움들이 몰려올 때가 있다. 11시만큼이나 막다른 곳에 다다를 때가 있다. 고민과 괴로움에 짓눌려 이젠 끝인 것만 같은 시간, 아무런 희망도 없어 보이는 그런 11시가 우리 인생을 채울 때가 있다. 반복되는 실패, 씻을 수 없는 상처, 너무 견디기 힘들다고 느껴지는 이 순간에도 하나님이 우리의 소망이 되어 주신다. 모든 것이 캄캄하게만 보이고, 더 이상 희망이 없는 것처럼 보일 때, 삶의 끈을 놓아버리고 싶은 유혹이 밀려오는 상황일지라도 하나님은 우리를 포기하지 않고, 일하고 계신다. 지금은 절망의 순간일지 모르나, 답답한 한숨의 시간일지 모르나 그럴지라도 낙심하지 말고 소망을 가져야 한다.

바로 그 때, 어찌 할 수 없는 막다른 11시에, 우리 인생의 주인이 찾아온다. "너희는 어찌하여 종일토록 놀고 여기 서 있느냐 이르되 우리를 품꾼으로 쓰는 이가 없음이니이다 이르되 너희도 포도원에 들어가라"(마 20:7). 지금 이 말씀이 어떤 상황에서 나왔는가? 한숨과 탄식뿐인 사람에게 소망을 주기 위해 주인이 찾아오신다. 성경에서 가장 감격적이고 달콤한 말 중에 하나를 찾는다면, 이 말씀이 아닐까? "너희도 포도원에 들어가라!" 아무도 불러 주지 않고, 아무도 알아주지 않는 보잘 것 없는 사람에게 은혜가 찾아오신다. 절박한 심정으로 버티고 서 있는 그 절망의 시간인 오후 5시에 우리를 부르신다. 그것은 전적인 은혜이다. 우리 인생의 11시, 그 캄캄해 보이는 시간에 주님은 우리를 포기하지 않으신다. 마치 포도원을 운영하기 위해 일꾼이 필요한 것이 아니라 가련한 그 일꾼을 위해 포도원을 운영하고 있는 것 같다. 그분이 우리 주님이시다.

무익한 종의 고백

이제 11시 일꾼이 포도원에 들어온 후 1시간이 지났다. 드디어 일당을 받을 시간이다. "[8] 저물매 포도원 주인이 청지기에게 이르되 품꾼들을 불러 나중 온 자로부터 시작하여 먼저 온 자까지 삯을 주라 하니 [9] 제십일시에 온 자들이 와서 한 데나리온씩을 받거늘 [10] 먼저 온 자들이 와서 더 받을 줄 알았더니 저희도 한 데나리온씩 받은지라 [11] 받은 후 집 주인을 원망하여 이르되 [12] 나중 온 이 사람들은 한 시간밖에 일하지 아니하였거늘 그들을 종일 수고하며 더위를 견딘 우리와 같게 하였나이다 [13] 주인이 그 중의 한 사람에게 대답하여 이르되 친구여 내가 네게 잘못한 것이 없노라 네가 나와 한 데나리온의 약속을 하지 아니하였느냐 [14] 네 것이나 가지고 가라 나중 온 이 사람에게 너와 같이 주는 것이 내 뜻이니라"(마 20:8-14).

예수님의 이 포도원 비유는 세상적인 논리나 경제적 이치로 보면 전혀 말이 안 된다. 그런데 그것이 주님의 취지였다. 예수님께서 이 비유로 우리에게 가르치고자 한 것은 경제논리나 정의, 평등, 공정이 아니라 바로 은혜이다. 우리가 일한만큼, 행한만큼 우리를 가치 있게 보시는 것이 아니다. 은혜란 하루 품삯처럼 계산할 수 있는 것이 아니다. 은혜는 일등이냐 꼴찌냐를 따지지 않는다. 은혜란 하나님의 선물로 받는 것이지 노력의 대가로 얻는 것이 아니다.

나는 하나님께 충성한 자에게 복을 주시는 하나님을 신뢰한다. 주님 말씀에 순종하는 사람들은 어디를 가든지 별처럼 빛나게 하실 것을 믿는다. 그러나 항상 그런 것이 아님을 또한 인정한다. 더 많은 경우에 하나님을 신실하게 믿고 따랐지만 직장을 잃고, 장애를 입고, 재산을 잃고 하는 경우도 많다. 이 땅의 인생이 평생 수고와 고난과 아픔의 생애였다 할지라도, 그것이 하나님이 우리를 떠났다는 증거는 아니다. 또한 내가 하나님을 떠나야 할 이유가 되지도 않는다. 하나님의 은혜가 없어진 것이 아니다.

어쩌면 우리가 이 땅의 삶을 다 끝내고 마지막 숨을 거두는 순간이 11시일수 있다. 이 때에 자신의 인생에 찾아온 주님의 은혜를 온 마음으로 깨닫게 될지도 모른다. 그리고 모든 것을 주님께 의탁한 채 평안한 휴식에 들어가며 "나의 의뢰한 자를 내가 안다"며 고백하게 될 수도 있다. 의인과 악인에게 골고루 햇빛과 비를 주시는 자비하신 아버지께서 한번도 자신에게서 햇빛을 거두신 적이 없었고, 한번도 메말라 죽도록 버리지 않았다는 것을 그 때에, 아니 지금 살아있을 때에 깨닫게 된다면 얼마나 좋을까! 얼굴을 부드럽게 만지며 지나가는 산들 바람도 그저 왔다 가는 무의미한 바람이 아니라 찾아오신 주님의 은혜임을 지금 깨닫게 된다면 얼마나 좋을까!

그래서 마지막 끝까지 하나님의 은혜를 붙잡아야 한다. 당장 눈에 보이지 않더라도 포기하지 말아야 한다. 우리가 이 세상에 살면서 많은 것을 잃어버렸을 수 있다. 건강, 가정, 직장, 재물, 관계, 평판, 명예... 우리가 다 잃어버렸다 할지라도 아직 하나님을 잃어버리지는 않았다. 어떤 이들은 말한다. "아니요. 전 하나님을 떠난지 오래 됐어요. 저는 죄를 너무 많이 지었어요. 하나님이 계신 걸 믿지만 하나님은 더 이상 저를 위해 하실 수 있는 게 없을 거예요. 하나님도 저를 포기하셨을 거예요." 아니다. 우리의 유일한 희망은 하나님의 은혜이다. 아무 곳에, 아무렇게나 그저 의미없이 피어 있는 것처럼 보였던 꽃들도 주님의 은혜가 찾아오시면 그 때부터는 특별하고 아름다운 창조주의 사랑 표현으로 받아들여지게 된다.

은혜는 *죄인을 위해 생명을 대신 주신* ***주님의 사랑****이며,*

은혜는 *무가치한 사람을* ***가치 있는 사람으로 변화시켜주는*** *하나님의 선물이다.*

은혜는 *탕자에게 소망을 갖게 하여* ***집으로 돌아가게 만드는 힘****이며,*

은혜는 *집 나간 탕자를 포기하지 않고, 여전히 기다리며*
버선발로 마중 나가는 ***아버지의 사랑****이다.*

은혜는 *자신의 속절없음을 보며 낙심치 않고, 시선을* ***하늘로 향하게 하는 힘****이다.*

은혜는 ***회개와 거룩을 가능****하게 하며,* ***재림을 사모****하게 만든다.*

은혜는 *우리 마음을 정결하게 하고* ***모든 것을 하나님과 연관시켜 생각****하게 한다.*

은혜는 *우리의 눈을 밝게 하여 우리 인생에 관여하신*
하나님의 섭리와 최선을 보게 *한다.*

은혜는 *우리에게 사랑을 일깨워주고,*
주인을 위해 ***헌신하고 싶은 충동을 일깨워****준다.*

은혜는 *충성스럽게 일하게 만드는 동력이며,* ***약한 자가 힘을 내게 하는 능력****이다.*

그래서 은혜는 주인에게 최선을 다해 충성하며 **"우리는 무익한 종이라 우리의 하여야 할 일을 한 것뿐이라 할지니라"**(눅 17:10)는 무익한 종의 고백을 하게 만든다.

그렇다. 은혜는 주님이 죄인을 사랑하고 구원하기 위해 아낌없이 베푸신 모든 것이다! 우리에게 베푸신 부족함 없는 그 은혜, 우리를 구원하기에 부족함 없는 그 사랑을 우리가 지금 깨닫게 된다면, 우리는 보상이 동기가 되어 하나님을 섬기지 않을 것이다. 주님을 따라서 사는 삶이 어렵다 불평하지 않으며, 주님을 위한 헌신이 힘들다 하지 않게 된다. 이런 무익한 종의 고백을 우리 주님은 몹시 듣고 싶어하시며, 몹시 기뻐하신다.

그래서 하나님의 은혜를 깨닫게 된 11시 일꾼은 자신의 생명조차도 아까워하지 않고 주인을 위해 충성을 다해 싸우는 마지막 시대 하나님의 용사요, 예수의 증인이다.

은혜를 잊어버린 결과

이 은혜로운 장면에서 예수님은 굳이 먼저 온 일꾼들의 불평불만을 곁들이셨다. 해피엔딩으로 끝나게 놔두시지 왜 굳이 불평하는 일꾼이야기를 넣었을까? 우리도 그들처럼 될 수 있는 위험이 있기 때문이다. 먼저 온 일꾼들의 문제가 무엇인가? 2가지 이유가 있다.

첫째, 자기가 받은 은혜를 잊어버렸다. 은혜를 잊어버리면 먼저 온 일꾼처럼 될 수가 있다. 어쩌면 그들도 주인이 불러주지 않았다면 종일 장터에 있을 뻔했던 사람들이었다. 그런 그의 사정을 알아보고 불러줬는데, 그 불러주신 은혜를 잊어버렸다.

은혜를 잊어버리면, 자기의 행위를 기억하고 마땅히 받아야 될 보상만을 생각한다. 남들이 자신의 공로와 헌신을 알아주지 않으면 분노한다. 하나님의 은혜는 잊혀질지라도 자신의 공로는 절대 잊혀서는 안된다고 여긴다. 우리 모두는 이 부분에 있어서 조심해야 한다. 우리는 11시에 부름 받은 일꾼이라는 것을 잊지 말아야 한다. 주인을 만나므로 내 인생의 방황이 끝나지 않았는가!

종일 일한 일꾼들도 처음 약속대로 받았고, 주인은 약속을 지켰다. 주인은 그들을 속이지 않았다. 그런데 왜 불만이 생겼는가? 불만의 원인은 은혜의 파격적인 계산법에 있다. '왜 저 사람들이 나와 동일한 대우를 받아야 한단 말인가!' 자기가 받은 은혜를 잊어버렸다. 은혜가 익숙해지니까 감사를 잊어버렸다. 은혜가 익숙해지면 감사를 잊어버리고, 잃어버리게 된다. 얼마나 큰 비극인지 모른다. 우리의 삶 속에 아직 감사가 있는가? 진실한 마음으로

"주님 감사합니다." 이 고백이 우리에게 있는가?

먼저 온 일꾼들이 불평한 첫번째 이유는 은혜를 잊어버렸기 때문이고, 두번째는 늦게 온 일꾼과 자기를 비교했기 때문이다. 아무 문제가 없었는데, 비교하는 순간 자신이 더 큰 대우를 받아야 한다는 우월감이 생겨버렸다. 자기가 다른 사람보다 대우를 더 받지 못한다고 느낄 때, 다른 사람보다 인정받지 못할 때 불평과 불만이 쌓이고 서운함이 생기게 된다. 내가 다른 사람보다도 더 나아 보이거나 잘나 보여야 만족을 얻는 것이다. 그러면서 형제들에 대해 시기와 질투, 냉랭하고 인색한 정신을 나타낸다.

유대인이 먼저 일꾼으로 부름을 받았지만 바로 이러한 정신 때문에 그들은 버림받고 말았다. 유대인뿐 아니라 오늘날 교회가 어려움을 당하는 것은, 스스로 의롭다고 생각하는 사람들 때문이다. "난 이렇게 하는데 넌 왜 이렇게 안 하느냐?" 형제자매의 흠을 고쳐 주려다가 정작 자신은 은혜에서 떨어져 나간다. 다른 사람의 허물과 잘못이 보이는 이유는 내가 어떤 죄인인지 깨닫지 못해서 그렇고 그러다 보니 주님께 참으로 용서받은 경험이 없어서 그렇고, 그런 사람들은 주님의 은혜가 무엇인지 몰라서 그렇다.

또 교회에 분란이 생기는 이유는, 자신이 가장 중요한 사람으로 대우받지 못하면 질투하는 사람들 때문이다. 자신의 행위와 공로대로 보상을 받고 싶어 불평하는 일꾼은 아낌없는 은혜를 베푸신 자비로운 주인의 성품을 곡해하고 다른 사람이 오해하도록 부추기는 악한 종이다.

어느 틈엔가 은혜는 잊혀지고, 내 수고의 추억만이 생생해지고 있지는 않은지, 나를 위해 행하시는 하나님의 은혜는 모래 위에 새겨 놓고, 내 수고는 돌 위에 깊게 새겨 놓지는 않았는지 우리 자신을 살펴보자. 퇴근 1시간을 남겨놓고 11시 일꾼을 부르는 이 은혜로운 장면에서 주님께서 먼저 온 일꾼의 불평을 언급하신 이유는, "너희는 그렇게 되지 말라"고 주신 주님의 지혜이다. 다른 사람을 쳐다보지 말고 주님이 베푸신 은혜만 기억하자!

2. 성령의 권능을 받은 넷째 천사

"또 내가 들으니 하늘로부터 다른 음성이 나서 이르되 내 백성아, 거기서 나와 그의 죄에 참여하지 말고 그가 받을 재앙들을 받지 말라" (계 18:4)

요한계시록 18장의 천사가 전하는 메시지는 14장의 둘째 천사가 전했던 경고의 확대 및 강조이다. 다시 말해 요한계시록 14장 6절부터 12절에 오늘날 교회를 향한 세 가지 경고가 나오는데, 교회가 그 호소를 거절하고 둘째천사가 예언한 바벨론의 포도주에 취한 상태가 되었을 때, 아직도 바벨론 가운데 남아 있는 하나님의 백성을 향하여 거기서 나오라는 초청을 하고, 그 초청은 이 세상에 전해질 최후의 복음이다.

계시록 14장에서 선포되었던 세 천사의 복음을 완결하기 위해 계시록 18장에서 네 번째 천사가 등장하여 회개치 않은 자들 위에 쏟아질 재앙을 피하라는 최후의 외침을 하게 되는데, 이 경고는 늦은비의 능력으로 전해지게 된다.

내 백성아 거기서 나오라

18장 4절에서 요한은 "하늘로부터 다른 음성"을 듣게 된다. 요한은 예수 그리스도로부터 계시를 받고 있다(계 1:1). 따라서 하늘에서 들리는 이 음성은 예수 그리스도의 음성이다. 왜냐하면 그 음성이 "하늘로부터" 들렸고, 성도들을 "내 백성아"라고 불렀기 때문이다. 요한계시록에서 "하늘에서 음성"이 들렸다고 언급한 1장, 4장, 11장 등을 보면 하나님의 음성을 말하고 있다(계 1:10-13; 4:1; 11:12).

"내 백성아 거기서 나오라"는 이 외침은 선지자 예레미야가 바벨론에 있는 유대인들에게 행한 호소를 생각나게 한다. **"바벨론 가운데서 도망하여 나와서 각기 생명을 구원하고 그의 죄악으로 인하여 끊침을 보지 말지어다 이는 여호와의 보수의 때니 그에게 보복하시리라"**(렘 51:6). 이것은 또한 롯의 이야기를 떠올리게 한다(창 19장). 비록 롯이 소돔의 죄에 참여하지는 않았을지라도 그는 소돔과 하나가 되었다. 그 도시가 멸망하기 전에, 그는 소돔을 떠나라는 재촉을 받았다. 오늘날 하나님의 백성들이 바벨론에서 방황하고 있다. 하나님께서는 바벨론이 멸망하기 전에 그곳에서 나오라는 최후의 호소를 "내 백성"에게 하신다. 이것은 하나님께로 돌아가는 마지막 기회이며, 또한 바벨론이 당할 운명을 피하는 마지막 기회이다.

최후의 선택

그렇다면 예수님께서 직접 바벨론의 성도를 향해 경고의 소리를 전한다는 것일까? 계시록 18장의 넷째 천사는 늦은비 성령께서 함께 하시며, 그 성령의 능력으로 복음을 전하고 있다. 늦은비는 권능을 행사하는 것만이 아니라 "비로 임하는 여호와"이시다(호 6:3). 따라서 여호와께서 넷째 천사를 통해 말씀하고 계신다. 여호와의 능력이기 때문에, 이 최후의 경고를 듣는 자들은 그들을 얽매고 있는 모든 사슬을 끊고, 담대히 주님 앞으로 나오게 되는 대역사가 전개된다.

하나님의 참 복음의 빛은 세상 곳곳을 샅샅이 비췄으며, 그동안 어느 정도의 빛을 받았지만 묶여 있는 끈들 때문에 이러지도 저러지도 못했던 사람들이 이 초청에 응하여 타락한 교회들을 떠나게 될 것이다. 이 진리를 받아들인다는 것은, 곧 그들의 생사에 대한 선택을 해야 되는 것이다. 어떤 이들은 생명을 택하여 예수님의 재림을 기다리며 그분의 모든 계명들을 지키는 자들과 연합하게 될 것이다. 우리 모두는 선택의 기로에 놓이게 된다. 바벨론 가운데 그냥 남아있을 것인지, 아니면 하나님의 계명을 지키고 예수의 믿음을 가진 사람들과 연합할 것인지는 이 때에 결정될 것이다.

최후의 연합

넷째 천사가 가지고 있는 "큰 권세"는 그들의 능력이 아니다. 그것은 여호와의 권세이다. 그들을 통해 놀라운 이적들이 행해질 것이며 병든 자들이 고침을 받고 표적과 기사가 믿는 자들에게 나타나게 된다. 오늘날 어설프게 흉내내는 짝퉁 기적이 아니라, 참 성령의 역사가 세상을 뒤덮을 것이다. 하나님께서 그 일에 함께 하시기 때문에 모든 성도들이 거짓 성령과 참 성령을 구분하게 된다. 그리고 바벨론에 있던 하나님의 백성들은 두려움 없이 성령의 권능과 양심의 확신을 따라 배도한 교회에서 나와 하나님의 계명을 지키는 자들과 연합하게 될 것이다.

이때는 마치 빌립이 이디오피아 여왕 간다게의 국고를 맡은 환관에게 복음을 전하도록 성령께서 이끄신 것처럼 마지막 때에도 그런 일이 일어날 것이다(행 8:26,29). 그러므로 4절의 "다른 음성"은 "예수 그리스도의 음성"이고, 그 음성은 넷째 천사와 함께 하는 "늦은비 성령을 통해 세상에 선포"된다.

3. 셋째 천사를 돕는 천사: 11시 일꾼

"성도들의 인내가 여기 있나니
저희는 하나님의 계명과 예수 믿음을 지키는 자니라" (계 14:12).

계시록 14장에 세 명의 천사가 나오는데, 왜 18장에 또 천사가 필요한가? 그 이유는 세 천사 다음에 넷째 천사가 오지 않으면 복음사역이 끝이 나지 않기 때문이다. 인류역사가 끝이 나지 않는다. 성령의 권능을 받은 넷째 천사의 도움으로 추수가 끝나는 것이다. 추수를 끝마쳐야 하는데, 세 천사로는 일이 끝나지 않게 되자 주인이 넷째 천사를 불러온다.

이 장면은 마태복음 20장 포도원의 비유에서 살펴볼 수 있다. 포도원 주인은 이른 아침부터 3시, 6시, 9시에 장터에 나가 일할 사람들을 불러온다. 하지만 일이 마쳐지지 않았는데 해가 저물려고 하자 급히 11시 일꾼들을 불러온다. 이 비유는 비유자체로 끝나지 않고 역사에서 실체화(Historization)되는 말씀이다. 이 말씀은 그저 주인의 넓은 아량만을 설명해주는 비유가 아니다. 인류역사 각 시대의 모습을 살펴볼 수 있는 특별한 메시지가 담겨있다.

3시 = 오전 9시 / 6시 = 정오 12시
9시 = 오후 3시 / 11시 = 오후 5시

유대시간으로 12시(오후 6시)가 되면 일을 마치고 휴식에 들어가는 것처럼, 현재 인류역사의 시간은 일이 마쳐질 시간, 예수님의 재림에 가까이 와 있다.

이른 아침 일꾼

이른 아침은 유대시간으로 0시(오전 6시)이다. 포도원 주인이 이른 아침에 장터에 나가서 최초의 일꾼들을 부른다. 그들은 선택된 민족 아브라함의 자손인 이스라엘 백성이다. 하나님께서 아브라함을 부르셔서 구속의 역사를 설명하시고, 하나님에 대한 지식을 전하는 사명을 가진 민족으로 삼으셨다. 모세를 통해 십계명이 소개되었고, 오늘날 구약성경을 있게 한 최초의 일꾼들이다. 하지만 주님의 포도원에 부름을 받았으나 이 때문에 저희는 교만하고 스스로 의롭다고 하는 자가 되고 말았다.

3시 일꾼(오전 9시)

그 다음 3시부터 일꾼을 부르기 시작하는데, 매우 흥미로운 것은 3시, 9시, 11시에 온 일꾼들은 계시록 14장의 세 천사가 전한 복음의 순서와도 일치한다. 3시 일꾼들은 예수님의 제자로 구성된 초대교회의 일꾼들이다. 사도행전 2장에서 베드로가 **"때가 제 삼시니(오전 9시) 너희 생각과 같이 이 사람들이 취한 것이 아니라"**(행 2:15). 이 말씀은 이른비 성령을 받고 각 나라의 방언으로 복음을 전하는 사도들에게 사람들이 술 취해서 방언을 한다고 조롱할 때 "오전 9시는 우리가 일하는 시간"이라는 것을 예언적으로 언급한 것으로 볼 수 있다.

사도들이 전한 복음은 **"회개하라 천국이 가까웠다. 심판하실 시간이 이르렀다. 예수께서 하나님의 아들 그리스도, 즉 창조주 하나님 되심을 믿고 경배하라"**는 복음을 전했다. 요한계시록 14장에 세 천사가 전하는 복음이 나오는데, 첫째 천사가 전한 메시지가 바로 **"그가 큰 음성으로 가로되 하나님을 두려워하며 그에게 영광을 돌리라 이는 그의 심판하실 시간이 이르렀**

음이니 하늘과 땅과 바다와 물들의 근원을 만드신 이를 경배하라 하더라"(계 14:7). 초대교회를 통해 "하나님의 아들 그리스도, 창조주이신 그리스도"의 복음이 땅 끝까지 전파되었다. 신약시대가 열리고 복음이 전 세계에 퍼지게 된 것이다.

6시 일꾼(정오 12시)

정오부터 오후 3시까지는 하루 중 가장 뜨거운 시간이다. 가장 어렵고 힘든 이 시대에 일한 일꾼들이 누구인가? 천년 이상 로마 카톨릭이 세상을 지배한 중세 암흑시기에 무려 5천~1억 명에 가까운 사람들이 순교 당하는 뜨거운 핍박 속에서도 진리를 고수하기 위해 싸웠던 종교개혁시대의 일꾼들이다.

그들은 계시록 14장의 둘째 천사의 복음인 적그리스도의 정체를 밝히며 바벨론의 죄를 폭로하면서 카톨릭에 항거하는 운동을 시작했다. **"또 다른 천사 곧 둘째가 그 뒤를 따라 말하되 무너졌도다 무너졌도다 큰 성 바벨론이여 모든 나라를 그 음행으로 인하여 진노의 포도주로 먹이던 자로다 하더라"**(계 14:8). 로마 카톨릭은 바벨론이 되었다. 그래서 바벨론에서 나오는 운동이 프로테스탄트, 즉 개신교의 시작이다. 계시록 14장 둘째천사 메시지는 종교개혁시대의 메시지를 잘 드러내 주고 있다.

9시 일꾼(오후 3시)

다니엘서 8장에 예언된 2300주야의 시간이 끝나고 마지막 시대의 일꾼들이다. 마지막 때 전해지는 복음은 무엇인가? 그들은 계시록 14장의 집승의 표와 하나님의 인에 대한 전쟁, 셋째 천사의 복음을 전한다. “[9] 또 다른 천사 곧 셋째가 그 뒤를 따라 큰 음성으로 가로되 만일 누구든지 짐승과 그의 우상에게 경배하고 이마에나 손에 표를 받으면 [10] 그도 하나님의 진노의 포도주를 마시리니 그 진노의 잔에 섞인 것이 없이 부은 포도주라 거룩한 천사들 앞과 어린 양 앞에서 불과 유황으로 고난을 받으리니 [11] 그 고난의 연기가 세세토록 올라가리로다 짐승과 그의 우상에게 경배하고 그 이름의 표를 받는 자는 누구든지 밤낮 쉼을 얻지 못하리라 하더라 [12] 성도들의 인내가 여기 있나니 저희는 하나님의 계명과 예수 믿음을 지키는 자니라”(계 14:9-12).

계시록 14장의 세 천사 복음이 초대교회, 15세기 종교개혁시대, 19세기 재림운동 이후 시대 기독교역사에서 정확히 순서대로 전해졌음을 우리는 확인하게 되었다. 그리고 마지막 시대에는 계시록 14장 세 천사의 메시지가 한꺼번에 삼중복음으로 전해지게 된다. 첫째 천사는 창조주 하나님을 경배하라는 것이고, 둘째 천사는 잘못된 가르침인 바벨론의 포도주에서 나오라는 것이며, 셋째 천사는 짐승의 표를 받지 말고 하나님의 계명과 예수 믿음을 지키라는 복음이 각 시대마다 하나씩 전해졌지만, 재림운동 이후부터는 세 복음이 동시에 삼중경고로 이 시대까지 전해지게 된다.

11시 일꾼(오후 5시)

드디어 11시 일꾼들이 등장한다. 우리가 살고 있는 바로 이 시대이다. 예수님의 재림직전의 시대, 인류역사의 문이 닫히기 1시간 전에 긴박하게 투입되어 적그리스도와 짐승의 표의 정체를 밝히고, 하나님의 영광의 사본인 십계명의 회복과 인간성소의 정결(죄를 승리하는 거룩한 삶)에 대한 복음, 그리스도와 사탄사이의 우주적인 대 전쟁, 심판과 영원한 복음,

그리고 예수 그리스도의 재림을 전하는 사명을 맡은 일꾼들이다. 특별히 온 세상을 환하게 하는 의의 복음, "사람의 아들 그리스도"라는 성육신의 복음을 전한다.

포도원 주인은 3시, 6시, 9시 이처럼 3시간 마다 일꾼들을 불렀기에 9시(오후 3시)로부터 3시간이 지나면 일이 마쳐지는 12시(오후 6시), 즉 예수님의 재림으로 역사는 끝이 나야 한다. 세 천사가 왔고, 세 천사로 말미암아 복음 사역이 완수되어야 했다. 그러나 셋째 천사인 9시의 일꾼들이 자신들의 시대적 사명을 온전히 인식하지 못하고, 자기들이 전해야 할 "사람의 아들 그리스도"라는 지극히 소중한 복음으로 죄에 대한 승리와 하나님의 말씀에 대한 순종을 통해 하나님의 영광의 빛을 세상에 비취지 못하므로, 하나님께서는 마지막 1시간을 남겨두고 성령이 충만한 11시 일꾼들이 필요하게 되었다.

요한계시록 18장에 나오는 넷째천사는 바로 11시에 부름을 받은 천사들이다. **"이 일 후에 다른(넷째) 천사가 하늘에서 내려오는 것을 보니 큰 권세를 가졌는데 그의 영광으로 땅이 환하여지더라"**(계 18:1).

추수를 마치기 위해, 예수 그리스도의 재림이 이 땅에 임할 수 있도록 11시 일꾼들, 즉 넷째 천사를 부르신 것이다. 그들의 신분은 넷째 천사이고 그들이 일하는 시간은 11시이며, 그들은 성령의 충만함으로 충성스럽게 일할 것이다.

11시에 일하는 넷째천사는, 죄인을 변화시키는 하나님의 능력을 경험하여 그 영광으로 온 세상을 환히 비추는 사람들이다.

11시에 일하는 넷째천사는, 인류역사의 마지막 시기에 살고 있으며, "사람의 아들 그리스도" 영원한 복음을 전하는 사람들이다.

11시에 일하는 넷째천사는, 자신들이 없으면 예수님께서 재림할 수 없다는 시대적 사명을 깨닫고 온전한 굴복과 전적인 헌신의 생애를 사는 사람들이다.

11시에 일하는 넷째천사는, 연약한 사람들이다. 영적으로, 도덕적으로, 정신적으로, 체력적으로 모든 면에서 앞선 일꾼들보다 불리한 조건에 있는 사람들이다. 그러나 "사람의 아들이신 그리스도"와 함께 했던 성령의 능력으로 마지막 짐승의 우상과 대 전쟁을 치르게 된다. 비록 죄 된 인간의 본성을 타고 태어났지만, 말씀의 능력과 성령의 능력으로 **"그 중에 약한 자가 그 날에는 다윗 같겠고 다윗의 족속은 하나님 같고 무리 앞에 있는 여호와의 사자 같을 것이라"**(슥 12:8)는 말씀을 성취하는 용사들이 된다.

늦은비 성령의 시대

이들에게 임하는 능력은 늦은비 성령의 능력이다. 요엘 선지자는 예언한다. **"[28] 그 후에 내가 내 신을 만민에게 부어 주리니 너희 자녀들이 장래일을 말할 것이며 너희 늙은이는 꿈을 꾸며 너희 젊은이는 이상을 볼 것이며 [29] 그 때에 내가 또 내 신으로 남종과 여종에게 부어 줄 것이며 [30] 내가 이적을 하늘과 땅에 베풀리니 곧 피와 불과 연기 기둥이라 [31] 여호와의 크고 두려운 날이 이르기 전에 해가 어두워지고 달이 핏빛 같이 변하려니와 [32] 누구든지 여호와의 이름을 부르는 자는 구원을 얻으리니 이는 나 여호와의 말대로 시온 산과 예루살렘에서 피할 자가 있을 것임이요 남은 자 중에 나 여호와의 부름을 받을 자가 있을 것임이니라"**(욜 2:28-32).

요엘서의 1차적인 성취는 사도시대에 이루어졌다. 사도행전 2장에 보면 베드로가 오순절에 성령을 받고 예루살렘에서 설교할 때, 요엘서의 이 말씀을 인용하면서 지금 너희가 본 그대로 이 말씀이 성취되었다고 선포했다(행 2:16~21). 마지막 시대에 요엘서의 이 말씀이 다시 한 번 성취될 것이다. 그때는 오순절 사도시대보다도 더 큰 능력으로 임하게 된다. 요엘서의 장면이 초대교회 때 부분적으로 성취되었고, 마지막 때는 더욱 충만하게 성취될 것이다. 예수님의 재림으로 인류역사가 끝이 나는 마지막 시대에 우리는 살고 있다. 사탄은 **"우는 사자 같이 두루 다니며 삼킬 자를 찾"고 있는 최후의 전쟁시기다(벧전** 5:8). 이러한 때에 11시 일꾼은 사탄의 세력을 무너뜨리고, 마지막 종교개혁을 완성하며, 예수그리스도의 재림과 하나님의 인을 세상에 분명히 전해야 하는 사명을 가지고 있다. 그 일을 위해서는 참 성령의 역사가 필요하며 우리는 그것을 "늦은비 성령"이라고 부른다.

사도시대는 씨앗의 파종을 위한 이른비 성령의 시대였고, 마지막 시대는 곡식을 여물게 하는 늦은비 성령의 시대이다. 이른비가 가랑비였다면 늦은비는 폭포수처럼 쏟아지는 장대비다. 요엘서의 이 예언은 사도시대에 부분적으로 성취되었다. 이제 그 예언은 지금 이 시대를 사는 마지막 백성들에게 보다 더 분명하게 성취될 때에 우리는 살고 있다.

사탄은 자기의 때가 얼마 남지 않은 줄 알고 크게 분내어 짐승의 표의 환란을 준비하고 있다. 그러나 하나님도 최후의 전쟁을 위하여 "사람의 아들 그리스도"라는 의의 복음을 통해 용사들을 준비시키고 있다.

남은 자손의 3가지 특징

용과 싸우는 용사들, 마지막 남은 자손의 특징을 이렇게 설명한다. **"용이 여자에게 분노하여 돌아가서 그 여자의 남은 자손 곧 하나님의 계명을 지키며 예수의 증거를 가진 자들로 더불어 싸우려고 바다 모래 위에 섰더라"**(계 12:17).

11시 일꾼은 "그 여자의 남은 자손 곧 하나님의 계명을 지키며 예수의 증거를 가진 자들"이다. 그렇다면 하나님의 참 백성, 마지막 남은 자손의 특징은 무엇일까? 계시록 14장에서 그 특징을 다시 반복해주고 있다.

"성도들의 인내가 여기 있나니 저희는 하나님의 계명과 예수 믿음을 지키는 자니라"(계 14:12).

계시록 12장: "하나님의 계명을 지키며 예수의 증거를 가진 자"
계시록 14장: "하나님의 계명과 예수 믿음을 지키는 자"

이 말씀은 그들의 특징을 한 마디로 표현해 주고 있다. 첫번째, 하나님의 백성의 가장 중요한 특징은 하나님의 계명을 지키는 것이다. "하나님의 계명은 순종할 수 없다"는 사탄의 주장을 침묵시키기 위하여 예수님께서 이 땅에 오셔서 성령과 연합하여(인성과 신성의 연합) 온전히 순종하는 생애를 사셨던 것처럼, 마지막 하나님의 백성은 성육신 하신 예수 그리스도의 모본을 따라 죄 된 육체를 가졌지만 "예수의 믿음"을 가지고 성령의 능력으로 말씀에 순종하는 사람들이다.

두번째 특징은 "예수 믿음"을 가지는 것이다. 예수 믿음이란, 예수님을 믿는 믿음뿐만 아니라 예수님께서 가지고 계신 그 믿음이다. 예수님께서 우리와 같은 인간의 본성을 쓰시고 오셨지만 하나님을 온전히 신뢰하는 믿음으로 승리하는 생애를 사신 것처럼, 예수님의 그 믿음을 우리도 가지고 성령께서 함께 하시면 우리도 승리의 생애를 살 수 있다는 것이다. 예수님의 믿음이 있어야만 하나님의 말씀에 순종할 수 있다.

그리고 남은 자손의 세 번째 특징은, "예수의 증거"를 가지고 있다고 했다. 용이 "예수의 증거를 가진 자들로 더불어 싸우려"고 한다는 말씀에서 우리는 "예수의 증거"가 무엇인지 힌트를 얻을 수 있다.

"[1] 예수 그리스도의 계시라 이는 하나님이 그에게 주사 반드시 속히 될 일을 그 종들에게 보이시려고 그 천사를 그 종 요한에게 보내어 지시하신 것이라 [2] 요한은 하나님의 말씀과 예수 그리스도의 증거 곧 자기의 본 것을 다 증거하였느니라 [3] 이 예언의 말씀을 읽는 자와 듣는 자들과 그 가운데

기록한 것을 지키는 자들이 복이 있나니 때가 가까움이라"(계 1:1-3).

예수의 증거는 요한이 본 것이고, 요한이 본 것은 무엇인가? 예수 그리스도의 계시, 예언의 말씀이다. 요한이 보고 기록한 것을 예언의 말씀이라고 했는데 그게 요한계시록이다. 그것이 사도 요한이 예수님께 받은 증거, 즉 예수의 증거였다.

예수의 증거가 계시록 19장에서 다시 반복된다. **"내가 그 발 앞에 엎드려 경배하려 하니 그가 나더러 말하기를 나는 너와 및 예수의 증거를 받은 네 형제들과 같이 된 종이니 삼가 그리하지 말고 오직 하나님께 경배하라 예수의 증거는 대언의 영이라 하더라"**(개역, 계 19:10).

사도 요한도 예수의 증거를 받았고, 형제들도 예수의 증거를 받았다고 했으며, 그것은 예언의 영이라고 말씀하고 있다. 예언은 어떤 환상이나 계시를 뜻하는 것이 아니라, "하나님의 말씀"을 뜻한다. 다른 번역을 보면 그 뜻이 좀 더 분명해진다.

> **"예수의 증언은 예언의 영이라 하더라"** (개정)
> **"예수의 증언은 곧 예언의 영이다"** (표준)
> **"예수님을 증거하는 것은 다 예언의 영을 받아서 하는 것뿐이니"** (현대인)
> **"예수의 증거가 예언의 영임이니라"** (킹제임스)

"예수의 증거" = "예언(말씀)의 영(성령)"이기 때문에, 그것은 어떤 특별한 증거, 표식이 아니라 하나님의 말씀이며, 복음을 전하는 성령이다. 성경은 하나님의 사람들이 성령의 감동을 받아 말한 것이다(벧후 1:21). 예언의 영, 말씀의 성령이 우리가 "예수의 믿음"을 가지고 "하나님의 계명"을 지킬 수 있도록 빛과 안내자 역할을 해 준다.

"내가 아버지께로서 너희에게 보낼 보혜사 곧 아버지께로서 나오시는 진리의 성령이 오실 때에 그가 나를 증거하실 것이요"(요 15:26). 성령이 하는 일이 무엇인가? 예수님을 증거하는 것이다. 어떻게 증거하는가? 예언의 영 즉 하나님의 말씀으로 증거해 주신다. 오늘날 예수님을 믿는다고 하면서 말씀 없이 기적이나 은사에만 치중되어 있는 현상은 얼마나 슬픈가? 그래서 말씀이 없기 때문에 WCC, WEA 등 종교연합에 앞장서면서 그것이 하나님을 섬기는 일인 줄 속고 있는 것이다.

특별히 마지막 시대에 예수의 증거가 우리에게 더욱 견고케 되어야 함을 이렇게 말씀하고 있다. **"[6] 그리스도의 증거가 너희 중에 견고케 되어 [7] 너희가 모든 은사에 부족함이 없이 우리 주 예수 그리스도의 나타나심을 기다림이라"**(고전 1:6, 7).

오늘날 거짓 성령 사역 때문에 기독교가 혼란에 빠져 있다. 이 시대에 하나님의 말씀을 올바로 깨달아야 한다. 용은 하나님의 말씀을 깨닫지 못하도록 온갖 이교의 교리들을 교회안에 들여왔다. 하나님의 말씀을 바로 알아 시대를 분별하는 영적 안목을 갖추어야 한다.

남은 자손의 **3가지 특징은,**

첫째, 하나님의 계명을 지킨다.
하나님의 말씀에 순종하는 그리스도인이다.

둘째, 예수 믿음을 가졌다.
예수님을 믿는 믿음뿐만 아니라 예수께서 가지셨던 믿음이다.

셋째, 예수 그리스도의 증거를 가졌다. "예언의 영" "말씀의 성령"을 통해 성경을 올바로 이해하고 온 세상에 전해야 할 마지막 복음을 선포한다.

말세에 적그리스도의 정체를 알고, 짐승의 표를 거절하고 그리하여 예수 그리스도의 영광스러운 재림을 준비할 수 있도록 마지막 시대 성령께서 함께 하실 것을 약속하고 있다. 그들을 "남은 자손"이라고 부른다.

“남았다”는 말은 모든 기독교인을 의미하는 것이 아니라 그들 중에서 신실한 그리스도인만을 지칭하는 표현임을 알 수 있다.

이 위험하고 깨어 있어야 하는 위기의 시대에 하나님께서 마지막 시대를 사는 성도들에게 참 진리를 분별할 수 있도록 “예언의 영” “말씀의 성령”을 주신 이유는, 그리스도의 재림을 준비하도록 사명을 부여하신 것이다.

11시 일꾼의 사명을 가지고 있는가?

예수님의 재림 직전에 마지막으로 일하게 되는 예수의 증인들, 그들은 품삯을 받기 위해 일하는 사람들이 아니다. 그저 하나님께서 자기를 받아주셨기 때문에 마음에 기쁨이 충만하고, 그리스도와 동역자가 된 특권을 감사히 생각하고, 겸손한 마음으로 하나님을 의지하면서 열심히 일하는 마지막 백성들이다. 그들은 일할 시간이 너무나 짧지만 불러주신 주인께 대한 감사함으로 최선을 다해 일한다. 이것이 마지막 시대를 사는 우리의 정체성이다.

로마의 백부장 고넬료는 이방인이었지만 경건했고, 온 가족이 하나님을 경외했으며, 백성을 많이 구제하고 하나님께 항상 기도하는 사람이었다(행 10:2). 그러나 당시에 전파되는 참된 진리인 “하나님의 아들 그리스도”에 대해서는 알지 못했다. 하지만 베드로를 통해 “하나님의 아들 예수 그리스도”에 대한 가르침을 받고 주님을 믿으니 제자들이 받았던 동일한 이른비 성령을 받았다.

이렇듯 성령은 준비되어 온 자에게, 작은 빛이라도 받은 빛에 순종해 온 자에게 내릴 뿐만 아니라 제자들이 “하나님의 아들 예수 그리스도”를 깨닫고 이른비를 받았듯 마지막 시대에는 “사람의 아들 예수 그리스도”의 복음을 믿고 경험하므로 "하나님의 계명"과 "예수의 믿음"을 가진 자들이 늦은비 성령을 받게 된다. 그래서 "사람의 아들 예수 그리스도"는 아무리 강조해도 지나치지 않는 "우리 안에 계신 그리스도, 곧 영광의 소망"이 되어야 한다.

[표] **포도원 비유의 예언적 적용**

포도원의 비유(마 20:1-16)				
포도원 일꾼	**3시 일꾼**	**6시 일꾼**	**9시 일꾼**	**11시 일꾼**
선포된 말씀	Son of God	바벨론의 무너짐	하나님의 계명	Son of Man
예언의 성취	계 14:6,7(첫째)	계 14:8(둘째)	계 14:9-12(셋째)	계 18:1(넷째)
발전의 과정	씨앗의 발아	성 장		열매의 추수
성령의 역사	이른비	성령시대		늦은비
시대적 구분	사도시대	중세시대	2300주야 이후	현재

"사람의 아들 그리스도"라는 의의 복음은 세 천사의 복음과 함께 연합하여 4중 복음으로 전파된다. 하나님의 아들이 사람의 아들이 되심으로, 사람의 아들인 내가 하나님의 아들이 되게 하시기 위해 예수님께서 성육신 하셨다. 이 얼마나 놀라운 복음인가!

[표] **예수 그리스도의 사역과 삼중운동**

예수 그리스도의 사역과 삼중운동		
구세주	모본자	재 림
이른비	늦은비	재 림
회 개	거 룩	재 림
번제단	성 소	지성소
칭 의	성 화	영 화
죄에 대하여	의에 대하여	심판에 대하여

회개! 거룩! 재림!

예수님은 우리를 죄에서 구원하시는 구세주이시다. 이른비의 사역인 구세주를 만남으로 회개가 일어나고, 주님의 사랑에 감격하여 모본자 되시는 주님을 따라 승리하는 삶, 사랑을 실천하는 거룩한 삶을 살게 된다. 그 일의 결과는 그리스도의 재림의 날 영광 중에 만나게 되는 것이다.

이스라엘 성막이 주는 교훈에서 회개는 뜰에서의 역사다. 번제단에서 그리스도께서 죽으셨다. 거룩함은 성소에서의 역사다. 재림은 하나님을 대면하여 만나는 지성소의 역사다.

그리스도인 신앙 경험에서 칭의, 성화, 영화 세 단계가 있는데, 회개는 칭의(稱義, Justification)의 역사다. 예수님의 죽으심 때문에 회개하지 않을 수가 없다. 거룩은 성화(聖化, Sanctification)이다. 예수님을 사랑하기 때문에 말씀대로 살게 된다. 재림은 영화(榮華, Glorification)다. 그런 사람들이 홀연히 변화되어 영원토록 주님과 함께 산다.

"그가 와서 죄에 대하여, 의에 대하여, 심판에 대하여 세상을 책망하시리라"(요 16:8). 죄에 대하여라 함은 회개의 역사다. 의에 대하여라 함은 거룩의 역사다. 심판에 대하여라 함은 그리스도의 재림으로 완성된다. 따라서 회개운동, 거룩운동, 재림운동이 일어나야 한다. 이 삼중운동으로 하나님의 증인이 될 마지막 백성이 일어나야 한다.

진리의 회복 운동

11시에 부름을 받은 계시록 18장의 천사는 진리를 회복시키는 운동을 하는 무리이다. 새로운 교단을 만드는 것이 아니라 예수님의 재림직전에 마지막 백성을 준비시키는 Movement, 운동이다. 사람들은 마지막 그 운동에 합류할 것이다. 그 선택이 얼마나 많은 손해와 핍박과 어려움을 가져오는지 알면서도 타락한 교회를 떠나 생명의 길을 찾아 나설 것이다. 이것이 바로 마지막 시대에 완성될 늦은비 성령의 운동이다.

하나님의 사랑 때문에 회개하게 되고, 하나님의 사랑 때문에 거룩하게 되고, 하나님의 사랑 때문에 재림을 사모하게 되는 운동을 일으켜야 한다. 이것이 이 마지막 시대에 우리가 받은 사명이다. 삼중운동을 일으켜야 한다. 나만 회개하는 것이 아니라 나와 가족과 우리 교회가 함께 이 운동에 동참해야 한다.

회개, 거룩, 재림 이 세 단어의 부흥이 일어나기를 기도한다. 회개운동, 거룩운동, 재림운동에 늦은비의 역사가 일어나기를 기도한다. 회개, 거룩, 재림 이 세 단어가 늘 우리 대화의 주제가 되고 우리 기도의 중심이 되어 우리의 소명과 사명을 기억하도록 하자!

예수님께서 재림하실 때가 다 되었다. 참된 회개운동이 일어나야 한다. 혼자 회개하는 것이 아니라 함께 회개해야 한다. 그래서 신랑을 맞이할 거룩한 무리가 준비되어야 한다. 11시에 부름을(소명) 받은 사람들은 그들에게 주어진 소명(召命)과 사명(使命)을 위해 오늘도 자신의 목숨을 초개(草芥)와 같이 여긴다. 주님이 오시는 날이 멀지 않았다. 우리를 이 마지막 시대에 살게 하시고, 우리에게 마지막 시대에 전해야 하는 복음을 맡기셨다.

4. 나중 된 자로서 먼저 될 자들

"이와 같이 나중 된 자로서 먼저 되고 먼저 된 자로서 나중 되리라" (마 20:16).

마태복음 20장의 포도원 일꾼의 비유는 베드로의 질문에 답변으로 하신 말씀이다. **"이에 베드로가 대답하여 가로되 보소서 우리가 모든 것을 버리고 주를 좇았사오니 그런즉 우리가 무엇을 얻으리이까"**(마 19:27). 이 말을 좀 더 직접적으로 표현하자면 "예수님을 따르려고 우리는 가족, 소유, 형제 자매, 직장을 다 버렸는데 우리에게 무엇을 주실 겁니까?"라고 질문한 것이다. 제자들은 예수님을 따르기 위해 외형적인 모든 것은 버린 것 같지만 여전히 높고자 다투었고, 자신들의 수고에 합당한 보상을 바라며 따르고 있었다. 예수님이 좋아서 따르긴 했으나 아직 예수님께 완전히 바쳐지지 않은 상태이다. 아직도 그들의 옛 사람을 완전히 벗어버리지 못했고, 자신을 높이는 정신과 서로를 비교하는 정신으로 다른 사람이 실수하면 우월감을 갖는 태도를 갖고 있었다. 그들의 자아가 십자가의 사랑으로 완전히 죽는 경험이 아직 없었다. 자신의 죄 됨 때문에 통곡하며 우는 경험이 없었다.

베드로의 이 질문에 대한 답변으로 예수님께서는 **"그러나 먼저 된 자로서 나중 되고 나중 된 자로서 먼저 될 자가 많으니라"**(마 19:30)고 말씀하신 후 마태복음 20장 1절에서 "천국은 마치" 하시며 포도원 일꾼의 비유를 말씀하신다. 그리고 이 포도원 비유를 마치실 때 다시 19장 30절의 말씀과 동일한 말씀을 반복한다. **"이와 같이 나중 된 자로서 먼저 되고 먼저 된 자**

로서 나중 되리라"(마 20:16). 따라서 이 비유는 1차적으로 복음의 원칙을 망각하지 않도록 하나님께서 당신의 종들을 취급하시는 방법과 그들이 주님을 위해 일할 때 어떤 정신을 가지고 일해야 할지 알려주기 위해 이 말씀을 하셨다.

1) 하나님께서 인류를 취급하시는 방법을 나타낸다.

이 세상은 우리가 일한 분량에 따라 보수를 준다. 하지만 하나님께서는 우리의 공로에 따라 주시는 것이 아니라 "우리를 구원하시되 우리의 행한 바 의로운 행위로 말미암지 아니하고 오직 그의 긍휼하심을 따라 중생의 씻음과 성령의 새롭게 하심으로 하셨나니"(딛 3:5). 하나님께서 가치 있게 보시는 것은 우리가 한 일의 양이나 눈에 보이는 결과가 아니라 그 일을 한 정신이다. 내가 무엇인가를 한 만큼 하나님도 내게 보상해 주셔야 한다고 생각하는 것은 삯꾼의 정신으로 일하는 사람들이다. 진실한 일꾼들은 아무리 힘들지라도 그것을 고역으로 생각하지 않는다. 천국의 황금문은 자기를 높이는 자에게는 열리지 않는다. 그것은 교만한 사람들에게는 열리지 않는다. 그러나 작은 아이가 떨리는 손으로 건드릴 때 그 문은 활짝 열린다. 일꾼은 이러한 정신으로 일해야 한다.

2) 천국의 원칙

예수님은 "천국은 이런 곳이다"라는 것을 설명하시기 위해 이 비유를 말씀하셨다. 이 비유를 설명하시면서, 세 번 동일한 말씀을 반복하신다. "[26] 너희 중에는 그렇지 않아야 하나니 너희 중에 누구든지 크고자 하는

자는 너희를 섬기는 자가 되고 [27] 너희 중에 누구든지 으뜸이 되고자 하는 자는 너희의 종이 되어야 하리라 [28] 인자가 온 것은 섬김을 받으려 함이 아니라 도리어 섬기려 하고 자기 목숨을 많은 사람의 대속물로 주려 함이니라"(마 20:26-28).

우주의 주인이신 하나님께서는 섬김을 받기 위해서가 아니라 섬기기 위해서 이 땅에 오셨다! 예수님께서 이 비유를 통해 천국은 섬김을 받기 위해서가 아니라 섬기기 위한 정신을 가지고 있는 사람들이 거하는 곳이라고 몸소 보여주셨다.

"그는 흥하여야 하고 나는 쇠하여야 하리라"는 침례 요한의 정신이 있을 때, 시기심과 이기심이 죽고, 으뜸이 되려는 분쟁심이 사라질 때, 감사의 정신이 마음에 가득 찰 때, 우리는 하나님과 함께 일하는 자로 인정받게 된다. 이러한 정신으로 일하는 일꾼들이 하늘을 소유하는 자가 된다는 것을 설명하셨다.

예수님은 십자가를 통해 자신을 내어 주셨다. 우리에게 충분한 사랑과 보상을 주셨다. 이것이 우리 자신을 예수님께 온전히 바칠 수 있는 충분한 이유가 된다. 그런데 많은 사람들은 세상 물질과 세상 편리를 추구하며 다른 보상까지 바란다. 먼저 믿었다 할지라도 하나님보다 더 사랑하는 것을 버리지 못하면 나중 될 것이다. 그런 의미에서 11시 일꾼들은 나중에 믿었지만 가장 먼저 될 자들이다. 그들은 하나님보다 더 사랑하는 모든 것을 버리고 충성했기 때문이다. 그들이 일하고 믿는 태도는 그들을 먼저 될 자로 만들 것이다. 주님을 위해 모든 것을 버린 자들, 주님보다 더 사랑하는 것이 없는 자들, 주님을 위해 생명을 아까워하지 않는 자들 이것이 진정한 헌신이다.

지금은 간구할 때

"11시 일꾼"은 그들이 일하는 **"시간"**을 말한다.
"넷째 천사"는 그들의 **"신분"**을 말한다.
"예수의 증인"은 그들의 **"사명"**을 말한다.

11시 일꾼, 예수의 증인들은 완벽하고 강인한 사람이 아니라 인류역사 6000년이 지난 시점에 태어난 영적으로, 도덕적으로, 정신적으로, 체력적으로 가장 약한 사람이다. 그렇기에 그들은 자신을 신뢰하지 않는 사람들이고, 자신의 부족함을 알기에 믿음으로 하나님의 능력을 의지한 자들이다. 그들은 가장 강한자로 태어난 것이 아니라, 자신이 가장 부족하고 약하다는 것을 인식함으로 무한하신 하나님의 능력을 의지하여 가장 강하게 된 자들이다.

그들은 자신을 믿는 것이 아니라 하나님의 능력을 믿기 때문에 하나님을 의지할 수 있게 된 사람들이다. 예수 그리스도께서 부어 주시는 한량없는 은혜 때문에, 자신의 약점을 극복하고 이긴 경험이 많기 때문에 그들은 11시 일꾼이 되어 악과 비 진리에 맞서 싸우기에 합당한 용사가 된 자들이다. 어떤 상처와 아픔이 있었던 이들이라 할지라도 '승리한 자'들로 만들 수 있는 성육신 하신 예수 그리스도의 은혜와 능력을 찬양하자.

우리가 자랑할 것이 많거나 일을 잘 해서 택하신 것이 아니라 하나님의 능력을 의지하므로 연약하고 부족했던 자가 어떻게 변화될 수 있는지 온 우주에 증거하기 위해 우리를 택하셨다. 약한 자가 하나님의 은혜를 받아 무슨 일을 할 수 있는지 온 세상에 보여 주시기 위해 우리를 택하셨다. 그러므로 자신의 약함을 보면서 낙심하지 말고 우리의 시선이 그리스도께 있기 때문에 소망을 가지는 우리 모두가 되자. 우리의 소망은 하나님의 능력에 의존되어 있기 때문에 오늘도 일어나서 전진하는 우리 모두가 되자.

개국 이래로 없던 환란을 위해 11시 일꾼이 지금 준비되고 있다. 그들에게 환난을 이길 담대함과 믿음, 지혜와 권능을 부어 주시기 위해 우리 주님이 기다리고 계신다. **"그 날에 여호와가 예루살렘 주민을 보호하리니 그 중에 약한 자가 그 날에는 다윗 같겠고 다윗의 족속은 하나님 같고 무리 앞에 있는 여호와의 사자 같을 것이라"**(슥 12:8).

늦은비의 시기인 지금, 통회하는 심령으로 은혜의 소나기가 우리 위에 내리기를 열렬하게 기도하자. 우리가 참석하는 모든 모임과 예배마다, 하나님께서 우리의 영혼에 온기와 수분을 나누어 주시기를 간구하는 기도를 드리자. 오늘 우리 자신을 온전히 바쳐서 하나님께서 귀히 쓰실 그릇으로 만들고 주님의 사역에 합당한 인물이 되도록 하자.

아직 은혜 받는 이 때에 우리 자신을 하나님께 바쳐 자신을 비우고 시기심과 질투심을 버리며, 악한 생각과 다툼을 그치고 하나님께 욕이 될 모든 것들을 버려야 할 것이다. 우리의 그릇을 정결하게 하여 하늘의 이슬을 받을 준비와 늦은비의 소나기를 맞을 준비를 하도록 하자. 늦은비는 분명히 내릴 것이며, 하나님의 축복은 모든 더러움에서 정결함을 입은 영혼들에게 가득히 부어질 것이다. 우리의 마음을 그리스도께 복종시켜 성령의 침례를 받기 위해 합당한 사람이 되도록 준비하는 것이 오늘날 우리가 해야 할 일이다.

마치면서

우리의 신분을 잊지 말자. 우리는 11시에 부르심을 받았다. 그 시간은 어떤 시간이었는가? 절망과 한숨에 빠져 당장 이떻게 해야 할지 모르던 시간이었다. 하나님을 떠나 죄가운데 방황하며 더 떨어질 곳이 없는 밑바닥의 시간이었다. 그런 인생이 종일 이어지고 있는 그때 주인이 우리를 찾아오셨다. 그러므로 어떤 상황에서도 모든 것이 잘못되기로 작정이나 한 것처럼 꼬리에 꼬리를 무는 시련이 올지라도 아직 하나님의 시간은 되지 않았다. 아무것도 보이지 않는 순간인 것 같을지라도 하나님의 은혜는 멈추지 않았다.

이 세상은 우리에게 쉽지 않다. 시련과 고난의 땅이다. 그러나 우리의 지난 인생을 돌이켜보면 그때는 알지 못했지만 삶의 많은 사건속에서 하나님의 은혜가 여전히 통치하고 있었음이 보인다. 예수님을 처음 영접했을 때도 은혜가 충만했지만, 이후 나그네로 이 땅을 살아가면서 신앙 여정 곳곳마다, 특별히 고난의 순간마다 하나님의 은혜는 더욱 크게 부어 졌음을 보게 된다. 절망의 시간 11시에 우리 인생에 찾아오시는 주인이 계신다.

11시 일꾼은 해가 저물어가는 하루의 끝에 부름을 받았다. 이것을 하루의 단위가 아닌 인류역사의 시간표로 보면 지금 우리는 어디쯤 와 있을까? 지금 우리가 살고 있는 이 시대는 마지막 시대, 11시의 시대다. 유대 시간으로 12시, 오후 6시가 되면 일을 마치게 되는 것처럼, 우리가 살고 있는 이 시대도 1시간 후면 곧 끝날 오후 5시의 시대다. 그날이 얼마 남지 않았다. 인류역사는 예수님의 재림으로 마쳐지게 된다. 앞으로 1시간 남았다. 1시간을 남겨두고 부름 받은 일꾼들은 은혜밖에는 내세울 게 없는 사람들이다.

세상과 다른 기준으로 은혜를 베푸신 포도원 주인의 부르심! 소망 없이 살다가 절망속에 무너질 뻔한 인생이었는데, 장터에서 서성이던 우리를 불러 주신 은혜가 너무 감사해서 진심을 다하고, 일할 시간이 짧기 때문에 충성을 다하고, 자신들의 부족을 알기 때문에 겸손할 수밖에 없는 마지막 일꾼이 11시 일꾼이다. 우리가 바로 그 11시 일꾼이 되어, 하나님의 계획을 이루어 드리는 예수의 증인이 되기를 간절히 소망한다.

제12장

AGAIN 종교개혁

흔히 “위기”와 “기회”는 항상 같이 움직입니다. 어떤 사람들은 위기를 보면 위축이 되지만 또 다른 사람들은 위기를 통해 기회를 봅니다. 예수님께서 이 땅에서 사역하실 때의 기록을 보면 위기 속에서 빛을 발하시는 그런 분이셨습니다. 위기가 오히려 하나님의 영광을 드러내는 놀라운 순간으로 변화한 것이지요. 예수님만이 아닙니다. 성경에 기록된 믿음의 선배들도 모두가 인정하는 위기의 순간에 믿음의 빛을 발하여 하나님의 뜻을 이루는 모습을 우리는 자주 살펴보게 됩니다. 그렇습니다. 사람의 곤경은 하나님의 능력 행사를 위한 좋은 기회입니다. 인간에게 위기는 하나님에게 기회의 때입니다.

세상이 마지막으로 치달을 수록 교회와 믿음의 위기가 아니라 오히려 하나님께서 일하시는 기회임을 우리 모두 알아야 합니다. 하나님께서 통제하지 못하시는 인간의 위기는 존재하지 않습니다. 그런 하나님이 우리의 아버지이십니다. 하나님께서는 준비된 사람들을 사용하여 자신의 일을 변함없이 그리고 한 치의 오차도 없이 여전히 진행하고 계십니다.

종교개혁은 다시 일어나야 하고 여전히 진행중입니다. 세상과 교회가 캄캄할 수록 참된 교회에서 살아 움직이는 성도들의 모습을 봅니다. 영혼들이 거듭나며, “예수의 증인”들이 곳곳에 준비되는 일들이 넘쳐납니다. 우리는 곧 예수님을 만나게 될 것입니다. 영광의 나라, 영원한 나라, 하나님께서 함께하시는 그 나라가 곧 우리 앞에 이를 것입니다. 함께 일어나 회개, 거룩, 재림운동에 우리 모두 참여합시다.

1. 기복신앙에서 탈출하라

"또 내가 들으니 하늘로서 다른 음성이 나서 가로되 내 백성아, 거기서 나와 그의 죄에 참예하지 말고 그의 받을 재앙들을 받지 말라" (계 18:4).

1925년 평안남도 순안에서 '허시모 사건(許時模事件)'이 발생했다. 1925년에 조선에 입국한 헤이스머(Haysmer, 한국명 허시모)가 의료 선교사로 순안병원의 원장으로 부임했다. 그런데 자기 집 과수원에서 사과 1개를 서리하던 어린이를 붙잡으면서 사건은 시작된다. 허시모는 소년의 부모로부터 사과 값을 받아내려고 했지만 가난한 집안 사정상 여의치 않자 부모의 동의 하에 양 볼에 염산으로 '됴덕(도적)'이라 쓰고 놓아줬다. 부모는 흉터가 금방 없어질 줄 알고 동의했으나 흉터가 사라지지 않고 아이가 학교에도 갈 수 없는 상황이 되면서 기독교에 대한 사회적 반감을 촉발시키게 되었다.

일본인 검사가 1년이 지난 뒤 허시모를 입건하면서 세상에 알려지게 되었다. 결국 허시모는 병원장에서 해임됐고, 재판에 회부되어 집행유예 3개월 형을 선고받고 추방되었다. 이 사건으로 한국 기독교는 뜻하지 않은 시련과 수난을 겪게 된다.

이 사건은 당시 기독교에 비판적이었던 민족주의, 공산주의, 일제의 침략주의 등 각 진영에서 조선교회와 미국을 공격하도록 빌미를 제공했다. 미국 제국주의의 침략행위로 규탄해 종교 교육 폐지와 반기독교 운동을 전개했고, 일본은 반미운동을 펼쳤다.

허시모 사건을 보면서 오늘날 기독교에 대한 반감이 그때와 별반 차이가 없다는 생각이 든다. 아니 오히려 그때는 한 개인의 사건이었지만 오늘날은 전 교계적인 문제가 되지 않았는가? 그래서 다수의 국민들이 기독교에 대해 혐오감을 갖도록 만들고 있는 것이 다름 아니라 기독교인 때문이라는 사실은 너무나 아이러니하다. 물론 신실한 목회자들이 있다. 하지만 거대한 세속의 물줄기를 돌이키기에 너무 힘이 약하다. 교회가 말기 암처럼 죄악의 정신이 온 몸에 전이되어서 어떤 수술과 어떤 항암제도 효과가 없고, 스스로 회복하기에는 어려운 상태가 되었다. 성령께서 새롭게 해주시지 않으면, 머리를 가르고, 배를 가르고 완전히 도려내서 새것으로 바꾸지 않으면, 정말 어찌할 수 없는 기막힌 상태에 있다.

기독교에 침투한 기복신앙

"경제가 어려워지면 어려워질수록, 무당과 교회는 잘 된다."라는 이야기가 있다. 이것은 교회를 다니는 이유가 복을 받기 위한 것이라는 기독교인의 사고를 드러내 주고 있다. 하나님을 제외한 모든 가짜 신들은 자신을 믿는 믿음의 대가로 복을 약속한다. 본인을 잘 믿고 섬기면 복을 준다는 것, 이것이 바로 기독교와 다른 종교를 구별하게 만드는 가장 중요한 차이점이다. 그런데 오늘날 그 차이점이 없어져버린 것 같다. 기복신앙은 성경의 약속이 아니라 사탄의 조롱거리이다. 욥기에서 사탄은 사람들이 복을 받기 위하여 하나님을 섬긴다고 주장한다. **"[9] 사탄이 여호와께 대답하였다. 욥이 아무런 까닭도 없는데 하나님을 모시고 사는 걸까요? [10] 하나님께서 그와 그 집안 사람들을 돌보아주시고 그 재산도 잘 지켜 주시니까 그런 것이 아닐까요? 하나님께서 그에게 복을 내려 주셔서 하는 일마다 잘되고 온 땅에 그 사람 가축 떼를 가득하게 해주셨으니까 그런 것이 아니냐는 말씀입니다"**(현대어, 욥 1:9,10).

한국의 기독교인은 대단한 종교적 열성을 가지고 있다. 세계 50개의 대형 교회 중에 27개가 한국에 있고, 그것도 상위 15위까지의 랭킹을 모두 한국이 차지한다. 그런데 민족성 때문인지 한국 기독교는 기복신앙으로도 세계를 평정했다. 신을 섬기지 않으면 집안에 문제가 생기고 벌을 받을 수 있다는 두려움 때문에 봉사하고, 재물을 드리며, 현세의 복을 받기 위해 기도하는 것은 미신적인 신앙이다.

교회에 가지 않았는데 그날 무슨 일이라도 생기면, 사람들은 금방 "아이고 교회 안 가서 하나님이 벌준 것 아니야?" 라고 말할 정도로 일상 생활에 기복 신앙이 깊이 자리 잡았다. 기도원에 가보면 특별한 은사를 받으신 용한 분들이 많이 있다. 그래서 경제적인 어려움을 당하고 있거나, 몸이 아픈 신자들이 "어느 기도원에 용한 분이 있대!" 하면 기도 받으러 거리를 마다 않고 찾아다닌다. 몸이 아프고 집안이 어려운 이유가 귀신이 있어서 그렇다며 귀신 쫓아내는 기도를 한다. 목사님들도 어느 용한 기도원에 가서, "제가 교회를 개척하려고 하는데, 언제 문을 열면 좋을지 알려주세요. 어느 때쯤이면 괜찮겠습니까? 날짜는 언제로 할까요? 하나님께 좀 물어봐주세요" 그렇게 문의하는 목사님들이 많다고 한다. 이것이 기독교인가?

하나님을 믿는 동기

우리는 왜 교회에 다니고 왜 하나님을 믿는가? 심판과 형벌을 피하고, 그분께로부터 무엇을 얻어 내야 하기 때문에 잘 믿으려고 노력하는 것은 아닌지 돌아보자. 남편의 사업과 자녀의 출세 때문에 하나님을 믿는지, 아니면 나를 위하여 돌아가신 예수 그리스도의 사랑과 희생이 너무나 크고 감사하기 때문에, 그분의 말씀에 순종하는 거룩한 생애를 살고자 하는 동기로 믿는지 이번 기회에 돌아보자.

사탄은 기복신앙을 교회 안에 침투시켜 사람들로 하여금 하나님과 거래를 하게 만들고 있다. 40일 특별 새벽 기도회라는 명분 아래 부자가 되게 해 달라고, 건강을 위해서, 출세를 위해서, 아들을 낳고 싶어서, 대학에 입학해야 되니까, 좋은 직장을 위해서 기도한다. 이것과 정한수 떠 놓고 하는 기도는 대상만 다를 뿐 요구하는 바가 같다.

헌금을 하고, 봉사를 하고, 철야기도, 새벽기도 이 모든 행위가 하나님께 잘 보여서 좋은 것을 얻어내려는 욕망으로 말미암아 교인들 속에 가득 차 있다. 우리의 행위와 우리의 노력때문에 하나님께서 복을 내리시는 것이 아니다. 믿음이 좋은 사람은 하나님께 복을 받아서 부유하게 되고, 믿음이 적은 사람은 복을 받지 못해서 어렵게 산다는 식의 논리가 현대 기독교회에 편만하게 되었다. “교회에 열심히 나오고 헌금 많이 하면, 당신의 사업과 가정을 하나님께서 축복하실 것입니다” 이런 설교들이 대담하게 교회에서 울려 퍼지고, 정체를 알 수 없는 일천번제 헌금 같은 것이 생겨났다. 그 결과, 많은 사람들이 하나님께로부터 혜택을 받기 위해서 빚을 내어 헌금을 하고, 열심히 활동함으로 하나님의 축복을 얻어내려 애쓰고 있다. 그것은 하나님과 거래를 하겠다는 것이다.

이슬람 테러주의자들이 자살 폭탄을 독려하기 위해 젊은이들을 어떻게 유혹하는가? 코란에 자살테러를 하면 천국에서 처녀 72명의 대접을 받는다며 기만하고 있다. 실제로 천국행 여권까지 등장했다. 겉에는 “Passport to Paradise”라고 써 있고, 안에는 “이 여권 소지자는 천국만 갈 수 있고 지옥에는 절대 가지 않는다”고 적혀 있다. 기독교에 기복신앙을 침투시키므로 사탄은 교회를 물질로 병들게 했다. 돈 잘 벌면 하나님의 축복이요, 가난하면 뭔가 하나님께 죄 지은 것이 있는 것처럼 만들어 놓았다. 그래서 아무리 없는 형편이라도 막대한 헌금을 교회에 투자하면 큰 복을 주실 것이라는 기대를 갖게 한다. 이러한 신앙은 하나님을 조롱하는 것이다.

하나님이 정하신 시간에, 정하신 방법으로

물론 하나님은 우리가 잘 되기를 바라시는 분이다. 행복하고 평화롭게 살기를 바라신다. 우리가 망하고 고난받고 쓰라린 경험을 하는 것이 하나님의 뜻이 아니다. 하지만 이 땅에서 얻는 우리의 행복, 이 땅에서 잘 되는 인생이, 우리가 생각하는 그런 물질적인 것이 아니다. 하나님이 우리에게 이 땅에서의 삶을 허락하신 이유는 그리스도께서 가신 길을 우리가 따라감으로 우리의 성품이 그리스도를 닮고 우리의 인생이 하나님을 영화롭게 하여 결국엔 영원한 생명으로 인도하려는 것이 하나님의 가장 큰 소원이요, 관심이시다. 그래서 하나님께서 보시기에 우리가 이 땅에서 잘 된다는 것은, 어쩌면 사업이 완전히 망한 것이 하나님 보시기엔 잘 된 것이다. 이런 방법으로만 심령이 가난해지고 순결한 동기로 하나님을 찾게 되기 때문이다. 망해서 영생을 얻게 된다면 얼마나 잘된 일인가!

하나님께서는 당신의 자녀들을 돌보신다. 너희는 아무것도 염려하지 말라고 하셨다. 우리를 돌보신다는 것은 진리이다. 어떤 사람이 병에 걸리거나 시련 속에 처한다고 해서, 그것이 하나님께서 그들을 버렸거나 인정하지 않으신다는 증거가 아니다. 죄를 많이 지어서 벌을 주신 것이 아니다. 또 반대로 어떤 사람의 부동산이 오르고, 사업이 잘 되는 것이 하나님께서 그와 함께 하신다는 증거가 아니다. 감옥 속에서 외롭게 살다가 목이 잘린 침례 요한, 거꾸로 십자가에 못 박혀 죽은 베드로, 수많은 순교자들을 생각해 보라! 하나님께서 그들을 이 땅의 죽음에서 구원하지는 않으셨지만 그들이 가장 힘들고 어려웠을 때 가장 가깝게 계셨다. 잘 믿는 자는 복을 많이 받고, 믿지 않는 자들은 복을 받지 못하는 것이 아니다. 현실은 이와 정반대이다. 오히려 하나님을 잘 믿는 자들에게, 말씀대로 순종하기 위해 정직하게 사는 사람들에게 어려운 일들이 더 많이 일어나는 것을 볼 수 있다.

기복신앙이 하나님과 거래를 하려고 하는 것도 문제지만 더 큰 문제는, 기복 신앙을 가진 사람들은 어려운 일을 당하면, 하나님의 진노하심을 받았다고 생각하게 되어서 헤어 나오기 어려운 절망의 늪으로 빠지게 된다. 그리고 마음 깊숙한 곳에는 항상 하나님의 형벌에 대한 두려움이 숨겨져 있다. 성황당 산신령에게 정성을 드리듯이, 물 한그릇을 떠놓고 조상신에게 복을 비는 것처럼 열심히 기도하면 복을 받을 수 있다고 믿는 신앙에서 빠져나오라!

하나님께서는 우리에게 필요한 모든 것들을 공급해 주실 것이다. 그러나 우리가 필요하다고 생각하는 것이 아니라, 하나님께서 우리에게 필요하다고 생각하는 것들을 하나님께서 정하신 시간에 최선의 방법으로 공급할 것이다. 그러므로 하나님을 전적으로 신뢰하고, 그분께서 허락하시는 모든 것에 대하여, 비록 그것이 고통이나 시련의 모습으로 그대를 찾아올지라도 감사하는 법을 배우자.

하나님께서는 동기가 순결한 그리스도인만을 하늘에 받아들이실 것이다. 하나님께서는 대가를 바라보고 당신을 따라오는 사람들에게 결코 하늘을 주지 않으신다. 바벨론의 중심에는 기복 신앙이 있다. 하나님께서는 무너져가는 바벨론 신앙에서 나오라고 주님의 백성을 부르신다. **"또 내가 들으니 하늘로서 다른 음성이 나서 가로되 내 백성아, 거기서 나와 그의 죄에 참여하지 말고 그의 받을 재앙들을 받지 말라"**(계 18:4).

2. 충만하게 부어주소서!

"그러므로 우리가 여호와를 알자 힘써 여호와를 알자
그의 나오심은 새벽 빛 같이 일정하니 비와 같이,
땅을 적시는 늦은 비와 같이 우리에게 임하시리라 하리라" (호 6:3)

그리스도인들은 두 가지 "감"(感)으로 살아간다고 했다. 바로 "소명감"(召命感)과 "사명감"(使命感), "부르심"과 "보내심"이다. 하나님께서는 계시록 14장에서 세 천사를 부르신 다음에 계시록 18장에서 네번째 천사를 부르신다. 성령의 충만함으로 온 땅을 환하게 하는 넷째 천사들이 있어야 세상 역사가 끝난다. 진리의 빛과 아름다운 그리스도인 성품의 빛으로 어둠을 밝히는 이 천사들이 없으면 예수님께서 재림하실 수가 없다. 우리가 이 역할을 거절 해서야 되겠는가?

늦은 비 성령의 권능을 받는 넷째 천사

이 넷째 천사는 바벨론이 무너졌으니 "그의 죄에 참여하지 말고 그의 받을 재앙을 받지 말라!"는 경고의 나팔을 부는 사람들이다. 엄숙한 경고로 사람들을 깨우며, 그리스도의 재림을 준비하는 이들은 큰 권세를 가졌는데, 그것은 늦은 비 성령의 권능이다(계 18:1 참조). 이 늦은 비의 충만함은 어느 날 갑자기 이뤄지는 것이 아니라 늦은 비의 빗방울, "사람의 아들 그리스도"라는 놀라운 성육신의 진리로 순종의 생애를 살아온 사람들이 받게 되는 소나기이다.

오늘날 우리는 복음을 전하는 능력이 없다. 그래서 늦은 비 성령의 능력이 필요하다. 오순절 성령을 받고 복음을 전했던 사도들의 설교에 수많은 사람들이 회개하며 반응했듯이, 늦은 비 성령의 권능으로 복음을 외칠 때, 사람들은 동요할 것이다. 이런 말씀을 도무지 들어 보지 못했던 무수한 사람들이 믿음으로 말미암아 의롭게 되는 복음을 듣고, 바벨론에서 나오는 행렬이 이어질 것이다. 하나님께서는 이 시대에 우리를 계시록 18장의 천사로 부르셨고, 의의 복음 늦은 비의 빗방울을 전하라는 사명을 맡기셨다.

늦은 비의 빗방울의 두 가지 사명

✓첫째 사명:
내가 먼저 복음의 능력을 체험하여 예수의 증인이 되어야 한다.

진리의 변화시키는 능력을 내가 먼저 경험해야 한다. 장황한 이론이 아니라, 그리스도의 생애와 의를 믿음으로 받아들임으로 그분의 생애를 살게 되는 능력까지 받은 이들이 되어야 한다. 이 복음은 논리와 신학이 아니라 경험이다. 이 복음으로 "새로운 경험"을 하게 된 사람들이 늦은 비의 소나기의 자리에 참여할 수 있다. 바로 이 복음으로 마지막 복음사역이 완성된다.

오늘날 "늦은 비의 빗방울"이 영혼들의 심령을 쪼개고 하나님 앞에 완전히 굴복하여 승리하는 인생을 살게 만들고 있다. 그러나 이 역사를 교회는 인식하지 못하고 분별하지 못한다. 오히려 "극단, 광신, 이단"으로 치부하며 "우리가 말씀에 순종하며 사는 것은 불가능하다"고 소리치며 늦은 비의 빗방울을 거절하고 있다. 이 빗방울을 맞은 자들이 늦은비의 소나기를 맞게 된다.

✓둘째 사명: 이 복음으로 예수의 증인을 준비시켜야 한다.

늦은 비의 빗방울은 예수 그리스도의 재림을 준비하게 만드는 복음이다. 우리는 1차적으로 늦은 비의 복음을 경험해서 하나님의 말씀의 불변성을 영원토록 증거하는 "예수의 증인"이 되어야 할 뿐만 아니라, 또한 늦은 비의 복음을 전해서 "예수의 증인"을 준비시켜야 하는 특별하고도 엄청난 사명이 부여돼 있다.

늦은 비를 위해 기도하자!

우리는 늦은 비를 위해 기도해야 한다. 이 시대의 기독교회에 참된 경건의 부흥은 우리의 모든 필요 중에서도 가장 심각하고 가장 긴급한 것이다. 교회가 이대로 죽도록 내버려 두어서는 안 된다. 기독교회에 신앙 부흥을 일으키는 것이 우리의 첫째 기도제목이 되어야 한다. 나의 성공이나 우리 가족을 위한 기도만 할 것이 아니라, 기독교회의 참된 부흥을 위해 기도해야 한다.

우리는 열렬히 기도해야 한다. 하나님께서 우리에게 성령을 주고 싶지 않으시기 때문이 아니라 우리가 받을 준비가 되어 있지 않기 때문에 부어 주실 수가 없다. 우리의 하늘 아버지께서는 세상의 부모들이 자식들에게 좋은 선물을 주고 싶어하는 그 이상으로 구하는 자들에게 성령을 주시려고 하신다. 그러나 하나님의 약속은 언제나 조건적이다. 그 조건을 성취하는 것이 우리의 역할이다. 그 조건이란 죄에 대한 자복, 겸비, 회개, 말씀에 대한 순종과 성화, 그리고 열렬한 기도이다. 신앙 부흥은 이러한 일의 결과로 오는 것이다.

우리는 제자들이 오순절에 성령의 강림을 위하여 기도했던 것처럼 간절하게 기도해야 한다. 그 당시에 그들에게 성령이 필요했다면 인류 역사가 막을 내리고 있는 오늘날 우리에게는 더욱 필요하지 않겠는가! 늦은 비 성령의 권능이 없으면 세상은 끝나지 않는다. 초대 교회의 제자들이 성령의 부어주심을 위해 준비한 것은 심령 속에서 모든 더러운 것이 비워지고, 서로를 향한 용서와 죄에서 떠나는 삶이었다. 동일한 일이 더욱 크게 오늘날 이루어져야 한다.

어떻게 복음 사역을 마칠 수 있을까?

세상은 서로 나뉘어 싸우고 있다. 북한과 남한, 이슬람과 기독교, 중국과 미국, 팔레스타인과 이스라엘, 카톨릭과 기독교, 한국과 일본, 보수와 진보, 좌익과 우익, 아랍인과 유대인, 유대인과 메시아닉쥬, 정통과 이단. 분열과 상처와 다툼과 전쟁이 그치지 않고 있는 이때에, 어떻게 하나님의 마지막 복음을 전할 수 있을까? 어떻게 하면 그들의 주의를 이 마지막 호소에 집중하게 만들 수 있을까? 아직까지도 예수를 그리스도로 인정하지 않는 유대인들에게 어떻게 복음을 전할까?

알리야(Aliyah: 이스라엘로 돌아오는 유대인 디아스포라)들이 1948년 이스라엘 건국 이전까지는 팔레스타인 바깥에 살고 있었지만 건국된 이후 많은 사람이 이스라엘로 돌아와 지금은 유대인들이 미국과 이스라엘에 살고 있다. 이스라엘을 건국하신 것이 하나님의 뜻이라면 결과를 보면 알 수 있다. 지금 하나님께서 그 나라를 통치하고 계시는가? 하나님의 뜻에 순종하며 사는 신정국가인가? 예수 그리스도를 메시야로 믿고 있는가? 지금 이스라엘이 하는 테러와 전쟁들은 성전인가?

유대인뿐만 아니라 폭발적으로 성장하고 있는 이슬람과 공산주의, 미전도 지역들에 어떻게 인류 최후의 호소를 전할 수 있을까? 짐승의 표는 민족과 혈통에 관계없이 전 세계 모든 사람들에게 내려질텐데 어떻게 그들에게 이 마지막 경고, 참 복음을 듣게 할 수 있을까? 우리 힘으로는 할 수가 없다. 하나님께서 이 마지막 시대에 약속하신 늦은 비 성령만이 이 일을 하실 수 있다. 세 천사의 메시지와 사람의 아들 그리스도라는 의의 복음을 전하기 위해, 우리에게 주어진 사명을 감당할 수 있도록 인류역사 이래 전에도 없었고 후에도 없을 성령의 부어 주심이 있을 것이다.

그러므로 우리는 간청하는 일을 게을리해서는 안 된다. 안일한 마음으로 앉아 있어서는 안 된다. 우리 모두 하나님께서 생명수의 샘을 열어 주시기를 기도해야 한다. 또한 우리는 친히 그 생수를 받아 마셔야 한다. 늦은 비의 시기인 지금 통회하는 심령으로 은혜의 빗방울에 적셔져서 은혜의 소나기가 우리 위에 내리기를 간절하고 열렬하게 기도드리자! 우리가 참석하는 모든 예배와 모임에 우리의 영혼이 생명수에 적셔지도록 기도해야 한다. 우리가 죄로부터 정결케 되고 우리의 모임에서 성령을 구할 때, 오순절 마가의 다락방에 모인 무리 가운데 성령께서 임했던 것처럼, 약속하신 성령을 부어 주실 것이다.

받으시는 기도

우리의 기도가 과연 하나님께서 받으실 만한 기도인지 이번 기회에 살펴보자. 마음의 소원과 간절함을 가지고 드리는 기도, 겸손과 정직한 마음으로 약속을 붙잡는 기도, 상한 마음으로 하나님을 의지하는 기도, 내 뜻을 구하는 기도보다 하나님의 뜻을 구하는 기도, 하나님의 때에 하나님의 방법으로 응답하실 것을 믿음으로 기다리는 기도를 어찌 응답하지 않겠는가!

우리는 나 중심의 기도에서 벗어나야 한다. 감정을 자극하는 열광적인 기도를 하고 있으나 실제 생활에서 성령의 새롭게 하시는 능력은 경험하지 못한다면 우리는 다시 기도해야 한다. 뜨겁고 열정적인 방언 기도를 한다고 해도 회개와 거룩의 경험을 하지 못한다면 그 기도는 멈춰야 한다. 목이 터져라 부르짖는데 여전히 공허하고 평안이 없다면 다시 시작해야 한다.

오늘날 교회에서 요란한 모습으로 하는 기도를 우리는 성경에서 찾아볼 수가 있는데, 갈멜산에서 바알의 선지자 450명과 아세라 선지자 400명 합 850명과 엘리야의 대결이 있을 때(왕상 18:19), 바알의 선지자들이 현란한 음악에 맞춰 소리를 지르며 이리 뛰고 저리 뛰면서 부르짖었다. 방언 기도처럼 주문을 하듯 그들의 신을 불렀고, 자해하며 열심히 기도했으나 응답이 없었다. 그렇게 소리지르며 기도하는 이들에게 엘리야는 **"정오에 엘리야가 그들을 조롱하여 이르되, 큰 소리로 부르라. 그는 신이므로 지금 이야기하고 있거나 쫓아가고 있거나 여행중이거나 혹은 자고 있으니 반드시 깨워야 하리라"**(왕상 18:27, **킹흠정역**)라는 말로 그들의 기도가 얼마나 헛된 것인지 폭로하고 있다.

그 후 아주 대조적인 방법으로 엘리야는 기도했다. 분명하고 똑똑한 어조로 진지하고 간절하게 하나님께 간구했다. **"[36] 엘리야가 나아가서 말하되 아브라함과 이삭과 이스라엘의 하나님 여호와여 주께서 이스라엘 중에서 하나님이 되심과 내가 주의 종이 됨과 내가 주의 말씀대로 이 모든 일을 행하는 것을 오늘날 알게 하옵소서 [37] 여호와여 내게 응답하옵소서 내게 응답하옵소서 이 백성으로 주 여호와는 하나님이신 것과 주는 저희의 마음으로 돌이키게 하시는 것을 알게 하옵소서 하매"**(왕상 18:36, 37). 하나님은 엘리야의 기도를 들으셨다. 그리고 나서 마치 계시록 17장에서 음녀를 따르던 이들이 속았음을 깨닫고 복수하는 장면과 동일한 일이 발생한다(계 17:16 참조).

정결한 그릇

우리는 늦은 비를 받을 수 있는 준비를 해야 한다. 영원한 복음은 지금 전파되고 있다. 깨어있는 자들, 진리를 찾는 자들, 갈급한 마음으로 하나님의 말씀을 사모하는 자들의 심령에 울려 퍼지고 있다.

우리가 아무 일도 하지 않으면서 '언젠가는 내게도 놀라운 신앙부흥이 있겠지'라고 막연히 기다리며 착각하고 있어서는 안 된다. 오늘 우리의 그릇들을 깨끗이 해서 하늘의 이슬과 소나기를 받을 준비를 해야 한다. 하나님께서 각 개인의 그릇에 비를 내려 주시는데, 나무 그릇도 좋고, 금 그릇도 좋고, 흙으로 만든 그릇도 좋고 다 좋다. 그런데 더러운 그릇에는 내려 주실 수가 없다. 탐욕과 이기심이 가득 찬 그릇에는 내려 주실 수가 없다. 어떤 그릇이든지 상관없지만 하나님은 깨끗한 그릇, 빈 그릇에만 늦은 비를 부어 주실 수 있다. 늦은 비의 강림은 분명히 있을 것이며, 하나님의 축복은 온갖 더러움에서 정결케 된 영혼을 충만케 하실 것이다.

준비된 자에게 충만히 부어주소서!

오늘날 교회는 환난의 때가 이르기 전에 휴거 될 것이라는 잘못된 가르침을 믿고 있으며, 거짓 안일과 거짓 평안에 사로잡혀 있다. 이러한 믿음은 환난의 때 피난처를 찾지 못할 것이다. 환난을 두려워할 것이 아니라 환난 중에서도 우리를 보호하시는 하나님을 신뢰하는 믿음을 가져야 한다.

또 심령을 그리스도께 굴복시키지도 않으면서, 주님의 말씀에 순종하는 그리스도인으로 살지도 않으면서, "나는 교회에 열심히 다니니까, 우리 교회는 진리교회니까, 마지막 남은교회니까 늦은 비를 받고 환난을 통과할 수 있을거야"라고 착각하고 있으나 그렇지 않다. 지금은 늦은 비의 이슬과 소나기를 받을 수 있도록 필요한 행동을 해야 되는 시기이다.

환난의 때, 그 때에 회개하고 준비하는 것이 아니다. 그 때는 늦었다. 위기의 때에는 준비된 믿음이 드러나는 시기이지 준비하는 시기가 아니다. 지금 주님과 동행하기에 부끄러움 없는 삶을 살아야 한다. 오늘 하나님께 자신을 바쳐서 귀히 쓰실 그릇으로 만들고, 주님의 마음에 합당한 사람이 되어야 한다. 시기심과 질투를 버리고, 악한 생각과 다툼을 그치며, 은근한 비방과 모함을 버리고, 하나님을 욕되게 하는 모든 것들을 버려야 한다. "사람의 아들 그리스도"라는 의의 복음으로 우리의 그릇을 순결하게 해서 하늘의 이슬에 적셔지고 늦은 비의 소나기를 맞을 준비를 해야 한다.

습관적으로 저지르는 죄와 교만과 이기심과 세상을 사랑하는 마음과 모든 옳지 못한 말과 행동을 극복하여 승리를 얻지 못하는데 어찌 늦은 비의 능력이 충만하게 임할 수가 있겠는가! 그러므로 우리는 주께로 더욱 더 가까이 나아가 환난의 때에, 선과 악의 대 전쟁에서 용사로 설 수 있도록 필요한 준비를 갖추는 일에 지금 열심을 내야 할 것이다.

늦은 비의 소나기는 하나님의 명령에 순종하면서, 하나님의 계명을 지키면서, 세속과 죄로부터 자신을 정결케 하고 하나님을 경외하며 준비한 사람들에게 이르러 온다. 이 일을 어렵게 생각할 필요가 없다. 늦은 비의 소나기를 받을 수 있도록 우리를 준비시키는 늦은 비의 빗방울을 주셨기 때문이다. "사람의 아들 그리스도"라는 의의 복음, 이 늦은 비의 빗방울이 우리를 주님의 날에 서도록 해 줄 것이다. 늦은 비는 분명히 내릴 것이며, 모든 더러움에서 정결함을 입은 영혼들에게 가득히 채워질 것이다. 성령의 침례를 받기 위하여 합당한 사람이 되도록 준비하는 것이 오늘날 우리가 해야 할 일이다.

엘리야의 호소는 오늘날도 울려 퍼진다. **"엘리야가 모든 백성에게 가까이 나아가 이르되 너희가 어느 때까지 두 사이에서 머뭇머뭇 하려느냐 여호와가 만일 하나님이면 그를 좇고 바알이 만일 하나님이면 그를 좇을지니라"**(왕상 18:21). 교회의 현실을 보고 탄식하는 목회자, 교역자, 성도들이 함께 기도하고 함께 힘을 합쳐야 될 때이다. 혼자 꿈꾸면 영원히 꿈이지만 함께 꿈꾸면 현실이 된다! 회개운동, 거룩운동, 재림운동을 함께 하자! 그러면 그것은 현실이 될 것이다.

3. 성경의 엘리야들

"[36] 엘리야가 나아가서 말하되 아브라함과 이삭과 이스라엘의 하나님 여호와여 주께서 이스라엘 중에서 하나님이 되심과 내가 주의 종이 됨과 내가 주의 말씀대로 이 모든 일을 행하는 것을 오늘날 알게 하옵소서 [37] 여호와여 내게 응답하옵소서 내게 응답하옵소서 이 백성으로 주 여호와는 하나님이신 것과 주는저희의 마음으로 돌이키게 하시는 것을 알게 하옵소서 하매" (왕상 18:36, 37).

현재 전 세계의 외교와 경제를 어렵게 하는 펜데믹, 국가와 민족 간의 전쟁과 분쟁, 그리고 더욱 빈번해지며 흉악해지는 여러 사건들과 자연 재해들은 예수님의 재림이 가까웠다는 징조이다. 이제는 우리의 구속을 위해 머리를 들어야 할 때임을 알려주는 시계 알람과도 같다. 하나님께서 택한 백성 이스라엘이 반역과 불법과 우상 숭배로 타락했을 때, 심판 전에 신실한 종을 택해서 경고하고 돌이키도록 호소하셨다. 그렇다면 이 마지막 시대에도 신실한 종들을 통해 미리 경고하시지 않겠는가! 엘리야가 외친 진리와 사명이 마지막 시대를 사는 그리스도인들과 어떤 연관성을 가지고 있을까?

1. 첫 번째 엘리야

① AGAIN 종교개혁

엘리야는 종교개혁을 위해 부르심을 받은 종이었다. 하나님께서는 불신과 반역으로 얼룩진 배도의 시대에 백성들을 깨우고 경고하여 하나님께로 돌이키게 할 일꾼이 필요하셨다. 아합의 시대에 요단강 동편 길르앗 산중에 사는 신앙과 기도의 사람이 그 일을 위해 택함을 받았는데, 그는 디셉 사람 엘리야였다. 산중 은신처에서 우상숭배에 깊이 빠져 있는 이스라엘을 바라볼 때에 그의 마음은 고통스러웠고 의분이 일어났다.

당시의 사람들은 아합 왕의 영향으로 살아 계신 하나님의 존재에 대해 거의 잊어버리고 축복의 근원이신 창조주 하나님 대신 모든 것을 공급해 주는 신으로 바알을 섬기고 있었다. 이방 나라의 악습을 그대로 모방하며 우상숭배에 빠진 이스라엘 백성은 영적으로 눈이 멀고 현세의 이익과 탐욕에 빠져, 하나님께서 택하신 선민의 임무는 물론, 하나님의 구원의 계획과 목적을 까맣게 잊어버린 채 살아가고 있었다.

엘리야는 한때 하나님의 놀라운 은총과 기적의 역사를 경험하던 백성이 완전히 멸망 받게 되기 전에 회개하기를 갈망하였다. 그는 백성의 악한 행위를 돌이킬 수만 있다면, 형벌이라도 내리셔서 그들이 하나님께로 돌아오게 해 달라고 하나님께 간청했고, 그의 기도는 응답을 받았다. 부르심을 받았을 때, 엘리야는 비록 그 명령을 순종할 때에 생명이 위태하게 될 것을 알았지만, 순종하기를 지체하지 않았다. 그의 담대함과 하나님을 위한 열심과 영혼을 위한 열정은 오늘날의 그리스도인들에게 반드시 필요하다.

이 시대에도 엘리야와 같은 정신과 심령을 가진 사람들이 필요하다. 세상의 모든 사람이 죄악의 조류에 휩쓸려 가고, 친구들이 진리를 알아보지 못하고 오류의 길로 가더라도, 엘리야처럼 굳게 서서 의와 진리의 길을 가는 하나님의 사람들이 필요하다. 죄악의 물결에 휩쓸려가는 영혼들에 대한 부담과 오류에 물들고 표류하는 기독교에 대한 부담을 가지고 안타까운 마음으로 하나님께 부르짖어야 할 때이다. 그리고 담대하게 참된 복음과 진리를 가지고 영혼들에게 경고하며 가까이 다가온 심판과 예수님의 재림을 선포해야 할 것이다.

엘리야가 자신의 생명을 아까워하거나 인간의 권력을 두려워하지 않고 아합 왕 앞에 나타나 참된 진리를 전했던 것처럼, 마지막 때에 엘리야의 심령과 능력을 가지고 세상과 교회 앞에 나아가 진리를 외쳐야 할 사람들은 왕과 같은 높은 지위와 권력 앞에서도 두려워하지 않고 자신의 사명에 충성할 것이다.

② 엘리야의 접전과 아마겟돈 전쟁

갈멜산에서의 그 유명한 전쟁은 표상적인 의미에서 마지막 시대에 일어날 선과 악의 대 전쟁 즉 "아마겟돈의 전쟁"(계 16:16)과 깊은 연관이 있다. 마지막 때에 사탄과 연합한 3중 세력이 하나님의 참 백성과 접전하기 위하여, "전능하신 이의 큰 날에 전쟁을 위하여" 아마겟돈에 모이게 된다. 성경은 그곳을 "히브리 음으로 아마겟돈이라 하는 곳"이라고 언급하고 있다. "아마겟돈"의 헬라어는 "할 므깃도"(Har-megiddon)로서 이것은 "므깃도의 산"이라는 뜻이다. "므깃도"는 바로 엘리야가 거짓 선지자들과 접전을 했던 "갈멜산" 아랫부분에 있는 평야이다. 그러므로 히브리어 "아마겟돈", 헬라어 "할 므깃도"는 구약 성경에 나오는 "갈멜산"을 가리키는 것이다.

그렇다면 왜 성경은 "아마겟돈"에서 마지막 전쟁이 일어난다고 묘사했을까? 그것은 갈멜산에서 있었던 하나님의 선지자 엘리야와 바알 신의 거짓 선지자들 사이에 있었던 투쟁과 같이, 마지막 때에 선과 악의 영적인 대결에 대한 상징적인 묘사로 기록한 것이다. 이제 머지않아 갈멜산에서의 대결처럼, 선과 악의 전쟁이 아마겟돈 전쟁에서 재현될 텐데, 그 날에 서기 위해 우리는 하나님의 의의 흰옷을 준비해야 한다. 엘리야의 시대처럼 오늘날도 하나님의 말씀에 순종하는 백성과 거짓 신들을 예배하는 자들 사이에 경계선이 분명하게 그어져 있다. 우리는 **"무너졌도다 무너졌**

도다 큰 성 바벨론이여… 내 백성아, 거기서 나와 그의 죄에 참예하지 말고 그의 받을 재앙들을 받지 말라"(계 18:2,4,5)고 외쳐야 한다. 모든 영혼에게 시험이 닥쳐올 시간이 가까웠다. 사람들은 거짓 계명을 준수하도록 강요당할 것이며, 하나님의 계명과 사람의 계명 사이에 투쟁이 있을 것이다. 차츰차츰 세상의 요구에 굴복하고 세상의 습관에 동화되는 사람들은 조롱과 모욕과 투옥의 위협과 죽임을 당하기보다는 오히려 그 세력에 복종할 것이다. 그때에 참 경건은 겉치레만의 경건과 분명히 구별되며 엘리야와 같이 하나님을 위해 싸우는 의의 증인과 삯꾼들의 뚜렷한 분리가 있을 것이다.

하나님께서는 그분이 주신 사명을 완수했던 엘리야를 하늘로 데려가셨다. 엘리야는 그리스도께서 재림하실 때 지상에 살아 있어 죽음을 맛보지 않고 "마지막 나팔에 순식간에 홀연히 다 변화"할 성도들을 예표한다. 그리스도의 지상 봉사의 끝이 가까웠을 때에 엘리야가 변화산에서 모세와 같이 구주의 곁에 서 있었던 것은, 그가 마지막에 변화함을 받을 사람들의 표본이기 때문이었다. 모세는 재림 때에 죽음에서 부활할 사람들을 대표하고, 엘리야는 세상 역사의 종말에 썩지 않을 몸으로 변화되어 죽음을 맛보지 않고 하늘로 승천할 사람들을 대표한다.

2. 두 번째 엘리야

"그때에 침례 요한이 이르러 유대 광야에서 전파하여 가로되, 회개하라 천국이 가까웠느니라 하였으니, 저는 선지자 이사야로 말씀하신 자라. 일렀으되 광야에 외치는 자의 소리가 있어 가로되, 너희는 주의 길을 예비하라. 그의 첩경을 평탄케 하라 하였느니라"(마 3:1-3).

그리스도의 시대에 외치는 한 소리가 들렸다. 그 소리는 이사야가 오래 전에 예언한 대로 "광야에서 외치는 소리"였다.

"네가 누구냐?"
"나는 그리스도가 아니라"
"그러면 누구냐 엘리야냐?"
"나는 선지자 이사야의 말과 같이 주의 길을 곧게 하라고 광야에서 외치는 자의 소리이다!" (요 1:19-23 참조)

예수님께서 공생애를 시작하시기 바로 전에 그 길을 예비하기 위하여 회개와 개혁을 외치는 한 사람이 나타났는데, 사람들은 능력 있고 영성 있는 이 선지자의 메시지를 듣고 침례를 받기 위하여 광야로 몰려들었다. 무슨 자격으로 침례를 주는지, 자신이 누구인지 대답하라는 랍비들의 심문에 그는 자신을 "광야에서 외치는 자의 소리"라고 소개했다. 그는 자신의 복음 사역을 예증하기 위하여 이사야의 예언을 사용한 것이다. **"외치는 자의 소리여, 가로되 너희는 광야에서 여호와의 길을 예비하라. 사막에서 우리 하나님의 대로를 평탄케 하라. 골짜기마다 돋우어지며, 산마다 작은 산마다 낮아지며, 고르지 않은 곳이 평탄케 되며, 험한 곳이 평지가 될 것이요"**(사 40:3-5).

옛날에는 왕이 자주 다니지 않는 영토 내의 지역을 여행할 때에는, 사람들을 왕의 수레보다 앞서 보내 험준한 비탈을 평탄하게 하고 우묵한 곳을 메우게 함으로써 왕이 안전하게 여행할 수 있도록 했다. 침례 요한의 사명도 그랬다. 그는 메시아의 초림에 앞서 사람들의 마음을 준비시키는 임무를 띠고 왔다. 주의 길을 예비하고, 사람들의 마음을 하나님께로 돌이키기 위하여 엘리야의 정신과 능력으로 온 것이다. 그는 사람들에게 회개와 개혁을 촉구하는 엄숙한 책망과 경고의 메시지를 전했는데, 그 메시지는 산처럼 높아진 인간의 교만한 마음을 낮추고, 죄로 인해 패이고 음침하게 된 마음의 골짜기를 돋우어지게 하여, 메시아의 복음 사역이 평탄하게 이루어지도록 예비하는 것이었다.

침례 요한이 공중 전도를 시작하자 많은 사람들은 그가 메시아가 강림하기 전에 직접 나타날 엘리야라고 믿었다. 요한은 이러한 기대를 부정했지만, 예수님께서 후에 요한에 대하여 "오리라 한 엘리야가 곧 이 사람이니라"(마 11:14)고 말씀하셨다. 요한은 엘리야가 행한 사역을 하기 위하여 왔다. 영광의 왕국이 오기 전에 은혜의 왕국이 사람들의 마음속에 이루어지게 하려고 부르심을 받은 것이다. 또한 침례 요한이 태어나기 전 천사가 사가랴에게 나타나 앞으로 태어날 아이의 사명에 대해 "저가 또 엘리야의 심령과 능력으로 주 앞에 앞서 가서, 아비의 마음을 자식에게, 거스리는 자를 의인의 슬기에 돌아오게 하고, 주를 위하여 세운 백성을 예비하리라"(눅 1:17)고 말했다. 말라기에 기록된 예언이 침례 요한의 사역을 통해 얼마나 정확히 성취되었는가!

3. 세 번째 엘리야

"보라! 여호와의 크고 두려운 날이 이르기 전에 내가 선지 엘리야를 너희에게 보내리니, 그가 아비의 마음을 자녀에게로 돌이키게 하고, 자녀들의 마음을 그들의 아비에게로 돌이키게 하리라. 돌이키지 아니하면 두렵건대 내가 와서 저주로 그 땅을 칠까 하노라 하시니라"(말 4:5, 6).

이 말씀은 마지막 시대에 엘리야가 나타날 것을 예고하고 있다. 예수님께서 재림하시기 전, 곧 이 지구의 역사가 거의 마쳐지고 하나님께서 세상을 심판하시기 바로 직전에 또 다른 엘리야가 나타나고, 그 엘리야는 세 번째 엘리야로 불려 진다.

예수 그리스도의 재림 바로 직전에, 주님의 오심을 위하여 사람들을 준비시키는 엘리야가 외치는 진리가 이 땅에 선포될 것이다. 이 진리는 경고와 개혁의 외침으로서 사람들을 "하나님의 계명과 예수의 믿음"으로 돌이키라고 호소하며, 바벨론 가운데 있는 하나님의 백성을 불러내는 일을 할 것이다.

그렇다면 누가 세 번째 엘리야일까? 그들은 한 사람이 아니고 여러 사람들이다. 곧 현 시대에 세상에 필요한 영원한 복음, "사람을 의롭게 만드는 의의 복음"을 전하는 사람들이 세 번째 엘리야들인 것이다. 진리를 아는 것에 그치는 것이 아니라 그들이 전하는 교훈과 진리대로 성화되고 변화된 사람들이며, 임박한 예수님의 재림과 세상에 임할 심판에 대해 두려움 없이 경고하고 전하는 사람들이다. 그들은 이사야의 예언대로, 왕이 오기 전에 대로를 평탄케 하는 왕의 대사들이요, 침례 요한이 은혜의 왕국의 왕으로 오시는 예수님 앞서서 사람들의 마음을 준비시킨 것처럼 만왕의 왕으로 오시는 예수님의 재림을 위하여 사람들을 준비시키는 사람들이다.

예수님께서 하늘 구름을 타고 재림하시기 직전인 이 시대에 침례 요한이 행했던 개혁 사역이 이루어져야 한다. 하나님께서는 사람들을 여호와의 큰 날에 설 수 있도록 준비시킬 일꾼들을 부르고 계신다. 침례 요한이 그리스도의 초림을 위한 길을 예비하기 위해 엘리야의 심령으로 일하므로 두 번째 엘리야로 불린 것처럼, 그리스도의 재림을 위해 길을 예비하는 사람들도 세 번째 엘리야로 표상된다.

창세로부터 변하지 않은 영원한 복음을 믿는 사람들, 짐승의 표를 거절하고 환난의 날에 서기 위한 믿음을 준비하며, 세상의 풍조를 따르지 않고 하나님의 계명을 지키는 삶, 곧 죄를 승리하는 삶을 사는 경건한 사람들은 마지막 시대에 내리는 늦은비 성령의 큰 역사에 참여하게 될 것인데, 이들이 엘리야의 심령과 능력으로 세상에 나아가 바벨론의 죄악을 폭로하고 그 가운데 있는 하나님의 참 자녀들을 불러내는 일을 할 것이다. 그들은 성령의 역사로 두려움 없이 세상에 나아가 참된 복음과 진리를 전할 것인데, 큰 능력으로 외치는 진리는 침례 요한의 가감 없던 외침처럼 직접적인 것이다. 생명에 위험을 느꼈음에도 왕들의 죄를 책망하고, 종교 지도자들과 백성들의 위선과 교만과 죄를 책망하며 회개를 촉구했던 침례 요한은 생명보다 자신의 사명에 충성하기를 선택했다.

이와 같이 앞으로 일어날 범세계적인 배도의 시대에 하나님께서는 영원한 복음을 외치는 자들에게 엘리야의 심령과 능력으로 그분의 계명을 선포하라고 하신다. 침례 요한이 그리스도의 초림을 위하여 백성을 준비시킬 때에, 회개를 촉구하고 하나님의 법을 지키는 삶, 곧 십계명으로 그들의 주의를 환기시킨 것과 같이, 마지막 시대에 오는 세 번째 엘리야들도 진리를 왜곡시키는 잘못된 가르침들을 경고하고 하나님의 계명에 불순종하는 교회의 죄를 책망하며 다가오는 심판을 위해 회개를 촉구할 것이다. 그리하여 분명한 소리로 "하나님을 두려워하며 그에게 영광을 돌리라 이는 그의 심판하실 때가 이르렀음이니"라고 외칠 것이다. 그리고 이 마지막 사역은 늦은 비 성령의 부어주심으로 인하여, 온 세상을 환하게 할 계시록 18장 1절에 예언된 넷째 천사의 운동으로 연결될 것이다.

선지자 엘리야와 침례 요한처럼 열성과 용기를 가지고 예수님의 재림을 예비하기 위하여 노력해야 하는 마지막 시대의 엘리야들에게 큰 책임이 맡겨져 있다. 세 천사의 복음과 의의 복음인 "늦은 비의 빗방울"인 성육신의 진리를 깨닫고 변질되지 않은 성경의 순수한 복음과 진리의 빛이 그들에게 주어졌다.

4. 세 번째 엘리야의 사명, 종교개혁 ing

"보라! 여호와의 크고 두려운 날이 이르기 전에
내가 선지 엘리야를 너희에게 보내리니, 그가 아비의 마음을
자녀에게로 돌이키게 하고, 자녀들의 마음을 그들의 아비에게로
돌이키게 하리라. 돌이키지 아니하면 두렵건대 내가 와서
저주로 그 땅을 칠까 하노라 하시니라" (말 4:5, 6).

세 번째 엘리야의 사명을 이루기 위해 중요한 것이 있다면 그것은 신앙의 개혁이고, 변화된 인생이다. 그리스도인이 예수님의 재림을 열심히 외치며, 기독교에 들어온 오류를 식별하여 진리를 깨닫고, 외양적인 삶의 방식들을 개혁한다 해도, 진리대로 성화 되는 삶의 변화가 일어나지 않는다면 아무 소용이 없다.

개혁자의 믿음과 겸손

침례 요한은 구주께로부터 선지자 중 가장 크다는 말을 들었다. 그러나 그의 겸손한 태도와 말은 오늘날 그리스도인이라고 공언하는 많은 사람의 말과 현저한 대조를 이룬다. 침례 요한은 "그리스도이냐?"는 질문을 받았을 때, 그는 자기 자신을 주님의 신발끈 풀기도 감당치 못할 자라고 겸손하게 낮추었다. 또한 사람들의 관심과 주의가 예수님께로 향한다는 불평을 요한의 제자들이 했을 때, 요한은 그들에게 자기 자신은 약속하신 분

앞에 보내진 메신저에 불과하다는 사실을 상기시켰다. **"서서 신랑의 음성을 듣는 친구가 크게 기뻐하나니 나는 이러한 기쁨이 충만하였노라 그는 흥하여야 하겠고 나는 쇠하여야 하리라"**(요 3:29, 30).

위대한 개혁자였지만, 겸손했던 침례 요한의 신앙과 성품을 본받아야 한다. 겸손은 대표적인 참된 그리스도인 성품이다. 또한 겸손은 그리스도의 영이 거하시는 사람의 마음속에 나타나는 특성이다. 자부심이 강하고, 질투와 시기심이 많으며, 비평적이고 흠을 찾기 좋아하는 사람은 하나님의 나라에 합당하지 못한 사람이다.

진리의 원칙에 확고하고, 의무에 두려움이 없으며, 하나님의 사역에 열성이 있으면서도 겸손하고 온유한 사람들, 부드럽고 인내하며, 영혼들에게 사랑을 나타내고 즐겨 용서해 주는 사람들은 예수님의 향기를 소유하고 있는 그리스도인들이다. 지식적으로만 아는 것은 믿음이나 신앙이 아니다. 침례 요한과 같은 위대한 선구자가 그렇게 겸손했다면, 우리는 얼마나 더 겸손해야 할 것인가!

하나님과 친밀한 교제

선지자 엘리야나 침례 요한이 하나님의 사역에 합당한 사람으로 부르심을 받게 된 데에는 공통점이 있다. 그것은 두 사람 다 주님과 깊이 교제한 사람들이라는 것이다. 엘리야도 산 중에서 하나님과 깊이 교제하며 기도하던 경건한 사람이었고, 침례 요한도 오랜 세월을 광야에서 주님과 교통하며 지낸 사람이었다. 아무리 바쁘고 분주하더라도 하나님과의 교제 시간을 충분히 가지지 않으면 유혹과 시험에 쓰러질 수밖에 없다. 우리는 바라봄으로 변하게 된다. 거룩한 모본이신 주님의 완전하심을 명상할 때에 우리는 변화되고 싶은 소망을 품게 될 것이며 주님의 형상을 따라 새로

지음을 입게 될 것이다.

그리스도인에게는 "여호와의 선하심을 맛보아" 아는 체험적 신앙이 필요하다. 모세가 산에서 하나님과 깊이 교제하고 나왔을 때에 그의 얼굴이 광채로 빛나 수건으로 가렸다. 사도 바울은 주님과 교제하는 가운데 이상 중에 셋째 하늘로 이끌려 가서 놀라운 계시를 받는 특권을 누렸다. 초기의 제자들은 그리스도의 말씀을 듣고 그분과 함께 있었다. 주님과의 교제는 그들을 훌륭한 일꾼으로 만들었고, 그들은 마침내 맡겨진 사명을 다할 수 있었다. 하나님과의 깊은 교제와 친밀한 경험을 하는 사람들은 예수님을 섬기는 일에 있어서 가장 낮은 자리라 할지라도 기뻐하며 그것을 명예로 여긴다. 주님과의 교제를 통하여 거룩한 은혜를 힘입을 때에 초자연적인 능력이 인간에게 임하게 되며 그 능력이 인간의 정신과 마음과 역사하게 되어 영혼이 변하게 되는 것이다. 그러므로 우리가 그리스도와 사귀고 주님과 매일 연합하는 것은 중요한 일이다. 그런 깊은 교제가 오늘 우리에게도 있는지 살펴보자.

회개와 죄에 대한 승리

세 번째 엘리야의 사명을 이루기 원하는 사람들은 마지막 교회인 라오디게아 교회의 상태에 빠지지 않도록 주의해야 한다. **"네가 말하기를 나는 부자라 부요하여 부족한 것이 없다 하나, 네 곤고한 것과 가련한 것과 가난한 것과 눈 먼 것과 벌거벗은 것을 알지 못하도다"**(계 3:17). 우리는 우리 자신들이 영적으로 꽤 괜찮은 상태에 있다고 착각할 수 있다. 그러나 주님께서는 우리의 변화되지 못한 마음과 믿음을 보고 "네가 열심을 내라 회개하라!"고 권하신다. 그리고 **"볼지어다 내가 문 밖에 서서 두드리노니, 누구든지 내 음성을 듣고 문을 열면 내가 그에게로 들어가 그로 더불어 먹고 그는**

나로 더불어 먹으리라"(계 3:20)고 하신다.

많은 사람이 마음의 문 앞에 너무 많은 쓰레기 더미가 쌓여 있어 문을 열지 못하고 있다. 어떤 사람은 형제들 사이에 해결해야 할 문제점을 가지고 있고, 어떤 사람은 문을 열기 위해 악한 성질을 제거해야 한다. 또한 이기심의 쓰레기들을 잔뜩 가지고 있는 사람들과 출입을 방해하는 세속적인 것을 쌓아 놓고 있는데, 이 모든 쓰레기들은 제거되어야 한다. 그런 다음 문을 열고 구주를 맞아들이며 회개해야 한다.

예수님과 매일 동행할 때에 죄를 사랑하는 마음과 자아를 사랑하는 마음이 정복된다. 사도 바울은 "너희가 죄와 싸우되 아직 피 흘리기까지는 대항치 아니"(히 12:4)한다고 말한다. 사람들은 죄를 간직하고 변명한다. 예리한 성령의 검, 하나님의 말씀이 심령을 쪼개지 않는다. 모든 죄를 버리고 신앙 생애를 방해하는 모든 방종은 끊어 버려야 한다. 예수님의 은혜를 힘입어 우리는 분명하고 능력 있는 진리 안에서 승리할 수 있다.

세 번째 엘리야가 될 수 있는 특권을 가진 마지막 시대의 그리스도인들은 자신의 인생에서 먼저 죄를 승리하는 경험을 하며, 나아가 바벨론의 죄악을 경고하고 그 속에 있는 하나님의 백성들에게 자신을 변화시켰고 승리하게 했던 복음의 능력을 전해야 할 것이다. 임박한 재림을 알지 못하고 무감각하게 조는 사람들을 깨우고, 시대의 징조들을 알려주며, 다가오는 환난을 위하여 준비시켜야 한다.

이제 세 번째 엘리야들이 나타나기를 세상은 바라고 있다.

이 암흑과 배도의 시기에 목숨을 다하여 하나님의 진리를 위해 충성할 사람들은 어디에 있는가?

바벨론의 포도주에 취해서 깊은 잠에 빠진 형제들을 깨울 사람이 어디에 있는가?

모든 사람이 하나님께 반역할 때 엘리야처럼 진리와 하나님을 위해 설 사람이 어디에 있는가?

침례 요한처럼 죄를 죄라고 부르며 권력과 지위의 여하를 막론하고 용감하게 진리를 전할 용사들이 어디에 있는가?

주님의 나타나심을 기다리며 깨어 있는 세 번째 엘리야들은 이 세상이 영적 암흑으로 덮일 때에 별과 같이 빛날 것이다. 사탄의 위협과 세상의 유혹 앞에서 모든 세상이 무릎을 꿇을 때에 그들은 푸른 상록수처럼 돋보일 것이다. 머지않아 가장 극심한 환난과 시험의 때에 진리를 위하여 굳게 서서 진리를 담대하게 외친 사람들의 하나님의 인친심이 있을 것이다.

하나님의 구속의 계획은 얼마나 아름다운가!

우리의 죄를 용서하실 뿐만 아니라, 모든 죄를 이길 수 있는 승리의 인생을 살도록 우리에게 은혜와 능력을 주신다.

우리를 죄짓기 이전의 상태로 회복시키시고, 하늘에서 영원히 주님과 함께 살게 하시는 것, 이 얼마나 놀라운 구원인가!

죄를 사랑하며, 이기적이고, 미워하고, 속이고, 괴롭히고, 악하게 지배하고, 문제를 일으키던 타락한 인류가 죄를 미워하고, 남을 사랑하며, 순결하고 정직하며, 이타적이고 자아 희생적인 사람으로 변할 수 있다니!

그리하여 하늘의 거룩한 백성과 함께 살게 하신 다니, 이 얼마나 놀라운 복음의 능력이며 은혜인가!

하나님께서는 이 모든 일을 성령의 역사를 통해서 우리 속에 이루고자 하신다.

지금은 깨어나야 할 시기이다. 지금은 승리의 경험을 할 때이다. "지금은 은혜 받을 만한 때요 지금은 구원의 날"이다. 지금은 회개와 거룩의 경험을 해야 할 때이다. 그리고 이제 곧 머지않아 늦은 비가 내릴 것이다. 마지막 환난이 오기 전, 바벨론을 향하여 큰 소리로 외칠 하나님의 증인들 위에 영광스럽게 내릴 늦은 비 성령을 받고자 준비하는 우리 모두가 되기를 간절히 기도한다.

마치면서

하나님께서는 지금 진리의 빛을 전할 일꾼들을 찾고 계신다. 예수님의 임박한 재림을 기다리며 준비하는 사람들, 성령의 능력으로 나아가 재림의 메시지를 온 세상에 전할 사람들을 기다리신다. 그 사람들은 엘리야의 심령과 능력을 가지고 세상에 나아가 복음을 전파할 것이다. 마지막 때에 이 진리의 메시지는 변론으로 전해지기보다는 하나님의 영의 깊은 감동으로 전해질 것이다. 성령께서는 자만하는 사람들을 지나쳐 버리신다. 대신 자아를 완전히 비운 사람, 큰 성령의 역사에 따라 움직이지만 거기에 자신이 전혀 드러나지 않는 사람, 하나님의 영광의 빛을 환하게 비추는 사람들을 택하셔서 이 일을 하실 것이다.

하나님께서는 마지막 때에 한 성령으로 인도함을 받고, 한 성령 안에서 연합하는 특별한 한 백성을 가지실 것이며, 그 백성을 친히 선두에 서서 인도하실 것이다. 그들은 가까이 다가온 예수님의 재림을 위해 사람들을 준비시키려는 소망과 정신으로 가득 차 있는 사람들이다. 그 백성들 속에서는 사랑과 겸손과 연합이 나타날 것인데, 그것은 마음속에 거하시는 성령이 한 성령이시기 때문이다.

오순절에 성령을 받은 제자들이 세상을 뒤흔들고 역사를 새롭게 썼듯이, 그리하여 하나님의 뜻이 이루어졌듯이, 마지막 늦은 비 성령이 임할 때에 우리도 성령을 풍성히 받고 나아가 복음의 빛을 비추면서 세상을 뒤흔들어야 한다. 마지막 때에 성령의 충만하심을 받고 예수님께서 오시는 길을 예비하는 세 번째 엘리야의 사명을 감당하는 우리 모두가 되기를 간절히 기도한다.

11TH HOUR MINISTRY

열한시 성서연구원

열한시 성서연구원

1) 중단되어버린 종교개혁을 완성시키며 초대교회 당시 있었던 오순절 성령의 역사를 재현하기 위해 존재하는 교파를 초월한 기독교 선교기관입니다.

2) 모든 그리스도인들과 비 그리스도인이 하나님의 말씀인 성경에 기록된 진리대로 생애 할 수 있도록 도와줌으로써 행복한 가정을 이루고, 건강한 삶을 누리며, 구원과 영생에 이를 수 있는 진리의 빛을 전하는 일을 하고 있습니다.

3) 세속과 비진리가 교회 안에 밀려들어오는 이 시대에 진리의 울타리로 신앙의 순수성을 보존하고, 초대교회가 가지고 있었고 종교개혁자들이 목숨 걸고 지켰던 그 순결한 복음으로의 회복을 외치는 하나의 물결, 하나의 운동입니다.

한국 010·9543·0091
웹사이트 www.11bible.net
미국 1·917·935·9006
이메일 ask@11bible.net

YouTube 채널

열한시 성서연구원

성서연구원

차별화된 기독교 방송이 제공됩니다!

- **설교** 마지막 시대를 살아가는 현대인들을 하늘 백성으로 준비시키는 참된 만나
- **강의** 성경의 예언들, 성경연구, 그리스도인 연애와 결혼 등 다양한 주제의 성경강의
- **간증** 거듭난 사람들의 간증과 행복한 가정, 자녀 교육, 그리스도인의 삶
- **건강** 현대인에게 필요한 건강 상식, 스트레칭, 채식 요리 레시피
- **토크** 그리스도인 청년들의 토크, 참 신앙을 찾는 사람들의 이야기
- **다큐** 마지막 시대를 살아가고 있는 현대인들을 위한 성경 다큐

보내주시는 후원과 기도에 진심으로 감사드립니다!

후원 계좌 (예금주 : 열한시)

우체국 700245-01-002423

후원 자동이체 서비스

스마트폰에 [네이버 앱]을 설치하신 후, [QR 코드] 검색하시면 아래와 같이 [렌즈] 인식검색이 보입니다.

음성 음악 렌즈 어라운드

[렌즈]를 누르시고, 오른쪽에 있는 QR코드 이미지를 찍으면 [후원 자동이체 서비스]페이지로 이동합니다.

11HN 네트워크

미국 후원 계좌

Pay to order : 11HN SOSTV Inc

보내실곳: 4640 Glen Level Dr, Sugar Hill, GA 30518

11HN SOSTV의 Tax ID No는 82-4291717 이며, 세금 공제 혜택을 받으실 수 있습니다.

열한시 성서연구원으로 연락하세요. 참 신앙과 새로운 영적경험이 열립니다.

TEL. 010-9543-0091 E-mail: ask@11bible.net 카톡 ID: 11bible